E-Book inside.

Mit folgendem persönlichen Code erhalten Sie die E-Book-Ausgabe dieses Buches zum kostenlosen Download.

```
AFGW6-P56R6-
01800-S2IUX
```

Registrieren Sie sich unter
www.hanser-fachbuch.de/ebookinside
und nutzen Sie das E-Book auf Ihrem Rechner*, Tablet-PC und E-Book-Reader.

* Systemvoraussetzungen:
  Internet-Verbindung und Adobe® Reader®

Maurice
Mobile Webseiten

Bleiben Sie auf dem Laufenden!

Der Hanser Computerbuch-Newsletter informiert Sie regelmäßig über neue Bücher und Termine aus den verschiedenen Bereichen der IT. Profitieren Sie auch von Gewinnspielen und exklusiven Leseproben. Gleich anmelden unter

www.hanser-fachbuch.de/newsletter

Florence Maurice

Mobile Webseiten

Strategien, Techniken,
Dos und Don'ts für Webentwickler

HANSER

Die Autorin: Florence Maurice, München

Alle in diesem Buch enthaltenen Informationen, Verfahren und Darstellungen wurden nach bestem Wissen zusammengestellt und mit Sorgfalt getestet. Dennoch sind Fehler nicht ganz auszuschließen. Aus diesem Grund sind die im vorliegenden Buch enthaltenen Informationen mit keiner Verpflichtung oder Garantie irgendeiner Art verbunden. Autoren und Verlag übernehmen infolgedessen keine juristische Verantwortung und werden keine daraus folgende oder sonstige Haftung übernehmen, die auf irgendeine Art aus der Benutzung dieser Informationen – oder Teilen davon – entsteht.

Ebenso übernehmen Autoren und Verlag keine Gewähr dafür, dass beschriebene Verfahren usw. frei von Schutzrechten Dritter sind. Die Wiedergabe von Gebrauchsnamen, Handelsnamen, Warenbezeichnungen usw. in diesem Buch berechtigt deshalb auch ohne besondere Kennzeichnung nicht zu der Annahme, dass solche Namen im Sinne der Warenzeichen- und Markenschutz-Gesetzgebung als frei zu betrachten wären und daher von jedermann benutzt werden dürften.

Bibliografische Information der Deutschen Nationalbibliothek
Die Deutsche Nationalbibliothek verzeichnet diese Publikation in der Deutschen Nationalbibliografie; detaillierte bibliografische Daten sind im Internet über <*http://dnb.d-nb.de*> abrufbar.

Dieses Werk ist urheberrechtlich geschützt.

Alle Rechte, auch die der Übersetzung, des Nachdrucks und der Vervielfältigung des Buches, oder Teilen daraus, sind vorbehalten. Kein Teil des Werkes darf ohne schriftliche Genehmigung des Verlages in irgendeiner Form (Fotokopie, Mikrofilm oder ein anderes Verfahren), auch nicht für Zwecke der Unterrichtsgestaltung, reproduziert oder unter Verwendung elektronischer Systeme verarbeitet, vervielfältigt oder verbreitet werden.

© 2012 Carl Hanser Verlag München
http://www.hanser-fachbuch.de

Lektorat: Sieglinde Schärl
Herstellung: Thomas Gerhardy
Satz: Kösel, Krugzell
Sprachlektorat: Sandra Gottmann, Münster-Nienberge
Umschlagdesign: Marc Müller-Bremer, *www.rebranding.de,* München
Umschlagrealisation: Stephan Rönigk
Druck und Bindung: Kösel, Krugzell
Ausstattung patentrechtlich geschützt. Kösel FD 351, Patent-Nr. 0748702
Printed in Germany

ISBN 978-3-446-43118-8
E-Book-ISBN 978-3-446-43279-6

Inhalt

Vorwort XIII

Teil I: Basics 1

1   Mobile Nutzer 3
1.1 Wachstum und Bedeutung 3
1.2 Besonderheiten von mobilen Geräten 4
    1.2.1 Größe des Bildschirms 5
    1.2.2 Datenübertragung 5
    1.2.3 Stromversorgung 6
    1.2.4 Zusätzliche Features 6
1.3 Mobiler Kontext 7
1.4 Einschränkungen oder neue Möglichkeiten? 9
1.5 Browser und Geräte 10
1.6 Kurz zusammengefasst 15

2   Strategien für mobile Webseiten 17
2.1 Optimierungen der Desktop-Seite 17
2.2 Progressive Enhancement und Feature Detection 18
2.3 Responsive Webdesign 19
2.4 Separate mobile Webseiten 21
2.5 Mobile WebApps 25
2.6 Native Anwendungen 27
2.7 Die Mischung machts 28
2.8 Kurz zusammengefasst 29

3   Anordnung der Inhalte 31
3.1 Darstellung von Webseiten auf gängigen Geräten 31
3.2 Kopfbereich und Navigation 34
3.3 Organisation der Inhalte 37

3.4	Input vom Benutzer	38
3.5	Mobile Design Patterns	39
	3.5.1 Karussell	39
	3.5.2 Tabs	40
	3.5.3 Listen	40
3.6	Kurz zusammengefasst	41

Teil II: Techniken 43

4 Das richtige Markup für mobile Webseiten 45

4.1	Semantisches Markup	45
4.2	HTML für mobile Geräte	46
4.3	XHTML Mobile Profile und XHTML Basic	47
	4.3.1 XHTML Mobile Profile	47
	4.3.2 XHTML Basic	50
4.4	HTML5	51
	4.4.1 HTML5 – das Markup	51
	4.4.2 HTML5 als HTML – Schreibweisen	53
	4.4.3 Neue Elemente in HTML5	55
4.5	Bessere Formulare	59
	4.5.1 Formulare, aber richtig	59
	4.5.2 Richtige Tastatur dank neuer Input-Typen	61
	4.5.3 Weitere neue Eingabefelder	64
	4.5.4 Fazit und Empfehlung für HTML5-Formularelemente	66
4.6	Links auf Telefonnummern	67
4.7	Meta-Angaben für Smartphones und Co.	68
	4.7.1 Viewport steuern	68
	4.7.2 App-like: Icons und mehr	75
4.8	Conditional Comments	77
4.9	Solide HTML5-Basis dank Mobile Boilerplate	78
4.10	Kurz zusammengefasst	78

5 CSS für mobile Geräte 79

5.1	CSS und Progressive Enhancement	79
5.2	CSS für schwächere mobile Geräte	84
	5.2.1 WCSS	84
	5.2.2 CSS Mobile Profile 2.0	85
5.3	CSS-Pseudoklassen	85
5.4	position: fixed & Co.	86
5.5	Transparenzen	87
5.6	Webfonts	90
5.7	Abgerundete Ecken, Schatten und mehr	92

5.8	Farbverläufe	94
5.9	Transformationen	99
	5.9.1 2D-Transformationen	99
	5.9.2 3D-Transformationen	104
5.10	Transitions und Animations	108
	5.10.1 Transitions	108
	5.10.2 Animations	113
5.11	Media-Angabe und Media-Queries	115
5.12	Kurz zusammengefasst	115

6 Performance-Optimierung ... 117

6.1	Tools	118
6.2	Allgemeine Codeoptimierungen	119
	6.2.1 Semantisches HTML	119
	6.2.2 CSS-Code optimieren	120
	6.2.3 Links kontrollieren	121
	6.2.4 Inhalte asynchron laden	121
6.3	Reduzierung	121
6.4	HTTP-Komprimierung	122
6.5	HTTP-Requests reduzieren & optimieren	123
	6.5.1 CSS-Dateien zusammenfassen und richtig einbinden	124
	6.5.2 JavaScript-Dateien zusammenfassen	124
	6.5.3 JavaScript und CSS richtig kombinieren	124
	6.5.4 CDN nutzen	125
	6.5.5 Cookies richtig nutzen	125
6.6	Cachen	126
6.7	Besonderheiten bei mobilen Geräten	129
6.8	Kurz zusammengefasst	131

7 Bilder und mehr ... 133

7.1	Allgemeine Bildoptimierung	133
7.2	Bilder im HTML-Code	134
7.3	Hintergrundbilder	136
7.4	Scharfe Bilder auf scharfen Displays	137
7.5	Skalierbare Bilder	139
	7.5.1 Texte und Schrifticons	139
	7.5.2 Bilder im SVG-Format	140
7.6	CSS-Sprites	142
	7.6.1 Mehrfachverwertung von Bildern	146
7.7	CSS zur Bildreduktion	147
	7.7.1 Malen über CSS	147
	7.7.2 CSS3-Eigenschaften	148

7.8	Bilder einsparen über Symbole		149
7.9	Data-URLs		150
7.10	Kurz zusammengefasst		151

8 JavaScript für mobile Geräte 153

8.1	JavaScript, aber richtig!		153
	8.1.1	Strenger ist besser	153
	8.1.2	Code prüfen mit JSLint	154
	8.1.3	Besser trennen	155
	8.1.4	Feature-Tests	158
	8.1.5	Performantes JavaScript	160
	8.1.6	Spezialfall: Opera Mini und JavaScript	162
8.2	JavaScript-Bibliotheken		163
	8.2.1	Size matters	163
	8.2.2	Spezielle Bibliotheken für den mobilen Einsatz	163
8.3	Events für Touchscreens		165
	8.3.1	Aus Berührungen werden Gesten	170
8.4	Kurz zusammengefasst		172

9 Neue APIs und wichtige Spezifikationen 173

9.1	Offline Web Applications – AppCache		173
	9.1.1	Das Grundprinzip von AppCache	174
	9.1.2	Offline-Dateien überprüfen	178
	9.1.3	Änderungen an den Dateien durchführen	181
	9.1.4	JavaScript-API für Offline-Cache	182
	9.1.5	Browserunterstützung für AppCache	184
9.2	W3C-Widgets – gut verpackt ist halb gewonnen		185
9.3	WebStorage		188
	9.3.1	WebStorage	191
	9.3.2	localStorage – Strings, sonst nichts	192
	9.3.3	localStorage und sessionStorage im Browser überprüfen	193
	9.3.4	Unterstützung von localStorage testen	195
	9.3.5	Browserunterstützung für WebStorage	196
	9.3.6	localStorage – Kritik und Alternativen	196
9.4	Geolocation API		197
	9.4.1	Erst fragen, dann	198
	9.4.2	Geolocation API	199
	9.4.3	Browserunterstützung für die W3C Geolocation API	203
9.5	Device Orientation API		204
9.6	Weitere APIs		209
	9.6.1	Media Capture	209
	9.6.2	Page Visibility API	209
	9.6.3	WebWorkers	209

	9.6.4	System Notification	210
	9.6.5	Vibration API	210
	9.6.6	Battery Status API	210
	9.6.7	Network Information API	210
9.7	Kurz zusammengefasst		211

Teil III: Umsetzung ... 213

10 Responsive Webdesign ... 215

10.1	Das Grundprinzip des Responsive Webdesigns	215
	10.1.1 Flüssige Layouts	216
	10.1.2 Flüssige Bilder	222
	10.1.3 Media Queries	226
10.2	Strategien für Media Queries	232
	10.2.1 Die wichtigsten Eigenschaften für Media Queries	232
	10.2.2 Scharfe Grafiken auf scharfen Displays	233
	10.2.3 Breakpoints definieren	234
	10.2.4 Mobile First oder Desktop First?	238
	10.2.5 Anzahl der Breakpoints	243
10.3	Navigationen im Responsive Webdesign	244
	10.3.1 Grundlegende Überlegungen zur Navigation	244
	10.3.2 Anker-Navigation	248
	10.3.3 Auswahlliste	251
	10.3.4 Dynamisches Ein-/Ausblenden	254
	10.3.5 Buttons oder Icons für die Navigation	261
10.4	Bilder im Responsive Webdesign – Klappe, die zweite	262
	10.4.1 src.sencha.io	262
	10.4.2 Adaptive Images	265
	10.4.3 Responsive Images von der Filament Group	267
10.5	Tabellen im Responsive Webdesign	268
10.6	Weitere Herausforderungen beim Responsive Design	273
10.7	Fazit	274
10.8	Kurz zusammengefasst	275

11 jQuery Mobile ... 277

11.1	jQuery Mobile – die Features	277
11.2	Einstieg in jQuery Mobile	278
	11.2.1 Einseiten-Template	278
	11.2.2 Mehrseiten-Template	281
	11.2.3 Dialoge	284
11.3	Ajax-Navigation	285
	11.3.1 Effekte zum Wechseln zwischen den Seiten	287

11.4	Inhalte gestalten		288
	11.4.1	Listen verbessern	288
	11.4.2	Buttons definieren und positionieren	290
	11.4.3	Navigationsleisten	294
	11.4.4	Anordnung von Inhalten	296
	11.4.5	Versteckspiele – Accordion und mehr	297
	11.4.6	Formulare	299
11.5	Theming Framework		303
11.6	Events und jQuery Mobile – spezifische Methoden		306
	11.6.1	pageinit und skriptgesteuerte Seitenänderung	306
	11.6.2	mobileinit – Konfigurationen ändern	307
	11.6.3	Weitere Events	308
	11.6.4	Einstellungen	309
11.7	Touchereignisse		311
11.8	jQuery Mobile mit Google Maps kombinieren		313
11.9	Going Native		315
11.10	Kurz zusammengefasst		316

12	**Sencha Touch**		**317**
12.1	Vorbereitungen		317
12.2	Erste WebApp erstellen		319
12.3	WebApp für den produktiven Einsatz erstellen		326
12.4	Going Native		328
12.5	Kurz zusammengefasst		329

13	**Separate mobile Webseiten**		**331**
13.1	HTTP-User-Agent: Sag mir, wer du bist		331
13.2	Quick & … detectmobilebrowsers.com		334
13.3	Mehr als nur der User-Agent-String		337
13.4	php-mobile-detect		339
	13.4.1	Grundprinzip von php-mobile-detect	340
	13.4.2	Umleitung, Wechsellinks und Speicherung der Wahl	342
13.5	Mehr Infos dank WURFL		345
13.6	Nützliches für die Umsetzung		355
	13.6.1	Geräteklassen	355
	13.6.2	Unterschiede zwischen den Versionen	356
	13.6.3	Vary-Header und Canonical	357
	13.6.4	Link zum Wechseln	357
	13.6.5	Beschriftung der Wechsellinks	358
13.7	Serverseitige und clientseitige Detection		360
13.8	Kurz zusammengefasst		361

14	**Mobile Webseiten testen**		**363**
14.1	Webserver installieren		363
	14.1.1	XAMPP installieren	364
	14.1.2	Dateien über den Server aufrufen	366
14.2	Desktop-Browser nutzen		367
	14.2.1	Firefox: User Agent Switcher	367
	14.2.2	User-Agent im Safari ändern	368
14.3	Mobile Browser		369
	14.3.1	Opera Mobile	369
	14.3.2	Opera Mini	371
	14.3.3	Firefox Mobile	374
14.4	Emulatoren		375
	14.4.1	Android SDK installieren	375
	14.4.2	Windows Phone Emulator	379
	14.4.3	Xcode für die iOS-Entwicklung	379
14.5	Echte Geräte		380
14.6	Lokale Webseiten auf Emulatoren und mobilen Geräten testen		382
14.7	Remote-Debugging mit Opera		383
14.8	Remote-Debugging mit dem Weinre-Server		387
14.9	Remote-Debugging mit Adobe Shadow		388
14.10	Kurz zusammengefasst		392

Index **393**

Vorwort

„Eine mobile Webseite? Das brauchen unsere Kunden nicht. Wir testen, ob es auch auf dem iPhone okay aussieht, und ansonsten raten wir ihnen zu einer App."

Das ist eine typische Meinung, die man in Zusammenhang mit mobilem Web und Webseiten für mobile Geräte häufig zu hören bekommt. Diese Aussage basiert auf drei Grundannahmen:

- Zuerst einmal wird die Vielfalt an mobilen Geräten, mit denen man heute ins Internet gehen kann, auf ein einziges reduziert: das iPhone. All die anderen und teilweise höchst unterschiedlichen Geräte werden ignoriert.
- Zum Zweiten werden native Apps als Ersatz für eine mobile Webseite angesehen. Native Apps sind zwar eine gute Strategie, um Inhalte auf Smartphones zu bekommen, aber sie ersetzen keine Strategie für die mobile Webseite. Wie heißt es so schön: Man klickt auf Links und nicht auf Apps.
- Zum Dritten wird davon ausgegangen, dass „gutes Aussehen" reicht, obwohl es vielleicht mehr auf „gutes Funktionieren und angenehmes Bedienen" ankäme.

Es gibt nicht nur eine Strategie für die Konzeption einer „mobilen Webseite", sondern eine ganze Reihe von Techniken und grundlegenden Strategien; das reicht von kleinen allgemeinen Optimierungen über Responsive Webdesign und eine WebApp bis hin zur separaten Webseite. Darüber, was die richtige Strategie ist, lässt sich vortrefflich streiten – so geschehen im April 2012, als der Usability-Guru Jakob Nielsen die separate mobile Webseite mit reduziertem Inhalt und gekappten Features als einzig richtige Herangehensweise für mobile Webseiten pries. Das rief einen Sturm der Entrüstung auch seitens vieler Vertreter des Responsive Webdesign hervor. Wie schon gemäßigte Stimmen bei dieser Diskussion betonten, gibt es nicht *die* eine richtige Strategie und *den* einen immer angemessenen Weg, wie man mobilen Benutzern Webinhalte zugänglich macht. Alle Herangehensweisen haben Vor- und Nachteile, je nach Situation ist die eine oder die andere besser oder schlechter geeignet. Schließlich kommt es auf die konkrete Implementierung an, denn durch die richtigen Herangehensweisen lassen sich bestimmte klassischerweise mit einem Ansatz verbundene Nachteile auch mindern. Nicht zuletzt kann man auch unterschiedliche Ansätze kombinieren oder bestimmte Features von anderen Ansätzen in den eigenen integrieren. Dafür muss man aber die verschiedenen Ansätze kennen. Und genau darum, also um die grundlegenden Techniken und die verschiedenen Strategien für mobile Seiten, geht es in diesem Buch.

Was am Ende zählt, ist nicht, die Schlacht um die richtige Strategie/Technik zu gewinnen, sondern Inhalte optimal nutzbar zu präsentieren. Das heißt, am Anfang stehen Überlegungen zu Techniken und Strategien, aber letztlich geht es um die Inhalte und die Nutzer, für die diese Inhalte verfügbar gemacht werden sollen.

Prominente Beispiele zeigen, dass derzeit noch einiges in Richtung mobiler Optimierung zu tun ist:

- Im Januar 2012 ging die neue Seite von Barack Obama *(http://www.barackobama.com)* online. Es handelt sich um eine Webseite, die unter anderem auf dem Prinzip des Responsive Webdesign beruht (mehr dazu in Kapitel 10). Sehr elegant ist das Einblenden des Menüs bei kleinen Bildschirmen gelöst. Das Menü ist zuerst nicht zu sehen und wird dann langsam in den sichtbaren Bereich eingeblendet, wenn ein Benutzer auf den entsprechenden Button klickt. Allerdings nur dann, wenn der Besucher ein neues iPhone oder ein brandneues Android-Handy hat. Bei allen anderen erscheint das Menü nicht – und damit ist die Seite nicht benutzbar. Die Probleme, die bei der ersten Version der Seite auftraten, beschreibt Stephanie Rieger u*nter http://stephanierieger.com/a-plea-for-progressive-enhancement.*

  Wer als Smartphone-Nutzer auf Obamas Seite den großen roten CALL-Button klickt, wird sonst wohin geleitet, aber das Naheliegendste funktioniert nicht, nämlich eine Telefonverbindung herzustellen. Dass Telefonieren immer noch eine Grundfunktion von Smartphones ist, wird offenbar ganz vergessen (siehe hi*erzu http://bradfrostweb.com/blog/mobile/a-tel-tale-sign).*

- Im Januar 2012 ging auch die neue Seite der Bundesregier*ung (http://www.bundesregierung.de)* online. Ein responsives Layout suchen Sie hier beinahe vergebens, und es gibt auch keine eigene Version für mobile Geräte. Die Seite ist hübsch designt, aber eben ganz klassisch für den Desktop. Damit Smartphones normale Desktop-Seiten darstellen können, die auf eine Breite von 960 px oder ähnlich angelegt sind, zoomen sie diese automatisch klein. Somit bekommt der Besucher eine Webseite in der Gesamtbreite auf den kleinen Bildschirm, er erhält einen Überblick und kann in die für ihn interessanten Dinge hineinzoomen. Auf Webseiten, die speziell auf die schmalen Displays von Handys zugeschnitten sind, deaktiviert man diesen Anfangszoom. Allerdings ist der Anfangszoom auch auf der Seite der Bundesregierung deaktiviert. Ruft der Besucher die Webseite beispielsweise auf einem Android-Device auf, so sieht er nur einen lächerlich kleinen Ausschnitt und muss das Ganze erst großzoomen, um sich zu orientieren und zu entscheiden, was er genauer ansehen möchte. Schuld daran ist eine `meta`-Angabe, die im Kopf des Dokuments eingeführt wird. Sie ist wichtig bei Webseiten, die für mobile Geräte optimiert sind, in anderen Fällen, wie in diesem Beispiel, schadet sie mehr als sie nutzt.

Wenn die Voraussagen stimmen, dass schon 2015 die Anzahl an mobilen Zugriffen diejenigen von anderen Zugriffen übersteigen *wird (http://www.itu.int/newsroom/press_releases/2010/06.html),* bleibt also noch eine Menge zu tun.

Diese Voraussetzungen sollten Sie mitbringen

Das Buch ist kein Einstieg in die Erstellung von Webseiten; es setzt voraus, dass Sie solide HTML- & CSS-Kenntnisse besitzen. Außerdem ist es von Vorteil, wenn Sie über grundlegende JavaScript-Kenntnisse verfügen, da JavaScript die Programmiersprache auf dem Client ist und die neuen APIs auf JavaScript basieren. Bei den Beispielen, in denen es um die serverseitige Erkennung von mobilen Geräten geht, wird PHP eingesetzt.

Das erwartet Sie in diesem Buch

Teil I des Buches führt Sie ins Thema ein. Es wird auf die Besonderheiten von mobilen Geräten, sowohl hinsichtlich ihrer Beschränkungen als auch ihrer neuen Möglichkeiten, eingegangen. Außerdem erhalten Sie einen Überblick über die benutzten Browser und Geräte, mit denen wir es im Folgenden zu tun haben werden.

Kapitel 2 stellt kurz die verschiedenen Strategien bei der Erstellung von mobilen Webseiten vor – vom Responsive Webdesign über die mobile WebApp bis hin zur separaten Webseite mit ihren jeweiligen Vor- und Nachteilen.

Kapitel 3 beschäftigt sich mit den grundlegenden Möglichkeiten zur Inhaltsanordnung von mobilen Webseiten.

Teil II des Buches befasst sich ausführlich mit den bei mobilen Webseiten notwendigen Techniken.

Kapitel 4 beschreibt das richtige Markup, d.h. die HTML-Version, die Sie wählen sollten. Nach einer knappen Einführung in XHTML MP widmen wir uns ausführlicher HTML5, das interessante Erweiterungen für mobile Webseiten mit sich bringt. Wir beschäftigen uns genauer mit HTML5-Formularen und den speziellen `meta`-Angaben für mobile Webseiten.

In Kapitel 5 geht es um CSS. Sie erfahren, was Sie CSS-technisch bei mobilen Webseiten berücksichtigen müssen, und lernen auch konkret wichtige CSS3-Features für WebApps kennen wie Farbverläufe, Schatten und abgerundete Ecken. Im Weiteren wenden wir uns den Transformations und Transitions/Animations zu, die entscheidende Zutaten für App-like animierte Seitenübergänge sind.

Kapitel 6 konzentriert sich ganz auf die Performance-Optimierung, also darauf, dass Ihre Seiten schnell laden und gut funktionieren – ein ganz wichtiger Punkt gerade bei mobilen Webseiten.

Ein eigenes Kapitel (Kapitel 7) beschäftigt sich mit Strategien für Bilder, welche von der Möglichkeit, Bilder einzusparen, bis hin zu Lösungen für hochauflösende Displays reichen.

Die beiden nächsten Kapitel behandeln das Thema JavaScript. Kapitel 8 vermittelt die Basics: Es stellt die Essentials bei der JavaScript-Programmierung für mobile Seiten vor, von der Performance über die Verwendung von Bibliotheken bis hin zur Abfangung von Touchereignissen und Gesten.

Kapitel 9 widmet sich den neuen JavaScript-APIs, die besonders für mobile Geräte attraktiv sind: OfflineCache ermöglicht Webseiten, die auch ohne Verbindung funktionieren; WebStorage ist eine Technik, um Daten auf dem Client zu speichern. Außerdem wird die Geolocation-API vorgestellt, mit der Sie ermitteln können, wo sich ein Benutzer befindet.

In Teil III machen wir uns dann an die Umsetzung.

In Kapitel 10 erfahren Sie alles Wesentliche übers Responsive Webdesign, von den Grundlagen über nützliche Tipps bis zu konkreten Realisierungen. Wir befassen uns außerdem mit dem Mobile First- und Desktop First-Ansatz sowie mit Lösungen für besondere Herausforderungen wie Navigationen, Bilder und Tabellen.

Kapitel 11 und 12 zeigen zwei JavaScript-Frameworks zur Erstellung von WebApps, die unterschiedlicher nicht sein könnten: jQuery Mobile (Kapitel 11) folgt dem Prinzip des Progressive Enhancement. Es führt bei einer einfachen HTML-Basis Verbesserungen per JavaScript durch und zaubert die richtige Oberfläche mit den gewünschten Komponenten hin. Die HTML-Basis funktioniert ohne Verbesserung auch in älteren Browsern und Geräten. Sehr überzeugend ist zudem die Liste an Geräten/Systemen, die unterstützt werden, wobei jedoch nach dem Grad der Unterstützung unterschieden wird – Progressive Enhancement eben. Eine so erstellte Anwendung kann beispielsweise über PhoneGap auch in unterschiedliche native Anwendungen umgewandelt werden.

Während Sie bei der Arbeit mit jQuery Mobile erst einmal HTML-Dokumente erstellen, schreiben Sie bei Sencha Touch, das in Kapitel 12 vorgestellt wird, JavaScript-Konfigurationsdateien, die das Aussehen Ihrer App bestimmen. Vieles geht aber auch hier automatisch: So können Sie sich befehlsgesteuert eine Projektbasis erstellen lassen, diese dann mit JavaScript-Konfigurationsbefehlen anpassen, und am Schluss generiert Ihnen Sencha Touch die für den Webeinsatz optimierten Dateien oder auch native Anwendungen. Im Gegensatz zu jQuery Mobile ist die Browserunterstützung jedoch auf Webkit-Browser beschränkt, und bei deaktiviertem JavaScript geht gar nichts.

Kapitel 13 beschreibt einen weiteren möglichen Ansatz zur Erstellung von mobilen Webseiten. Sie erfahren, wie Sie separate Webseiten für den mobilen Zugriff erstellen und auf welche Weise man ermitteln kann, ob ein mobiles Gerät zugreift oder nicht. Hier gehen wir sowohl auf die Basis für die Erkennung ein – das Auslesen des User-Agent-Strings – als auch auf nützliche Skripte sowie auf die grundlegende Arbeit mit WURFL, um detaillierte Informationen über Geräteeigenschaften zu erhalten.

Den Abschluss bildet Kapitel 14 zum Thema „mobile Webseiten testen": Sie lernen nützliche Browsererweiterungen kennen, um den User-Agent-String zu manipulieren, erhalten Tipps für die Installation mobiler Browser/Emulatoren und finden dort Tools beschrieben, die Ihnen beim Debuggen auf mobilen Geräten helfen.

 Sämtliche Listings aus diesem Buch sowie Aktualisierungen finden Sie unter *http://downloads.hanser.de*.

TEIL I

Basics

1 Mobile Nutzer

Wer mobile Webseiten erstellen will, muss zunächst einmal sein Zielpublikum kennen: die mobilen Nutzer. Am Anfang dieses Kapitels schauen wir uns ein paar typische Daten an, die den enormen mobilen Zuwachs belegen, ein weiterer Punkt beschäftigt sich mit den Besonderheiten der mobilen Geräte, und der letzte Teil stellt die gängigen Geräte und Browser vor.

■ 1.1 Wachstum und Bedeutung

Alles, was man Böses über Statistiken sagt, beispielsweise dass man ihnen nur trauen kann, wenn man sie selbst gefälscht hat, gilt im verstärkten Maße natürlich auch für die Statistiken über den mobilen Zugriff aufs Internet und über die Nutzung mobiler Geräte überhaupt. Deswegen können sich die Vertreter der verschiedenen Lager – Android- vs. iOS-Befürworter oder Freunde nativer Applikationen gegenüber Verfechtern mobiler WebApps – auch so vortrefflich die Köpfe einschlagen.

Aber alle Statistiken über die mobile Nutzung zeigen eine klare Tendenz auf. Es gibt ein unglaubliches Wachstum und die Bedeutung des mobilen Zugriffs auf das Internet wird durch eine Menge Zahlenmaterial untermauert. Im Folgenden nenne ich ein paar Beispiele.

- Opera Mini-Benutzer haben mehr als 117 Milliarden Seiten im März 2012 angesehen. Seit Februar 2012 sind die PageViews um 8,1 % gewachsen, im Vergleich zum März 2011 (also ein Jahr früher) sogar um 96 % *(http://www.opera.com/smw/2012/03)*.

> Opera Mini ist übrigens ein besonderer Fall, weil die Opera Mini-Nutzer typischerweise nicht die Smartphone-Nutzer sind – für die ist eigentlich Opera Mobile gedacht. Opera Mini ist ein attraktiver Browser für eher einfach gestrickte Geräte.

Die nächsten drei Statistiken stammen von *http://www.thinkwithgoogle.com/insights/emea/ featured/latest-insights-for-mobile*:

- Im Jahr 2011 wurden täglich mehr Android-Geräte aktiviert als Babys geboren.

- 85 % der deutschen Smartphone-Nutzer verwenden ihr Gerät täglich, um ins Internet zu gehen.
- 2013 (andere Quellen gehen auch von 2015 aus) wird es mehr Internetzugriffe über mobile Geräte als über klassische Computer geben.

Gleichzeitig ist es wichtig, dass Webseiten auf mobilen Geräten gut funktionieren *(http://www.compuware.com/d/release/592528/new-study-reveals-the-mobile-web-disappoints-global-consumers)*:

- 30 % der Nutzer wechseln sofort zu einer Seite der Konkurrenz, wenn die Seite nicht auf Anhieb funktioniert. Der Großteil (78 %) ist noch bereit, es ein zweites Mal zu versuchen, aber kein drittes Mal.
- Wenn die Webseite nicht wie erwartet funktioniert, ist es unwahrscheinlich, dass die Benutzer zu dieser Webseite zurückkehren oder sie empfehlen.

Einen Überblick über die verfügbaren Statistiken und was man aus ihnen lesen kann, finden Sie unter *http://www.compuware.com/d/release/592528/new-study-reveals-the-mobile-web-disappoints-global-consumers*. Eigene Diagramme aufgrund erhobener Daten können Sie sich auf *http://www.thinkwithgoogle.com/mobileplanet/de* erstellen lassen.

Die Bedeutung des mobilen Zugriffs und guter mobiler Strategien zeigen auch Äußerungen wie die von Eric Schmidt (Google): „Put your best people on mobile" („Wählen Sie Ihre besten Leute für die Planung und Umsetzung Ihrer mobilen Strategie aus", siehe *http://www.nextlevelofnews.com/2011/02/googles-eric-schmidt-says-put-your-best-people-on-mobile-why-the-figures.html*).

■ 1.2 Besonderheiten von mobilen Geräten

Mobile Geräte wie Smartphones haben verschiedene Besonderheiten gegenüber Notebooks und stationären Devices.

Wenn im Folgenden von „mobilen Geräten" die Rede ist, so sind damit in erster Linie Smartphones gemeint. Manches gilt gleichermaßen auch für Feature Phones. Auf die Besonderheiten der ebenfalls sehr wichtigen Tablets weise ich an einigen Stellen separat hin.

1.2.1 Größe des Bildschirms

Die klassischen Handydisplays sind kleiner als die Monitore von Desktop-Rechnern oder Notebooks. Schließlich möchten Sie diese Geräte ja mit sich herumtragen können, und sie sollen bequem in einer Hand Platz haben. Das bedeutet, dass die absolute Größe solcher Geräte sich in engen Grenzen bewegt. Zwar gibt es verbesserte Displays, die mehr Pixel darstellen können – man denke beispielsweise an den Wechsel vom iPhone 3 zum iPhone 4 –, aber trotzdem werden die Icons und Inhalte nicht entsprechend verkleinert, da man sonst die Inhalte nicht mehr erkennen könnte. Auf die Besonderheiten der Bildgestaltung fürs Retina-Display gehe ich noch einmal in Kapitel 7.4 ein.

Die kleinere Größe des Bildschirms bedeutet natürlich konkret, dass nicht so viele Inhalte Platz haben und dass man sich beschränken muss. Positiv formuliert: Die Größe des Bildschirms zwingt einen zur Fokussierung und zur Konzentration auf das Wesentliche.

1.2.2 Datenübertragung

Es gibt verschiedene Zugangstechnologien, um mit dem mobilen Gerät auf das Internet zuzugreifen, die sich durch unterschiedliche Geschwindigkeiten auszeichnen. Im Zweifelsfall ist aber die Datenübertragung schlechter als beim Zugriff über einen Desktop-Rechner.

Die Geschwindigkeit beim Laden einer Ressource wird zum einen dadurch bestimmt, wie viele Daten auf einmal übertragen werden können. Außerdem wird die eigentliche Dauer, bis eine Ressource geladen ist, durch die Latenzzeit für jede einzelne Verbindung beeinträchtigt. Das heißt, es dauert per se eine gewisse Zeit, bis ein Datenpaket übertragen ist, auch wenn das betreffende Dokument sehr klein wäre. Diese Latenzzeiten fallen gerade beim mobilen Zugriff deutlich mehr ins Gewicht.

Dazu ein paar Zahlen:

- Bei GPRS (General Packet Radio Service), einem paketorientierten Dienst für die Datenübertragung in GSM-Netzen, beträgt die Übertragungsgeschwindigkeit bis zu 53,6 Kilobit/s, die Latenzzeit liegt bei 500 ms und mehr.
- EDGE (Enhanced Data Rates for GSM Evolution), eine Technik mit erhöhter Datenübertragungsrate in GSM-Netzen, erzielt eine Übertragungsrate bis 236,8 Kilobit/s, die Latenzzeit beträgt aber immer noch 300 bis 400 ms.
- Bei UMTS (Universal Mobile Telecommunications System), einem Mobilfunkstandard der dritten Generation, und der Erweiterung *HSDPA* sind Downloadraten von 7,2 Mbit/s möglich, die Latenzzeit beträgt 60 bis 70 ms. HSPA+ stellt eine Erweiterung von HSPA dar, dabei können bis zu 28 Mbit/s übertragen werden.

Die Zahlen zur Latenzzeit stammen von *http://www.elektronik-kompendium.de/sites/kom/0910141.htm*.

Wer mobil ins Internet geht, muss also im Zweifelsfall länger warten und eventuell mit zusätzlichen Kosten rechnen. Zwar gibt es inzwischen sehr häufig Datenflatrates, aber diese haben üblicherweise nur ein beschränktes Freidatenpensum mit schneller Verbindung, die danach gedrosselt wird. Bild 1.1 zeigt die Drosselung nach einer bestimmten Menge bei Vodafone. Außerdem gelten oft Sonderkonditionen bei einer Nutzung im Ausland, dann muss man sich mit einer beschränkten Datenmenge begnügen.

- ✓ 1 GB pro Monat mit bis zu 3,6 Mbit/s surfen, danach mit max. 64 kbit/s
- ✓ 3 GB pro Monat mit bis zu 21,6 Mbit/s surfen, danach mit max. 64 kbit/s
- ✓ 6 GB pro Monat mit bis zu 42,2 Mbit/s surfen, danach mit max. 64 kbit/s
- ✓ 10 GB pro Monat mit bis zu 50,0 Mbit/s surfen, danach mit max. 64 kbit/s

Bild 1.1 Typisch: Schnelle Verbindungen nur bis zu einer bestimmten Datenmenge

Natürlich ist die Verbindung gut, wenn Sie per WLAN ins Internet gehen. Das gilt aber nur so lange, wie Sie das WLAN-Netz nicht mit allzu vielen Gleichgesinnten teilen müssen …

Untersuchungen zeigen deutlich, wie wichtig schnell ladende Webseiten sind. Gemäß einer Studie erwarten 71 % der Nutzer, dass eine mobile Seite genauso oder zumindest fast genauso schnell lädt wie eine normale Desktop-Seite *(http://e-commercefacts.com/research/ 2011/07/what-usrs-want-from-mobil/19986_WhatMobileUsersWant_Wp.pdf)*.

PRAXISTIPP: Es ist deshalb wichtig, dass Sie die Tests von mobilen Webseiten nicht nur unter optimalen Bedingungen – im Büro mit WLAN – durchführen, sondern auch unter schwierigeren Umständen.

1.2.3 Stromversorgung

Ein weiterer Unterschied zu klassischen Desktop-Rechnern besteht darin, dass mobile Geräte üblicherweise nicht mit dem Stromnetz verbunden sind, sondern einen Akku nutzen. Damit sind alle Operationen kritisch, die den Akku unnötig belasten. Sehr interessant diesbezüglich ist ein Paper, das den Akkuverbrauch großer Webseiten untersucht und vergleicht *(http://www2012.org/proceedings/proceedings/p41.pdf)*.

1.2.4 Zusätzliche Features

Es gibt aber auch eine Reihe von Merkmalen, die mobile Geräte den Desktop-Geräten vorausgaben, beispielsweise folgende:

Touch: Viele Smartphones bedient man über den Touchscreen.

Telefon: Man vergisst oft, dass Smartphones ein Telefon integriert haben. Ein Anruf kann eine gute Art der Kontaktaufnahme sein, und wenn dies erwünscht ist, sollte dies auch einfach möglich sein (siehe hierzu auch Kapitel 4.6). Aber natürlich gibt es auch Geräte zum mobilen Surfen, die ohne diese Funktion auskommen, wie Tablets oder das iPod.

Kamera: Smartphones (auch Feature-Phones) besitzen eine Kamera. Das eröffnet natürlich weitere Optionen, sofern Sie darauf Zugriff haben. Das ist bei den nativen Apps kein Problem, bei mobilen WebApps derzeit schon noch. In einiger Zeit wird das aber sicher anders aussehen.

GPS: Viele Geräte verfügen über GPS und damit ist die Ortung oft exakter als bei einem Desktop-Gerät (aber nicht immer, da teilweise die Ortung über WLAN schon sehr genau ist).

Lagesensoren ermitteln, wie ein Gerät aktuell gehalten wird.

Persönliches Gerät: Smartphones sind äußerst persönliche Geräte, was sich an verschiedenen Stellen zeigt:

- Im Haushalt teilen sich vielleicht mehrere Personen einen Computer, aber wohl kaum jemand will sein Smartphone teilen. (Bei einem Desktop-Rechner kann man mehrere Benutzer einrichten, bei einem Smartphone nicht.)
- Es wird einem eher erlaubt, mal eben den Desktop-Rechner zu nutzen, als auf einem Smartphone eines anderen seine Mails zu checken.
- An der Art und Weise, wie Leute über ihr Smartphone reden, erkennt man ihre persönliche Beziehung dazu.
- Smartphones beinhalten weniger Daten insgesamt, dafür aber mehr „persönliche" – wie Adressbuch, Fotos etc.; die Fokussierung hat hier schon stattgefunden.

■ 1.3 Mobiler Kontext

Um die Besonderheit der mobilen Situation zu charakterisieren, wird der Begriff „Kontext" herangezogen, ein etwas schwammiger Begriff, der aber in abgewandelter Form überall auftaucht. Mobile Nutzer nutzen die Webseiten in einem anderen Kontext als Desktop-Nutzer. Entscheidend ist dabei aber, dass es nicht „den einen mobilen Kontext" gibt, sondern mehrere.

Google beispielsweise unterscheidet drei Typen von Nutzern (siehe z.B. *http://mobile.kaywa.com/mobile_life/mobile-users-repetitive-now-bored-now-urgent-now.html*):

- **Repetitive now** ist jemand, der immer wieder nach derselben Information sucht. Diese Information kann das Wetter sein, E-Mails, Facebook-Status-Updates, Aktienkurse o. Ä. Es geht dabei also um „wiederholte Aktionen".
- **Bored now** ist jemand, der gerade etwas Zeit zur Verfügung hat und diese ausnutzen möchte, beispielsweise beim Warten an der Haltestelle oder im Café, am Spielplatz oder Sessellift.
- **Urgent now** bedeutet, dass es darum geht, schnell etwas zu finden. Das hängt üblicherweise mit dem Ort zusammen, an dem man sich gerade befindet. Sitzt jemand in der Straßenbahn, möchte er schnell herausfinden, an welcher Haltestelle er aussteigen muss, um zu einer bestimmten Lokalität zu kommen. Hier geht es also um Aufgaben, die eine gewisse Dringlichkeit haben.

Der dritte Typ ist sicher der klassische mobile Kontext, der einem als Erstes in den Sinn kommt. Der Interaktionstyp *Bored now* ist näher am klassischen Desktop-Nutzer, weil er eventuell weniger zielgerichtet ist. Eine typische Erscheinung der letzten Zeit ist auch, dass mobile Geräte oft parallel zu anderen Medien genutzt werden, etwa beim Fernsehen. So nutzen 43% der Smartphone-Nutzer ihr Gerät beim Fernsehen *(http://services.google.com/fh/files/blogs/our_mobile_planet_germany_de.pdf)*.

Planen Sie nun eine Strategie für die mobile Seite, sollten Sie sich überlegen, was die einzelnen Interaktionstypen von der betreffenden Webseite erwarten können bzw. brauchen und wie Sie diesen Anforderungen gerecht werden. Gleichzeitig gilt es eines zu bedenken: Mobile Nutzer sind attraktive Nutzer. Wenn jemand mit einem mobilen Gerät nachsieht, wo es ein italienisches Restaurant in der Nähe gibt, ist die Wahrscheinlichkeit größer, dass er auch wirklich dorthin zum Essen gehen will, als wenn er es auf einem Desktop-Rechner nachsieht. 35 % der Nutzer, die mit ihrem Smartphone eine Recherche nach einem Produkt durchgeführt haben, kaufen dieses Produkt danach online, 27 % kaufen es im Geschäft *(http://services.google.com/fh/files/blogs/our_mobile_planet_germany_de.pdf)*. Und die Tendenz ist steigend, denn 16 % der Smartphone-Nutzer geben in der zitierten Studie an, dass sie in Zukunft häufiger mit dem Smartphone einkaufen werden.

Es stellt sich die Frage, was bei den jeweiligen Nutzertypen passiert, wenn das Gewünschte nicht gefunden wird. Beim *Urgent now* ist die Chance wahrscheinlich endgültig vertan; beim *Bored now* würde der Benutzer eher noch einen Umweg gehen, um zum Ziel zu gelangen.

Allerdings wäre es falsch anzunehmen, dass ein Desktop-Nutzer automatisch sehr viel Zeit mitbringt und einfach nur herumsuchen möchte und sich wünscht, eher ziellos inspiriert zu werden. Letztens wollte ich wissen, ob es in einem Gartencenter Regentonnen gäbe. Ich war der klassische „attraktive Kunde", da ich eindeutige Kaufabsicht hatte. Die gewünschte Information fand ich nicht auf der Webseite. Dafür bekam ich eine Diashow präsentiert mit Lavendelfeldern und Rosenimpressionen samt Anregungen für mein Duftbeet. Leider gab es aber keine Suchfunktion. Eine Regentonne habe ich dort nicht gekauft.

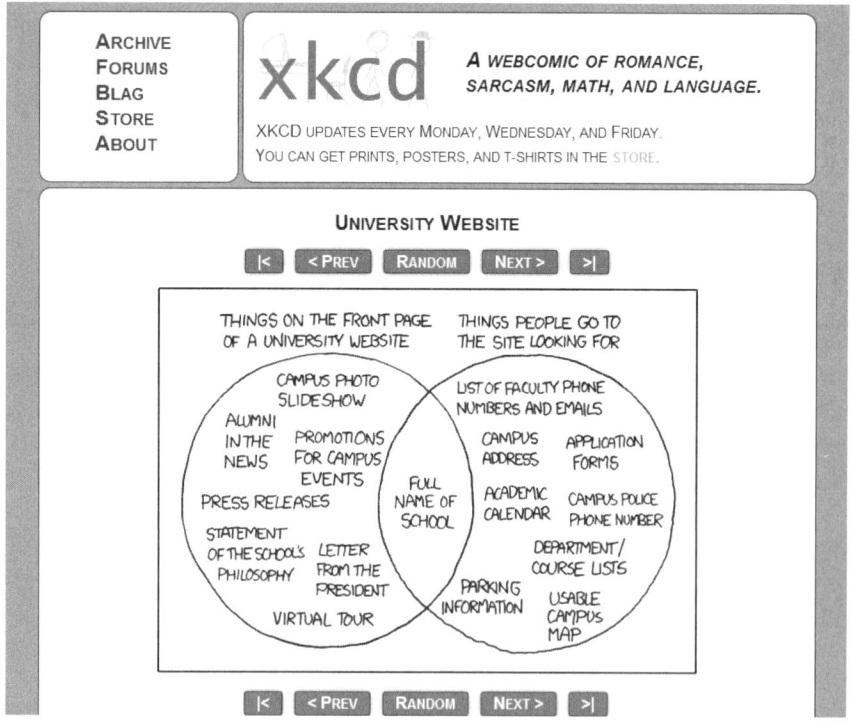

Bild 1.2 Was Besucher von Universitätswebseiten wollen ... und was sie bekommen

Wie sehr die Bedürfnisse von Nutzern und das, was sie bekommen, oft auseinanderklaffen, wird in dem Comic auf *http://xkcd.com/773* anhand der Nutzer von Universitätsseiten schön illustriert: Auch wenn das Beispiel eher in den amerikanischen Universitätskontext passt, zeigt es doch anschaulich, wie Erwartungen und das, was geliefert wird, divergieren können. Die Besucher hätten gerne Listen der Telefonnummern der Fakultäten, E-Mail- und Snailmail-Adressen, Bewerbungsformulare usw.; was sie aber bekommen, ist eine Diashow des Campus, einen Begrüßung des Direktors, eine virtuelle Tour ...

Der Ansatz „Mobile First" *(http://www.lukew.com/ff/entry.asp?933)*, der in letzter Zeit große Beachtung erfahren hat, schlägt deswegen als Strategie vor, die Inhalte und die Webseite auf die wesentlichen Dinge zu konzentrieren, zu fokussieren. Damit hilft man allen Nutzern, den mobilen Besuchern genauso wie den Desktop-Nutzern. Außerdem lässt sich die reduzierte Inhaltsmenge bei wenig verfügbarem Platz auch besser darstellen.

■ 1.4 Einschränkungen oder neue Möglichkeiten?

Zeichnen sich die mobilen Geräte jetzt hauptsächlich durch ihre Einschränkungen oder durch die neuen zusätzlichen Möglichkeiten aus? Das ist eine Frage des Blickwinkels. Betrachtet man die mobilen Geräte aus Desktop-Perspektive, fallen die sehr gravierenden Einschränkungen ins Auge. Aber es ist fraglich, ob man den mobilen Geräten mit diesem Blickwinkel gerecht werden kann.

Aus gutem Grund wird darüber diskutiert, ob der derzeitige Wandel nicht mit dem Wechsel vom Print zum Web vergleichbar ist. Beim Aufkommen einer neuen Technik versucht man zunächst, die bekannten Techniken auf sie zu übertragen. So war Fernsehen am Anfang Radio mit Bildern. Da man im Radio die Handlung beschreiben musste, weil man sie nicht sieht, wurde sie am Anfang im Fernsehen auch erzählt – obwohl sie dort auch zu sehen war.

Ähnlich beschreibt John Allsopp in seinem Artikel auf *http://www.alistapart.com/articles/dao* die Versuche, die Regeln des Print auf das Web zu übertragen: Man versucht, Kontrolle auszuüben, so wie man im Print die Ausgabe kontrolliert. Er erklärt auch, dass dieser Ansatz zum Scheitern verurteilt ist. So sind die überzeugendsten Webdesigns diejenigen, die diesen Kontrollverlust akzeptieren und für die Interaktion mit dem Nutzer ausgelegt sind, denn er bestimmt das endgültige Aussehen der Webseite.

Obwohl sich dieses Designprinzip noch längst nicht überall durchgesetzt hat – zu oft wird noch versucht, ein pixelperfektes Design auf verschiedenen Plattformen zu realisieren –, lässt es einen erahnen, dass die Übertragung von Desktop-Gesetzmäßigkeiten auf das neue Medium – das mobile Web – eben nur bedingt sinnvoll ist.

Verfolgen wir diesen Gedanken weiter, ist der Begriff „Anpassung" (Adaption) schon einmal falsch, weil es nicht um eine Anpassung, sondern um eine Neuerschaffung gehen sollte. Eine Neuerschaffung direkt für dieses Medium – und damit sind wir beim Mobile First-Ansatz, wie ihn Luke Wroblewski vertritt. Es geht ihm darum, dass nicht eine bestehende Seite so gut wie möglich für mobile Geräte optimiert, sondern das Angebot für die mobilen

Geräte neu entwickelt wird, die Variante für den Desktop kann dann darauf aufbauen. Dass weniger Platz zur Verfügung steht, zwingt zur Fokussierung, zur Konzentration auf das Wesentliche.

Umgekehrt kranken die klassischen Webseiten häufig daran, dass sie bis zur Grenze des Erträglichen mit Inhalten gefüllt sind. Genauso, wie Arbeit die Eigenschaft hat, immer alle verfügbare Zeit einzunehmen und sich entsprechend auszudehnen, oder Wohnungen und Häuser immer voller werden – so werden die Desktop-Seiten gefüllt, weil eben Platz zur Verfügung steht. Bei größeren Webseiten kommt erschwerend hinzu, dass es verschiedene Parteien/Abteilungen gibt, die ihre Inhalte unterbringen wollen. Statt auszuwählen und zu gewichten, behilft man sich mit der „Sowohl als auch"-Methode, weil man ja den Platz hat – und das geht zulasten der Nutzer.

Andererseits gibt es oft das ganz praktische Problem, dass bereits eine Webseite existiert, die nicht verändert werden soll. Bei neuen Projekten lässt sich darüber diskutieren, ob der Mobile First-Ansatz der richtige ist. Bei einem bestehenden Projekt stellt sich die Frage nach Mobile First gar nicht erst, sondern man muss aus dem Bestehenden etwas machen.

■ 1.5 Browser und Geräte

Die Aussage, dass z. B. etwas auf dem iPhone läuft, ist eigentlich etwas verkürzt und ungenau. Denn streng genommen muss man zwischen folgenden Bereichen trennen:

- **Betriebssystem:** beim iPhone beispielsweise iOS in unterschiedlichen Versionen
- **Browser:** beim iPhone im klassischen Fall der vorinstallierte Mobile Safari, es könnte aber natürlich auch ein Opera Mini installiert sein
- **Hardware,** also beispielsweise das iPhone 4, iPhone 3 …

Es ist wichtig festzuhalten, dass die Nutzer unterschiedliche und mehrere Browser auf Smartphones installieren können; allerdings geht das auf dem iPhone nur mit Browsern, die auch den Mobile Safari als Rendering Basis haben. Eine Ausnahme stellt Opera Mini dar.

Folgende Browser können beispielsweise zusätzlich installiert werden:

- Firefox Mobile
- Opera Mobile
- Opera Mini
- Chrome für Android (und iOS). Chrome für iOS ist kein echter Chrome, weil er als Basis den iOS Web View nimmt, der den meisten Code mit Safari teilt *(http://www.mobilexweb.com/blog/chrome-ios-android-4-1-jelly-bean-html5).*

Die standardmäßig installierten Browser sind bei Smartphones üblicherweise Webkit-Browser.

 Aktuelle Vergleiche, wie gut die einzelnen Browser HTML5 unterstützen, finden Sie unter *http://html5test.com/results/mobile.html*.

Webkit-Browser

Webkit *(http://www.webkit.org)* ist ein Open-Source-Projekt und eine sehr fortschrittliche Browserbasis, die viele Browser auf mobilen Geräten nutzen. Zudem ist Webkit auch sehr fortgeschritten in der Implementierung von HTML5 und CSS3 – viele Vorschläge für Neuerungen kommen vom Webkit-Team und werden zu W3C-Entwürfen, die dann auch in anderen Browsern implementiert werden. Zu beachten ist dabei jedoch, dass es nicht **eine** Webkit-Basis in diesen mobilen Browsern gibt, sondern mehrere, teils sehr unterschiedliche Versionen.

PRAXISTIPP: Sehr nützliche Tabellen zu den Unterschieden bei den verschiedenen Webkit-Browsern bietet Peter-Paul Koch unter *http://www.quirksmode.org/webkit.html*.

Das Betriebssystem iOS, das bei iPhone, iPad und iPod zum Einsatz kommt, bringt den **Mobile Safari** mit, der ein Webkit-basierter Browser ist. Auch auf Android-Geräten vorinstallierte Browser basieren auf Webkit, ab Android 4.1, Jelly Bean, ist es der Chrome-Browser. Aber auch beim BlackBerry seit Version 6, der Nokia S60-Serie oder dem Kindle wird ein Webkit-Browser eingesetzt.

Auch wenn Webkit-basierte Browser damit die meistverbreiteten Browser auf Smartphones sind, sind sie nicht die einzigen. Dass Monokulturen bei der Browserlandschaft zu Problemen führen, hat der Internet Explorer lange Zeit überdeutlich gezeigt. Daher sollten Sie Ihre Webseiten auch auf anderen Browsern testen und beispielsweise bei CSS3-Eigenschaften nicht nur mit -webkit-, sondern auch mit den anderen Präfixen kennzeichnen (siehe hierzu Kapitel 5).

Mobile Firefox

Von dem auf Desktops beliebten Browser Firefox gibt es inzwischen auch eine mobile Version. Diese liegt beim html5test *(http://html5test.com/results/mobile.html,* Stand: Juni 2012) an zweiter Stelle in Sachen HTML5-Unterstützung – noch vor iOS 5.1. Bei Mozilla beheimatet ist auch das ambitionierte Projekt WebAPI *(https://wiki.mozilla.org/WebAPI)*, eine Sammlung von APIs, mit denen Sie per Browser auf wichtige Hardwarekomponenten der Geräte zugreifen können, was sonst nur mit nativen Anwendungen möglich ist. Außerdem arbeitet Mozilla am „Boot 2 Gecko"-Projekt (B2G), einem eigenen mobilen Betriebssystem.

Nützliche Artikel zu den neuen Möglichkeiten der WebAPIs finden Sie unter *http://hacks.mozilla.org/category/webapi/*.

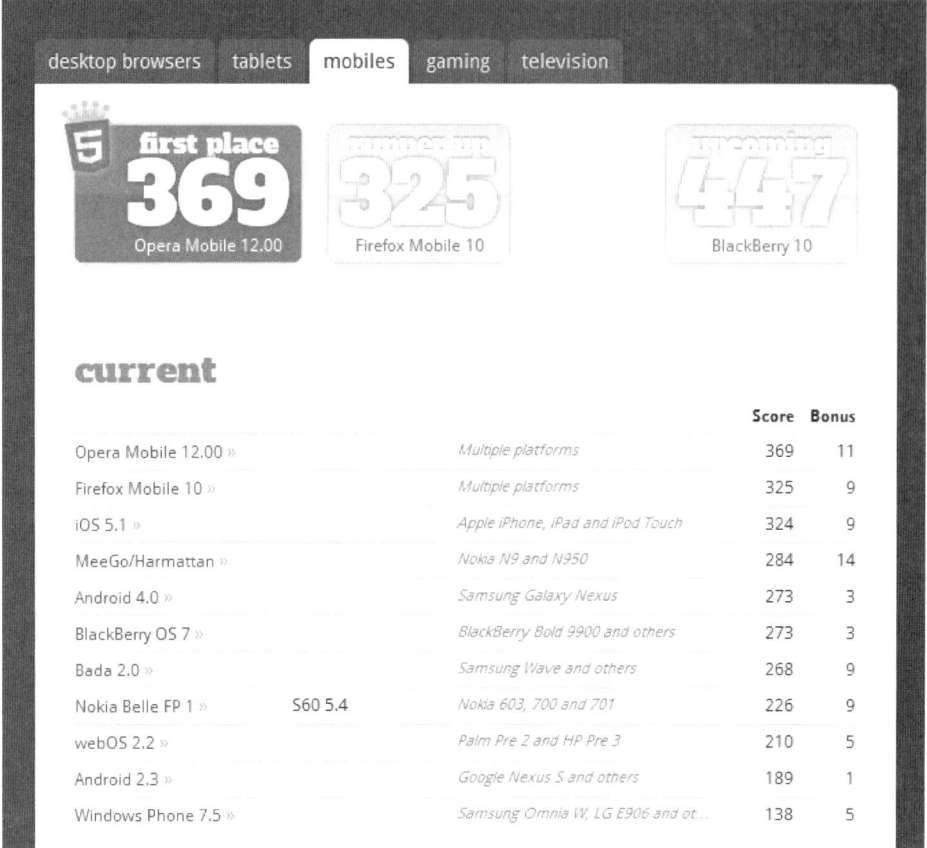

Bild 1.3 Mobile Browser im Vergleich (Stand: Juni 2012)

Opera

Von Opera gibt es zwei mobile Browser, **Opera Mobile** und **Opera Mini.** Während Opera Mobile für leistungsstarke Smartphones gedacht ist, eignet sich Opera Mini auch für weniger fähige Feature-Phones. Opera Mini funktioniert anders als klassische Browser: Ausgehend von einer Opera-Komponente, die auf einem Proxy läuft, wird die Webseite verarbeitet und ein optimiertes Ergebnis an den Client gesendet. Prinzipiell kann die auf einem Proxy laufende Komponente dasselbe wie der „normale" Opera, aber durch die „Proxy-Situation" gibt es ein paar Einschränkungen. Opera Mini können Sie natürlich ebenfalls auf gängigen Smartphones installieren und haben den Vorteil einer geringeren Datenübertragungsmenge. Opera publiziert außerdem die durchaus aufschlussreichen Zugriffsstatistiken in seinem monatlich erscheinenden State of the Mobile Web *(http://www.opera.com/smw)*.

Internet Explorer Mobile

Im Windows Phone 6.5 von 2008 werkelt eine Internet Explorer 6-Variante; der Browser bei Windows Phone 7 (Februar 2010) ist ein Hybrid von Internet Explorer 7 und 8. Auf dem Windows Phone 7.5 (auf dem Markt seit September 2011) ist ein Internet Explorer Mobile installiert, dessen Rendering Engine auf der des Internet Explorer 9 basiert. Details hierzu finden Sie unter *http://windowsteamblog.com/windows_phone/b/wpdev/archive/2011/09/22/ie9-mobile-developer-overview.aspx*. Der im Windows Phone 8 integrierte Browser soll eine Spielart des Internet Explorer 10 sein, der sich durch eine sehr fortgeschrittene Unterstützung für CSS3 und HTML5 auszeichnet. Wenn Sie also wissen wollen, was in einer bestimmten Internet Mobile-Version unterstützt wird, können Sie auf die Informationen zum entsprechenden Desktop-Internet Explorer zurückgreifen.

Das neue Betriebssystem Windows 8, das parallel zum Internet Explorer 10 erscheinen soll, ist auch insofern ein Novum, als es mit einem „Mobile First"-Ansatz aufwarten kann: Es ist primär auf Touchscreens ausgelegt, funktioniert aber auch „mit der Maus".

Verteilung der Browser

Die wirkliche genaue Verteilung der Browser festzustellen, ist natürlich wie immer ein unmögliches Unterfangen; aber wie so oft gibt es auch hier diverse Statistiken, die zumindest prinzipielle Tendenzen verraten, wie diejenigen auf *http://gs.statcounter.com*.

Ein Bericht bei Heise bringt das Problem der unterschiedlichen Statistiken schön auf den Punkt: „Die Nutzung mobiler Browser nimmt weltweit sehr stark zu – und Analysedienste produzieren schöne Schlagzeilen, haben aber letztlich auch keine Ahnung." *(http://www.heise.de/newsticker/meldung/Safari-dominiert-bei-mobilen-Browsern-oder-auch-nicht-1336232.html)*

Auf *http://gs.statcounter.com* zeigen sich große regionale Unterschiede. Weltweit liegt beispielsweise im Mai 2012 Opera vorne, da eben Opera Mini ein wichtiger Browser für schwächere Geräte ist. Lässt man sich hingegen die Statistik für Deutschland für denselben Zeitraum ausgeben, so liegt Android vor iPhone, und weit abgeschlagen folgt Opera.

Es empfiehlt sich auf jeden Fall, die Statistiken der eigenen Webseite heranzuziehen; wobei hier natürlich das „Henne-Ei-Problem" wie bei der Zugänglichkeit auftreten kann. Angenommen, Sie haben einen Laden, der nur über mehrere Stufen erreichbar ist, dann sollten Sie aus der Tatsache, dass nur wenige Rollstuhlfahrer Ihren Laden besuchen, nicht schlussfolgern, dass Ihr Angebot für Rollstuhlfahrer uninteressant ist.

Umgekehrt gilt, dass eine geringe Anzahl von Besuchern mit mobilen Geräten in der Statistik bedeuten *kann*, dass die Seite eben für mobile Geräte derzeit schlecht benutzbar ist. Optimieren Sie hingegen nur auf iPhone-Geräte, bedeutet eine ansteigende Anzahl von Zugriffen von iPhones auch nicht an sich, dass es nicht auch Leute mit anderen Geräten/Browsern gibt, die Ihre Webseite gerne nutzen würden, wenn …

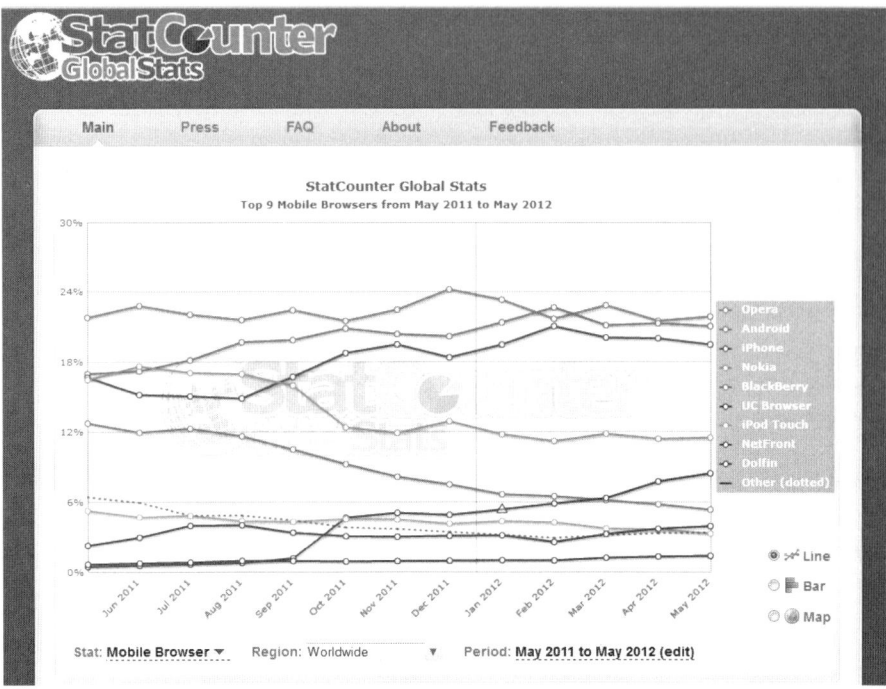

Bild 1.4 Verteilung der mobilen Browser weltweit auf *http://gs.statcounter.com*

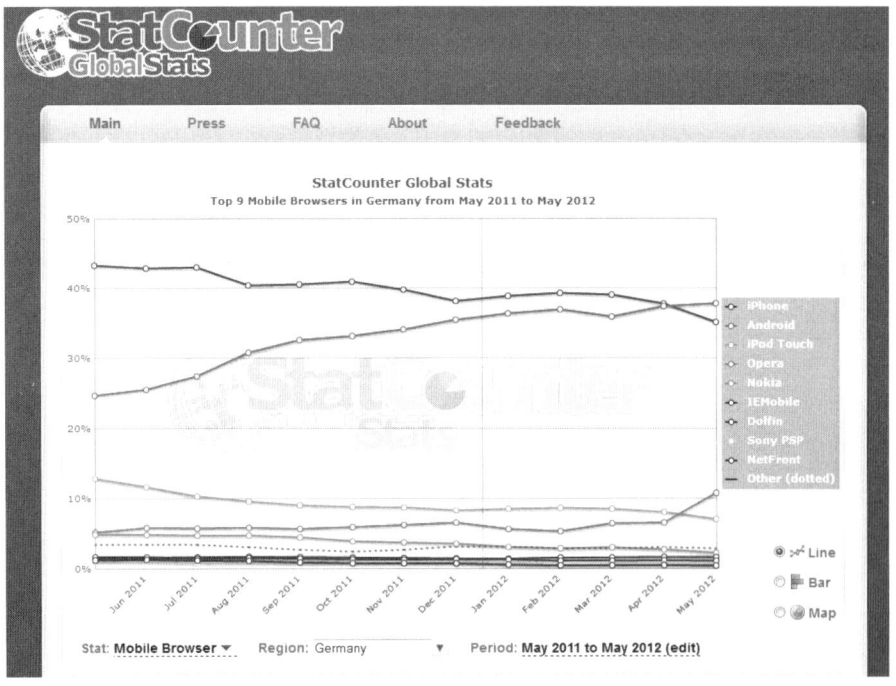

Bild 1.5 Verteilung der mobilen Browser in Deutschland bei *http://gs.statcounter.com*

1.6 Kurz zusammengefasst

- Der mobile Zugriff auf Internetseiten nimmt stark zu. Außerdem sind mobile Nutzer tendenziell besonders attraktive Kunden, da sie mit größerer Häufigkeit eine konkrete Kaufabsicht verfolgen.
- Im Vergleich zu Desktop-Computern haben mobile Geräte bestimmte Einschränkungen: Die Displays sind kleiner, sie hängen nicht an der Steckdose und die Datenverbindung ist oft schlechter. Daneben sind sie aber auch mit zusätzlichen Features ausgestattet, die so bei den Desktop-Rechnern nicht vorhanden sind, wie GPS, Lagesensoren oder Kameras.
- Um das Alleinstellungsmerkmal der mobilen Nutzung zu beschreiben, spricht man vom „besonderen mobilen Kontext"; dabei gibt es jedoch nicht den **einen** mobilen Kontext, sondern viele.
- Um die Nutzer mobiler Geräte optimal zu berücksichtigen, darf man das Web und Webseiten nicht nur von der Desktop-Warte aus betrachten, sondern muss das Besondere dieser Geräte berücksichtigen. Ein Ansatz, der gleichermaßen auch die Benutzbarkeit von Webseiten für Desktop-Nutzer erhöht, ist der Mobile First-Ansatz mit der damit einhergehenden Fokussierung auf das Wesentliche.
- Von den verschiedenen mobilen Browsern liegen Webkit-basierte Browser auf Smartphones ganz vorne, die Webkit-Browser stellen jedoch an sich keineswegs eine homogene Gruppe dar. Trotzdem sollten Sie die Nutzer anderer Browser nicht außen vor lassen und Ihre Webseite grundsätzlich auf möglichst vielen Browsern/Systemen testen.

2 Strategien für mobile Webseiten

Dieses Kapitel wird Ihnen die gängigen Strategien im Umgang mit den mobilen Surfern vorstellen. Es erläutert prinzipielle Optimierungen genauso wie das Grundprinzip von Responsive Webdesign, von separaten Webseiten und mobilen WebApps, ohne zu tief in die Technik einzusteigen, was späteren Kapitel vorbehalten ist. Sie erfahren jedoch schon an dieser Stelle die Vor- und Nachteile der unterschiedlichen Herangehensweisen.

2.1 Optimierungen der Desktop-Seite

Zuerst einmal können Sie darangehen, Ihre Desktop-Seite zu optimieren, sodass sie auch auf den mobilen Geräten zumindest *einigermaßen* funktioniert. Dazu gehören zum einen die Performance-Optimierung und zum anderen das Vermeiden kritischer/problematischer Features. Im Detail sind folgende Dinge zu beachten:

- Mit am wichtigsten ist die Optimierung der Performance, d.h. dafür zu sorgen, dass die Seite schneller lädt und die Benutzer schneller zu den Inhalten kommen, die sie interessieren. Von Verbesserungen an der Performance profitieren die Benutzer der Desktop-Seite ebenfalls: Eine Webseite, die auf mobilen Geräten schnell geladen wird, lädt rasant schnell auf dem Desktop. Kapitel 6 ist dem Thema Performance-Optimierungen gewidmet.
- Außerdem sollten Sie schauen, ob die Menüpunkte groß genug sind, dass sie sich mit den Fingern bedienen lassen; die Menüpunkte dürfen auch nicht zu eng beieinander stehen, weil sonst die Gefahr besteht, dass man beim Klicken den falschen erwischt.
- Eigenschaften, die das Scrollen manipulieren, sind ebenfalls kritisch. Dazu zählen die CSS-Anweisungen `overflow: scroll`, position: fixed und auch Effekte wie Parallax-Scrolling.
- Schwierig ist ebenfalls, wenn wichtige Informationen nur beim Hovern eingeblendet werden, weil das im Zweifelsfall bei Touchscreens nicht funktioniert; auch Drop-down-Listen sind anfällig. Dann wäre es zumindest wichtig, dass die Navigationspunkte noch auf einem anderen Web erreichbar sind.
- Ein Suchfeld ist praktisch für einen direkten Zugriff auf die Inhalte und sollte ganz oben auf der Seite platziert werden und einfach erreichbar sein.

- Bei Formularen sollten Sie die neuen Input-Feldtypen wie `email`, `number` oder `tel` nutzen; damit wird automatisch die richtige Tastatur eingeblendet. Browser, die diese Typen nicht unterstützen, behandeln sie einfach als `type="text"` (Genaueres hierzu in Kapitel 4.5).
- Zentrale Informationen wie etwa die Öffnungszeiten bei Restaurants sollten direkt, ohne dass der Benutzer sich durch mehrere Navigationspunkte und Unterseiten klicken muss, erreichbar sein; am besten auf der Startseite oder auf jeder Seite. Wichtig ist ebenfalls eine Telefonnummer, sofern diese Form der Kontaktaufnahme gewünscht ist. Beides sind Sachen, von denen die Nutzer von Desktop-Seiten ebenfalls profitieren.
- Wenn die Webseite auf Flash für zentrale Teile setzt, kommen Sie mit einfachen Optimierungen nicht weiter, da der Flash Player auf iOs nicht läuft.

Diese und weitere Optimierungen können direkt durchgeführt werden, bis dann je nach Situation und Anforderungen weitere Anpassungen für mobile Nutzer erfolgen.

Wesentlich sinnvoller ist es, allgemeine Optimierungen durchzuführen, als Energie darauf zu verwenden, die mobilen Nutzer auf eine eigene Seite umzuleiten, auf der sie erfahren, dass es noch keine mobile Version gibt. Dann sollten Sie lieber gar nichts machen.

■ 2.2 Progressive Enhancement und Feature Detection

Progressive Enhancement ist keine eigenständige Strategie wie die gleich jetzt vorgestellten Ansätze, sondern mehr eine grundlegende Herangehensweise. Dabei geht man von einer funktionierenden Basis aus, die dann für fähigere Geräte optimiert wird, eben „schrittweise verbessert wird". Progressive Enhancement hilft, mit Browsern/Geräten, die äußerst unterschiedliche Fähigkeiten haben, umzugehen. An mehreren Stellen wird uns Progressive Enhancement wieder begegnen, unter anderem in Kapitel 5.1.

Ein sehr schönes Beispiel für die Umsetzung von Progressive Enhancement ist das Framework jQuery Mobile, wobei das Ergebnis je nach Fähigkeiten des ausführenden Gerätes von einfacher HTML-Seite bis hin zu mobilen WebApp mit dem zugehörigen Look & Feel reicht (siehe auch Kapitel 11).

Hilfreich beim Progressive Enhancement, aber nicht nur dort, ist es, auf Features zu testen, um Browsern mit unterschiedlichen Fähigkeiten auch unterschiedlichen Code zu liefern. Mittel erster Wahl ist hier Modernizr, der in Kapitel 5.1 behandelt wird.

2.3 Responsive Webdesign

Responsive Webdesign ist eine neue Herangehensweise, die Problematik der so unterschiedlichen Geräte zu lösen. Die wichtigste Komponente vom Responsive Webdesign sind CSS3-Media Queries. Über diese kann man je nach Eigenschaften des Ausgebegeräts unterschiedliche Formatierungen anwenden. So kann beispielsweise eine Webseite bei viel verfügbarem Platz dreispaltig und bei wenig verfügbarem Platz einspaltig angezeigt werden.

```
@media screen (and min-width: 500px) {
   /*diese Angaben gelten nur für Geräte mit einer Mindestbreite von 500px */
}
```

Zum Responsive Webdesign gehört aber mehr als Media Queries, klassischerweise auch ein Layout in Prozent – ein sogenanntes flüssiges Layout – und flexible Bilder, die sich an die Bildschirmgröße anpassen. Für die flexiblen Bilder entfernt man die Breitenangaben beim HTML-Code des Bildes und ergänzt Folgendes:

```
img {
   max-width: 100%;
}
```

Damit behalten Bilder ihre ursprüngliche Größe, werden aber nie größer als der sie umgebende Block.

Ein Beispiel für eine Webseite, die nach den Prinzipien des Responsive Webdesign, erstellt wurde, ist *http://www.iso.org*. Bild 2.1 zeigt die Webseite bei viel verfügbarem und Bild 2.2 bei wenig verfügbarem Platz.

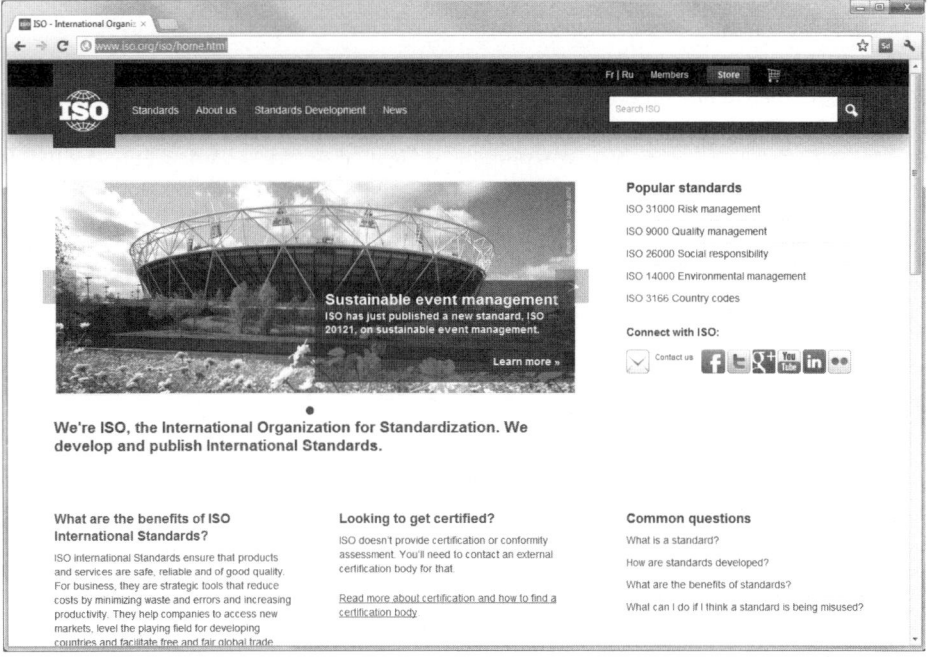

Bild 2.1 ISO-Seite bei viel Platz ...

Bild 2.2 ... und bei wenig vorhandenem Platz

Der Vorteil von Responsive Webdesign ist, dass es zumindest auf den ersten Blick so einfach scheint: Man muss nur das Stylesheet ein bisschen anpassen und die Angaben für die schmalen Bildschirme ergänzen, und schon hat man eine Webseite, die auf den schmalen Bildschirmen wunderbar aussieht. Diese einfache Variante hat jedoch mehrere Nachteile:

- **Performance:** Bei den über CSS klein skalierten Bildern werden ja immer noch die großen Bilder auf den mobilen Geräten geladen, was die Downloadzeit unnötig erhöht. Auch Inhalte, die einfach mit dem CSS-Befehl `display: none` ausgeblendet werden, müssen trotzdem heruntergeladen werden. Das sorgt für schlechte Performance und die Performance ist gerade für mobile Geräte extrem wichtig.
- **Quellcodeanordnung:** Für Mobilnutzer sind die Inhalte oft nicht in der optimalen Reihenfolge, wenn man von einer bestehenden Desktop-Seite ausgeht. Dann kann es sein, dass der Nutzer lange scrollen muss, um zum Wesentlichen zu kommen. So gilt im Allgemeinen, dass bei einer mobilen Version die Navigation besser nach dem Inhalt untergebracht ist, bei der Quellcodeanordnung von Desktop-Seiten ist es oft anders.
- **Inhaltsmenge:** Überhaupt kann es vorkommen, dass der Nutzer vor lauter Scrollen den Überblick verliert. Auf einer Desktop-Seite ist normalerweise eine Menge Inhalt untergebracht. Wenn man diesen auf einem kleinen Bildschirm unterbringt, wird es schnell unübersichtlich.

Probleme gibt es ebenfalls immer dann, wenn eigentlich unterschiedliche Inhalte auf der mobilen wie auf der Desktop-Version angezeigt werden sollen. Zwei Beispiele hierfür sind:

- Für mobile Geräte, die kein JavaScript ausführen können, gibt es eigene serverseitige Analytics-Tools, beispielsweise Google Analytics for Mobile Websites *(https://developers.google.com/analytics/devguides/collection/other/mobileWebsites)*, aber natürlich sollte man diese nur auf reinen mobilen Seiten nutzen.
- Auf der mobilen Seite ist eventuell eine andere Werbung angebracht als auf der normalen Webseite. Zum Beispiel wären auf der mobilen Webseite Hinweise auf native Apps sinnvoll, weniger auf der Desktop-Seite. Zudem passt nicht jedes Werbeformat für beide Ausgabemodi: Auf beiden problemlos funktioniert textuelle Werbung, aber nicht die Rich

Media-Werbung oder Pop-ups. Zudem ist Werbung oft in einer vorgegebenen Größe und eben nicht flexibel. Wird unterschiedliche Werbung je nach verfügbarem Platz gezeigt, benötigt man eventuell neue Formen der Abrechnung.

Lösungen für die Inhaltsproblematik sind folgende:

- Für Bilder benötigt man eigene Lösungen, die über das klassische Responsive Webdesign hinausgehen und darin bestehen, dass unterschiedliche Bilder je nach anfragendem Gerät ausgeliefert werden. Dafür gibt es eine Reihe von Techniken.

Zum Problem der Inhalte existieren zwei grundsätzliche Strategien:

- Conditional Loading bedeutet, dass man die Inhalte nur bei Bedarf lädt.
- Die andere Strategie kommt ganz ohne Programmiertechnik aus: die Fokussierung auf das Wesentliche. Von diesem Konzeptionsprinzip profitieren auch die Nutzer der Desktop-Seite. Und damit sind wir wieder beim Mobile First-Ansatz: Dieser besagt, dass die mobile Version zuerst konzipiert und erstellt und diese danach für die Desktop-Nutzer angepasst wird. Das allerdings ist nur möglich, wenn Sie eine Webseite von Grund auf neu konzipieren. Außerdem erfordert es ein vollständiges Umdenken, und man muss sich natürlich von Inhalten und Features verabschieden.

Kapitel 10 widmet sich ausführlich dem Thema Responsive Webdesign und der involvierten Komponenten. Performance-Optimierungen sind gerade auch für das Responsive Webdesign wichtig; außerdem können Sie für die bessere Performance auch verstärkt CSS3-Features einsetzen (Kapitel 5) und Techniken zum Einsparen von Bildern nutzen (Kapitel 7).

Responsive Webdesign kann auch mit anderen Strategien kombiniert werden. So können Sie es bei einer separaten mobilen Webseite einsetzen, um mit den unterschiedlichen Bildschirmgrößen der mobilen Geräten umzugehen, wie es beispielsweise von *web.de* praktiziert wird. Oder Sie können Responsive Webdesign bei WebApps anwenden, um die Anordnung der Elemente für die Bildschirme optimal zu gestalten. jQuery Mobile wäre ein Beispiel für Letzteres.

■ 2.4 Separate mobile Webseiten

Das Prinzip der zwei oder mehr separaten Webseiten beruht darauf, dass es verschiedene HTML-Dokumente mit zugehörigen Ressourcen (Stylesheets, Bilder, JavaScript-Dateien) gibt, die je nach Kontext ausgeliefert werden.

Desktop- und Mobile-Version können sich in folgenden Punkten unterscheiden:

- Die Anordnung des **Quellcodes** ist optimiert: Beispielsweise ist die Navigation auf mobilen Webseiten besser unten angeordnet (Content First).
- **Optimierte Bilder:** Auf dem Desktop darf es gerne auch mal groß sein, bei mobilen Geräten sollten Bilder aus Performancegründen nur genau so groß sein, wie man sie braucht. Eine automatische serverseitige Skalierung funktioniert nicht immer, weil dabei manchmal auf einem kleinen Bildschirm wichtige Details nicht erkennbar sind. Hier greifen Sie besser händisch ein und stellen ein optimiertes Bild zur Verfügung, das dann vielleicht auch nur ein Ausschnitt aus dem großen Bild ist.

- **Allgemeine Struktur:** Zweitrangige Inhalte könnten beispielsweise auf der Desktop-Seite direkt integriert werden, aber auf der mobilen Seite macht man sie erst über einen Link erreichbar.
- **Besondere Inhalte für das Smartphone:** Hinweise auf die native App oder ortsbezogene Werbung sind auf der mobilen Webseite wichtig, nicht aber auf der Desktop-Version.

 Sichere Annahmen darüber, was Nutzer der mobilen Version brauchen oder nicht, sind sehr schwierig; oft sind die Annahmen falsch und verärgern die Besucher. Eine sinnvolle Alternative zum Nichtbereitstellen ist es, diese erst über einen weiteren Link verfügbar zu machen. Das bedeutet, dass die Grundseite entschlackt ist und schneller lädt, aber insgesamt alle Inhalte erreichbar sind.

- Es wird andere oder keine **Werbung** angezeigt.

Bild 2.3 spiegel.de: Desktop-Version ...

Üblicherweise findet die Auswahl der passenden Version automatisch statt. Für die separaten Inhalte gibt es zwei Möglichkeiten: Entweder steht die mobile Version unter einer eigenen URL oder aber beide Dokumente sind unter derselben URL erreichbar. Für die eigene

URL werden häufig Subdomains wie *m.beispiel.de* oder *mobil.beispiel.de* eingesetzt. Diese Variante mit der eigenen URL hat den Vorteil, dass Sie diese URL separat publik machen und bewerben können.

Bild 2.4 spiegel.de: Mobile-Version

 Die separate Seite ist bei den Top-Alexa-Sites in Deutschland vorherrschend (*http://www.alexa.com/topsites/countries/DE, Stand: Sommer 2012*) und ebenso weltweit, wie die Untersuchungen auf *http://mobiforge.com/designing/blog/server-side-device-detection-used-82-alexa-top-100-sites* zeigen.

Bei separaten mobilen Webseiten gibt es zwei Schwierigkeiten:

Für die Ermittlung, ob es sich um ein mobiles Gerät handelt oder nicht, wird der User-Agent herangezogen, also die Kennung, die der Browser an den Server sendet, wenn er eine Seite anfordert. Dies ist natürlich nur bedingt zuverlässig, zum einen kann der User-Agent-String gefakt werden, zum anderen ist diese Technik per se nicht zukunftssicher. Deswegen ist es an sich wichtig, dem Nutzer die Möglichkeit zu geben, die Version zu wechseln. Und dabei sollte er natürlich nicht nur auf die Hauptseite umgeleitet werden, sondern zur anderen Version der gerade gewählten Seite. Diese Einstellung muss gespeichert werden, damit der Benutzer das nicht dauernd wieder durchführen muss.

Das zweite Problem besteht darin, dass oft bei der mobilen Webseite Inhalte beschnitten und Features reduziert werden. Hiermit werden mitunter mobile Nutzer als Benutzer der zweiten Klasse disqualifiziert, außerdem basiert das auf Annahmen, die so oft nicht stimmen.

Die Diskriminierung der mobilen Nutzer wird auch durch die Bezeichnung „View Full Site" (vollständige Seite ansehen) deutlich, die im englischsprachigen Raum verwendet wird, um den Link zum Wechseln zur Desktop-Seite zu kennzeichnen. Beschriftungen wie „Hauptseite" für die Desktop-Seite oder auch „Internetseite", „WWW-Seite" weisen alle darauf hin, dass die mobile Version nur eine beschnittene Teilseite ist und die wichtigen und vollständigen Inhalte auf der Desktop-Seite stehen.

Zusätzlich besteht die Gefahr, wenn die Inhalte separat voneinander gepflegt werden, dass die mobile Version nicht in derselben Art aktuell gehalten wird; so gibt es immer wieder Fälle, in denen Sonderangebote bei der mobilen Version nicht ankommen oder dort noch gelistet sind, nachdem sie nicht mehr zur Verfügung stehen.

PRAXISTIPP: Schöne Beispiele dafür, was auf mobilen Seiten alles so schiefgehen kann, liefern die Screenshots auf *http://wtfmobileweb.com*.

Als die Barrierefreiheit (Accessibility) aufkam, hat man teilweise versucht, eigene barrierefreie Versionen der Hauptseite zu erstellen. Dann hat sich aber deutlich herauskristallisiert, dass das Ziel nicht ist, eine eigene barrierefreie Version zu erstellen, sondern die Standardversion barrierefreier zu gestalten. Dies ist natürlich ein gutes Argument gegen die reduzierte mobile Seite.

Zudem gibt es Untersuchungen, die belegen, dass es Menschen gibt, die das Smartphone oder Feature Phone nicht zusätzlich zum PC verwenden, sondern ausschließlich. Und dann ist es besonders gravierend, wenn diese von den „normalen" Informationen ausgeschlossen werden.

Der schlimmste Fall ist es, eine separate Webseite für den Hinweis zu verwenden, dass die mobile Seite noch nicht funktioniert – ohne einen Link auf die normale Webseite (siehe Bild 2.5).

Auch wenn man sehr viel falsch machen kann bei der separaten mobilen Webseite, ist sie doch an sich auch eine erwägbare Lösung – eben dann, wenn die Inhalte für die unterschiedlichen Kontexte sehr unterschiedlich sind oder ganz unterschiedlich organisiert werden müssen. Die separate mobile Seite ist auch eine gute Strategie, wenn man eben gar nichts an der Desktop-Seite ändern kann.

Umgekehrt kann die serverseitige Auslese des User-Agents beispielsweise auch beim Responsive Layout zur Auslieferung separater Bilder benutzt werden, um zu entscheiden, welche Version einer Ressource geschickt werden soll. Kapitel 13.7 stellt zudem Kombinationen von clientseitigen und serverseitigen Tests vor.

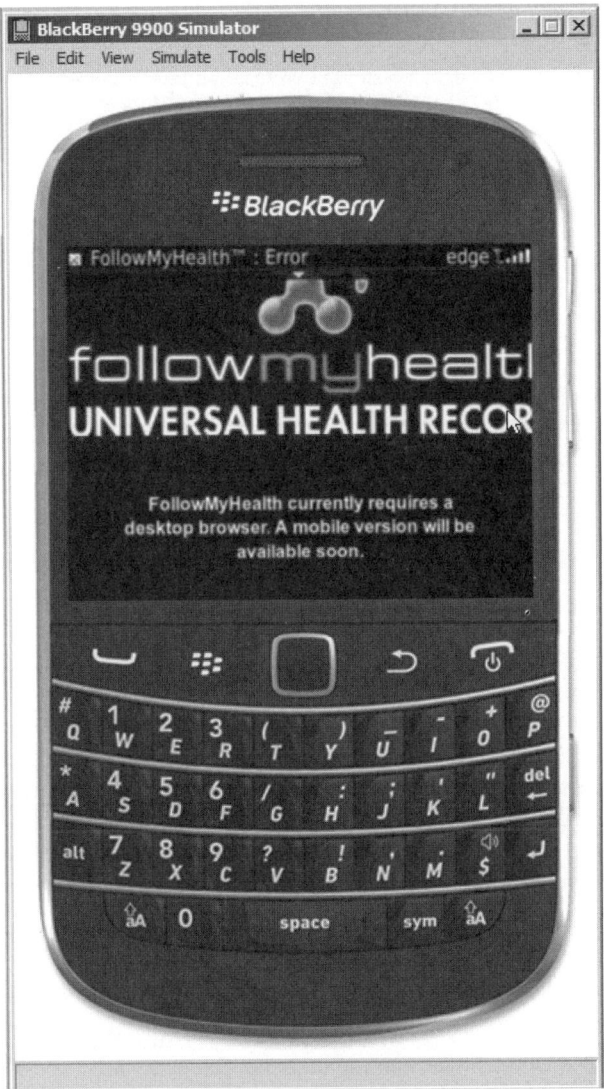

Bild 2.5 Mobile Version kommt bald, ach was ...

■ 2.5 Mobile WebApps

Was genau ist eine WebApp? Klar ist, was eine native App ist. Das ist eine Anwendung, die in einer vorgegebenen Sprache direkt für ein bestimmtes Betriebssystem geschrieben ist, zum Beispiel kann man Anwendungen für iOS in Objective-C oder Cocoa erstellen, Android Apps mit Java. Im Gegensatz dazu basieren mobile WebApps auf den Sprachen des Webs, d. h. auf HTML, CSS und JavaScript.

Was unterscheidet mobile WebApps aber von mobilen Webseiten? Diese Frage ist schwerer zu beantworten. Es gibt auch Stimmen, die sagen, man müsse die beiden nicht voneinander abgrenzen. Besuchern sei es egal, ob sie eine WebApp nutzen oder eine Webseite besuchen. Aber für Entwickler ist es doch wichtig, sich die Unterschiede zwischen beiden klarzumachen.

Zur Abgrenzung von mobiler WebApp gegenüber mobiler Webseite werden verschiedene Kriterien herangezogen.

Optik – Look & Feel

Eine mobile WebApp vermittelt eine App-like Erfahrung. Das heißt, dass sie vom Benutzer ähnlich wie eine native App wahrgenommen wird. Typisch ist also für WebApps ein bestimmtes Aussehen. Üblicherweise orientieren sich WebApps optisch mehr an den nativen Apps als an der Desktop-Seite.

Typisch sind folgende Komponenten (im Unterschied zu mobilen Webseiten):

- Fixierte Toolbar oben, eine Reihe von Buttons unten.
- Animierte Seitenübergänge bei der Navigation zwischen den verschiedenen Bereichen.
- Typisch sind auch Elemente wie ActionSheet, das sind Meldungsfenster, die mit zusätzlichen Optionen von unten auf dem Bildschirm erscheinen, oder Ladeanzeiger.

Funktionalität

Webseiten besucht man, WebApps nutzt man. Die Interaktion bei Webseiten ist Lesen, bei WebApps ist es mehr. Es gibt natürlich Ausnahmen von diesem Prinzip und im Allgemeinen geht die Tendenz im Web immer mehr in Richtung „Anwendungen" und weg von den „reinen Webseiten" (nicht zufällig dient HTML5 der Erstellung von Anwendungen). Deswegen hilft das Kriterium der besonderen Funktionalität bei WebApps, kann aber nicht zur eindeutigen Abgrenzung dienen.

Architektur

Beim klassischen Web ist der Browser ein **Thin Client**, und der Webserver erledigt die Hauptarbeit.

Bei WebApps haben wir es hingegen mit einem **Fat Client** zu tun, Hier macht der Browser wesentlich mehr; involviert sind Techniken wie AppCache (siehe Kapitel 9.1), mit der die Webanwendung offline-fähig wird, WebStorage zur Datenspeicherung und vieles mehr – es wird also das daraus, was man treffend als Rich Internet Application bezeichnet.

Reichweite

Apps laufen auf einer begrenzten Anzahl an Geräten, weil sie bestimmte Techniken voraussetzen. Eine Webseite kann nicht so viel leisten, weil sie für möglichst viele funktionieren muss.

Tabelle 2.1 Gegenüberstellung WebApp vs. mobile Webseite

	Mobile Webseite	WebApp
Optik	Orientiert sich an Desktop-Webseite, CI im Vordergrund	Orientiert sich an nativen Apps
Funktionalität	Lesen, Informationen aufnehmen	Etwas tun, ein konkretes Ziel verfolgen
Reichweite	Smartphones mit bestimmten technischen Voraussetzungen	Nicht per se auf bestimmte Geräte beschränkt
Architektur	Thin Client – Server erledigt Hauptarbeit	Fat Client: Intensive Nutzung von JavaScript, offline-fähig, Datenspeicherung über Local Storage

Interessant ist die diesbezügliche Diskussion zur Abgrenzung von James Pearce *(http://tripleodeon.com/2011/09/of-sites-and-apps)*. Er führt auch die Architektur als Hauptkriterium der Unterscheidung an.

Gängige Smartphone-Betriebssysteme bieten die Möglichkeit, Webseiten direkt zum Homescreen hinzuzufügen, sodass sie darüber gestartet werden. Auch in diesem Punkt erinnern sie an Apps.

Das Problem bei mobilen WebApps kann sein, dass sie den nativen Apps optisch zu ähnlich werden, aber nicht dieselbe Performance bieten. Außerdem wirken sie, wenn die Optik einer Plattform zu sehr imitiert wird, unpassend auf den anderen Plattformen. In Kapitel 11 und Kapitel 12 lernen Sie zwei Frameworks zur Erstellung von mobilen WebApps kennen. Typische APIs, die bei der Programmierung von „Fat Clients" eingesetzt werden, finden Sie in Kapitel 9.

■ 2.6 Native Anwendungen

Schließlich gibt es noch die nativen Anwendungen, die nicht Thema dieses Buches sind. Eine native App hat folgende Charakteristika:

- Native Anwendungen werden speziell für eine Plattform erstellt. Eine native Anwendung, die fürs iPhone erstellt ist, läuft nicht auf einem Android-Gerät. Man kann aber beispielsweise Apps erstellen, die sowohl auf dem iPhone als auch auf dem iPod laufen.
- Die native App ist in speziellen Techniken erstellt. Android-Applications werden in Java geschrieben, Applications fürs iPhone in Cocoa oder in Objective-C.
- Eine native App wird installiert.
- Typisch sind auch die besonderen Vertriebswege. So werden iPhone-Applications über den Apple Store vertrieben, Android Application über Google Play.
- Eine native App kann auf bestimmte Features direkt zugreifen, etwa auf Adressbuch oder Kamera.

- Sie ist üblicherweise im Look & Feel am Betriebssystem angepasst.
- Es gibt eine unglaublich große Anzahl an nativen Anwendungen. Das bedeutet natürlich, dass native Apps sehr erfolgreich sind. Es zeigt aber auch, dass die Konkurrenz für eine neue Apps groß und dass es schwer ist, die notwendige Aufmerksamkeit für eine bestimmte App zu erhalten.

Die Endlosdiskussion nativer App vs. WebApp möchte ich an dieser Stelle nicht ausführlich aufnehmen, sondern nur auf wichtige Unterschiede zwischen den beiden hinweisen.

Tabelle 2.2 Unterschiede zwischen nativer App und mobiler WebApp

	Native Anwendung	Mobile WebApp
Vertriebsweg	AppStore	offen
Technologie	plattformspezifisch	Webtechniken: HTML, CSS, JavaScript
Zugriff auf Hardware-Komponenten	direkter Zugriff auf Kamera, Adressbuch etc.	eingeschränkt (in diesem Bereich tut sich aber einiges)
Performance	für bestimmtes Betriebssystem optimiert, deswegen performanter	weniger performant
Kosten	teuer, besonders, wenn für verschiedene Plattformen entwickelt werden muss	Im Allgemeinen günstiger

Und was ist wann sinnvoll? Die Zweckmäßigkeit von nativen Apps ist unbestritten, sicher nicht in allen Gebieten, aber diese Diskussion ist eine andere – die Frage, die sich, das ist die Prämisse des Buches, stellt, ist: Native App hin oder her – können Sie es sich erlauben, keine für die mobilen Nutzer geeignete Webseite bereitzustellen?

Es gibt natürlich auch große Firmen wie Facebook, die sich beides leisten: Neben den nativen Apps für iPhone und Android gibt es auch die WebApp. Für Facebook ist der mobile Zugriff aber auch besonders wichtig, mehr als die Hälfte der User nutzen Facebook mobil. Facebook legt einen Schwerpunkt auf die mobile WebApp und diese hat mehr Nutzer als die Nutzer von iPhone- und Android-Version zusammen *(http://www.readwriteweb.com/mobile/2012/04/james-pearce-head-of-mobile.php)*.

■ 2.7 Die Mischung machts

Die verschiedenen Strategien lassen sich auch kombinieren. Ein paar Beispiele für sinnvolle Kombinationen:

- Responsive Layout setzt sinnvollerweise auf eine Technik für separat ausgelieferte Bilder, die serverseitigen Code und so etwas wie Device Detection voraussetzt.
- Responsive Techniken können sowohl bei einer WebApp als auch bei einer separaten mobilen Webseite benutzt werden.

- Auch bei einer normalen mobilen Webseite kann man verstärkt clientseitige (Fat Client) Techniken zur Performancesteigerung einsetzen, beispielsweise schadet Offline-Fähigkeit auch einer normalen mobilen Webseite nicht und auch die Speicherung von Inhalten im LocalStorage kann zur Performance-Optimierung benutzt werden.

Inzwischen gibt es mehrere sehr vielversprechende Ansätze der bewussten Kombination von serverseitiger Erkennung und Responsive Webdesign bzw. von clientseitiger Feature Detection in Kombination mit serverseitiger Kennung. Ausgewählte Ansätze werden in Kapitel 13.7 vorgestellt.

■ 2.8 Kurz zusammengefasst

Dieses Kapitel hat Ihnen die unterschiedlichen klassischen Strategien vorgestellt, um dem mobilen Nutzer eine passende Version bereitzustellen:

- Im einfachsten Fall optimieren Sie eine bestehende Webseite, indem Sie ihre Performance verbessern und kontrollieren, dass bestimmte Features, die auf mobilen Geräten kritisch sind, nicht eingesetzt werden.
- Beim Responsive Webdesign werden Anpassungen für verschiedene Bildschirmgrößen per CSS durchgeführt, es kann aber durch zusätzliche Komponenten erweitert werden.
- Die separate mobile Webseite setzt auf serverseitige Erkennungsstrategien, um dann unterschiedliche und angepasste Inhalte für die einzelnen Geräte auszuliefern.
- Mobile WebApps beruhen wie mobile Webseiten auf Webtechniken. Optisch erinnern sie aber an native Apps und sie zeichnen sich außerdem durch den intensiven Gebrauch von JavaScript und JavaScript-APIs aus.
- Die verschiedenen Ansätze können auch kombiniert werden.

In späteren Kapiteln wird die mögliche Umsetzung noch detailliert vorgestellt. In Kapitel 3 beschäftigen wir uns jedoch zunächst mit allgemeinen Punkten zur Anordnung von Inhalten, bevor wir mit den allgemeinen Techniken anfangen, die unabhängig von der gewählten Strategie sind.

3 Anordnung der Inhalte

Wie stellt man Inhalte am besten auf den kleinen Bildschirmen dar? Was gibt es allgemein bei der Anordnung der Navigation und weiteren Inhalten zu beachten? Eine Einführung in diese Themen liefert das folgende Kapitel.

■ 3.1 Darstellung von Webseiten auf gängigen Geräten

Beginnen wir damit, dass wir uns ansehen, wie eine Webseite auf einigen typischen Smartphones aussieht, und nehmen dabei eine Webseite, die nicht speziell für die mobile Nutzung optimiert ist. Als Beispielgeräte benutze ich ein Gerät mit Android 4, ein Windows Phone 7, ein BlackBerry 9900 und ein iPhone 4.

In Bild 3.1 fällt auf, dass die Webseite stark verkleinert ist. Das machen Smartphones automatisch, damit die Webseite als Ganze zu sehen sind; und es gilt gleichermaßen für die Anzeige auf iPhones, wie auch beispielsweise Windows Phone oder BlackBerry. Auffallend im Vergleich zu einem Desktop-Browser ist die fehlende Anzeige des Seitentitels (Android), hingegen wird dieser etwa auf einem BlackBerry 9900 (Bild 3.2) oder einem iPhone angezeigt.

Bild 3.1 *www.hanser-fachbuch.de* auf einem Android-Emulator

Bild 3.2 Seitentitel in einem BlackBerry 9900 mit BlackBerry 7

Die Beispielgeräte unterscheiden sich auch in der Platzierung weiterer Buttons zur Browsersteuerung: Die Bedienelemente, um eine Seite zurückzublättern, sind beim Android-Gerät als Hardware-Buttons im Gehäuse untergebracht, beim iPhone wird hierfür eine zusätzliche Leiste unten eingeblendet, beim Windows Phone sind sowohl Hardware-Buttons als auch die Leiste mit der Adresse unten (Bild 3.3). Beim BlackBerry 9900 gibt es eine feste Hardware-Tastatur, wodurch der Anzeigebereich erheblich verkleinert ist (Bild 3.5).

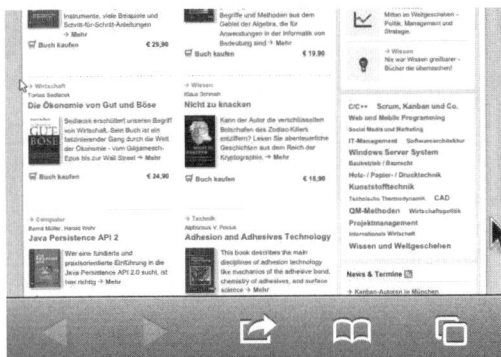

Bild 3.3 Navigationsbuttons werden am unteren Rand im iPhone eingeblendet.

Bild 3.4 Windows Phone mit Hardware-Buttons und darüber der Adresszeile

Bild 3.5 BlackBerry mit Hardware-Tastatur

Zurück zur prinzipiellen Verkleinerung von Webseiten, die auf allen Geräten stattfindet. Diese stellt sicher, dass nicht für Smartphones gedachte Webseiten auch auf diesen nutzbar sind: Der Benutzer sieht den gesamten Inhalt und kann sich in die Bereiche, die ihn interessieren, hineinzoomen. Bei Webseiten, die speziell für mobile Geräte erstellt werden, schaltet man diese automatische Vergrößerung ab und erstellt alles in einer angenehm lesbaren und benutzbaren Größe. Und damit kommen wir dann zum Problem des beschränkten Platzes.

3.2 Kopfbereich und Navigation

Auf dem im Vergleich zum Desktop so beschränkten Platz muss das Wesentliche direkt untergebracht sein.

Problematisch ist es, wenn Kopfzeile und Navigation den meisten Platz einnehmen, sodass kein Platz mehr für den eigentlichen Inhalt bleibt. Ein Beispiel für diese problematische Darstellung ist das Responsive Yoko-WordPress theme *(http://www.elmastudio.de/wordpress-themes/yoko)*: In der Standardansicht sehen Sie auf einem Smartphone nur Kopfbereich und Navigation, aber keinerlei Inhalte. Diese Ansicht bleibt, wenn Sie durch die Rubriken navigieren. Dabei zeigt sich dann immer nur der gleichbleibende Teil, nicht der sich ändernde Inhaltsbereich.

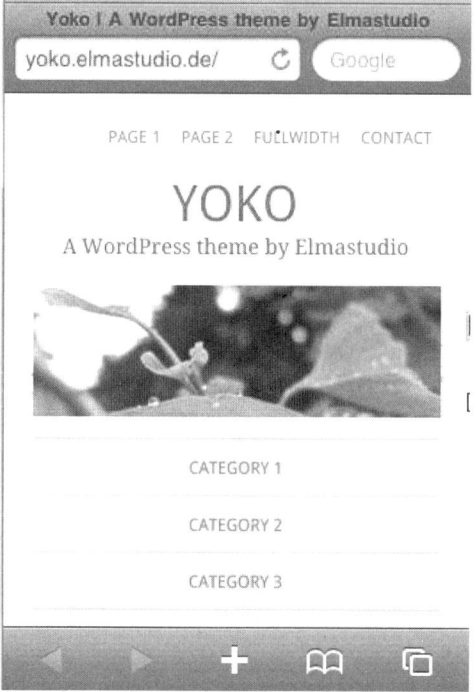

Bild 3.6 Kein Inhalt ist zu sehen, nur Kopf und Ausschnitt aus der Navigation.

 Es soll aber unbedingt erwähnt werden, dass das Designstudio hinter dem Yoko-Theme später andere Responsive Themes herausgebracht hat, die dieses Problem nicht haben, beispielsweise *http://themes.elmastudio.de/nori*.

Wie kann man aber die Navigation oben unterbringen und gleichzeitig den notwendigen Inhalt? Dafür gibt es mehrere Herangehensweisen.

In manchen Fällen werden einfach im Kopfbereich nur wenige – die wichtigsten! – Links angezeigt, die dann horizontal nebeneinander Platz haben. Das findet sich häufig bei WebApps, die von Haus aus oft nicht so viele unterschiedliche Menüpunkte benötigen (Bild 3.7), oder aber bei Webseiten als Präsentation von Einzelpersonen, bei der ebenfalls keine komplexe Navigation notwendig ist (Bild 3.8).

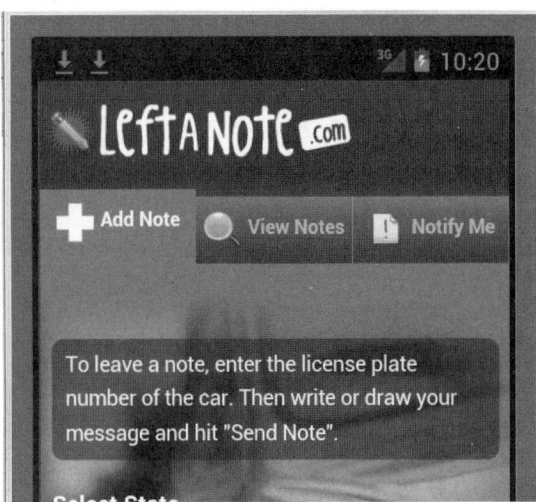

Bild 3.7 Nur die drei wichtigsten Navigationspunkte im Kopfbereich

Bild 3.8 Vier Navigationspunkte passen gut in eine horizontale Leiste.

In anderen Fällen wird oft oben ein Button integriert, der den Nutzer dann zum Menü führt, das beispielsweise ausklappen kann oder direkt unten auf der Seite angeordnet ist. Letzteres zeigt Bild 3.9; gleichzeitig sehen Sie hier auch, dass zusätzlich wichtige Menü-/Steuerungspunkte wie *Log in* ganz oben angeordnet sind.

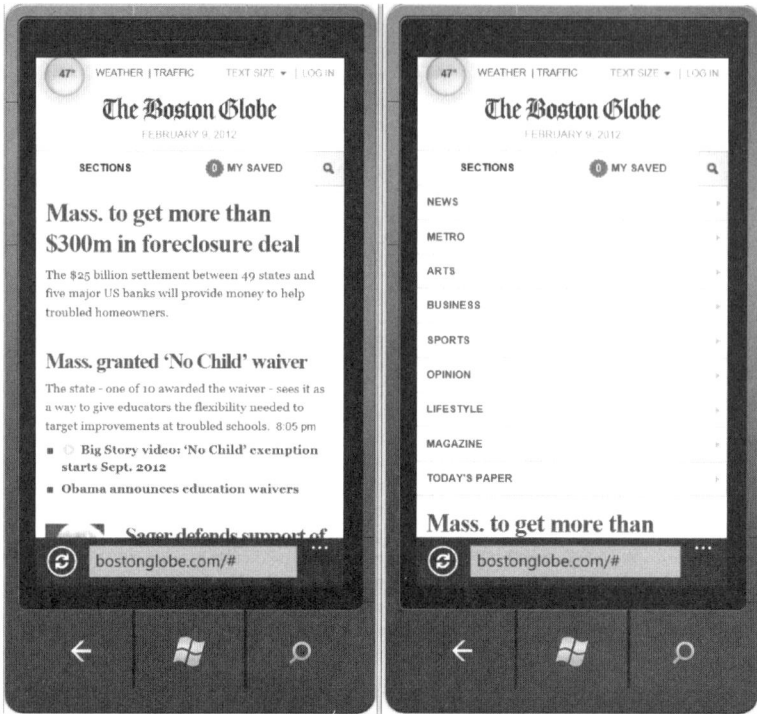

Bild 3.9   The Boston Globe: Rechts sind die Sections ausgeklappt.

Beim Boston Globe ist ebenfalls im Kopfbereich eine Suchfunktion untergebracht, was sehr wichtig ist, damit Inhalte trotz der schwierigeren Navigation gut gefunden werden können.

Praktisch sind auch Navigationspunkte am Seitenende, die dem Benutzer beispielsweise nach dem Lesen eines Artikels ermöglichen, Verwandtes zu finden oder zu anderen Inhalten zu navigieren.

Es ist wichtig, dass die Navigationspunkte weit genug auseinander platziert sind, damit die Benutzer von Touchscreens gezielt den richtigen treffen können. Apple rät als Größe für Navigationselemente 44 Pixel, und das ist sicher ein guter Richtwert.

 Eine Aufstellung von diesen und anderen Richtlinien für die Größe von Touchelementen finden Sie unter *http://www.lukew.com/ff/entry.asp?1085*.

Genauer werden wir uns auch in Kapitel 10 noch einmal mit der Navigation und ebenfalls mit der praktischen Umsetzung von ausklappbaren Navigationen beschäftigen.

Bild 3.10 Links auf weitere Themen befinden sich ganz unten auf der Webseite der SZ.

3.3 Organisation der Inhalte

Es bleibt aber natürlich trotzdem das Problem, Details und Übersicht unter einen Hut zu bringen, wenn wenig Platz zur Verfügung steht. Hilfreich sind dabei ein-/ausklappbare Listen oder Filterfunktionen (Bild 3.11). Bei der Umsetzung einer Ausklapp-Funktionalität mit JavaScript sollten Sie darauf achten, dass es eine vernünftige Fallback-Lösung bei fehlendem JavaScript gibt, bei der alle Punkte standardmäßig ausgeklappt sind (Bild 3.12).

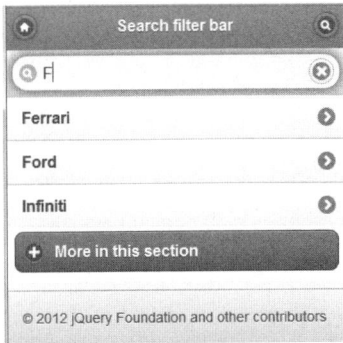

Bild 3.11 Filterfunktion in jQuery Mobile direkt bei der Eingabe

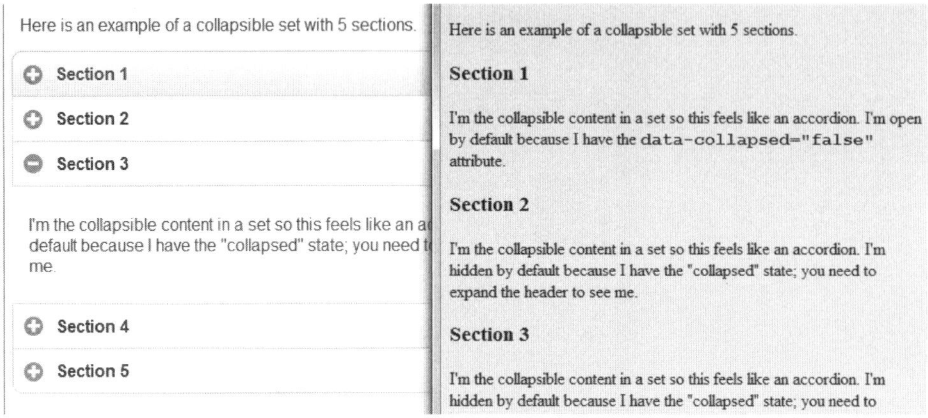

Bild 3.12 Links ausklappbar, rechts ohne JavaScript ausgeklappt

■ 3.4 Input vom Benutzer

Für den Benutzer von Smartphones ist es wesentlich mühseliger, Texte einzugeben, als bei einem Notebook mit einer richtigen Tastatur. Deswegen sollten Sie den Benutzer dabei unterstützen, wo Sie können.

- Eine Option aus einer Auswahlliste zu wählen, ist einfacher, als selbst etwas einzugeben. Wo immer angebracht, sind Auswahllisten, Checkboxen oder Radiobuttons gegenüber freien Textfelder vorzuziehen.
- Durch die richtigen Formulartypen können Sie bewirken, dass gleich die passende Tastatur eingeblendet wird (Kapitel 4).
- Bei Suchfeldern sind Vorschlagslisten über Ajax praktisch, aus denen man wählen kann.
- Formulare sollten Sie wo möglich vereinfachen und den Benutzer nur nach den wirklich benötigten Dingen fragen.
- Komplexere Formulare teilen Sie besser auf mehrere Seiten auf.

Prinzipiell ist es gut, dem Nutzer die wahrscheinlichste Lösung vorzuschlagen, aber ihm gleichzeitig die Möglichkeit zu geben, das Vorgeschlagene bei Bedarf zu ändern. Bei standortbezogenen Diensten sollten Sie versuchen zu ermitteln, wo sich jemand befindet, um ihm die Eingabe zu sparen. Trotzdem sollte der Benutzer die Möglichkeit haben, den Default zu überschreiben.

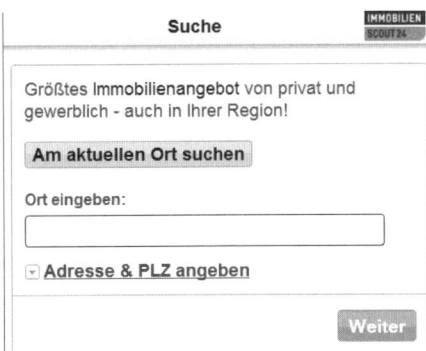

Bild 3.13 Wenn man möchte, verwendet Immobilienscout gleich den aktuellen Ort.

3.5 Mobile Design Patterns

Es gibt eine Reihe von Design Patterns, die sich auf mobilen Systemen etabliert haben. Diese sind meistens bekannt von den nativen Apps und werden auch bei mobilen WebApps genutzt. Inspirieren lassen können Sie sich von ihnen natürlich bei mobilen Webseiten; sehen wir uns ein paar an.

3.5.1 Karussell

Beim Karussell gibt es mehrere Inhalte, die sozusagen nebeneinander platziert sind, wobei aber immer nur einer sichtbar ist. Das wird viel in nativen Apps verwendet, beispielsweise um sich in Bildergalerien durch Bilder zu bewegen, was üblicherweise durch ein Wischen geschieht. Wichtig ist hierbei, dass der aktuelle Punkt deutlich hervorgehoben und auch klar ist, wohin man gelangen kann, Zudem dürfen auch nicht zu viele Inhaltseinheiten zu sehen sein, sonst wird es unübersichtlich. Üblicherweise werden die einzelnen Inhalte durch Punkte oder Ähnliches symbolisiert, wobei der aktuelle immer anders hervorgehoben ist (Bild 3.14).

Bild 3.14 Punkte beim Karussell zeigen die Anzahl an Elementen und das aktuell zu sehende Bild.

Dieses Prinzip für den Wechsel zwischen Bildschirmen ist eher angemessen für WebApps, bei mobilen Seiten kann es aber etwa zur Anzeige bestimmter Inhalte in einem Bereich benutzt werden, wie beispielsweise bei der Webseite der ISO-Organisation.

Bild 3.15 Galerie zur Präsentation der Bilder bei iso.org

3.5.2 Tabs

Sehr üblich auch für mobile Webseiten und nicht nur für WebApps sind Tabs. Bild 3.16 zeigt einen Screenshot von *http://jquerymobile.com/test/docs/toolbars/docs-navbar.html*.

Bild 3.16 Tableiste

3.5.3 Listen

Listen in allen Formen sind sehr gebräuchlich für mobile Webseiten, wobei es unterschiedliche Varianten gibt, von einfachen reinen Textlisten bis hin zu solchen mit Bildern (Bild 3.17). Listen werden auch sehr häufig für die Navigation benutzt (Bild 3.18).

Das war nur eine kleine Auswahl von Design Patterns. Eine sehr ausführliche Auflistung mit unzähligen Beispielen samt der besonders nützlichen Anti-Patterns zeigt *http://mobiledesignpatterngallery.com/mobile-patterns.php*, wobei manche natürlich nur für WebApps und weniger für mobile Seiten geeignet sind.

Bild 3.17 Listen auf *http://m.bbc.co.uk/news*

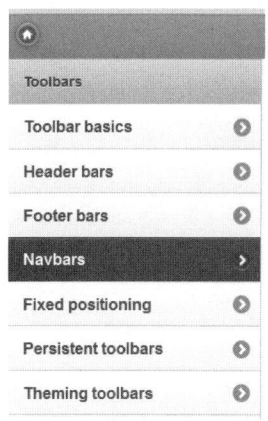

Bild 3.18 Navigation über Listen

3.6 Kurz zusammengefasst

- Smartphones verkleinern standardmäßig Webseiten. Bei speziellen auf mobile Geräte verbesserten Webseiten werden Sie die Skalierung abschalten, müssen aber Lösungen finden, wie sich genügend Details anzeigen lassen, ohne dass der Überblick verloren geht.
- Kopfbereich und Navigation sollten nicht zu viel Platz einnehmen, sodass der eigentliche Inhalt direkt ohne Scrollen zu sehen ist. Praktisch sind hier ausklappbare Navigationen.
- Da der Input mühsam ist, sollten Sie diesen dem Benutzer so leicht wie möglich machen.
- Es gibt eine Reihe von mobilen Design Patterns, die auch für mobile Webseiten geeignet sind, wie beispielsweise Tabs oder Listen für die Navigation.

TEIL II

Techniken

4 Das richtige Markup für mobile Webseiten

Die Basis aller Webseiten ist HTML, von diesem Grundprinzip sind auch mobile Seiten nicht auszunehmen. Aber welche Version von HTML soll man nehmen? Bei Desktop-Seiten haben Sie die Auswahl zwischen drei HTML 4.01-Varianten und drei XHTML-Varianten sowie HTML5. Dazu kommen noch mehrere spezielle XHTML-Versionen für mobile Bedürfnisse. Es gibt also viel Auswahl und folglich auch genügend Stoff für dieses Kapitel. Darüber hinaus wird es in diesem Kapitel um spezielle Meta-Angaben für mobile Seiten und die Verwendung von HTML5-Formularelementen gehen.

■ 4.1 Semantisches Markup

Unabhängig davon, welche Version von HTML Sie nehmen, ist es wichtig, semantisches Markup zu benutzen, d.h. unter anderem:

- Keine Tabellen zu Layoutzwecken!
- Keine Formatierungen über HTML, d.h. kein `center`-Element, keine Schriftformatierung über das `font`-Element und auch keine Attribute wie `bgcolor` oder `align`!
- Setzen Sie Überschriften, d.h. die Elemente `h1`, `h2` bis `h6`, dort ein, wo sie hingehören. Verwenden Sie nicht stattdessen `div`-Elemente mit Klassen!
- Benutzen Sie Listen, d.h. geordnete (`ol`) und ungeordnete (`ul`).

Ob ein Dokument semantisches Markup enthält, können Sie testen, wenn Sie CSS deaktivieren. Ein Dokument mit semantischem Markup wirkt dann trotzdem noch strukturiert. CSS lässt sich beispielsweise in Firefox ausschalten über ANSICHT / WEBSEITEN-STIL / KEIN STIL.

4.2 HTML für mobile Geräte

Von HTML 4.01 werden zwei verschiedene Versionen heute oft benutzt:

- HTML 4.01 Transitional
- HTML 4.01 Strict

Die dritte Variante – HTML 4.01 Frameset – kommt prinzipiell nicht infrage, weil Frames nicht mehr eingesetzt werden sollten.

Ebenso gibt es zwei gebräuchliche Arten von XHTML:

- XHTML 1.0 Transitional
- XHTML 1.0 Strict

XHTML 1.0 Frameset kann man ebenfalls vernachlässigen.

Der Unterschied zwischen HTML und XHTML ist im Wesentlichen auf der **syntaktischen** Ebene anzusiedeln, denn HTML basiert auf SGML, wohingegen XHTML auf dem strengeren XML basiert. So müssen beispielsweise in XHTML alle leeren Elemente – also Elemente ohne Text- oder Elementinhalt – geschlossen werden:

- HTML-Syntax: `<br>`, `<img src="bild.gif" alt="Beschreibung">`
- XHTML-Syntax: `<br />`, `<img src="bild.gif" alt="Beschreibung" />`

Dagegen unterscheiden sich die Varianten Strict und Transitional im Wesentlichen in der Auswahl der erlaubten Elemente/Attribute. Attribute wie `bgcolor`, die das Aussehen von Elementen bestimmen, sind in der Variante Transitional noch erlaubt, nicht mehr jedoch in der Variante Strict.

Neben HTML 4.01 und XHTML 1.0 steht seit kürzerer Zeit HTML5 zur Auswahl. Bei HTML5 gibt es keine Unterscheidung zwischen Transitional und Strict. Dafür kann man HTML5 als XHTML oder HTML ausliefern lassen.

Für mobile Webseiten existieren außerdem XHTML MP (XHTML Mobile Profile) bzw. XHTML Basic in mehreren Varianten, die speziell für mobile Geräte vorgesehene XHTML-Varianten sind.

Das macht eine Reihe von (X)HTML-Varianten, zwischen denen man sich entscheiden muss. Genauer vorgestellt werden sollen jetzt folgende:

- **HTML5:** Für HTML5 gibt es zwei Gründe: Zum einen ist HTML5 die aktuellste Variante von HTML, und zum anderen bringt HTML5 viele Erweiterungen, die gerade für mobile Webseiten relevant sind. Das reicht von kleinen Verbesserungen – z.B. wird durch neu eingeführte `input`-Felder automatisch die richtige Softtastatur auf dem iPhone angezeigt – bis hin zu neuen Definitionen für Offline-Webseiten und Möglichkeiten, Daten auf dem Client ohne Cookies zu speichern.

- Außerdem vorgestellt werden **XHTML MP** und **XHTML Basic:** Das sind die Varianten, die eher für klassische mobile Geräte verwendet werden, die nicht so mächtig sind wie Smartphones.

Beginnen wir erst einmal mit Letzteren.

4.3 XHTML Mobile Profile und XHTML Basic

- XHTML MP und XHTML Basic basieren auf XHTML und sollten auch mit dem entsprechenden MIME-Typ, nämlich `application/xhtml+xml`, ausgeliefert werden.

MIME steht für Multipurpose Internet Mail Extensions und ist ein Standard zur Bezeichnung verschiedener Medientypen. MIME-Typangaben bestehen immer aus zwei Teilen, dem Hauptmedientyp und dem Untertyp, der nach einem Slash folgt. Eine Auflistung möglicher MIME-Typen finden Sie unter *http://www.iana.org/assignments/media-types*. Die richtigen MIME-Typen können Sie beispielsweise über eine *.htaccess*-Konfigurationsdatei setzen mit der Direktive: `AddTypeapplication/xhtml+xml .html`.

4.3.1 XHTML Mobile Profile

XHTML Mobile Profile (XHTML MP) bedeutet so viel wie „mobiles Profil der erweiterbaren Auszeichnungssprache für Hypertext". Es basiert auf XHTML, aber es beinhaltet nur einen Teil davon. Von XHTML MP selbst gibt es verschiedene Versionen:

- **XHTML MP 1.0** stammt aus dem Jahr 2001 und Sie erkennen es an folgendem Doctype:

```
<!DOCTYPE html PUBLIC "-//WAPFORUM//DTD XHTML Mobile 1.0//EN"
"http://www.wapforum.org/DTD/xhtml-mobile10.dtd">
```

Dass in der DTD-Angabe als herausgebende Gesellschaft *WAPFORUM* auftaucht, verrät schon einmal, dass dieser Dokumenttyp ehrwürdig ist und noch aus anderen Zeiten stammt.

WAP steht für *Wireless Application Protocol*. Es „bezeichnet eine Sammlung von Techniken und Protokollen, deren Zielsetzung es ist, Internetinhalte für die langsamere Übertragungsrate und die längeren Antwortzeiten im Mobilfunk sowie für die kleinen Displays der Mobiltelefone verfügbar zu machen." *(http://de.wikipedia.org/wiki/Wireless_Application_Protocol)* WAP hat sich nicht durchgesetzt und ist heute nicht mehr relevant; allerdings taucht der Begriff noch an manchen Stellen auf. Wenn ein Browser beispielsweise beim Accept-Header WAP erwähnt, kann man das als Hinweis nehmen, dass es sich um einen mobilen Browser handelt. Ebenfalls relevant zur Ermittlung des mobilen Geräts ist der gesendete `HTTP_X_WAP_PROFILE`-Header (Details dazu in Kapitel 13.3).

- Die neue Version **XHTML MP 1.1** erschien im Jahr 2004 und hat folgenden Doctype:

```
<!DOCTYPE html PUBLIC "-//WAPFORUM//DTD XHTML Mobile 1.1//EN"
"http://www.openmobilealliance.org/tech/DTD/xhtml-mobile11.dtd">
```

- Im Unterschied zu XHTML MP 1.0 ist bei XHTML MP 1.1 ebenfalls das `script`-Element zur Einbindung von JavaScript erlaubt. Vorgesehen sind außerdem die üblichen Eventhandler wie `onload`, `onclick` etc.
- **XHTML MP 1.2** stammt aus dem Jahr 2005. Folgender Doctype ist vorgesehen:

```
<!DOCTYPE html PUBLIC "-//WAPFORUM//DTD XHTML Mobile 1.2//EN"
"http://www.openmobilealliance.org/tech/DTD/xhtml-mobile12.dtd">
```

- Verantwortlich hierfür zeichnet also nicht mehr das Wapforum, sondern die OpenMobile-Alliance (OMA). Ergänzt sind die Formularelemente `button` und `legend`.

Diese Formate haben im Vergleich zum klassischen XHTML 1.0 folgende Besonderheiten:

- Nicht vorgesehen sind beispielsweise Frames, die Sie sowieso nicht benutzen sollten.
- Verschachtelte Tabellen sind nicht erlaubt.
- Es fehlen die erweiterten Strukturierungsmittel bei Tabellen, also die Elemente `tbody`, `thead` und `tfoot`.
- Bei Formularen sind beispielsweise `legend` oder `button` nicht definiert, diese gibt es erst ab Version XHTML MP 1.2.
- Auszeichnungen wie `sup`, `sub` oder `tt` sind nicht vorgesehen.
- Ebenfalls nicht mit dabei ist das `target`-Attribut bei Hyperlinks, weil die Erzeugung von neuen Fenstern bei mobilen Geräten im Allgemeinen auch nicht sinnvoll ist.

Hier sehen Sie ein Beispiel zu XHTML MP 1.2.

Listing 4.1 Beispiel für XHTML MP 1.2 *(xhtml_mp.html)*

```
<?xml version="1.0" encoding="UTF-8"?>
<!DOCTYPE html PUBLIC "-//WAPFORUM//DTD XHTML Mobile 1.2//EN"
"http://www.openmobilealliance.org/tech/DTD/xhtml-mobile12.dtd">
<html xmlns="http://www.w3.org/1999/xhtml" xml:lang="de">
  <head>
    <title>Beispieldokument</title>
  </head>
  <body>
    <p>Hallo XHTML MP </p>
  </body>
</html>
```

- Das Beispiel sieht aus wie „normales" XHTML, aber es gibt die eben erwähnten Elemente nicht.
- Validieren können Sie XHTML MP-Dokumente mit dem Validator des W3C *(http://validator.w3.org)*, den Sie von der Validierung von Desktop-Seiten kennen. Benutzen Sie beispielsweise in einem Dokument eine Tabelle mit der fortgeschritteneren Tabellenstruktur, bekommen Sie entsprechenden Fehlermeldungen.

Listing 4.2 Tabelle mit `tbody` und `thead` *(xhtml_mp_fehler.html)*

```
<?xml version="1.0" encoding="UTF-8"?>
<!DOCTYPE html PUBLIC "-//WAPFORUM//DTD XHTML Mobile 1.2//EN"
"http://www.openmobilealliance.org/tech/DTD/xhtml-mobile12.dtd">
<html xmlns="http://www.w3.org/1999/xhtml" xml:lang="de">
<head>
  <title>Beispieldokument</title>
```

```
</head>
<body>
<table>
<thead>
  <tr>
    <th>Name</th><th>Telefon</th><th>E-Mail</th>
  </tr>
</thead>
<tbody>
  <tr>
    <td>Julia</td>
    <td>09876-12345567</td>
    <td>julia@example.com</td>
  </tr>
  <tr>
    <td>Stefanie</td>
    <td>02345-12345567</td>
    <td>stefanie@domain.de</td>
  </tr>
</tbody>
</table>
</body>
</html>
```

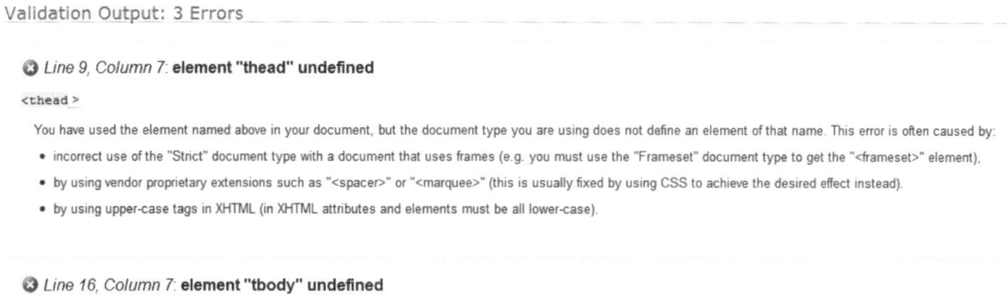

Validation Output: 3 Errors
Line 9, Column 7: element "thead" undefined
<thead>
You have used the element named above in your document, but the document type you are using does not define an element of that name. This error is often caused by:
incorrect use of the "Strict" document type with a document that uses frames (e.g. you must use the "Frameset" document type to get the "<frameset>" element),
by using vendor proprietary extensions such as "<spacer>" or "<marquee>" (this is usually fixed by using CSS to achieve the desired effect instead).
by using upper-case tags in XHTML (in XHTML attributes and elements must be all lower-case).
Line 16, Column 7: element "tbody" undefined

Bild 4.1 Fehlermeldung bei Verwendung von `thead` und `tbody`

- Wenn Sie `thead` und `tbody` entfernen, meldet der Validator ein korrektes Dokument.

W3C
Markup Validation Service
Jump To: Notes and Potential Issues Congratulations · Icons
This document was successfully checked as XHTML Mobile Profile 1.2!

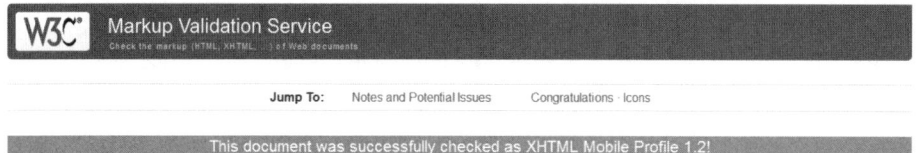

Bild 4.2 Ohne `thead` und `tbody` ist es ein korrektes Dokument.

Das modifizierte Beispiel finden Sie unter *xhtml_mp_korrigiert.html.* ■

- XHTML MP wird heute noch für separate mobile Webseiten benutzt, beispielsweise bei Lufthansa *(http://mobile.lufthansa.com).*

4.3.2 XHTML Basic

- Inzwischen wurde XHTML MP durch XHTML-Basic ersetzt. XHTML Basic liegt seit 2008 in Version 1.1 vor *(http://www.w3.org/TR/xhtml-basic)*, die im Jahr 20102 noch einmal minimal verbessert wurde. Der Unterschied zwischen Version XHTML Basic Version 2008 und derjenigen von 2010 besteht darin, dass es auch eine Schema-Definition der Sprache gibt und dass das `lang`-Attribut ergänzt wurde.
- Verwendet wird die folgende DTD.

```
<!DOCTYPE html PUBLIC "-//W3C//DTD XHTML Basic 1.1//EN"
"http://www.w3.org/TR/xhtml-basic/xhtml-basic11.dtd">
```

- Einige der prinzipiellen Einschränkungen von XHTML MP bleiben bestehen:
- Es sind keine verschachtelten Tabellen erlaubt.
- Frames sind nicht definiert.
- Es gibt nicht die fortgeschrittenen XHTML-Elemente für die Tabellenstrukturierung `tbody`, `tfoot`, `thead`, `col` und `colgroup`.
- Im Unterschied zu XHTML MP sind jedoch die Elemente `sub`, `sup` und `button` integriert. Und das `target`-Attribut ist bei Links erlaubt.

Neben diesen Kürzungen, gibt es auch eine Ergänzung im Vergleich zum klassischen XHTML: XHTML Basic führt das `inputmode`-Attribut ein, das bei `input`- und `textarea`-Elementen benutzt werden kann. Darin können Sie zum einen die Sprachfamilie und zum anderen den erwarteten Input spezifizieren. Durch das Folgende wird angegeben, dass lateinische Kleinbuchstaben erwartet werden.

```
<input inputmode="latin lowerCase" ... >
```

XHTML Basic wird ebenfalls häufig bei separaten mobilen Seiten benutzt, oft auch in Kombination mit CSS MP (siehe Kapitel 5.2).

- Beide Varianten von XHTML sind für schwächere mobile Geräte geeignet. Sie funktionieren prinzipiell auch in normalen Desktop-Browsern, nicht jedoch im Internet Explorer, da dieser den für XHTML MP und XHTML Basic erforderlichen MIME-Typ `application/xhtml+xml` nicht unterstützt.
- Der Vorteil der Verwendung von XHTML Basic ist, dass Sie gezwungen werden, Code in einer bestimmten Weise zu schreiben, die auch von älteren Geräten interpretiert wird. Wenn Sie diese Varianten verwenden, sollten Sie sie aber auch unbedingt validieren.

 Einen Überblick über die verschiedenen Varianten von XHTML Mobile und XHTML Basic finden Sie auch auf *http://mobiforge.com/designing/story/comparison-xhtml-mobile-profile-and-xhtml-basic*.

4.4 HTML5

An HTML denkt man heute wohl zuerst, wenn es um das richtige Markup für mobile Geräte geht.

Um die Besonderheiten von HTML5 zu verstehen, sollten Sie wissen, wie es entstanden ist: Das W3C wollte ursprünglich HTML nicht mehr weiterentwickeln und setzte alles auf XHTML. Einer Gruppe von Browserherstellern ging diese Entwicklung in die falsche Richtung und sie gründeten die Gruppe WHATWG, die an einer Weiterentwicklung von HTML arbeitete. Der Name WHATWG – Web Hypertext Application Technology Working Group – ist Programm: Es geht um die Entwicklung von HTML und APIs für **Webapplikationen**. HTML5 ist im Gegensatz zu HTML4 oder XHTML 1.0 nur zu einem kleinen Teil klassisches Markup; daneben beinhaltet es jede Menge JavaScript-APIs, eben alles, was man für die Erstellung von Applikationen braucht.

Inzwischen hat das W3C eingelenkt und arbeitet selbst in einer Arbeitsgruppe mit an HTML5. Das Aus für die XHTML-Arbeitsgruppe kam im Jahr 2009. Seitdem ist klar: Die Zukunft heißt HTML5.

Der Begriff HTML5 wird unterschiedlich weit gefasst:

- In der strengen Definition gehört zu HTML5 nur das, was in der entsprechenden Spezifikation steht.
- In einer erweiterten Definition gehören zu HTML5 auch APIs, die inzwischen ausgelagert sind, aber ursprünglich dazugehörten, sowie weitere APIs wie die Geolocation API, die ebenfalls in letzter Zeit definiert wurden.
- In einer noch weiteren Definition gehört alles zu HTML5, was gerade schick und neu ist: Das reicht dann von CSS3 bis hin zu SVG. Diese weite Definition wird z. B. auf *http://www.html5rocks.com* verwendet.

Dieses Kapitel behandelt HTML5 im engeren Sinne, weil es um die Markup-Komponenten von HTML5 geht. Mit der erweiterten Definition von HTML5 haben wir in Kapitel 9 zu tun, bei dem unterschiedliche JavaScript-APIs vorgestellt werden, die für die mobile Nutzung wichtig sind.

4.4.1 HTML5 – das Markup

Beginnen wir mit der Dokumentstruktur eines HTML5-Dokuments.

Listing 4.3 HTML5-Dokumentstruktur *(html5.html)*

```
<!DOCTYPE html>
<html>
  <head>
    <meta charset="UTF-8">
    <title>Beispieldokument</title>
  </head>
  <body>
    <p>Hallo HTML5</p>
```

```
  </body>
</html>
```

Auffällig ist erst einmal die einfache Dokumenttypangabe.

```
<!DOCTYPE html>
```

Sie funktioniert bereits heute browserübergreifend. Funktionieren bedeutet in diesem Fall, dass sie dafür sorgt, dass der Browser in den Standardmodus wechselt.

 Nur im Standardmodus stellen Browser die Dokumente standardkonform dar. Im Gegensatz dazu gibt es im Quirksmodus wesentliche Abweichungen bei der Darstellung zwischen den Browsern, weil sich aktuelle Browser im Quirksmodus verhalten wie ihre Vorvorversionen.

Ebenfalls vereinfacht und heute funktionsfähig ist die Zeichensatzangabe.

```
<meta charset="UTF-8">
```

Ansonsten sieht das Dokument nicht anders aus als klassisches HTML 4.01.

Eine weitere praktische Neuerung ist, dass der MIME-Typ bei der Angabe von Skripten und Stylesheets weggelassen werden darf.

```
<style>
</style>
```

… dies genügt also für ein eingebettetes Stylesheet. Ebenso bei JavaScript:

```
<script>
</script>
```

Auch bei Verweisen auf externe JavaScript- oder CSS-Dateien kann die MIME-Typangabe entfallen.

```
<link rel="stylesheet" href="stil.css" >
```

oder

```
<script src="script.js"></script>
```

Das kleine Beispiel von eben zeigte ein HTML5-Dokument in der HTML-Schreibweise. Sie können HTML5-Dokumente aber auch als XHTML ausliefern, was mitunter auch als XHTML5 bezeichnet wird. Das Beispiel von eben als XHTML5-Dokument sieht leicht verändert aus.

Listing 4.4 HTML5 als XHTML *(xhtml5.html)*

```
<?xml version="1.0" encoding="UTF-8"?>
<html xmlns="http://www.w3.org/1999/xhtml">
  <head>
    <title> Beispieldokument </title>
  </head>
  <body>
    <p>Hallo HTML5!</p>
  </body>
</html>
```

Auffallend ist zuerst einmal die XML-Deklaration mit Zeichensatzangabe. Eine Dokumenttypangabe kann hingegen entfallen, da XHTML5-Dokumente automatisch im Standardmodus dargestellt werden. Das `html`-Start-Tag enthält außerdem die typische Namensraumangabe von XHTML.

Ein wichtiger Punkt ist allerdings nicht im Listing abgebildet: XHTML5-Dokumente müssen mit dem korrekten MIME-Typ, nämlich `application/xhtml+xml` oder `application/xml`, ausgeliefert werden. Das erweist sich im Alltag als wenig praktisch, deswegen wird üblicherweise HTML5 in der HTML-Variante benutzt.

4.4.2 HTML5 als HTML – Schreibweisen

Im Web sieht man oft eine Mischung der HTML- und XHTML-Schreibweisen. So werden beispielsweise häufig bei Dokumenten, die aufgrund ihrer Dokumenttypangabe als HTML 4.01 deklariert sind, leere Elemente geschlossen und anstelle des in HTML 4.01 korrekten `<br>` für Zeilenumbrüche wird ein `<br />` verwendet. In dieser Hinsicht ist HTML5 pragmatisch: Sie dürfen beide Schreibweisen verwenden. Sehen wir uns einmal die verschiedenen Möglichkeiten an, die es hier gibt.

4.4.2.1 HTML mit geschlossenen Elementen

Haben Sie sich angewöhnt, XHTML zu schreiben, so dürfen Sie diese Schreibweise weiter einsetzen, wenn Sie HTML5 als HTML ausliefern lassen. Das folgende Dokument ist korrektes HTML5, obwohl es an zwei Stellen bei leeren Elementen die XHTML-Schreibweise benutzt.

```
<!DOCTYPE html>
<html>
  <head>
    <meta charset="UTF-8" />
    <title>Beispieldokument</title>
  </head>
  <body>
    <p>Hallo HTML5<br />
    Und hier geht's weiter ...</p>
  </body>
</html>
```

Im Beispiel kommt sowohl bei der Zeichensatzangabe (`<meta charset="UTF-8" />`) als auch beim Zeilenumbruch (`<br />`) die eigentlich in XHTML übliche Schreibweise zum Einsatz. Diese Variante wird bei den HTML5-Beispielen dieses Buches verwendet und hat auch den Vorteil, dass sie nicht so weit von XHTML Basic entfernt ist.

4.4.2.2 Polyglottes Markup

Ein sehr interessanter Editors' Draft des W3C stellt das Konzept des polyglotten Markups (*http://dev.w3.org/html5/html-xhtml-author-guide*) fest. Der Entwurf beschreibt, wie Sie Dokumente erstellen, die sowohl als HTML5-Dokumente des Typs HTML als auch als HTML5-Dokumente des XHTML-Typs interpretiert werden können. Das beinhaltet unter anderem, dass leere Elemente entsprechend gekennzeichnet werden, dass Attribute in

Anführungszeichen stehen und dass auf gewisse in HTML übliche Freiheiten verzichtet wird. So ist es etwa in HTML möglich, die End-Tags bei bestimmten Elementen wie Absätzen (p) und Listenpunkten (li) wegzulassen. Polyglotte Dokumente verzichten auf solche Freiheiten.

Dieser Ansatz hat mehrere Vorteile:

- Die Dokumente lassen sich bei Bedarf problemlos als XHTML weiterverarbeiten, weil sie grundlegenden, in XML definierten Regeln wie der der Wohlgeformtheit entsprechen.

Als wohlgeformt bezeichnet man bei XML ein Dokument, das den syntaktischen Regeln von XML entspricht.

- Sie folgen einer genau definierten Syntax, die weniger Spielraum lässt als das übliche HTML5 in der HTML-Variante mit seinen vielen „Kann"-Regeln. Damit kann man dies auch als Basis für einen einheitlichen Dokumentenstandard im Team nehmen.

Damit unser Dokument als polyglottes Markup akzeptiert werden kann, fehlt nur eine Namensraumangabe, die in polyglotten Dokumenten empfohlen wird.

Listing 4.5 Polyglottes Dokument *(polyglott.html)*

```
<!DOCTYPE html>
<html xmlns="http://www.w3.org/1999/xhtml" lang="de" xml:lang="de">
  <head>
    <meta charset="UTF-8" />
    <title>Beispieldokument</title>
  </head>
  <body>
    <p>Hallo HTML5<br />
    Und hier geht's weiter ...</p>
  </body>
</html>
```

Im Weiteren folge ich der Idee der polyglotten Dokumente, ohne jedoch die Namensraumangabe zu übernehmen, weil diese bei HTML5 in der HTML-Schreibweise weniger üblich ist.

4.4.2.3 Kürzen, wo es geht

Es gibt eine weitere Möglichkeit, HTML5-Dokumente einheitlich und definiert zu schreiben. Die XHTML-Schreibweise ist an mehreren Stellen ausführlicher, als sie sein müsste, ein entgegengesetzter Ansatz könnte darin bestehen, den HTML5-Code **so kurz wie möglich** zu fassen.

HTML5 erlaubt nämlich bestimmte Verkürzungen; so dürfen Sie da, wo nicht benötigt, die End-Tags weglassen – beispielsweise beim p-Element. Und head und body sind auch nicht obligatorisch. Das Folgende zeigt ein verkürztes Dokument mit einem Titel und einem Absatz.

```
<!doctype html>
<meta charset=utf-8>
<title>Seitentitel</title>
<p>Hier kommt der Inhalt
```

Diese Variante hat den Vorteil, dass die Dateigröße reduziert wird; was für die Performance von Webseiten eine Rolle spielt. Andererseits habe ich bisher keine Untersuchungen gesehen, die belegen, dass auch diese verkürzten Varianten relativ gut von mobilen Geräten – auch den älteren – unterstützt werden; deshalb scheint mir die HTML5-Variante im XHTML-Geschmack zuverlässiger.

4.4.3 Neue Elemente in HTML5

HTML5 definiert nicht nur Vereinfachungen in der Syntax und eine pragmatischere Lösung der verschiedenen Schreibweisen, sondern führt eine Reihe von neuen Elementen ein. Damit ist eine genauere semantische Auszeichnung von Dokumenten möglich.

- `header` kennzeichnet den ersten Teil eines Bereichs, den Kopfbereich, also etwa die Einführung.
- `nav` ist das Element zur Gruppierung der Hauptnavigationslinks einer Webseite (es sollten also nicht zu viele `nav`-Elemente innerhalb einer Webseite sein!).
- `section` dient zur Kennzeichnung eines Bereichs einer Webseite; so könnten Sie auf einer Startseite die Einführung, das Aktuelle und die Kontaktinformationen mit eigenen `section`-Elementen auszeichnen.
- `footer` ist das Element für einen Fußbereich, aber es muss nicht der Fußbereich des ganzen Dokuments sein.
- `article` ist für Artikel beispielsweise eines Blogs gedacht.
- `aside` ist für Randbemerkungen vorgesehen. Innerhalb eines `article`-Elements beziehen sich die Randbemerkungen auf den Artikel, außerhalb eines Artikelelements beziehen sich die Randbemerkungen auf die Seite.
- `hgroup` dient zur Gruppierung von Überschriften. Nur die Überschrift der höchsten Ebene innerhalb von `hgroup` wird für den Outline-Algorithmus herangezogen.

 Der Outline-Algorithmus gibt vor, wie Überschriftenelemente als Hierarchie interpretiert werden. Mit HTML5 lassen sich nämlich tiefer verschachtelte Überschriftenebenen erstellen, auch wenn nur auf die Elemente `h1`-`h6` zurückgegriffen wird. Das Problem daran ist allerdings, dass es keine akzeptable Fallback-Lösung für Browser gibt, die das noch nicht unterstützen.

- `figure` ist dazu gedacht, Illustrationen zum Text (Bilder, Videos, Diagramme) auszuzeichnen.
- `figurecaption` kann als Beschriftung benutzt werden.
- `embed` ist für Plug-ins vorgesehen.
- `mark` steht für Markierungen, beispielsweise könnte man die Suchbegriffe auf diese Art hervorheben.
- `time` ist die Auszeichnung von Zeitangaben.

- `progress` dient dazu, den Fortschritt einer Aufgabe zu visualisieren. Die Änderung der Anzeige muss allerdings skriptgesteuert vorgenommen werden.
- `meter` ist zur Anzeige von Messgrößen vorgesehen.

Diese Elemente erlauben es, Webseiten genauer semantisch auszuzeichnen, und sind eine Gegenmaßnahme gegen die gängige `div`-Suppe. Anstelle von

`<div id="kopf"></div>`

können Sie beispielsweise schreiben:

`<header>…</header>`

Damit dann die Formatierung der so ausgezeichneten Elemente auch in älteren Browsern funktioniert, sollten Sie sie explizit im Stylesheet als Blockelemente definieren über `display: block`. Außerdem müssen sie für ältere Internet Explorer über JavaScript erzeugt werden, was über *http://code.google.com/p/html5shim* zuverlässig erledigt wird; auch Modernizr *(http://modernizr.com)* kann sich darum kümmern. In Zukunft werden sicher auf diese Art gekennzeichnete Dokumente besser automatisch auslesbar – etwa von Suchmaschinen. Der derzeitige praktische Nutzen (Stand Sommer 2012) ist aber noch begrenzt und so setze ich hier im Buch nur `div`-Elemente ein.

PRAXISTIPP: Interessant im Zusammenhang, ob man die neuen semantischen HTML5-Elemente einsetzen soll, ist eine diesbezügliche Diskussion des jQuery Mobile-Teams (siehe *https://github.com/jquery/jquery-mobile/issues/209*). Am Schluss wird das Thema geschlossen mit der Bemerkung „Jeder kann die semantischen Elemente hinzufügen, aber wir können uns nicht auf ihr Funktionieren verlassen, denn sie verlangen ein Nachbessern – und das ist immer teuer bei mobilen Geräten." („People can add these semantic elements but we can't rely on these because they require a shim and that is expensive on mobile devices.")

Neben den neuen Elementen in HTML für semantischeres Markup, gibt es weitere kleine, aber nicht minder wichtige Änderungen:

- HTML5 erlaubt es, eigene Attribute zu verwenden. Diese müssen mit `data-` beginnen, danach kann ein beliebiger Name folgen; das ist praktisch für die Arbeit mit JavaScript.

jQuery Mobile (Kapitel 11) macht intensiv von `data`-Attributen Gebrauch.

- Das `a`-Element kann Blockelemente enthalten: Sie können also einen ganzen `div`-Container als Link benutzen.
- `b` und `i` sind wieder salonfähig. Sie sind vorgesehen zur Auszeichnung von Inhalten, die man typischerweise fett oder kursiv darstellen würde, beispielsweise `i` für Fachbegriffe. Diese können natürlich wieder per CSS nach Belieben gestaltet werden.

- Das `start`-Attribut bei `ol`-Elementen erlaubt die Kennzeichnung, mit welcher Zahl eine geordnete Liste beginnen soll; es war in HTML 4.01 als unerwünscht markiert (deprecated); dies wurde in HTML5 zurückgenommen.
- Ebenfalls ist `target` bei a-Elementen nicht mehr *deprecated*.
- Für Abkürzungen gibt es in HTML 4.01 zwei Elemente `abbr` und `acronym`, der Unterschied zwischen beiden war aber nie sonderlich intuitiv und einsichtig. In HTML5 gibt es nur noch `abbr`.
- `contenteditable` als Attribut macht Inhalte durch den Benutzer editierbar.

4.4.3.1 Das plug-in-freie Web

Besondere Bedeutung verdienen außerdem drei weitere Elemente, die helfen, ein plug-in freies Web zu realisieren, `video`, `audio` und `canvas`. Über `video` können Sie Videos einbinden – so wie Sie sonst Bilder einbinden; `audio` macht dasselbe für Audio-Dateien.

```
<video width="640" height="360" src="video.mp4" controls autobuffer>
<p> Alternative</a></p>
</video>
```

Leider nur konnten sich die Browserhersteller nicht auf ein einheitliches Videoformat – das heißt einen Videocodex – einigen und so unterstützen die Browser unterschiedliche Formate:

- Firefox 3.5 und Chrome 3 verstehen Theora-Video und Vorbis-Audio in einem Ogg-Container.
- Firefox 4, Google Chrome und Opera 10.6 interpretieren außerdem das WebM-Format (mit dem Codec VP8).
- Safari, Chrome und Internet Explorer 9 unterstützen H.264-Video, AAC-Audio in einem MP4-Container.

Das heißt, um das in HTML5 definierte `video`-Element browserübergreifend zu benutzen, müssen Sie den Film mehrfach kodieren und benötigen außerdem eine Fallback-Lösung über Flash für den Internet Explorer vor Version 9 – und damit ist es leider doch nicht so einfach, wie es auf den ersten Blick aussieht. Andererseits ist das `video`-Element die einzige Möglichkeit, Videos auch auf das iPhone oder das iPad zu bekommen, bei dem ja Flash-Videos nicht unterstützt werden.

 Eine aktuelle Übersicht zu diesem doch nicht ganz banal einfachen Thema finden Sie unter *http://www.longtailvideo.com/html5*.

Apropos Flash: Dass es heutzutage angesichts der mobilen Geräte ein Unding ist, Webseiten rein auf Flash basierend zu erstellen, hat sich anscheinend noch nicht herumgesprochen (Bild 4.3).

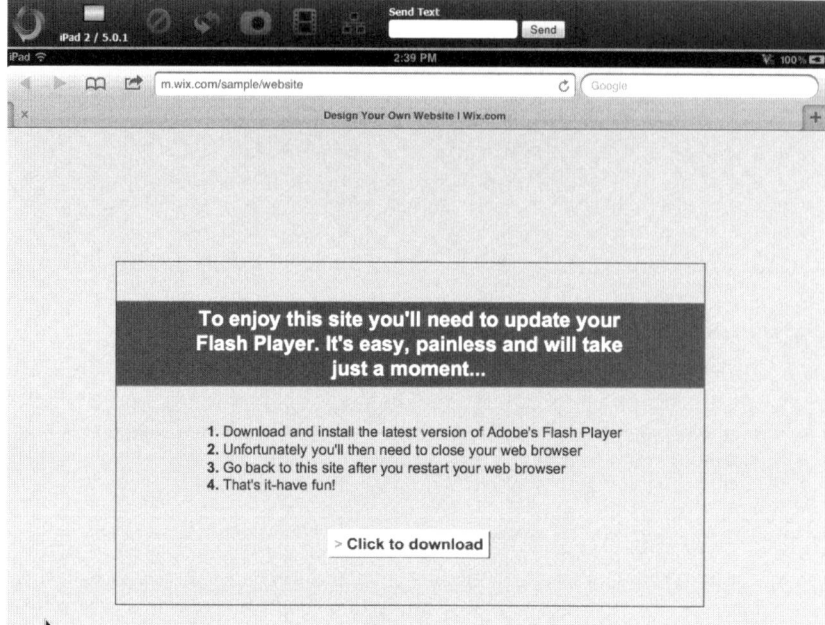

Bild 4.3 Flash Player soll auf dem iPad aktualisiert werden, tja ...

Das andere wichtige Element in diesem Zusammenhang ist `canvas`, das ein dynamisches Rendern von Bitmap-Grafiken erlaubt. Die Grafiken werden dabei mit JavaScript programmiert. Um mit `canvas` zu arbeiten, müssen Sie zuerst in Ihrem HTML-Dokument ein `canvas`-Element einfügen und können dann auf diese Zeichenfläche mit JavaScript malen. Im Beispiel werden vier Rechtecke gezeichnet.

Listing 4.6 Malen auf `canvas` *(canvas.html)*

```
<!DOCTYPE html>
<html>
  <head>
  <title>Einfache Zeichnung</title>
<script>
window.onload = zeichnen;
function zeichnen() {
  var canvas = document.getElementById('mein_canvas');
  if (canvas.getContext){
    var context = canvas.getContext('2d');
    context.fillStyle = "rgba(250,0,0, 0.5)";
    context.fillRect (10, 10, 200, 200);
    context.fillStyle = "rgba(0,250,0, 0.5)";
    context.fillRect (50, 50, 200, 200);
    context.fillStyle = "rgba(0,0,250, 0.5)";
    context.fillRect (90, 90, 200, 200);
  }
}
</script>
</head>
<body>
<canvas id="mein_canvas" width="350" height="350">
```

```
    Fallback-Grafik
  </canvas>
  </body>
  </html>
```

Zuerst wird im Beispiel mit `if (canvas.getContext)` überprüft, ob `canvas` unterstützt wird. Sofern das der Fall ist, wird ein Kontext definiert; `fillStyle` legt dann die Zeichenfarbe fest und `fillRect` bestimmt die Ausmaße des Rechtecks, das gezeichnet werden soll.

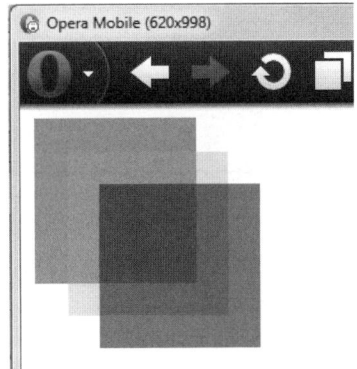

Bild 4.4 Mit dem `canvas`-Element gezeichnete Rechtecke

 PRAXISTIPP: Eine jeweils aktuelle Übersicht über die Unterstützung der neuen HTML5-Features in mobilen Browsern finden Sie unter *http://mobilehtml5.org*.

4.5 Bessere Formulare

Von direktem praktischen Nutzen für mobile Webseiten sind die Neuerungen, die HTML5 bei den Formularen einführt. Bevor es um diese geht, noch zwei allgemeine Hinweise zu Formularen.

4.5.1 Formulare, aber richtig

Erst einmal ist es wichtig, dass Sie die in HTML 4.01 bekannten Formularfelder auch nutzen. Ganz zentral – und zu oft übersehen – ist etwa das `label`-Element für Beschriftungen.

```
<label for="nachname">Nachname</label>
<input type="text" id="nachname" name="nachname" />
```

Bei `label` geben Sie ein `for`-Attribut an. Der Wert hier ist derselbe wie der, den Sie als `id` beim `input`-Feld angegeben haben. So ist der Zusammenhang eindeutig festgelegt.

Prinzipiell gilt bei Formularen, dass die Felder, die Werte zur Auswahl bieten, gerade für die Eingabe bei mobilen Geräten besonders praktisch sind. Dort, wo es geht, sollten Sie also auf Auswahllisten (`select`), Checkboxen (`input type="checkbox"`) und Radiobuttons (`input type="radio"`) zurückgreifen. Diese werden dann je nach verwendetem Betriebssystem unterschiedlich, aber immer komfortabel für die mobilen Nutzer dargestellt.

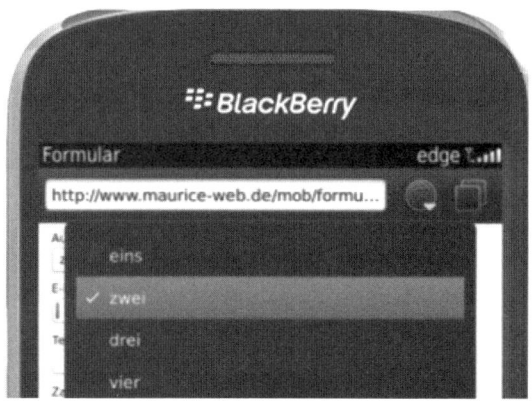

Bild 4.5 Auswahlliste im BlackBerry

Anordnung von Formularfeldern

Zur Anordnung von Formularfeldern wird immer noch häufig auf Tabellen zugegriffen. Diese sind aber dafür eigentlich nicht geeignet. Wenn Sie die Anordnung per CSS durchführen, so hat das mehrere Vorteile:

- Das Layout wird nicht mit Struktur vermischt.
- Sie können das Layout auch an die Gegebenheiten anpassen – beispielsweise könnten bei wenig verfügbarem Platz wie im Portrait-Modus die Beschriftungen oberhalb der Formularfelder angezeigt werden. Bei mehr verfügbarem Platz wie beispielsweise im Landscape-Modus könnten Sie sie hingegen vor den Formularfeldern anzeigen lassen.

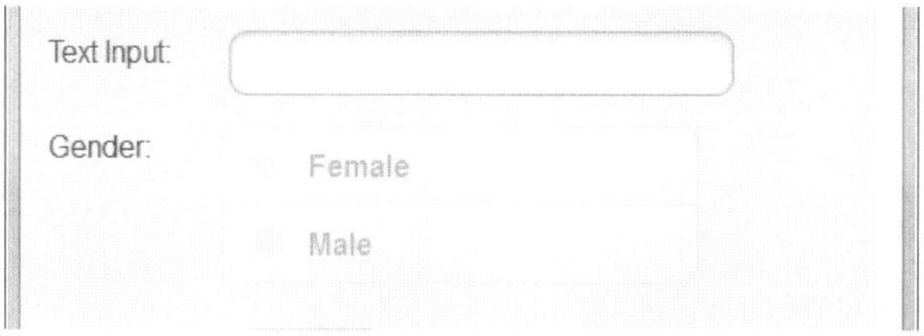

Bild 4.6 Bei jQuery Mobile werden die Beschriftungen bei viel Platz vor den Input-Feldern, ...

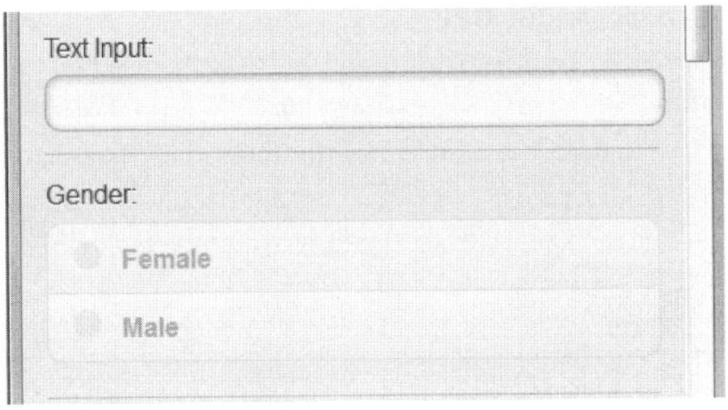

Bild 4.7 ... bei weniger verfügbarem Platz oberhalb der Formularfelder angezeigt.

 Diese Anordnung wird über Media Queries realisiert (mehr dazu in Kapitel 10.1.3).

4.5.2 Richtige Tastatur dank neuer Input-Typen

 PRAXISTIPP: Bevor wir mit den neuen HTML5-Formularergänzungen beginnen, noch ein Hinweis zu den klassischen HTML 4.01-Formularfeldern. Dort gibt es auch `type="file"` für den Datei-Upload; das allerdings funktioniert bei Mobile Safari nicht ...

In HTML 4.01 ist alles ein Textfeld, unabhängig davon, welche Inhalte hineingehören. In HTML5 gibt es endlich die notwendige Unterscheidung mit einer Reihe von neuen Input-Feldern. Der konkrete Vorteil davon ist, dass in manchen Smartphones dann auch gleich die richtige Tastatur ausgewählt wird. Außerdem ist bei bestimmten Feldern, sofern die Browser es unterstützen, eine automatische Prüfung integriert; etwas, wobei Sie sonst typischerweise zu JavaScript greifen.

Für E-Mail-Adressen ist `type="email"` vorgesehen.

```
<input type="email" name="mailadresse" id="mailadresse" />
```

Das iPhone zeigt dann gleich die richtige Tastatur.

Bild 4.8 Zum Eingeben von E-Mail-Adressen: Tastatur mit @-Zeichen auf dem iPhone

Einen eigenen Input-Typ gibt es für URLs.

```
<input type="url" name="webadresse" id="webadresse" />
```

Auch dieser hat den Vorteil, dass bei Klick ins Eingabefeld die passende Tastatur eingeblendet wird.

Bild 4.9 Die passende Tastatur zur Eingabe einer URL beim iPhone-internen Browser

 PRAXISTIPP: Bei diesem Eingabefeld werden teilweise absolute URLs erwartet, inklusive Protokoll `http://`. Sofern Browser das implementiert haben, führen sie auch gleich eine Prüfung durch, ob die eingegebenen Daten dem Typ entsprechen. Falls Sie dem Benutzer erlauben möchten, URLs ohne `http://` einzugeben, so können Sie die Überprüfung für das gesamte Formular ausschalten, indem Sie im `form`-Start-Tag das Attribut `novalidate` angeben.

Bild 4.10 Bei der Eingabe einer URL ohne http:// am Anfang erscheint eine Fehlermeldung.

Speziell für Telefonnummern gibt es ebenfalls einen eigenen Typ, passenderweise `tel`.

```
<input type="tel" name="telnummer" id="telnummer" />
```

Bild 4.11 iPhone: Bei Klick in das Feld erscheint die Tastatur zum Eingeben einer Telefonnummer.

Mit `type="tel"` sind keine besonderen Input-Vorgaben verbunden. Das liegt daran, dass Telefonnummern zu unterschiedlich sein können, neben Zahlen sind ja beispielsweise auch -, +, / oder Leerzeichen möglich.

Für Zahlen ist der `type="number"` vorgesehen.

```
<input type="number" name="nummer" id="nummer" />
```

Bild 4.12 `type="number"` löst diese Tastatur im iPhone aus.

Bild 4.13 `type="number"` in Opera Mobile

Andere Browser wiederum wie der Opera Mobile bringen kleine Pfeilchen, über die man die Zahlen erhöhen kann – die Tastatur wird hingegen nicht angepasst.

Eigene Input-Vorgaben definieren Sie über das `pattern`-Attribut, das einen regulären Ausdruck erwartet.

```
<input type="text" name="kennwort" id="kennwort" pattern="[A-Za-z]{5}" />
```

Damit wird beispielsweise definiert, dass die Eingabe fünf Buchstaben enthalten muss.

Zahlen komfortabel eingeben

Wenn Sie die bei Telefonnummer und bei Zahlen eingeblendete Tastatur im iPhone vergleichen (Bild 4.11 und Bild 4.12), so ist natürlich die Telefontastatur bei der Eingabe von Zahlen wesentlich komfortabler zu bedienen. Sie durch `type="tel"` auszulösen, dort, wo es eigentlich nicht um Telefonnummern geht, ist natürlich nicht angebracht, weil die korrekte Semantik wichtig ist.

Zur Lösung gibt es verschiedene Möglichkeiten:

- Sie können den Typ per JavaScript dynamisch von `number` auf `tel` setzen.
- Alternativ können Sie den korrekten Typ `number` benutzen und zusätzlich ein `pattern`-Attribut setzen:

```
<input type="number" name="zahl" id="zahl" pattern="[0-9]*" />
```

- Schließlich können Sie solche Felder vom Typ `text` wählen und ebenfalls das `pattern`-Attribut ergänzen:

```
<input type="text" name="zahl" id="zahl" pattern="[0-9]*" />
```

HINWEIS: Bei `type="number"` wird teilweise ein Tausendertrennzeichen eingefügt! So empfiehlt es sich zumindest für das iPhone, für Zahlen, die nicht reine Zahlen sind, als Input-Typ `text` zu wählen und über das `pattern`-Attribut die richtige Tastatur auszulösen. Außerdem müssen Sie bedenken, dass manche „Zahlen" wie Kreditkartennummern nicht reine Zahlenketten sind und auch aus weiteren Zeichen bestehen.

Andererseits funktioniert `type="number"` ebenfalls auf Android-Systemen, die `pattern`-Attribute lösen hingegen nicht die gewünschte Tastatur aus.

Eine Diskussion der verschiedenen Möglichkeiten finden Sie unter *http://bradfrostweb.com/blog/mobile/better-numerical-inputs-for-mobile-forms*.

4.5.3 Weitere neue Eingabefelder

Die bisherigen Formularfelder haben gemeinsam, dass sie weiterhin wie Textfelder aussehen, nur die Eingabe wird durch diese Typen vereinfacht. Daneben gibt es Formularfelder, bei denen die Anzeige in Browsern – sofern diese es unterstützen – geändert ist. Das ist beispielsweise der Fall bei `type="range"` oder `type="date"`.

`type="range"` ist für Werteingaben vorgesehen, bei denen es nicht auf die genaue Zahl ankommt, beispielsweise für eine Lautstärkeregelung. Unterstützende Browser stellen dann einen Schieberegler dar.

```
<input type="range" name="Punkte" min="1" max="10" />
```

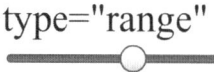

Bild 4.14 Schieberegler im iPhone

Im Android-internen Browser vor Android 4 wird das Feld zwar unterstützt, aber nicht dargestellt; Sie können aber, wie auf *http://tiffanybbrown.com/2012/02/07/input-typerange-and-androids-stock-browser* gezeigt wird, über CSS für eine akzeptable Darstellung sorgen.

`type="date"` dient zur komfortableren Eingabe von Datumsangaben:

```
<input type="date" name="datum" id="datum" />
```

Die Darstellung ist unterschiedlich (iPhone Bild 4.15, Bild 4.16 in Opera Mobile), auch andere Browser wie beispielsweise der Android-interne Browser oder Firefox Mobile zeigen ein normales Textfeld.

Bild 4.15 Datumsauswahlfeld auf dem iPhone

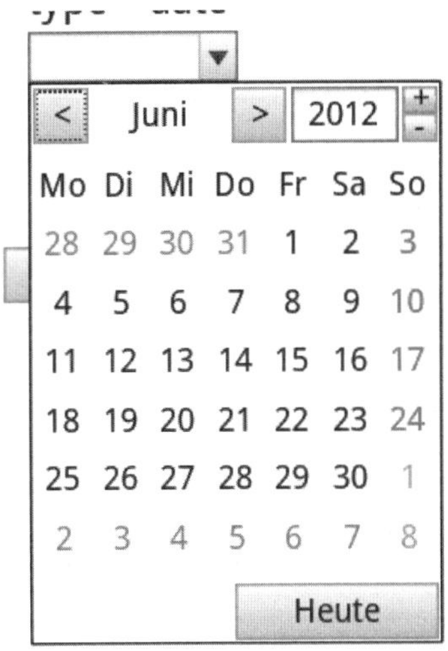

Bild 4.16 Datumsauswahlfeld in Opera Mobile

`type="color"` ist für die Farbauswahl vorgesehen.

```
<input type="color" name="farbe" />
```

Dieses bringt – nur in Opera und Opera Mobile (Stand: Sommer 2012) – ein Farbauswahlfeld zutage.

Schließlich gibt es noch `type="search"` zur Definition eines Suchfelds. Das löst keine besondere Tastatur aus, aber ermöglicht eine typische Darstellung von Suchfeldern. Außerdem gibt es noch `datalist`, das die Möglichkeit der freien Eingabe von Eingabefeldern mit Auswahllisten kombiniert.

```
<input type="url" list="urlliste" name="linkliste" />
<datalist id="urlliste">
  <option label="Google" value="http://www.google.com" />
  <option label="Microsoft" value="http://www.microsoft.com" />
</datalist>
```

Und schließlich ebenfalls neu eingeführt ist das Element `output`, das für das Ergebnis von Berechnungen gedacht ist.

```
<output name="x" for="a b"></output>
```

Neben neuen Elementen und neuen Inputtypen, gibt es weitere neue Attribute für Formulare.

- `autofocus` setzt den Cursor in das entsprechende Feld.
- `required` löst eine interne JavaScript-unabhängige Überprüfung aus, ob das Formularfeld ausgefüllt wurde. Das funktioniert derzeit aber nur in wenigen mobilen Browsern – Ausnahme ist der Opera Mobile.
- Der Eintrag `formnovalidate` beim `form`-Element deaktiviert die Überprüfung.
- Über `autocorrect` können Sie mit den Werten `on` oder `off` die automatische Korrektur aus- oder einschalten.
- Mit `autocomplete` lässt sich dementsprechend die Autovervollständigung aktivieren oder deaktivieren.
- Das `placeholder`-Attribut ist ebenfalls in HTML5 definiert und ermöglicht Platzhaltertext, der zu Beginn im Formularfeld angezeigt wird. Er verschwindet in dem Moment, wenn Sie in das Formularfeld klicken:

```
<input type="tel" name="telnummer" id="telnummer" placeholder="089 1234556" />
```

4.5.4 Fazit und Empfehlung für HTML5-Formularelemente

Bei all diesen Unterschieden in der Behandlung und Darstellung, die besonders deutlich etwa beim Input-Feld `type="date"` sind, stellt sich natürlich die Frage, wie man konkret mit diesen Feldern umgehen kann.

- Formulare zu benutzen, heißt schon immer, Kontrolle über die Anzeige in den Browser abzugeben. Ganz eklatant ist beispielsweise die unterschiedliche Darstellung von Auswahllisten auf den unterschiedlichen Systemen. Zwar sind diese nicht browserübergreifend konsistent, dafür sind sie aber systemkonsistent, d. h., der Benutzer kennt sie schon von anderen Webseiten.
- Von den neuen `input`-Feldern sollten Sie auf jeden Fall diejenigen nutzen, die eine passende Tastatur einblenden wie `email`, `url`, `tel` oder `number`. Unterstützt ein Browser eines der Felder nicht, funktionieren die Formularfelder weiterhin normal, da Browser unbekannte Input-Typen als `type="text"` interpretieren.
- Ein bisschen anders sieht es aus bei Feldern wie dem Schieberegler. Wird dieser in nicht unterstützenden Browsern durch ein normales Textfeld ersetzt, so wird das in vielen Fällen nicht genügen. Wie man hier vorgehen kann, zeigt jQuery Mobile: Dieses Feld wird

per JavaScript in ein Textfeld umgewandelt und dann per JavaScript browserübergreifend ein eigener Schieberegler erzeugt.

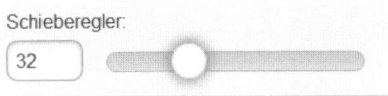

Bild 4.17 Schieberegler-Darstellung bei jQuery Mobile

4.6 Links auf Telefonnummern

Bei dem ganzen Wirbel um neue Techniken und den vielfältigen Möglichkeiten vergisst man oft, dass mobile Geräte meistens auch eines sind: Telefone, mit denen man telefonieren kann. Wenn Sie Telefonnummern als Links mit dem `tel`-Pseudoprotokoll kennzeichnen, so ist das besonders komfortabel, dann können Benutzer die Nummer ohne Eingabe direkt wählen oder dem Adressbuch hinzufügen.

```
Servicenummer   <a href="tel:+123456789">123-456-789</a>
```

Bild 4.18 Ein Klick auf den Link öffnet die Telefonanwendung (hier Android 4, interner Browser).

Das Problem daran ist allerdings, dass klassische Desktop-Browser mit diesem `tel`-Pseudoprotokoll bei Links nichts anfangen können und eine Fehlermeldung bei Klick auf einen so gekennzeichneten Link ausgeben (siehe Bild 4.20).

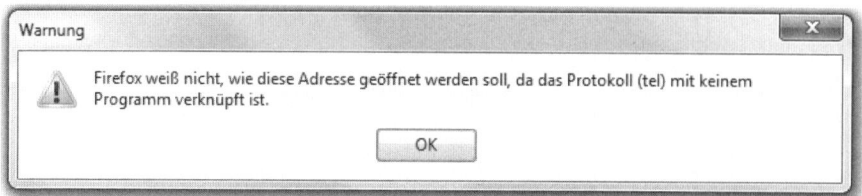

Bild 4.19 Meldung im Firefox bei Klick auf einen Link mit dem `tel`-Pseudoprotokoll

Prinzipiell gibt es für dieses Problem mehrere Lösungen:

- Sie setzen `tel` nur auf Webseiten ein, die sich dediziert an mobile Nutzer richten. Ob es sich um mobile Nutzer handelt, können Sie beispielsweise einfach mit dem Skript auf *http://detectmobilebrowsers.com* feststellen. Es kann aber auch falsche Zuordnungen geben, denn ein iPod Touch beispielsweise ist ein mobiles Gerät, aber man kann nicht mit ihm telefonieren.
- Sie setzen `tel` ein, wenn Sie über eine differenzierte Auslese ermittelt haben, ob das Gerät wirklich ein Telefon hat, beispielsweise mit WURFL (Kapitel 13.5).
- Eine einfache Lösung wäre, die Gestaltung des Telefonlinks von der Bildschirmgröße abhängig zu machen. Über CSS-Media Queries ermitteln Sie die Bildschirmgröße; bei kleiner Bildschirmgröße gestalten Sie den Link auffällig als klickbaren Link, bei größeren Bildschirmen gestalten Sie ihn wie normalen Text und hoffen, dass niemand aus Versehen darauf klickt. Diese Lösung ist einfacher als die beiden vorherigen, aber sie vermischt Dinge, die nicht notwendigerweise zusammengehören, und kann zu falschen Ergebnissen führen.
- Sie nehmen die mögliche Irritierung von Desktop-Nutzern in Kauf und hoffen, dass in Zukunft hier vielleicht der Browser automatisch Skype oder einen ähnlichen Dienst aufruft.

PRAXISTIPP: Übrigens wird im iPhone standardmäßig alles, was irgendwie einer Telefonnummer gleicht, als anklickbarer Link gestaltet. Das verhindern Sie durch folgende Meta-Angabe:

```
<meta name="format-detection" content="telephone=no" />
```

■ 4.7 Meta-Angaben für Smartphones und Co.

Es gibt eine Reihe von Meta-Angaben speziell für mobile Geräte. Die wichtigste ist sicher die `viewport`-Angabe, mit der wir beginnen.

4.7.1 Viewport steuern

Prinzipiell gibt es zwei Möglichkeiten: Entweder passen sich die mobilen Geräte an die Webseiten an oder die Webseiten passen sich an die Smartphones an. Ein Versuch für Letzteres zeigen die gängigen Smartphones: Wie schon in Kapitel 3 besprochen, skalieren sie Webseiten so weit, dass sie auf ihren kleinen Bildschirm passen. Damit erhält der Benutzer einen Überblick darüber, was es alles auf der Seite gibt, und kann einzelne Bereiche zum Lesen oder Interagieren groß zoomen.

Bild 4.20 Die Webseite passt dank Kleinzoomen auf den Bildschirm eines Smartphones.

Dabei gehen die einzelnen Systeme von unterschiedlichen Standardgrößen aus:

- Beim iPhones sind es standardmäßig 980 px,
- bei Android-Webkit 800 px,
- bei Opera Mobile 850 px,
- beim Firefox Mobile ebenfalls 800 px.
- Bei Windows Phone 7 sind es 1024 px.

Dieses Verhalten ist praktisch für Webseiten, die keine Anpassungen an die Bildschirmgröße des Smartphones vornehmen, bei anderen Webseiten hingegen stört es. Nehmen wir ein einfaches Beispiel. Es enthält zwei Absätze, von denen der erste mit CSS auf 320 px und der zweite auf 100 % Breite gesetzt sind.

Listing 4.7 Absätze in unterschiedlichen Breiten *(viewport_ohne.html)*

```html
<!DOCTYPE html>
<html>
  <head>
    <meta charset="UTF-8" />
    <title>Viewport</title>
    <style>
    p {
       padding: 30px 0;
       text-align: center;
       font-family: sans-serif;
       font-size: 300%;
    }
     .eins {
         width: 320px;
         background-color: yellow;
      }
     .zwei {
         width: 100%;
         background-color: orange;
      }
    </style>
  </head>
  <body>
   <p class="eins">320px</p>
   <p class="zwei">100%</p>
  </body>
</html>
```

Sie sehen in Bild 4.21 (dieses Mal vom Windows Phone), dass der 320 px breite Bereich recht schmal ist und nur ungefähr ein Drittel der verfügbaren Breite einnimmt.

Bild 4.21 Ohne Weiteres verkleinern Smartphones Webseiten.

Das Verkleinern sollten Sie bei speziell für Smartphones angepassten Webseiten verhindern; das heißt sowohl bei Webseiten, die den Prinzipien des Responsive Webdesign folgen, als auch bei dedizierten mobilen Webseiten. Das geht über folgende Angabe.

Listing 4.8 Ausschnitt aus *viewport-meta.html*
```
<!-- alles andere wie gehabt -->
<meta name="viewport" content="width=device-width" />
```

Wenn Sie diese Angabe im Kopfbereich des Beispiels ergänzen, so füllt der 320 px breite Bereich nun mehr die Breite des Bildschirms.

Bild 4.22 Mit der passenden Viewport-Meta-Angabe wird die Seite nicht mehr verkleinert.

 PRAXISTIPP: Dass im Beispiel anscheinend der 320 px breite Bereich einen Tick größer angezeigt wird, liegt am vorhandenen Browser-Offset, der sich wie folgt entfernen lässt.

```
html, body {
  margin: 0;
  padding: 0;
}
```

In den meisten Fällen ist die folgende Angabe die beste Wahl.

```
<meta name="viewport" content="width=device-width" />
```

Das teilt dem Browser mit, dass er als Breite die eigentliche Gerätebreite benutzen soll.

- Das entspricht übrigens nicht immer der tatsächlichen Pixelauflösung. Beim iPhone beispielsweise wird als Breite 320 px genommen; und das sowohl beim iPhone 3 als auch beim iPhone 4.
- Beim Windows Phone 7 wird als Breite ebenfalls 320 px genommen, obwohl die eigentliche Breite 480 px wäre. Das liegt daran, dass viele mobile Webseiten für 320 px angelegt sind – und das erschien den Entwicklern von Windows 7 dann als bessere Wahl.

Dass Geräte-/Browserhersteller andere Geräte/Browser imitieren, wird Ihnen noch häufiger bei der Beschäftigung mit mobilen Geräten begegnen. Besonders eklatant ist dieses Vorspielen falscher Tatsachen, das sehr an die Geschichte von Hase und Igel erinnert, bei den User-Agents, die in Kapitel 13 besprochen werden.

Die `viewport`-Angabe bietet jedoch mehr Möglichkeiten, so können Sie die Breite (`width`) auch auf einen festgelegten Wert setzen; im nächsten Beispiel auf 320 px.

```
<meta name="viewport" content="width=320" />
```

Außerdem gibt es mehr als `width`, und zwar noch folgende Angaben:

- `height`: Sie können parallel zur Breite die Höhe festsetzen.
- `user-scalable`: Über `user-scalable` steuern Sie, ob ein Benutzer skalieren darf oder nicht. Möglich sind die Werte `yes` und `no`.
- `initial-scale` bestimmt, ob der Viewport am Anfang skaliert sein soll oder nicht.
- `minimum-scale` setzt die minimal mögliche Skalierung. Die möglichen Werte reichen von 0.1 bis 10.0.
- `maximum-scale` bestimmt die maximal mögliche Skalierung. Die möglichen Werte reichen ebenfalls von 0.1 bis 10.0.

Mehrere Angaben lassen sich kombinieren, so können Sie etwa über Folgendes die Breite auf die Gerätebreite setzen und prinzipiell das Zoomen unterbinden.

```
<meta name="viewport" content="width=device-width, user-scalable=no" />
```

PRAXISTIPP: Beachten Sie, dass Sie mehrere Angaben bei `content` durch ein Komma trennen sollten. Das wird an vielen Stellen im Web falsch beschrieben.

Die Viewport-Steuerung wird hier über den `html`-Code erledigt. Es gibt aber auch Vorschläge, sie über CSS, durch eine entsprechende @-Regel, durchzuführen.

```
@viewport {
  width: device-width;
  max-zoom: 2;
}
```

Da sich das Feature noch in der Entwicklung befindet, müssen Sie es mit den herstellerspezifischen Präfixen schreiben. Opera unterstützt das Folgende.

```
@-o-viewport {
  width: device-width;
}
```

Für den Internet Explorer 10 benötigen Sie entsprechend `@-ms-viewport`.

> **HINWEIS:** Den entsprechenden Editors' Draft finden Sie beim W3C unter *http://dev.w3.org/csswg/css-device-adapt*.

Zoomen und Scaling-Bug im iOS

Häufig wird `device-width` mit einem Abschalten der Zoommöglichkeiten des Nutzers kombiniert.

```
<meta name="viewport" content="width=device-width, user-scalable=no" />
```

Ob das gut ist, ist fraglich. Das Skalieren ist wichtig für die Zugänglichkeit von Webinhalten. Wer beispielsweise stark weitsichtig ist, könnte durch Skalieren Inhalte lesbar machen, die ansonsten nicht für ihn lesbar sind.

> Warum beispielsweise auf der mobilen Seite von amazon.de die Skalierung abgeschaltet ist, ist mir nicht erklärlich. Es wäre praktisch, man könnte sich einzelne Bilder auch größer ansehen.

Der Vorteil dieser Angabe ist allerdings, dass dadurch ein Scaling-Bug verhindert wird, der etwa im iPhone auftaucht, wenn man vom Portrait- in den Landscape-Modus wechselt. Eine Seite, bei der der Benutzer zoomen kann, wird beim Wechsel von Portrait- in Landscape-Modus breiter, als Platz zur Verfügung steht. Damit ist die Seite abgeschnitten und der Benutzer muss die Seite wieder entsprechend klein zoomen. Das ist äußerst unschön.

Statt deswegen die Zoomfähigkeit des iPhone-Nutzers oder – noch schlimmer – aller Nutzer zu beschneiden, ist es per JavaScript möglich, diesen Bug zu beheben. Die entsprechende Datei zur Abhilfe finden Sie unter *http://filamentgroup.com/lab/a_fix_for_the_ios_orientationchange_zoom_bug*.

Eine andere Lösung dieses Problems sehen Sie bei der mobilen Version der Focus-Seite *(http://m.focus.de)*: Hier wird das Skalieren unterbunden, aber dafür wird dem Nutzer die Möglichkeit geboten, über die Benutzeroberfläche die Schrift zu vergrößern. Das hat man auch bei barrierefreien Seiten eine Weile lang gemacht, bis sich die Erkenntnis durchgesetzt hat, dass es nichts bringt, Browserfunktionalität zu doppeln – die an sich zuverlässig funktioniert, wenn man sie nicht bewusst unterbindet.

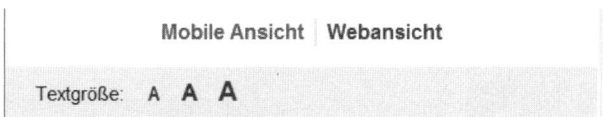

Bild 4.23 Schrift vergrößern bei *http://m.focus.de*

Weitere Angaben zur Steuerung des Viewports

Bevor die Viewport-Angabe, die im Beispiel benutzt wurde, eingeführt wurde, wurden zur Steuerung der Anzeige bei alten Palms und BlackBerrys folgende Angaben eingesetzt.

```
<meta name="HandheldFriendly" content="true" />
```

Das bedeutet, dass der Entwickler sich um die Optimierung für schmale Bildschirme selbst gekümmert hat und dass der Browser es nicht tun soll. Aber dieses Meta-Tag erlaubt keine genauere Kontrolle. Etwas mehr Kontrolle – die Angabe, wie groß die Inhalte denn dargestellt werden sollen – geht über folgende Zeile, die Microsoft für den Pocket PC eingeführt hat.

```
<meta name="MobileOptimized" content="320" />
```

PRAXISTIPP: Auch wenn Sie im Normalfall das Viewport-Tag benutzen werden, um das Zoomverhalten zu steuern, schaden die beiden anderen gerade vorgestellten meta-Angaben nichts. Sie werden beispielsweise auch bei Mobile Boilerplate (*http://html5boilerplate.com/mobile*) benutzt.

Zusammengefasst sind folgende Angaben empfehlenswert, wobei die beiden ersten für ältere Geräte gedacht sind.

```
<meta name="HandheldFriendly" content="True" />
<meta name="MobileOptimized" content="320" />
<meta name="viewport" content="width=device-width" />
```

Und zuletzt noch einmal der Hinweis, dass diese Meta-Angaben nur sinnvoll sind, wenn Sie eine auf welche Art auch immer optimierte Seite für Smartphones bereitstellen. Wenn Sie das Skalieren auf einer auf Desktops ausgerichteten Webseite deaktivieren, so erhalten die Benutzer von Smartphones nur einen Ausschnitt ohne Zusammenhang und müssen sich diesen erst verkleinern, um einen Überblick zu erhalten. Ein Beispiel hierfür ist die Seite *bundesregierung.de*.

Bild 4.24 Hier fehlt die Übersicht.

4.7.2 App-like: Icons und mehr

Beim iPhone – und anderen Smartphones – können Benutzer Lesezeichen direkt zum Home-Screen hinzufügen lassen. Dann erscheinen dort kleine Icons, und ein Klick darauf startet direkt die Webseite. Das sorgt für ein Verhalten, das mehr an die nativen Apps erinnert.

Bild 4.25 Die Icons am unteren Rand des Screens beim iPhone

Ein Klick auf das mittlere zeigt die Optionen; darunter auch ADD TO HOME SCREEN (Bild 4.26) oder ZUM HOME-BILDSCHIRM.

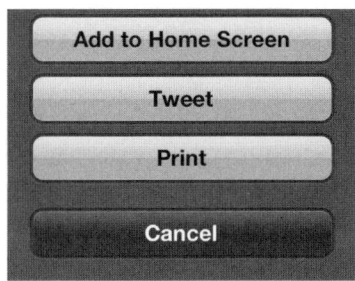

Bild 4.26 Optionen für Webseiten

Bild 4.27 Zum Home-Screen hinzufügen

Sie können Icons angeben, die auf dem Home-Screen gezeigt werden sollen – wenn Sie das nicht tun, wird ein Screenshot der Seite benutzt. Ein solches Icon spezifizieren Sie folgendermaßen:

```
<link rel="apple-touch-icon" href="mein_icon.png" />
```

Sie können Icons in verschiedenen Größen für die verschiedenen Auflösungen zur Verfügung stellen. Die Größe geben Sie bei `sizes` an. Gängige Größen sind:

- 72 x 72 für das iPad der ersten Generation
- 114 x 114 für das iPhone mit dem Retina-Display

Damit können Sie über folgenden Code auf ein Icon für ein iPhone mit Retina-Display verweisen.

```
<link rel="apple-touch-icon" sizes="114x114" href="mein_icon.png" />
```

Standardmäßig erhalten die Icons eine besondere Formatierung – einen Glanz und abgerundete Ecken, darum müssen Sie sich nicht selbst kümmern. Wollen Sie diese Veränderung des Icons unterbinden, so schreiben Sie Folgendes.

```
<link rel="apple-touch-icon-precomposed" href="mein_icon.png" />
```

Mobile Boilerplate schlägt folgenden Code zur Einbindung der wichtigsten Icons vor.

```
<!-- For iPhone 4 with high-resolution Retina display: -->
<link rel="apple-touch-icon-precomposed" sizes="114x114" href="img/h/apple-touch-icon.png">
<!-- For first-generation iPad: -->
<link rel="apple-touch-icon-precomposed" sizes="72x72" href="img/m/apple-touch-icon.png">
<!-- For non-Retina iPhone, iPod Touch, and Android 2.1+ devices: -->
<link rel="apple-touch-icon-precomposed" href="img/l/apple-touch-icon-precomposed.png">
<!-- For nokia devices: -->
<link rel="shortcut icon" href="img/l/apple-touch-icon.png">
```

Detaillierte Hinweise zu den einzelnen Icontypen finden Sie unter *http://mathiasbynens.be/notes/touch-icons*.

Nicht alle Benutzer wissen, dass sie Webseiten zu ihrem Home-Screen hinzufügen können. Einen Hinweis dazu können Sie über ein Skript wie auf *http://cubiq.org/add-to-home-screen* einblenden lassen.

Ebenfalls nützlich ist es, sofern es sich um eine WebApp handelt, die Adressleiste und die Steuerungstaps beim iPhone auszublenden, was über folgende Zeile geht. Wenn der Benutzer die Webseite zu seinem Home-Screen hinzugefügt hat, wird dann bei einem erneuten Start der Webseite keine Adressleiste oben und unten werden keine Navigationstaps angezeigt.

```
<meta name="apple-mobile-web-app-capable" content="yes" />
```

Was dann noch bleibt, ist eine Statusleiste ganz oben, deren Farbe Sie über folgende Angabe bestimmen können.

```
<meta name="apple-mobile-web-app-status-bar-style" content="black" />
```

PRAXISTIPP: Wollen Sie, dass der Benutzer beim Klicken auf weitere Links immer noch in der App-like-Ansicht bleibt und nicht in die normale Browseransicht wechselt, so hilft dabei das Skript, das Sie unter *https://github.com/mrmoses/jQuery.stayInWebApp* finden.

Außerdem können Sie – ebenfalls für eine WebApp – ein Startup-Bild festlegen. Hierzu wird folgender Code benötigt. Sie brauchen dazu natürlich die Bilder in den angegebenen Größen – zu den hier eingesetzten Media Queries gehe ich noch ausführlich in Kapitel 10.1.3 ein.

```
<link rel="apple-touch-startup-image" media="(max-device-width: 480px) and
not (-webkit-min-device-pixel-ratio: 2)" href="img/startup.png">
<!-- 640x920 for retina display -->
<link rel="apple-touch-startup-image" media="(max-device-width: 480px) and
(-webkit-min-device-pixel-ratio: 2)" href="img/startup-retina.png">
<!-- iPad Portrait 768x1004 -->
<link rel="apple-touch-startup-image" media="(min-device-width: 768px) and
(orientation: portrait)" href="img/startup-tablet-portrait.png">
<!-- iPad Landscape 1024x748 -->
<link rel="apple-touch-startup-image" media="(min-device-width: 768px) and
(orientation: landscape)" href="img/startup-tablet-landscape.png">
```

■ 4.8 Conditional Comments

Conditional Comments sind eine Microsoft-Erfindung, über die Sie eigene Angaben für ausgewählte Microsoft-Browser bereitstellen können. Durch die folgende Angabe sorgen Sie dafür, dass das angegebene Stylesheet beispielsweise nur vom IE kleiner als Version 9 gelesen wird.

```
<!--[if lt IE 9]>
  <link rel="stylesheet" href="ie8.css" />
<![endif]-->
```

Im mobilen Zusammenhang sind folgende Conditional Comments wichtig.

```
<!--[if IEMobile 7 ]>    Code speziell für den IE7 Mobile <![endif]-->
<!--[if (gt IEMobile 7)]> Code für den IE Mobile nach Version 7<![endif]-->
```

Außerdem lassen sich die Angaben auch verneinen: So können Sie etwa über folgenden konditionalen Kommentar dafür sorgen, dass das angegebene Stylesheet nur vom IE vor Version 9 gelesen wird, sofern es sich nicht um die mobile Variante handelt.

```
<!--[if lt IE 9 & !IEMobile]>
<link rel="stylesheet" href="verbessert.css"  />
<![endif]-->
```

Das ist beispielsweise beim Responsive Webdesign wichtig (Kapitel 10).

 PRAXISTIPP: Wo wir gerade beim Mobile IE sind: Für den Mobile IE können Sie über folgende Zeile Cleartype aktivieren und für schönere Schriften sorgen:

```
<meta http-equiv="cleartype" content="on" />
```

4.9 Solide HTML5-Basis dank Mobile Boilerplate

Die ganzen Meta-Angaben, verschiedenen Icons und was es alles noch zu berücksichtigen gibt: Da kann es schon mal passieren, dass man wichtige Angaben vergisst. Hier hilft das schon erwähnte Projekt Mobile Boilerplate, das eine wunderbare Vorlage für Webprojekte ist – neben der richtigen HTML-Basis beinhaltet es auch ein angepasstes Stylesheet, eine *.htaccess*-Datei mit allen wichtigen Angaben und mehr. Außerdem dürfen Sie bei Mobile Boilerplate jederzeit die Löschentaste betätigen, um sich Ihre Version zu erstellen, die auf Ihre Bedürfnisse zugeschnitten ist. Mobile Boilerplate finden Sie unter *http://html5boilerplate.com/mobile*.

4.10 Kurz zusammengefasst

Für mobile Webseite sind im Wesentlichen zwei Dokumenttypen angesagt:

- XHTML Basic für ältere Geräte,
- HTML5 für moderne Smartphones. HTML5 bietet nützliche Verbesserungen für Formularelemente, so sollten Sie die Input-Typen `email`, `url`, `number` und `tel` verwenden, wo sie angebracht sind.

Außerdem ging es in diesem Kapitel um allgemeine, speziell für mobile Seiten wichtige Angaben:

- Mehrere Meta-Angaben sind nützlich für mobile Webseiten, von denen die `viewport`-Angabe die wichtigste ist. Von den verschiedenen Varianten ist folgende Art die empfohlene:

    ```
    <meta name="viewport" content="width=device-width" />
    ```

- Außerdem sollten Sie angepasste Icons definieren, die benutzt werden, wenn ein Benutzer die Webseite zum schnelleren Zugriff zu seinem Home-Screen hinzufügt.
- Handelt es sich bei Ihrer Webseite um eine mobile App, so sind weitere Verbesserungen möglich; beispielsweise können Sie über Meta-Angaben die Bedienfelder, die sonst bei Webseiten im iPhone angezeigt werden, ausblenden lassen.
- Wenn Sie Telefonnummern als Links mit dem `tel:`-Pseudoprotokoll einleiten, können Benutzer direkt mit einem Klick die angegebene Nummer anrufen.
- Zum Schluss ging es außerdem um die Conditional Comments, von denen es besondere gibt, um explizit Windows Mobile anzusprechen oder auszuschließen.
- Eine gute Basis für neue Projekte bietet *http://html5boilerplate.com/mobile*.

5 CSS für mobile Geräte

Nachdem es in Kapitel 4 um die Besonderheiten in Bezug auf HTML für mobile Geräte ging, widmet sich dieses Kapitel dem Thema CSS und mobile Geräte. Einerseits gibt es Empfehlungen, was bei schwächeren Geräten zu berücksichtigen ist, und andererseits sind da die neuen CSS3-Features, die wichtig sind für die Gestaltung von Benutzeroberflächen für mobile WebApps. Was macht man aber, wenn die Unterstützung der einzelnen Features so unterschiedlich ist? Hier hilft nur, dem Prinzip von Progressive Enhancement zu folgen, womit wir uns ebenfalls in diesem Kapitel beschäftigen werden. Darüber hinaus erläutere ich die Arbeit mit dem nützlichen Tool Modernizr zur Feature Detection.

■ 5.1 CSS und Progressive Enhancement

Beim Thema CSS für mobile Geräte – aber natürlich nicht nur hier! – ist *Progressive Enhancement* wichtig: Wir möchten Nutzer nicht dafür abzustrafen, dass ihre Browser ein bestimmtes Feature nicht unterstützen, sondern eine funktionierende Basisversion erstellen, die dann für fähigere Geräte verbessert wird.

An sich ist CSS schon für Progressive Enhancement angelegt, denn kennt ein Browser eine Angabe nicht, ignoriert er sie einfach, er kommt dadurch aber nicht aus dem Tritt, sofern die Syntax korrekt ist.

```
p {
  background-color: yellow;
  border-radius: 10px;
}
```

In diesem Fall wird `background-color` von allen Browsern gelesen; das in CSS3 eingeführte `border-radius` zum Abrunden der Ecken hingegen wird von älteren Browser wie beispielsweise dem Internet Explorer 8 ignoriert.

Das ist auch das Prinzip, warum die herstellerspezifischen Präfixe funktionieren, die Ihnen im Zusammenhang mit CSS3 begegnen. Zu den herstellerspezifischen Präfixen zählen `-o-` für Opera, `-webkit-` für Webkit-Browser, `-moz-` für Firefox und andere auf Gecko basierenden Browser oder `-ms-` für den Internet Explorer. Eigenschaften mit diesen herstellerspezifischen Präfixen werden nur von den angegebenen Browsern gelesen und von den anderen Browsern im Prinzip – dazu gleich noch einmal – ignoriert.

Im folgenden Beispiel wird eine Drehung um 50 Grad definiert – jeder Browser nimmt sich aus den angegebenen Eigenschaften diejenige, die mit seinem Präfix versehen ist, und ignoriert die anderen Zeilen.

```
p {
  -webkit-transform: rotate(50deg);
  -moz-transform: rotate(50deg);
  -o-transform: rotate(50deg);
  -ms-transform: rotate(50deg);
  transform: rotate(50deg);
}
```

Diese herstellerspezifischen Präfixe kommen bei noch nicht verabschiedeten CSS3-Eigenschaften zum Einsatz. Damit können Browser eine noch nicht verabschiedete Eigenschaft implementieren und dann, sofern es noch eine Änderung gibt, die endgültige Eigenschaft ohne Präfix unterstützen – ohne dass sich die verschiedenen Implementierungen in die Quere kommen.

 Die Aussage, dass Browser die Angaben mit anderen herstellerspezifischen Präfixen als den eigenen ignorieren, war früher uneingeschränkt gültig; seit Mai 2012 gibt es jedoch eine Ausnahme. Der Grund: Besonders Autoren von mobilen Webseiten notieren CSS3-Eigenschaften oft nur mit dem `-webkit-`Präfix und schreiben die entsprechenden Angaben für die anderen Browser nicht – und das, obwohl oder auch wenn die anderen Browser die besagte Eigenschaft unterstützen. Deswegen hat Opera testweise in einem Build die Unterstützung für Eigenschaften mit dem `-webkit`-Präfix implementiert *(http://dev.opera.com/articles/view/opera-mobile-emulator-experimental-webkit-prefix-support)*. Es wird sich zeigen, ob Mozilla diesem Beispiel folgt oder ob umgekehrt Opera diese testweise Implementierung wieder zurücknimmt. Damit solche Ungereimtheiten nicht überhandnehmen, ist es wichtig, dass Sie als Publisher mobiler Seiten CSS3-Eigenschaften nicht nur mit dem `-webkit`-Präfix schreiben.

Nicht immer reicht es aber aus, dass Browser ihnen unbekannte Eigenschaften einfach ignorieren. Manchmal brauchen Sie gesonderte Angaben für den Fall, dass ein Browser eine Eigenschaft nicht implementiert hat. Und genau dafür ist Modernizr das Tool der Wahl.

Modernizr *(http://modernizr.com)* ist eine JavaScript-Bibliothek zur Feature Detection, d. h., mit ihr können Sie testen, ob ein Browser ein bestimmtes Feature implementiert hat oder nicht.

Auf der Startseite von Modernizr können Sie das Tool in zwei Versionen herunterladen: Die Development-Version beinhaltet alle Feature-Tests, darüber hinaus ist die Datei unkomprimiert und mit Kommentaren versehen und damit zum Lesen und Studieren geeignet. Für den produktiven Einsatz sollten Sie den Button PRODUCTION wählen, über den Sie sich eine eigens auf Ihre Bedürfnisse zugeschnittene Modernizr-Datei erstellen lassen können, die nur die Feature-Tests beinhaltet, die Sie brauchen.

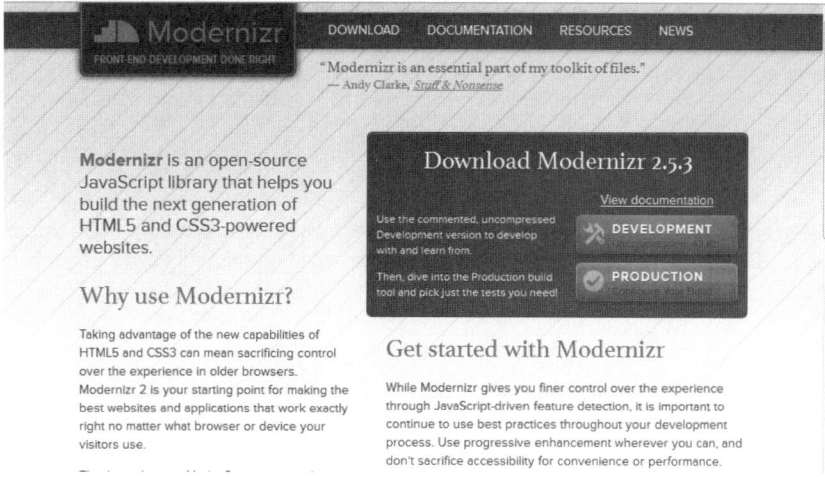

Bild 5.1 Die Startseite von Modernizr

 Das Ergebnis der Feature-Tests von Modernizr ist nur ein Ja oder Nein; Zwischenstufen wie eine teilweise Unterstützung werden nicht gesondert berücksichtigt. Deswegen empfiehlt es sich, in Zweifelsfällen die Vorgehensweise bei den Feature-Tests von Modernizr nachzulesen, um zu verstehen, wie das Ergebnis aussehen wird.

Bild 5.2 zeigt, wie die Erstellung des angepassten Downloads funktioniert – Sie können detailliert auswählen, was Sie benötigen.

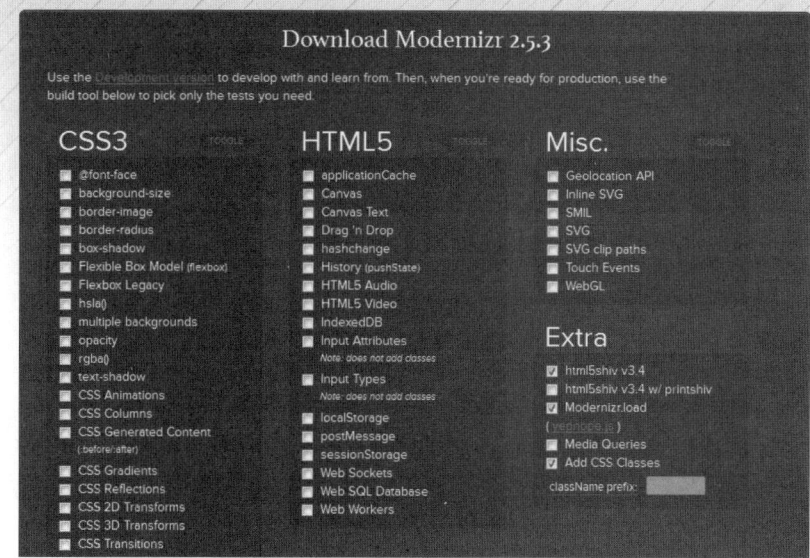

Bild 5.2 Auswahl an Feature-Tests von Modernizr

Nachdem Sie Modernizr heruntergeladen haben, können Sie es benutzen, indem Sie es im Kopfbereich Ihres Dokuments einbinden.

Listing 5.1 Die Modernizr-Datei muss im Kopfbereich eingebunden werden *(modernizr.html)*

```
<!DOCTYPE html>
<html>
  <head>
    <meta charset="utf-8"/>
    <meta name="viewport" content="width=device-width" />
    <title>Modernizr</title>
    <script src="modernizr.js"></script>
  </head>
  <body>
  </body>
</html>
```

Dann fügt Modernizr automatisch dem `html`-Element Klassen zu, die widerspiegeln, ob ein bestimmtes Feature im aktuellen Browser unterstützt wird oder nicht. Diese Klassen zeigt Firebug sehr deutlich.

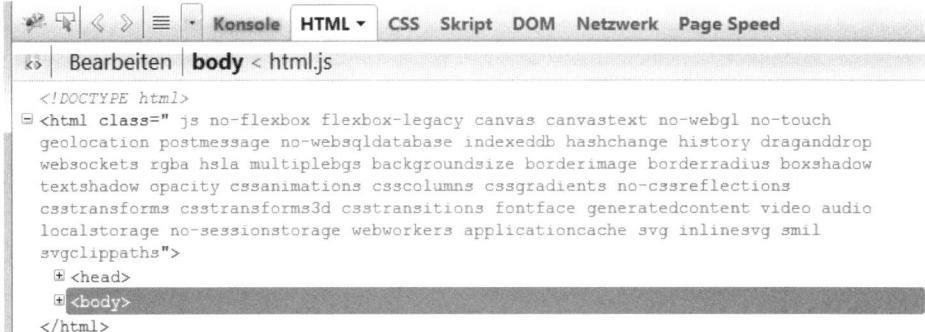

Bild 5.3 Modernizr hat eine Reihe von Klassen beim `html`-Element ergänzt.

Die Klassen sehen je nach verwendeten Browsern unterschiedlich aus. Wenn Farbverläufe unterstützt werden, lautet die Klasse beim `html`-Start-Tag `cssgradients`; werden diese nicht unterstützt, heißt die Klasse hingegen `no-cssgradients`. Damit können Sie gesonderte Formatierungen vornehmen, je nachdem, ob eine CSS-Eigenschaft unterstützt wird oder nicht. Nehmen wir an, Sie möchten ein Element mit `id="kopf"` formatieren, dann können Sie Formatierungen für die unterschiedlichen Situationen durch folgende Selektoren angeben.

```
.cssgradients #kopf {
 /* Diese Formatierungen wirken nur, wenn CSS-Gradients unterstützt werden */
}
.no-cssgradients #kopf {
 /* Diese Formatierungen wirken nur, wenn CSS-Gradients nicht unterstützt werden */
}
```

Alternativ zur Verwendung der Klasse `.no-cssgradients` können Sie auch folgende Angaben machen.

```
#kopf {
 /* Formatierungen wirken immer */
}
.cssgradients #kopf {
 /* Formatierungen wirken nur, wenn CSS-Gradients unterstützt werden */
}
```

Da der Selektor `.cssgradients #kopf` eine höhere Spezifität hat als der Selektor `#kopf`, wirken diese Formatierungen und überschreiben die bei `#kopf` angegebenen, sofern Farbverläufe implementiert sind. Die Formatierungen `#kopf` sind hingegen gelten, wenn Farbverläufe nicht unterstützt werden oder wenn JavaScript nicht aktiviert ist.

Sie können aber noch weiter differenzieren, wenn Sie beim `html`-Element die Klasse `no-js` schreiben.

```
<html class="no-js">
```

Dann wird diese Klasse durch `js` und die anderen Klassen ersetzt. Damit haben Sie theoretisch vier mögliche Angaben.

```
.no-js #kopf {
 /* wenn JavaScript nicht aktiviert ist */
}
.js #kopf {
 /* wenn JavaScript aktiviert ist */
}
.cssgradients #kopf {
 /* Formatierungen wirken nur, wenn JavaScript aktiviert ist und
CSS-Gradients unterstützt werden */
}
.no-cssgradients #kopf {
 /* Formatierungen wirken nur, wenn JavaScript aktiviert ist und
CSS-Gradients nicht unterstützt werden */
}
```

Solche genauen Differenzierungen werden Sie im Normalfall nicht brauchen.

Modernizr bietet auch eine JavaScript-Schnittstelle, die in Kapitel 8.1 besprochen wird.

PRAXISTIPP: Modernizr hilft bei der Feature Detection. Wenn Sie sich informieren wollen, wie weit bestimmte CSS-Eigenschaften von den einzelnen Systemen/Browsern unterstützt werden, so finden Sie diese Informationen auf *http://caniuse.com* und speziell für mobile Browser auf *http://mobilehtml5.org*.

5.2 CSS für schwächere mobile Geräte

Genauso wie es Varianten von XHTML speziell für (älter/schwächere) mobile Geräte gibt (siehe Kapitel 4.3), gibt es auch CSS-Versionen speziell für mobile Geräte, nämlich WCSS und CSS Mobile Profile.

5.2.1 WCSS

WCSS steht für Wireless CSS Specification und stammt aus dem Jahr 2006 *(http://www.openmobilealliance.org/technical/release_program/docs/Browsing/V2_3-20080331-A/OMA-WAP-WCSS-V1_1-20061020-A.pdf)*. Definiert wird ein Subset von CSS 2.1. Im Unterschied zu CSS 2.1 sind manche Teile nur fakultativ – d. h., ein Browser, der WCSS-konform ist, muss sie nicht unterstützen; andere wiederum sind ganz weggefallen und ein paar sind zusätzlich ergänzt.

In WCSS fakultative Teile von CSS 2.1 sind folgende:

- Pseudoklassen :visited und :active
- Der Wert inherit
- Rahmentypen: hidden, double, groove, ridge, inset, outset
- Längenangaben für Schriftgrößen
- Verschiedene Typen für list-type, Position über list-style-position
- text-align: justify
- text-decoration: overline, line-through
- display nur bei none, andere sind fakultativ
- float nur bei Bildern obligatorisch, sonst fakultativ

Eine weitere Reihe von CSS-Eigenschaften/-Werten sind in WCSS nicht definiert:

- Pseudoklasse :hover
- Bei Medientypen gibt es nur handheld und all.
- position zur Positionierung und die damit verbundenen Angaben left, top, bottom und right sind ebenfalls nicht vorhanden.
- Die Eigenschaft overflow fehlt ebenfalls.

Außerdem gibt es Ergänzungen

- -wap-marquee für animierte Inhalte
- -wap-accesskey für Tastenkürzel für den schnellen Zugriff
- -wap-input-format und -wap-input-required als Ergänzung bei Formularen

5.2.2 CSS Mobile Profile 2.0

Eine andere Variante von CSS speziell für mobile Geräte stammt vom W3C und befindet sich im Status einer Candidate Recommendation seit Dezember 2008 *(http://www.w3.org/TR/css-mobile)*. Es gibt an sich weniger Einschränkungen als bei WCSS:

- Nicht definiert sind im Vergleich zu WCSS die Eigenschaft `position` zur Positionierung und die damit verbundenen Angaben `left`, `top`, `bottom` und `right` als Einschränkungen,
- `outline` ist ebenfalls nicht definiert.
- Als Eigenschaft „at risk" wird `overflow` gekennzeichnet.

Auch wenn man sich heute bei der Gestaltung von Webseiten für mobile Geräte oft eher an den High-End-Geräten orientiert, weil diese die primär anvisierte Zielgruppe darstellen, ist es doch gut, dass man über diese Spezifikationen Hinweise erhält, was Sie bei der Gestaltung von Webseiten, die auch auf älteren Geräten problemlos funktionieren, beachten sollten.

5.3 CSS-Pseudoklassen

Zu den dynamischen CSS-Pseudoklassen aus CSS 2.1 zählen die im Folgenden aufgeführten:

- `:hover` zur Formatierung von Elementen, die vom Benutzer berührt, aber nicht aktiviert werden
- `:active`, während ein Element vom Benutzer aktiviert wird
- `:focus`, wenn ein Element den Fokus erhält

Der Hoverzustand ist klar definiert: Damit können Formatierungen festgelegt werden, die gelten, wenn der Benutzer mit einem Zeigegerät wie seiner Maus über einen Bereich fährt. Will er ein solches berühren, ohne es zu aktivieren, ist das bei Touchscreens schwierig; deswegen sollten Sie keine Komponenten der Benutzeroberfläche haben, die auf der Unterstützung dieses Zustands basieren.

Das gilt gleichermaßen für bei Mouseover ausgelöste Aktionen, die in Kapitel 8.3 diskutiert werden.

Aber auch auf das vom Desktop her gewöhnte Funktionieren von `:active` und `:focus` können Sie sich nicht verlassen.

PRAXISTIPP: Eine Tabelle zur Browserunterstützung dieser Pseudoklassen finden Sie bei Peter-Paul Koch unter *http://www.quirksmode.org/m/table.html*.

5.4 position: fixed & Co.

Häufig ist bei nativen Anwendungen die Fuß- und/oder Kopfzeile fest; d. h., dass die Inhalte wenn überhaupt nur innerhalb dieses Bereichs scrollbar sind. Möchten Sie so etwas in mobilen Webapps nachbilden, so bietet sich die CSS-Eigenschaft `position` mit dem Wert `fixed` an. Wie sich `position: fixed` bei Kopf- und Fußzeile auswirkt, zeigt Bild 5.4.

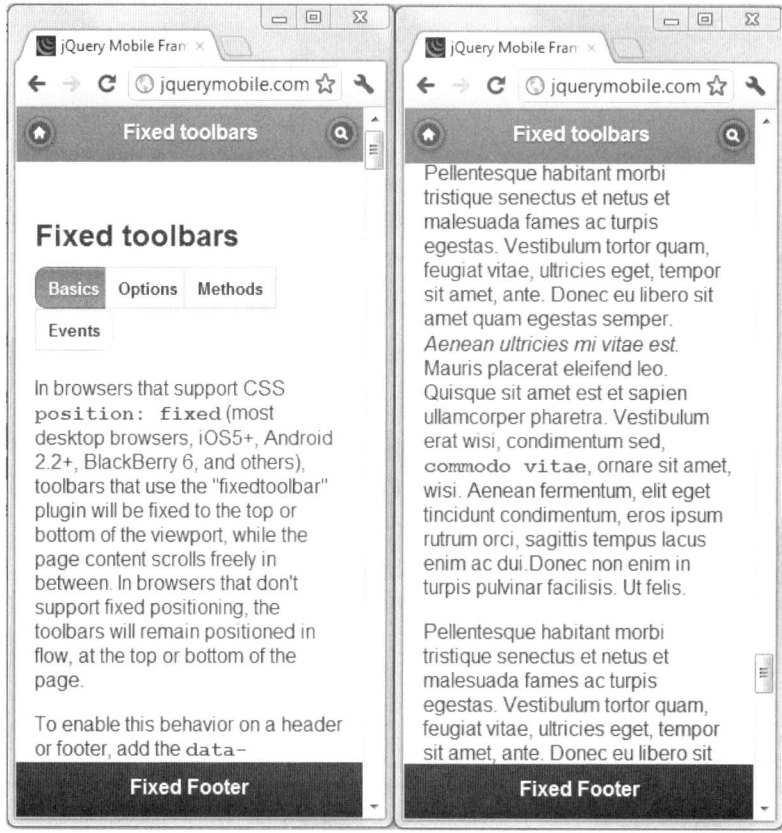

Bild 5.4 Kopf- und Fußzeile bleiben an derselben Stelle, während der Inhalt scrollt.

Im Desktop-Bereich ist die Unterstützung für `position: fixed` sehr gut, da wir über Dinosaurierbrowser wie Internet Explorer 6 inzwischen nicht mehr reden. In mobilen Geräten hingegen ist die Situation weniger klar, wie die Tests von Brad Frost *(http://bradfrostweb. com/blog/mobile/fixed-position)* zeigen.

Frost kommt zu dem Ergebnis, dass die Unterstützung für `position: fixed` sehr unterschiedlich ist. So gibt es Browser wie Opera Mini, die dies nicht unterstützen, aber als Fallback-Lösung `position: static` nutzen, womit die Seite weiter benutzbar bleibt. Problematischer sind Geräte, die an sich `position: fixed` unterstützen, wobei aber die Unterstützung in einer Weise realisiert wird, dass die Benutzbarkeit darunter leidet. Ein Beispiel ist der interne Android 2.2-Browser, bei dem der fixierte Bereich immer wieder in die gewünschte Position springt – aber auf eine Art, die eher irritierend ist. Das Problem an `position: fixed` ist deswegen, dass es nicht einfach ist zu überprüfen, nicht nur, ob dieses Feature im aktuellen Browser implementiert ist, sondern auch, ob es gut implementiert ist. Eine Möglichkeit ist natürlich, Feature-Tests hier mit Browsersniffing zu kombinieren, um bewusst bestimmte Browser herauszufiltern.

Zur Simulation von `position: fixed` gibt es auch eine Reihe von JavaScript-Lösungen. Diese funktionieren teilweise gut, können aber je nach Projekt zusätzliche Probleme mit sich bringen. Es spricht nichts gegen ihren Einsatz, wenn Sie vorhaben, die mobile WebApp als App für bestimmte Systeme über Phonegap oder Ähnliches umzusetzen; sonst sollten Sie eher darauf verzichten – so rät zumindest Brad Frost.

jQuery Mobile ist auch diesen Weg gegangen. jQuery Mobile 1.1 setzt auf die normale Realisierung der fixen Positionierung über CSS und verzichtet auf ein Nachbilden in Browsern, die es nicht implementiert haben *(http://jquerymobile.com/test/docs/toolbars/bars-fixed.html)*. Positiv gesagt: `position: fixed` funktioniert schon in iOS5+, ab Android 2.2+ und BlackBerry 6.

Problematisch ist auch die CSS-Eigenschaft `overflow: scroll`. Im iOS 5 wird diese über `-webkit-overflow-scrolling: touch` unterstützt. Eine differenzierte Untersuchung speziell von `position: fixed` bei iOS finden Sie außerdem unter *http://remysharp.com/2012/05/24/issues-with-position-fixed-scrolling-on-ios*.

■ 5.5 Transparenzen

CSS3 stellt zwei Arten für transparente Bereiche zur Verfügung: `opacity` und Farbangaben über `rgba()`. Beide ersparen Tricksereien über Hintergrundbilder und die mit Hintergrundbildern verbundenen zusätzlichen HTTP-Requests. Beginnen wir mit der Eigenschaft `opacity`: Hinter `opacity` geben Sie den Grad der Transparenz an, wobei 0 völlig durchsichtig und 1 ganz opak bedeutet. Das Folgende definiert einen halbtransparenten Bereich.

```
.halbtransparent { opacity: 0.5; }
```

Die Transparenz wird an alle darin stehenden Elemente vererbt, d. h., wenn Sie einen Absatz mit Text haben und für diesen `opacity: 0.5` definieren, so sind Absatzhintergrund und Text halbtransparent. `opacity` ist praktisch für Overlays, wie man sie bei modalen Dialogen benutzen kann. Folgender Code für ein Overlay stammt aus jQuery Mobile *(http://code.jquery.com/mobile/1.1.0/jquery.mobile-1.1.0.css)*.

```
.ui-overlay {
  background: #666;
  opacity: .5;
  filter: Alpha(Opacity=50);
  position: absolute;
  width: 100%;
  height: 100%;
}
```

`position: absolute` in Kombination mit 100 % Höhe und Breite sorgt für die Bildschirmdeckung, `opacity: 0.5` kümmert sich um die Halbtransparenz. Die `filter`-Angabe ist für IE vor Version 9 gedacht, die `opacity` noch nicht interpretieren können – übrigens sind dies die einzigen `filter`-Angaben, die in der CSS-Datei von jQuery Mobile benutzt werden.

Eine andere Einsatzmöglichkeit für `opacity` ergibt sich beim animierten Ein-/Ausblenden von Bereichen, ein Übergangseffekt, den man englisch mit *fade* bezeichnet.

Neben `opacity` können Sie auch `rgba()` für transparente Bereiche benutzen. `rgba()` ist die um einen zusätzlichen Transparenzwert erweiterte `rgb()`-Farbangabe: `background-color: rgba(255, 255, 255, 0.5)` definiert einen weißen, halbtransparenten Hintergrund. Befinden sich Texte auf dem Element, das die Hintergrundfarbe hat, so sind diese von der Transparenz nicht betroffen.

Deutlich sieht man den Unterschied im Vergleich. Im folgenden Beispiel gibt es zwei Bereiche, der eine erhält eine weiße Hintergrundfarbe und wird über `opacity: 0.3` teiltransparent. Der zweite Bereich erhält über `rgba()` eine weiße Hintergrundfarbe, die ebenfalls teilweise transparent ist.

Listing 5.2 `opacity` vs `rgba()` *(opacity_rgba.html)*

```
<!DOCTYPE html>
<html>
<head>
<meta charset="utf-8"/>
<meta name="viewport" content="width=device-width" />
<title>opacity</title>
<style>
/* Muster stammt von http://www.squidfingers.com/patterns/ */
body {
  font-family: sans-serif;
  font-size: 100%;
  background-image: url(pattern_144.gif);
}
div {
  margin-top: 50px;
  margin-left: 20px;
  color: black;
  width: 220px;
  height: 300px;
  float: left;
  font-size: 4em;
  font-weight: bold;
  line-height: 300px;
  text-align: center;
}
#eins {
  background-color: white;
  opacity: 0.3;
}
#zwei {
  background-color: rgba(255, 255, 255, 0.3);
}
</style>
</head>
<body>
```

```
<div id="eins">opacity</div>
<div id="zwei">rgba()</div>
</body>
</html>
```

Bild 5.5 Transparenz über opacity und über rgba()

Bild 5.5 zeigt deutlich den Unterschied zwischen den beiden Angaben: Bei Verwendung von opacity ist der Text ebenfalls leicht transparent, bei Benutzung von rgba() ist der Text hingegen nicht davon betroffen.

rgba() wird häufig für raffinierte Schatten benutzt – wie in folgendem Beispiel:

```
box-shadow: 0px 0px 12px rgba(0,0,0,0.6);
```

Wenn Sie rgba() für andere Effekte als für Schatten einsetzen, müssen Sie an eine solide Fallback-Lösung denken für Browser, die diese Eigenschaft noch nicht kennen. Schlimm wäre es beispielsweise, Sie definieren eine weiße Schrift auf einem leicht transparenten schwarzen Hintergrund. Wenn die Hintergrundfarbe nicht interpretiert wird, bleibt ein transparenter Hintergrund mit einer weißen Schrift und damit ist das Ganze nicht lesbar. Glücklicherweise ist es einfach, hier an die Fallback-Lösung zu denken: Schreiben Sie einfach vor der rgba()-Angabe eine andere Farbenangabe.

```
background: #666;
background: rgba(0,0,0,0.4);
```

Dieses Beispiel zeigt auch, dass Sie nicht unbedingt genau dieselbe Farbe nehmen müssen wie die Farbe ohne Transparenzwert, sondern eine Farbe, die der transparenten Farbe in diesem Kontext möglichst ähnlich ist. Hier noch ein anderes Beispiel für die Fallback-Lösung etwa bei einem Rahmen.

```
border-top: 1px solid #fff;
border-color: rgba(255,255,255,0.3);
```

Alle Browser lesen die erste Angabe, die Farbe wird dann für Browser, die rgba() verstehen, durch ein leicht transparentes Weiß ersetzt.

5.6 Webfonts

Mit CSS3 haben die Webfonts Einzug gehalten; obwohl sie schon in CSS 2 angedacht waren, wurden sie aus CSS 2.1 entfernt, weil die Browserunterstützung zu mager waren. Mit CSS3 sind sie wieder da und funktionieren browserübergreifend solide. Webfonts sind herunterladbare Schriften. Das heißt, ähnlich wie Sie Bilder in Ihren Dokumenten als externe Ressourcen spezifizieren, die dann in die Webseite eingebunden werden, funktioniert das auch mit Schriften. Der Vorteil liegt auf der Hand: Sie können individuellere Schriften nehmen, ohne auf Bilder zurückgreifen zu müssen.

Als Webfonts können Sie allerdings nur Schriften verwenden, bei denen Sie explizit das Recht haben, sie als Webfonts zu nutzen. Wenn diese Verwendung in den Lizenzbedingungen der Schrift nicht aufgeführt ist, sollten Sie beim Schriftenhersteller nachfragen. Außerdem gibt es im Web mehrere Quellen für kostenlose Schriften.

Die eigentliche Einbindung ist nicht ganz einfach, weil Sie zum einen die Schrift für die unterschiedlichen Browser in verschiedenen Formaten benötigen und die für Webfonts vorgesehene `@font-face`-Regel auf eine besondere Art schreiben müssen, damit jeder Browser das für ihn Benötigte erhält.

Der Code für die Einbindung – im Beispiel haben wir `ChantelliAntiquaRegular` genommen – sieht folgendermaßen aus:

```
@font-face {
    font-family: 'ChantelliAntiquaRegular';
    src: url('Chantelli_Antiqua-webfont.eot');
    src: url('Chantelli_Antiqua-webfont.eot?#iefix')
format('embedded-opentype'),
         url('Chantelli_Antiqua-webfont.woff') format('woff'),
         url('Chantelli_Antiqua-webfont.ttf') format('truetype'),
         url('Chantelli_Antiqua-webfont.svg#ChantelliAntiquaRegular')
format('svg');
    font-weight: normal;
    font-style: normal;
}
```

Die Schriften müssen sich natürlich in den Formaten am angegebenen Ort befinden. Danach können Sie die Schrift in Ihrem Stylesheet angeben.

```
h1 { font-family: ChantelliAntiquaRegular, serif; }
```

Weniger selbst zu tun haben Sie, wenn Sie gehostete Schriften wie Google Webfonts nutzen *(http://www.google.com/webfonts)*. Für die Einbindung wählen Sie die Schrift aus, klicken auf Quick use und erhalten den benötigten Code.

Zuerst müssen Sie im Kopfbereich ein `link`-Element integrieren, das beispielsweise folgendermaßen aussieht:

```
<link href='http://fonts.googleapis.com/css?family=Gorditas'
rel='stylesheet' type='text/css'>
```

Danach können Sie die Schrift in Ihrem eingebundenen Stylesheet verwenden. Auch diesen Code erzeugt Ihnen Google Webfonts.

```
font-family: 'Gorditas', cursive;
```

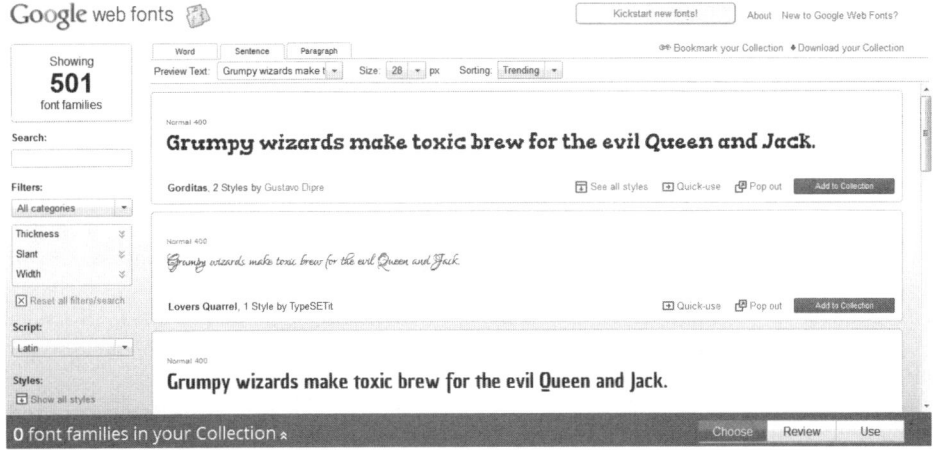

Bild 5.6 Google Webfonts bietet 501 Schriften zum kostenlosen Einbinden (Stand: Sommer 2012).

Diese Schrift können Sie dann für die gewünschten Elemente bestimmen, beispielsweise für alle Überschriften.

```
h1 { font-family: 'Gorditas', cursive; }
```

Hinter der Angabe der Webfonts steht nach einem Komma immer eine Fallback-Schrift, die benutzt wird, falls es mit dem Webfont nicht klappen sollte. Die im Beispiel verwendete cursive ist eine der fünf in CSS definierten generischen Schriftarten. cursive ist eine verbundene Schrift, die an eine Handschrift erinnert; diese sieht auf einzelnen Systemen unterschiedlich aus, aber auf dem iPad ist die so angezeigte Schrift kaum lesbar – noch akzeptabel für Überschriften, die groß genug sind, aber natürlich katastrophal für Fließtext.

Bild 5.7 Generische Schriftarten auf dem iPad (links) und auf dem iPhone (rechts).

Deswegen empfiehlt es sich, als Fallback-Schrift individuelle Schriften anzugeben und am Schluss eher eine der klassischen generischen Schriftarten wie sans-serif, serif oder monospace zu nutzen. Zwar sehen diese dann sicher gewöhnlicher aus als der Webfont, aber sie sind dafür auf jeden Fall lesbar.

Eine weitere Anlaufstelle für kostenlose Fonts ist Fontsquirrel *(http://www.fontsquirrel.com)*. Hier gibt es viele kostenlose Schriften; viele von diesen gibt es gleich als @font-face-Kit zum Download, das Survival-Kit für Webfonts. Es beinhaltet:

- die Schriften in den benötigten Formaten

- die CSS-Datei mit der @font-face-Regel
- ein HTML-Beispieldokument, anhand dessen Sie sehen können, wie das Ganze funktioniert

Außerdem bietet Fontsquirrel noch einen kostenlosen Konvertierungsdienst, der Ihnen eine Schrift, die Sie hochladen, in alle benötigten Formate konvertiert, die @font-face-Regel und ein Beispieldokument erstellt.

In Bezug auf mobile Webseiten sind bei Webfonts zwei Punkte zu beachten:

- Webfonts helfen Bilder einzusparen. Texte sind natürlich immer besser nutzbar als Bilder; trotzdem sollten Sie Webfonts sehr sparsam einsetzen und nicht zu viele Webfonts pro Projekt nutzen (ein oder höchstens zwei sollten genügen!), da die Webfont-Dateien natürlich auch heruntergeladen werden müssen!
- Spezifizieren Sie immer eine gute Fallback-Schrift, die angezeigt wird, wenn die Webfonts aus irgendwelchen Gründen nicht funktionieren; und testen Sie Ihre Seite, wie sie ohne Webfonts bei Benutzung der Fallback-Schriften aussieht!

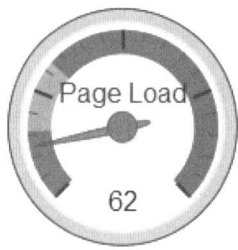

Impact on page load time

Tip: Using many font styles can slow down your webpage, so only select the font styles that you actually need on your webpage.

Bild 5.8 Google Webfonts zeigt die Auswirkung auf die Ladezeit der Seite.

■ 5.7 Abgerundete Ecken, Schatten und mehr

Bei Buttons oder Tabs, aber nicht nur: An vielen Stellen sieht man abgerundete Ecken. Diese klassisch mit den Mitteln von CSS 2.1 zu erstellen, ist mühsam: Sie brauchen vier Hintergrundbilder, wenn das Element mit den abgerundeten Ecken sich flexibel an den Inhalt anpassen und in Höhe und Breite mitwachsen soll.

Das geht über die entsprechenden CSS3-Eigenschaften einfacher: border-radius sorgt für abgerundete Ecken. Der Wert hinter border-radius bestimmt, wie stark die Ecke abgerundet werden soll. Je höher der Wert, desto stärker ist die Abrundung.

Für ältere Firefox- oder Webkit-Browser müssen Sie die Eigenschaft mit den herstellerspezifischen Präfixen versehen:

```
-webkit-border-radius: 1em;
-moz-border-radius: 1em;
border-radius: 1em;
```

Sie können die Abrundung der Ecken einzeln festlegen. Hierfür stehen die folgenden vier Eigenschaften zur Verfügung:

- `border-top-left-radius` – obere linke Ecke
- `border-top-right-radius` – obere rechte Ecke
- `border-bottom-right-radius` – untere rechte Ecke
- `border-bottom-left-radius` – untere linke Ecke

HINWEIS: Für Versionen vor Firefox 4 müssen Sie wie üblich das Präfix `-moz-` benutzen. Zudem heißen bei diesen älteren Firefox-Versionen die Eigenschaften etwas anders:

`-moz-border-radius-topleft` – obere linke Ecke

`-moz-border-radius-topright` – obere rechte Ecke

`-moz-border-radius-bottomright` – untere rechte Ecke

`-moz-border-radius-bottomleft` – untere linke Ecke

Außerdem können Sie Elementen über CSS mit `box-shadow` einen Schatten zuweisen. `box-shadow` erwartet vier Angaben:

```
box-shadow: 0 1px 4px #333;
```

Die letzte Angabe bestimmt die Farbe des Schattens. Diese könnten Sie übrigens auch ganz am Anfang schreiben. Die drei Zahlenwerte bedeuten dabei:

- Der erste bestimmt die horizontale Verschiebung (links/rechts),
- der zweite die vertikale Verschiebung (oben/unten).
- Der dritte Wert legt den Grad der Verschwommenheit fest.

PRAXISTIPP: Standardmäßig geht der Schatten nach außen. Soll er nach innen gezeichnet werden, ergänzen Sie `inset`.

Genauso wie `box-shadow` erwartet `text-shadow` zur Definition von Textschatten vier Angaben; im Gegensatz zu `box-shadow` schreiben Sie es jedoch ganz ohne herstellerspezifische Präfixe.

```
text-shadow: 0 1px 0 #FFFFFF;
```

Schatten und abgerundete Ecken lassen sich kombinieren, beispielsweise bei der Formatierung eines Input-Feldes, wie Listing 5.3 zeigt. Außerdem wird der Schatten dabei über `rgba()` leicht transparent gestaltet.

Listing 5.3 Abgerundete Ecken und Schatten *(boxshadow_borderradius.html)*

```
input[type=text] {
  -webkit-box-shadow: 0 1px 4px rgba(0, 0, 0, 0.2) inset;
  -moz-box-shadow: 0 1px 4px rgba(0, 0, 0, 0.2) inset;
  box-shadow: 0 1px 4px rgba(0, 0, 0, 0.2) inset;
  border: 1px solid #aaa;
  -moz-border-radius: 0.6em;
  -webkit-border-radius: 0.6em;
  border-radius: 0.6em;
  padding: 0.4em;
  text-shadow: 0 1px 0 #FFFFFF;
}
```

Bild 5.9 Ein mit abgerundeten Ecken und innerem Schatten formatiertes Eingabefeld

5.8 Farbverläufe

Farbverläufe sind eine wichtige Designkomponente von Webseiten und gerade für App-like mobile Anwendungen. Ein leichter Farbverlauf gibt Designs eine gewisse Tiefe, sorgt dafür, dass Buttons und andere Komponenten leicht erhaben wirken; er erzeugt somit eine gewisse Dreidimensionalität.

Die klassische Methode zur Realisierung von Farbverläufen besteht im Einsatz von Hintergrundbildern, die den einzelnen Elementen zugewiesen werden. Der Nachteil an dieser Lösung ist der Overhead durch die zusätzlichen Grafiken. Ohne Grafiken kommen die in CSS3 definierten Farbverläufe aus. Ein weiterer Vorteil der per CSS definierten Farbverläufe ist, dass sich ein solcher Farbverlauf immer der Größe des Elements anpassen lässt, für das der Farbverlauf definiert ist. Wird das Element höher, streckt sich auch der Farbverlauf; zudem muss man für eine Anpassung des Farbverlaufs kein Bildbearbeitungsprogramm bemühen.

Farbverläufe können Sie an allen Stellen einsetzen, an denen Sie in CSS Bilder benutzen, d.h. nicht nur als Hintergrund eines Elements (`background-image`), sondern beispielsweise auch für Listenpunkte (`list-style-image`). Die Browserunterstützung für Hintergründe ist aber am besten und wird auch am häufigsten genutzt.

Syntaxwirrwarr

An den Farbverläufen sieht man besonders deutlich, dass es sich um eine CSS3-Eigenschaft handelt, bei der sich die zugehörige Spezifikation in der Entwicklung befindet und eben auch eine Entwicklung durchgemacht hat. So haben Sie es derzeit mit drei Syntaxvarianten zu tun, die ich im Folgenden Stufe 1, Stufe 2 und Stufe 3 nenne.

Stufe 1: ist die Syntax, die zuerst verwendet wurde von Webkit-Browsern. Der Entwurf zu Farbverläufen stammte auch vom Webkit-Team; allerdings hat das W3C dann eine andere Syntax beschlossen. Die ältere Webkit-Syntax sieht beispielsweise bei einem linearen Farbverlauf folgendermaßen aus:

```
background-image: -webkit-gradient(linear, center top, center bottom,
from(#fff), to(#00f)); /* ältere Webkit */
```

Bei Webseiten für Desktop-Rechner können Sie heute ganz gut auf diese veraltete Syntax verzichten, da Sie sich relativ gut darauf verlassen können, dass die Browser aktualisiert wurden. Bei mobilen Geräten gilt das so nicht, deswegen sollten Sie diese Syntax ebenfalls noch angeben.

Stufe 2: entspricht einem Arbeitsentwurf des W3C *(http://www.w3.org/TR/2011/WD-css3-images-20110217/#gradients)*. Das ist die Syntax, die in den anderen Browsern mit den herstellerspezifischen Präfixen implementiert ist und außerdem im Internet Explorer 10 in den frühen Plattform-Previews. Der Farbverlauf, der von Weiß nach Blau verläuft, sieht dort folgendermaßen aus.

```
background-image: -ms-linear-gradient(#fff, #00f);;
background-image: -moz-linear-gradient(#fff, #00f);
background-image: -o-linear-gradient(#fff, #00f);
background-image: -webkit-linear-gradient(#fff, #00f);;
```

Stufe 3: ist eine noch einmal modifizierte Syntax aus der W3C Candidate Recommendation *(http://www.w3.org/TR/2012/CR-css3-images-20120417)*. Diese wird im Sommer 2012 nur vom Internet Explorer 10 unterstützt – dafür in der Variante ohne Präfix. Da inzwischen der entsprechende Entwurf des W3C im Zustand einer Candidate Recommendation vorliegt, kann man davon ausgehen, dass diese Syntax sich auf Dauer durchsetzen wird. Und wenn die Browser sich so verhalten wie sonst auch, wird nach und nach die neue Syntax ohne Präfix unterstützt, während gleichzeitig aus Gründen der Abwärtskompatibilität noch ein paar Versionen lang die ursprüngliche Syntax mit dem herstellerspezifischen Präfix unterstützt wird.

Im einfachsten Beispiel sieht die Syntax genauso aus wie Stufe 2.

```
linear-gradient(#fff, #00ff);
```

Zwischen Stufe 2 und Stufe 3 gibt es aber einige Unterschiede, die Tabelle 5.1 zeigt.

Tabelle 5.1 Unterschiede bei der Angabe von Farbverläufen

	Syntax Stufe 2	Syntax Stufe 3
Standardfarbverlauf (kein Unterschied)	`linear-gradient (white, blue);`	`linear-gradient (white, blue);`
Richtungsangabe mit Schlüsselwörtern	`linear-gradient (top, white, blue);`	`linear-gradient (`**`to`** `bottom, white, blue);`
Richtungsangabe mit Gradangaben	`linear-gradient (`**`200`**`deg, white, blue);`	`linear-gradient (`**`250`**`deg, white, blue);`

PRAXISTIPP: Eine Gegenüberstellung der Syntax der 2. und der 3. Stufe finden Sie unter *http://blogs.msdn.com/b/ie/archive/2012/06/25/unprefixed-css3-gradients-in-ie10.aspx*. Dort steht auch die nützliche Rechnung, um die Gradangaben der Syntax von Stufe 2 in diejenigen der Stufe 3 umzurechnen: neu = abs(alt-450) mod 360.

Die richtige Reihenfolge

Bei so vielen Möglichkeiten ist die richtige Reihenfolge wichtig:

- Bei den zwei Angaben für Webkit-Browser sollte die neuere Syntax nach der früheren stehen.
- Die Angabe ohne Präfix sollte zuletzt stehen – was ja sowieso die empfohlene Vorgehensweise ist.

Damit ergibt sich folgender Code für einen Farbverlauf von Weiß nach Blau und von oben nach unten.

```
background:/* Fallbackfarbe */;
background-image: -moz-linear-gradient(#fff, #00f);
background-image: -o-linear-gradient(#fff, #00f);
background-image: -webkit-gradient(linear,center top, center bottom,
from(#fff), to(#00f)); /* ältere Webkit */
background-image: -webkit-linear-gradient(#fff, #00f);
background-image: linear-gradient(#fff, #00f);
```

Wichtig ist dabei, dass Sie eine Fallback-Hintergrundfarbe angeben, die verwendet wird, falls CSS3-Farbverläufe nicht unterstützt werden. Sie sorgt dafür, dass der darauf befindliche Text auch weiter lesbar ist und natürlich dem allgemeinen Farbschema folgt. Diese geben Sie vor den CSS3-Definitionen bei background an.

Neben linearen Farbverläufen gibt es auch die radialen, die Sie mit radial-gradient definieren. Der folgende Code erzeugt einen radialen – also kreisförmig von einem Zentrum ausgehenden – Farbverlauf von Weiß nach Rot.

```
radial-gradient(white, red);
```

Auch diese Angabe müssen Sie für die einzelnen Browser mit den herstellerspezifischen Angaben festlegen und den Farbverlauf für ältere Webkit-Browser in modifizierter Form angeben.

```
background: -webkit-gradient(radial, center center, 0, center center, 170,
from(white),to(red));
background: -webkit-radial-gradient(white, red);
background: -moz-radial-gradient(white, red);
background: -o-radial-gradient(white, red);
background: radial-gradient(white, red);
```

HINWEIS: Weil es aber Rechenzeit braucht, die Farbverläufe zu erzeugen, empfiehlt Nicolas Zakas, Farbverläufe klein zu halten, d. h. nicht bildschirmfüllend zu definieren, und mit radialen Farbverläufen vorsichtig zu sein *(http://www.slideshare.net/nzakas/mobile-web-speed-bumps)*.

Für Benutzeroberflächen arbeitet man gerne mit ganz diskreten Farbverläufen, wo der Unterschied zwischen Anfangs- und Endzustand nicht sehr groß ist. Ein Beispiel zeigt drei Links, die als Buttons fungieren und mögliche Zustände einer Schaltfläche sein könnten; beim dritten Button ist zusätzlich ein Schatten ergänzt.

Listing 5.4 Buttons mit Verläufen *(farbverlaeufe_buttons.html)*

```
<!DOCTYPE html>
<html>
<head>
<meta charset="utf-8"/>
<meta name="viewport" content="width=device-width" />
<title>Farbverläufe</title>
<style>
.button {
  display: block;
  font-family: sans-serif;
  padding: 10px;
  text-align: center;
  height: 2em;
  line-height: 2em;
  text-decoration: none;
  width: 200px;
  margin: 20px;
  border: 1px solid #111;
  font-weight: bold;
  color: #fff ;
  text-shadow: 0 1px  1px  #111 ;
  -webkit-border-radius: 1em;
  -moz-border-radius: 1em;
  border-radius: 1em;
  background: #5f9cc5;
  background: -moz-linear-gradient(#5f9cc5, #396b9e );
  background: -webkit-gradient(linear, left top, left bottom, from(#5f9cc5),
to(#396b9e));
  background: -webkit-linear-gradient(#5f9cc5,#396b9e);
  background: -o-linear-gradient(#5f9cc5,#396b9e);
  background: linear-gradient(#5f9cc5,#396b9e);
}
.zwei {
  background: #6facd5;
  background-image: -webkit-gradient(linear, left top, left bottom, from(
#6facd5 ),
                                                                        to(
#4272a4 ));
  background-image: -webkit-linear-gradient(#6facd5, #4272a4);
  background-image: -moz-linear-gradient(#6facd5, #4272a4);
  background-image: -o-linear-gradient(#6facd5, #4272a4);
  background-image: linear-gradient(#6facd5, #4272a4)
}
.drei {
  border: 1px solid #000 ;
  background: #444444 ;
  background-image: -webkit-gradient(linear, left top, left bottom, from(
#555555 ),
```

```
                                                                    to(
#383838));
  background-image: -webkit-linear-gradient( #555555, #383838);
  background-image: -moz-linear-gradient( #555555, #383838);
  background-image: -o-linear-gradient( #555555, #383838);
  background-image: linear-gradient( #555555, #383838);
  -moz-box-shadow: 0px 0px 12px #387bbe;
  -webkit-box-shadow: 0px 0px 12px #387bbe;
  box-shadow: 0px 0px 12px #387bbe;
}
</style>
</head>
<body>
  <a class="button" href="#">eins</a>
  <a class="button zwei" href="#">zwei</a>
  <a class="button drei" href="#">drei</a>
</body>
</html>
```

Bild 5.10 Buttons mit diskreten Farbverläufen

PRAXISTIPP: Da die Syntax verzwickt ist, sind Tools wie Colorzilla Gradient Generator *(http://www.colorzilla.com/gradient-editor)* nützlich: Sie erzeugen Ihnen den Code in allen Varianten, inklusive SVG-Bild für den IE9 und Filterangaben für ältere IE. Auf Letztere können Sie aus Performancegründen im mobilen Kontext verzichten. Allerdings erzeugt Colorzilla Gradient Generator noch nicht die modifizierte Syntax der Stufe 3 (Stand: Juni 2012).

Ein weiteres nützliches Tool stammt von Lea Verou *(http://lea.verou.me/demos/cssgradientsplease)*, das ebenfalls die verschiedenen Syntaxvarianten der Stufe 1 und 2 (Stand: Sommer 2012) generiert.

5.9 Transformationen

Mithilfe von CSS3-Transformationen können Sie Elemente drehen, skalieren, verzerren oder verschieben. Neben den 2D-Transformationen gibt es auch 3D-Transformationen, d. h. eine Erweiterung der einfachen Transformationen um die dritte Dimension. Transformationen sind in zweierlei Hinsicht für mobile Geräte relevant: Zum einen helfen sie, Bilder einzusparen, zum anderen lassen sie sich in Kombination mit Transitions oder Animations für Seitenübergänge nutzen.

 Sämtliche Seitenübergänge in jQuery Mobile werden etwa über 3D-Transformationen realisiert. Sie können sich diese unter *http://jquerymobile.com/test/docs/pages/page-transitions.html* ansehen.

5.9.1 2D-Transformationen

Für Transformationen ist die Eigenschaft `transform` zuständig. Hinter dieser geben Sie an, wie ein Element modifiziert werden soll. `transform: rotate(50deg)` dreht ein Element um 50 Grad.

Diese Eigenschaft müssen Sie mit allen browserspezifischen Präfixen versehen: Firefox benötigt `-moz-`, Webkit-Browser wie Safari oder Chrome brauchen `-webkit-`, `-o-` ist für den Opera vorgesehen und `-ms-` für den Internet Explorer 9; allerdings unterstützt der IE10 schon die Standardangabe ohne Präfix. Damit lautet der Code, um ein Element um 50 Grad zu drehen, folgendermaßen:

Listing 5.5 Ausschnitt aus *transforms.html*

```
.gedreht {
  -webkit-transform: rotate(50deg);
  -moz-transform: rotate(50deg);
  -o-transform: rotate(50deg);
  -ms-transform: rotate(50deg);
  transform: rotate(50deg);
}
```

Die offizielle Eigenschaft ohne Präfix sollten Sie wie immer zuletzt angeben.

Die Drehung erfolgt im Uhrzeigersinn. Schreiben Sie einen negativen Wert, wird hingegen gegen den Uhrzeigersinn gedreht: `transform: rotate(-50deg);`.

Listing 5.6 Ausschnitt aus *transforms.html*

```
.gedrehtnegativ {
  -webkit-transform: rotate(-50deg);
  -moz-transform: rotate(-50deg);
  -o-transform: rotate(-50deg);
  -ms-transform: rotate(-50deg);
  transform: rotate(-50deg);
}
```

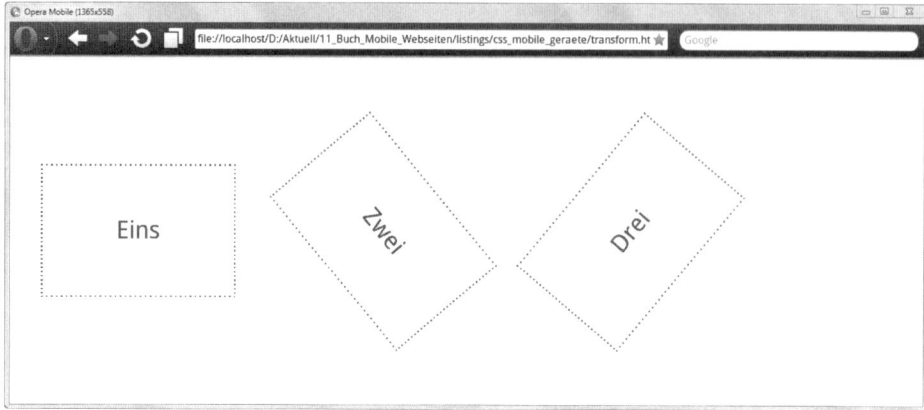

Bild 5.11 links: Normalzustand, Mitte: `rotate(50deg)` und rechts: `rotate(-50deg)`

Der Punkt, um den die Drehung erfolgt, entspricht im Beispiel dem Mittelpunkt des Elements, Sie können ihn über `transform-origin` verschieben. Durch folgenden Code wird der Mittelpunkt auf die linke untere Ecke gesetzt.

Listing 5.7 Ausschnitt aus *transform_origin.html*

```
-webkit-transform-origin: 0% 100%;
-moz-transform-origin: 0% 100%;
-o-transform-origin: 0% 100%;
-ms-transform-origin: 0% 100%;
transform-origin: 0% 100%;
```

Die Prozentangaben funktionieren dabei genauso wie die beiden Angaben zur Bestimmung der Position von Hintergrundbildern. Die erste Angabe geht von links aus, die zweite von oben. Deswegen bestimmt 0% 100% die linke untere Ecke. Daneben können Sie auch die gängigen Schlüsselwörter wie `top`, `bottom` etc. verwenden.

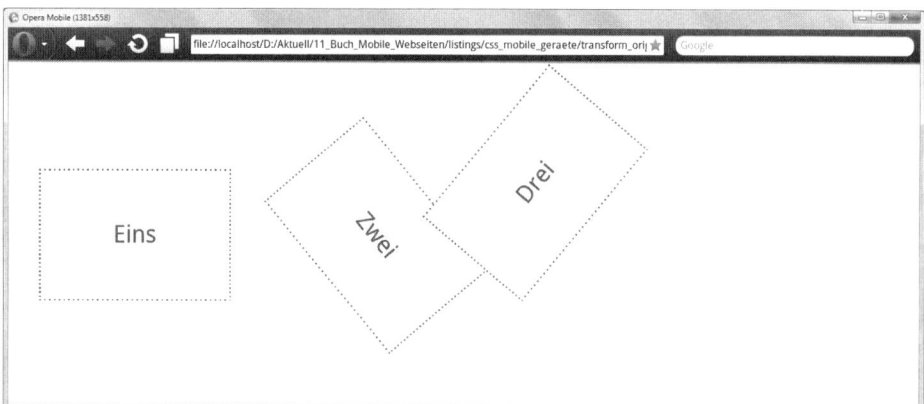

Bild 5.12 Transformationen mit unterschiedlichem Ursprung

Bild 5.12 zeigt die Auswirkung von `transform-origin`. Der Mittelpunkt der Drehung ist natürlich auch der Punkt, der sich bei der Drehung nicht verschiebt. Das Beispiel zeigt deutlich, dass es durch die Drehung auch zu Überlappungen bei den Elementen kommen kann, um die Sie sich kümmern müssen. Eventuell müssen Sie gedrehten Elementen einen größeren Außenabstand zuweisen.

Modernizr im praktischen Einsatz

Häufig hat man den Fall, dass der größere Außenabstand nur benötigt wird, wenn der aktuelle Browser die CSS3-Transforms unterstützt; wenn die Drehung sowieso nicht unterstützt wird, soll auch der Außenabstand nicht erhöht werden. Das Problem daran ist natürlich, dass eine Angabe wie `margin` von allen Browsern gelesen wird – eben auch von denen, die CSS3-Transforms nicht interpretieren. Genau für solche Fälle ist JavaScript-Modernizr prädestiniert. Haben Sie die JavaScript-Datei im Kopfbereich eingebunden, können Sie dafür sorgen, dass die Angabe `margin-left` nur verwendet wird, wenn die Transformationen auch unterstützt werden.

Listing 5.8 Abstände nur bei der Unterstützung für Transforms *(transform_origin_modernizr.html)*

```
.csstransforms .gedrehtorigin {
/* herstellerspezifische Angabe wie gehabt */
  transform: rotate(-50deg);
  transform-origin: 0% 100%;
  margin-left: 3em;
}
```

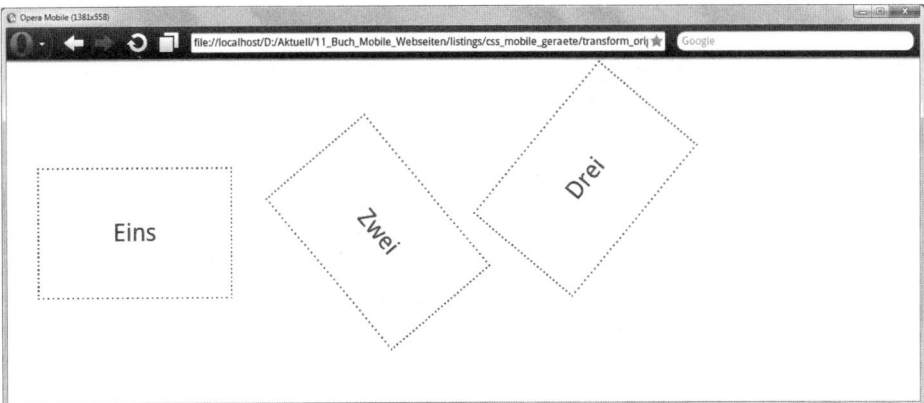

Bild 5.13 Der zusätzliche Abstand wirkt nur, wenn Transforms unterstützt werden.

Über `scale()` verändern Sie die Größe von Elementen, den Faktor der Skalierung übergeben Sie in runden Klammern. Folgender Code vergrößert ein Element leicht auf 120 %. Wenn Sie dies dynamisch bei Elementen durch einen Klick machen, wirken diese so, als würden sie sich auf den Betrachter hin bewegen.

Listing 5.9 Elemente skalieren *(transform_scale.html)*

```
.groesser {
  -webkit-transform: scale(1.2);
  -moz-transform: scale(1.2);
```

```
  -o-transform: scale(1.2);
  -ms-transform: scale(1.2);
  transform: scale(1.2);
}
```

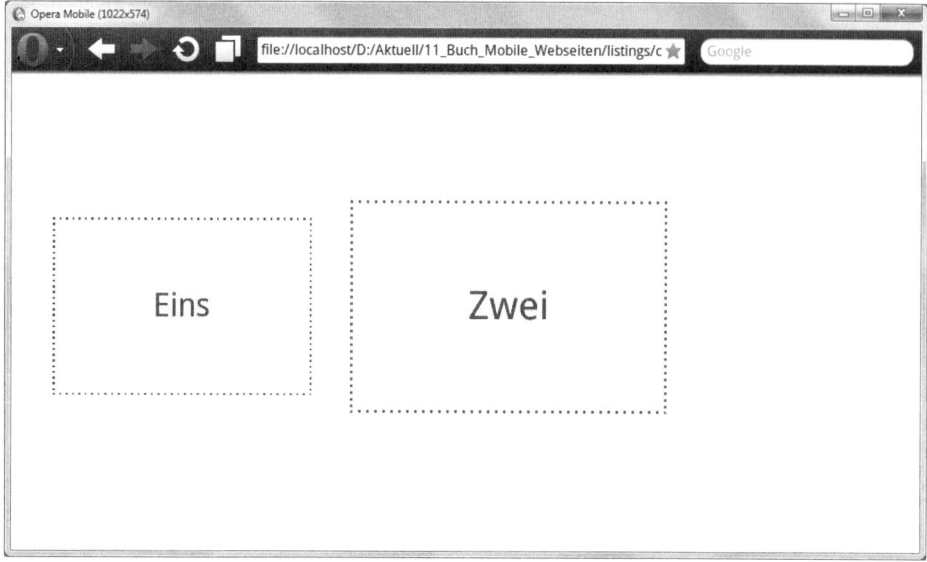

Bild 5.14 Links das Element im Normalzustand, rechts über `scale(1.2)` vergrößert

Sollen Elemente nicht symmetrisch skaliert werden, geben Sie zwei Werte hinter `scale()` an: Der erste verändert die Breite, der zweite bezieht sich auf die Höhe.

```
transform: scale(2, 3);
```

Mit dieser Angabe hat ein Element, das ursprünglich Ausmaße von 100 px * 100 px hatte, eine Breite von 200 px bei 300 px Höhe. Asymmetrische Skalierungen können Sie auch vornehmen, indem Sie mit `scaleX()` für die Breite und `scaleY()` für die Höhe operieren.

 PRAXISTIPP: Diese Transformationen mit `scale()` können Sie benutzen, um ein Element dynamisch einzublenden: Ein Element ist unsichtbar mit `scale(0)` und hat mit `scale(1)` seine Originalgröße.

Verschiebungen realisieren Sie über `translate()`, hinter dem Sie zwei Werte angeben.

Listing 5.10 Verschieben über CSS *(transform_translate.html)*

```
.verschoben {
  -webkit-transform: translate(200px, 100px);
  -moz-transform: translate(200px, 100px);
  -o-transform: translate(200px, 100px);
  -ms-transform: translate(200px, 100px);
  transform: translate(200px, 100px);
}
```

Damit wird ein Element um 200 px von links und 100 px von oben verschoben. Hier können Sie ebenfalls mit den Einzelwertangaben arbeiten: `translateX`, das ein Element nach links schiebt, und `translateY` zur Verschiebung von oben.

 Neben den gerade genannten Angaben gab es noch `skew` zum Verzerren, das aber kein Dauergast in der W3C-Spezifikation ist; konkret: Es war in einer Version verschwunden, tauchte dann wieder auf; sein Status erscheint deshalb weniger gesichert.

Mehrere Transformationen lassen sich kombinieren, indem Sie diese hinter `transform` angeben. Machen Sie dabei kein Komma zwischen den einzelnen Angaben. Durch folgenden Code wird beispielsweise ein Element gleichzeitig um 7 Grad gedreht und auf 120 % vergrößert. Außerdem wird als Bezugspunkt für diese Operationen die rechte untere Ecke spezifiziert.

Listing 5.11 Drehen und Skalieren zusammen *(transform_kombiniert.html)*

```
-webkit-transform: rotate(7deg) scale(1.2);
-moz-transform: rotate(7deg) scale(1.2);
-o-transform: rotate(7deg) scale(1.2);
-ms-transform: rotate(7deg) scale(1.2);
transform: rotate(7deg) scale(1.2);
-webkit-transform-origin: right bottom;
-moz-transform-origin: right bottom;
-o-transform-origin: right bottom;
-ms-transform-origin: right bottom;
transform-origin: right bottom
```

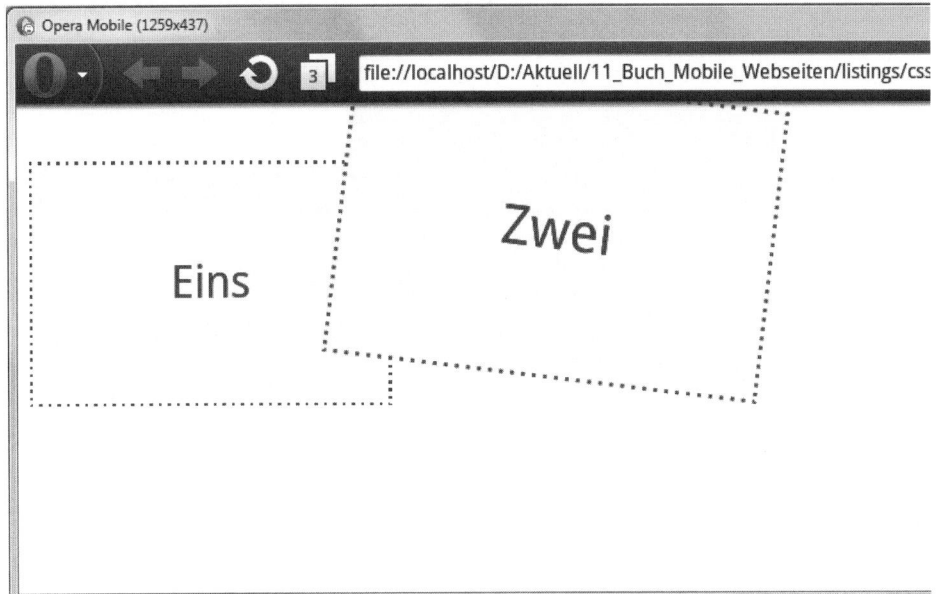

Bild 5.15 Eins ohne Transformationen, zwei hingegen ist größer und gedreht

Für manche der fortgeschrittenen Dinge wird dann auf 3D-Transformationen zurückgegriffen, die jetzt vorgestellt werden.

5.9.2 3D-Transformationen

Bei den Transformationen im 2D-Raum bewegen Sie Elemente nach oben, unten, rechts oder links. Die 3D-Transformationen fügen die dritte Achse hinzu, die sozusagen aus dem Bildschirm herausragt und auf den Betrachter zugeht. Die x-Achse ist die horizontale, die y-Achse die vertikale und die Achse zum Betrachter hin ist entsprechend die z-Achse.

Die z-Achse kennen Sie bereits von der CSS-Eigenschaft `z-index`, über die Sie steuern können, welches Element von mehreren positionierten Elementen weiter vorne und welches weiter hinten ist.

Auch die 3D-Transformationen werden über die CSS-Eigenschaft `transform` gesteuert; aber es gibt mehr Optionen. Die folgende Tabelle listet die möglichen Werte bei 3D- und 2D-Transformationen auf.

Tabelle 5.2 Mögliche Werte bei 2D- und 3D-Transformationen

	2D-Transformationen	3D-Transformationen
Drehen	rotate	rotate3d
	rotateX	rotateX
	rotateY	rotateY
		rotateZ
Verzerren	skew	skew3d
	skewX	skewX
	skewY	skewY
		skewZ
Verschieben	translate	translate3d
	translateX	translateX
	translateY	translateY
		translateZ
Größe verändern	scale	scale3d
	scaleX	scaleX
	scaleY	scaleY
		scaleZ
Matrixtransformation	matrix	matrix3d

Neben diesen zusätzlichen Eigenschaften gibt es jedoch weitere, die nur bei 3D-Transformationen benutzt werden:

- `perspective` steuert, wie stark eine Transformation wahrgenommen wird.

- `perspective-origin` legt den Blickwinkel fest.
- `backface-visibility` bestimmt, ob die Rückseite durchschimmern soll oder nicht. Das ist relevant, wenn Sie ein Element so gedreht haben, dass seine Rückseite zu sehen ist.
- `transform-style` definiert, wie sich Kindelemente im Raum anordnen.

Ein erstes Beispiel zeigt die drei Eigenschaften `rotateX`, `rotateY` und `rotateZ` im Einsatz.

Listing 5.12 Drehungen um die verschiedenen Achsen *(transform3d_rotate.html)*

```html
<!DOCTYPE html>
<html>
  <head>
    <meta charset="utf-8"/>
    <meta name="viewport" content="width=device-width" />
    <title>Transform</title>
<style>
div {
  -webkit-perspective: 300px;
  -moz-perspective: 300px;
  -o-perspective: 300px;
  -ms-perspective: 300px;
  perspective: 300px;
  float: left;
  margin: 30px;
  border: 1px dotted blue;
}
img {
  display: block;
}
.x img {
  -webkit-transform: rotateX(50deg);
  -moz-transform: rotateX(50deg);
  -o-transform: rotate(50deg);
  -ms-transform: rotateX(50deg);
  transform: rotateX(50deg);
}
.y img {
  -webkit-transform: rotateY(50deg);
  -moz-transform: rotateY(50deg);
  -o-transform: rotateY(50deg);
  -ms-transform: rotateY(50deg);
  transform: rotateY(50deg);
}
.z img {
  -webkit-transform: rotateZ(50deg);
  -moz-transform: rotateZ(50deg);
  -o-transform: rotateZ(50deg);
  -ms-transform: rotateZ(50deg);
  transform: rotateZ(50deg);
}
</style>
</head>
<body>
    <div><img src="katze.jpg" alt="Katze" /></div>
    <div><img src="katze.jpg" alt="Katze" /></div>
```

```
  <div><img src="katze.jpg" alt="Katze" /></div>
  <div class="x" style="clear: left"><img src="katze.jpg" alt="Katze" /></div>
  <div class="y"><img src="katze.jpg" alt="Katze" /></div>
  <div class="z"><img src="katze.jpg" alt="Katze" /></div>
</body>
</html>
```

Im Beispiel gibt es sechs Bilder, die jeweils in `div`-Elementen stehen. Die obere Reihe sind nicht gedrehte Referenzbilder, damit im Vergleich klarer wird, was eigentlich geschieht. Die untere Reihe der Bilder wird gedreht.

Alle `div`-Elemente haben die Eigenschaft `perspective`. Außerdem werden für die einzelnen Bilder die Drehungen unterschiedlich um die verschiedenen Achsen definiert. Den Normalzustand der Bilder sehen Sie am leicht gestrichelten Rand.

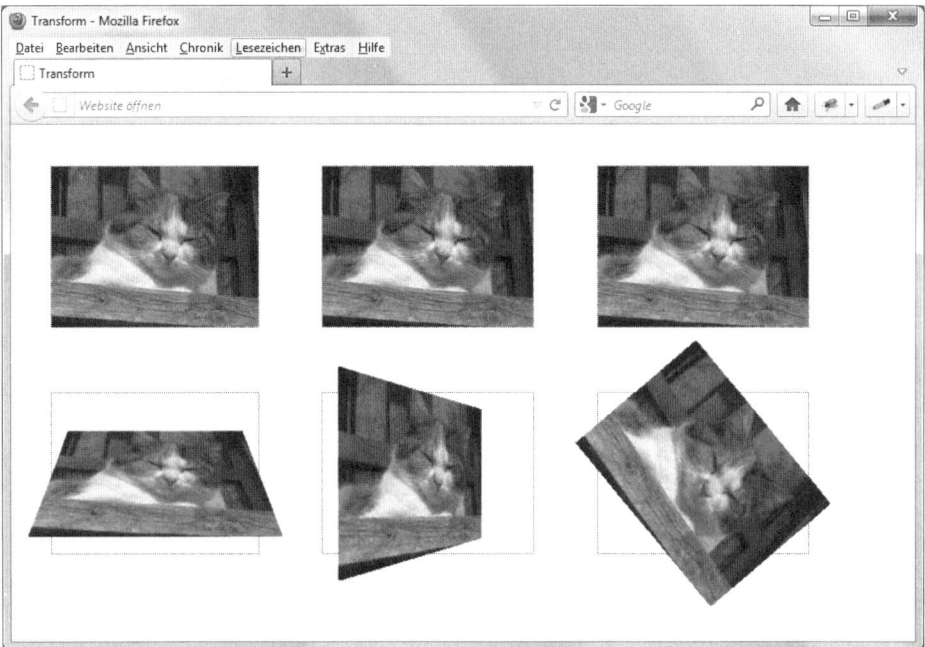

Bild 5.16 Unterschiedliche Achsen: links x-Achse, Mitte y-Achse, rechts z-Achse

Mit der Eigenschaft `perspective`, die Sie dem Elternelement zuweisen, steuern Sie, wie stark der 3D-Effekt ist. Eigentlich bestimmt diese Eigenschaft, wie weit der Betrachter entfernt ist. Listing 5.13 verdeutlicht das.

Listing 5.13 Ausschnitt aus *transform3d_perspective.html*

```
<div class="p200"><img src="katze.jpg" alt="Katze" /></div>
<div class="p500"><img src="katze.jpg" alt="Katze" /></div>
<div class="p800"><img src="katze.jpg" alt="Katze" /></div>
```

Alle Bilder werden auf die gleiche Art gedreht, auf der y-Achse um 50 Grad. Für die jeweiligen `div`-Elternelemente werden allerdings unterschiedliche Werte für die `perspective` festgelegt.

Listing 5.14 Ausschnitt aus *transform3d_perspective.html*

```
img {
  display: block;
  -webkit-transform: rotateY(50deg);
  -moz-transform: rotateY(50deg);
  -o-transform: rotateY(50deg);
  -ms-transform: rotateY(50deg);
  transform: rotateY(50deg);
}
.p200 {
  -webkit-perspective: 200px;
  -moz-perspective: 200px;
  -o-perspective: 200px;
  -ms-perspective: 200px;
  perspective: 200px;
}
.p500 {
  -webkit-perspective: 500px;
  -moz-perspective: 500px;
  -o-perspective: 500px;
  -ms-perspective: 500px;
  perspective: 500px;
}
.p800 {
  -webkit-perspective: 800px;
  -moz-perspective: 800px;
  -o-perspective: 800px;
  -ms-perspective: 800px;
  perspective: 800px;
}
```

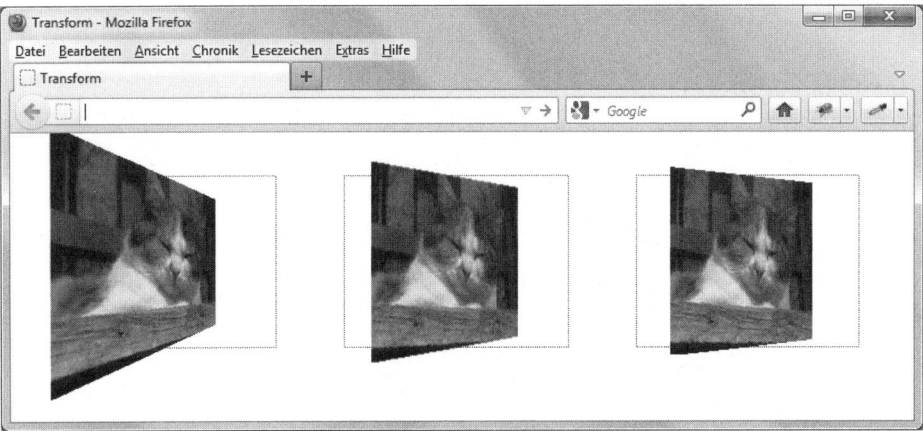

Bild 5.17 Unterschiedlich starke 3D-Effekte dank der Eigenschaft `perspective`

PRAXISTIPP: Die Anwendung von `perspective` funktioniert im Firefox inklusive Version 12 nur, wenn das direkte Elternelement die `perspective` hat. Ist es ein weiterer Vorfahr, hat `perspective` keine Auswirkung – im Gegensatz beispielsweise zu Safari oder Chrome. Weitere Besonderheiten der 3D-Transform-Implementation von Firefox finden Sie unter *http://blog.joelambert.co.uk/2012/02/13/3d-transformations-with-firefox-10.*

Performanceoptimiert

Verschiebungen lassen sich ganz klassisch in CSS 2.1 mit `position: absolute` realisieren, indem Sie die Werte für `top` und `left` modifizieren. Und anstelle von `scale()` können Sie die Größe von Elementen auch über `width` und `height` bestimmen. Trotzdem sind `translate()` und `scale()` durchaus sinnvoll. Zum einen benötigt man Verschiebungen und Größenänderungen gerade in Kombination mit den anderen Transformationen, zum anderen sind `translate()`und `scale()` wie alle `transform`-Operationen hardwarebeschleunigt und deswegen performanter – Browserunterstützung vorausgesetzt.

Eingesetzt werden CSS3-Transforms häufig, um bei mobilen WebApps schöne Seitenübergänge zu definieren. Für den Effekt Slide – d.h., dass eine Seite herausgeschoben, die andere hineingeschoben wird – wird beispielsweise auf `translate` zurückgegriffen. Für den Übergangseffekt `pop` wird in jQuery Mobile `scale` benutzt und viele weitere der Seitenübergänge involvieren CSS3-Transforms.

■ 5.10 Transitions und Animations

Ebenfalls ein attraktives CSS3-Feature sind die Transitions und Animations.

5.10.1 Transitions

Mit Transitions können Sie Übergänge zwischen verschiedenen Zuständen definieren, diese also animieren.

HINWEIS: Bezüglich der Transitions gibt es eine Begriffsverwirrung. Neben den Transitions existieren nämlich die Animations. Beide werden in unterschiedlichen Spezifikationen des W3C behandelt *(http://www.w3.org/TR/css3-transitions* und *http://www.w3.org/TR/css3-animations).* Mitunter werden jedoch auch schon die Transitions als Animationen bezeichnet. Das liegt zum einen daran, dass man Transitions auch zu etwas nutzen kann, was man allgemeinsprachlich als Animation bezeichnet; zum anderen ist es darin begründet, dass das Webkit-Team bei den ersten Implementationen von Transitions von Animations spricht *(http://www.webkit.org/blog/138/css-animation).*

> Ich folge hier dem offiziellen Wording des W3C und unterscheide entsprechend zwischen Transitions und Animations. Trotzdem spreche ich in Beschreibungen des Effekts von Transitions auch davon, dass ein Element „animiert" wird, weil das dem allgemeinen Sprachgebrauch entspricht.

Drückt man einen echten Button, bietet er einen kleinen Widerstand und es dauert den Bruchteil einer Sekunde, bis der Button eingedrückt erscheint. Bei Zustandsänderungen, die Sie über CSS definieren, ist das hingegen anders. Diese finden sofort statt. Klassisches Beispiel ist die Navigationsleiste, bei der sich die Farben beim Mouseover ändern. Hier ist der Wechsel abrupt, ohne jede Verzögerung. Soll der Übergang spürbar sein, so musste man klassischerweise zu Flash oder JavaScript greifen. Dank CSS3 können Sie Übergänge ohne Flash oder JavaScript definieren. Oft verwendet man CSS3 Transitions, um den Übergang zwischen zwei Linkzuständen – dem ursprünglichen und beim Hovern – sichtbar zu machen, was für die mobilen Geschichten weniger interessant ist. Sie können Transitions aber ebenfalls beim Fokus einsetzen, das folgende Beispiel zeigt eine solche Zustandsänderung.

Im Beispiel gibt es mehrere Formularbuttons, für die als Hintergrundfarbe Weiß definiert ist. Beim Fokus wird der Hintergrund in Grün geändert. Der Übergang läuft dank der `transition`-Angabe spürbar ab.

```
transition: all 0.7s
```

Dieser Code bedeutet, dass alle möglichen Eigenschaften, bei denen es Zustandsänderungen gibt, in den Übergang einbezogen werden und dass dieser Übergang 0,7 Sekunden dauern soll. Die Angabe `transition` müssen Sie mit den herstellerspezifischen Präfixen `-webkit-`, `-o-` und `-moz-` schreiben.

Listing 5.15 Spürbarer Übergang *transitions.html*

```
<!DOCTYPE html>
<html>
<head>
<meta charset="utf-8"/>
<meta name="viewport" content="width=device-width" />
<title>Transition</title>
<style>
input[type="text"] {
  background-color: white;
  font-size: 1em;
  -moz-transition: all 0.7s;
  -webkit-transition: all 0.7s;
  -o-transition: all 0.7s;
  transition: all 0.7s;
}
input[type="text"]:focus {
  background-color: green;
}
</style>
  </head>
  <body>
    <p><input type="text" value="eins"/></p>
```

```
      <p><input type="text" value="zwei"/></p>
      <p><input type="text" value="drei"/></p>
   </body>
</html>
```

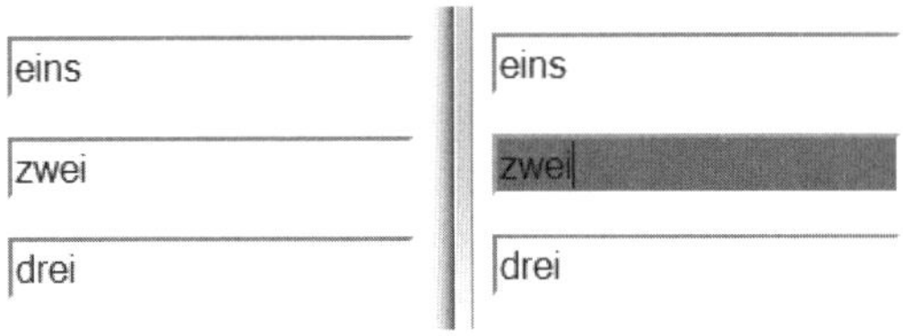

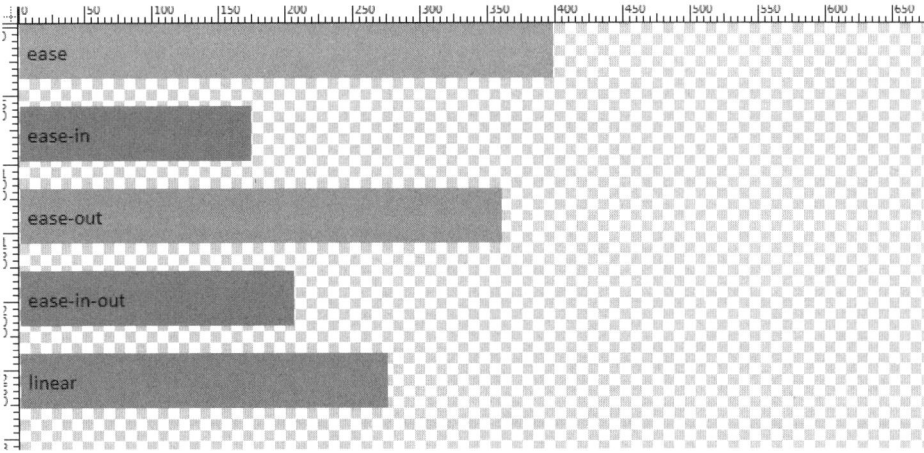

Bild 5.18 Der Übergang zwischen beiden Zuständen ist animiert.

Außerdem können Sie bei Transitions noch die Art des Übergangs spezifizieren, ob er linear ablaufen oder abgebremst/beschleunigt werden soll. Wie sich die einzelnen Übergänge auswirken, sehen Sie sich am besten direkt an einem Beispiel unter *http://www.css3-leitfaden. de/beispiele/uebergaenge.html* an. Der Anfangs- und der Endzustand sind identisch und werden zur selben Zeit erreicht; aber dazwischen gibt es je nach gewählter Übergangsart Unterschiede.

Bild 5.19 Verschiedene mögliche Übergänge

Übergang bei Klassenänderung

Das Interessante an Transitions ist, dass sie ebenfalls funktionieren, wenn Sie über JavaScript dynamisch einem Element eine Klasse hinzufügen oder diese entfernen. Hierzu möchte ich Ihnen ein kleines Beispiel zeigen. Im HTML-Teil gibt es zwei Elemente mit ids.

```
<p id="klicken">Ein- und Ausblenden</p>
<p id="beispiel">Sichtbarkeitsänderung</p>
```

Bei Klick auf das obere Element soll das untere Element ein-/ausgeblendet werden.

Per CSS gibt es grundlegende Formatierungen für das Element #beispiel. Am wichtigsten ist, dass es per opacity: 0 auf durchsichtig gesetzt wird. Außerdem ist ein Übergang definiert.

```
#beispiel {
  background-color: yellow;
  width: 50%;
  text-align: center;
  padding: 2em;
  opacity: 0;
  -webkit-transition: all 1s;
  -o-transition: all 1s;
  -moz-transition: all 1s;
  transition: all 1s;
}
```

Außerdem gibt es Formatierungen für den Selektor der Klasse .sichtbar #beispiel; hierbei wird opacity auf 1 gesetzt, das Element ist also sichtbar.

```
.sichtbar #beispiel {
  opacity: 1;
}
```

Über JavaScript – im Beispiel wird auf jQuery zurückgegriffen – wird diese Klasse sichtbar jetzt immer wechselnd bei body hinzugefügt und entfernt (toggleClass).

```
$(function() {
    $("#klicken").css("cursor", "pointer").click(function() {
        $("body").toggleClass("sichtbar");
    });
});
```

Besitzt body die Klasse sichtbar, greifen die bei .sichtbar #beispiel angegebenen Formatierungen und das Element wird sichtbar.

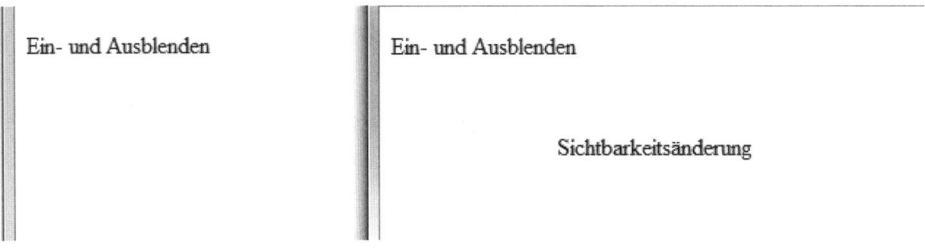

Bild 5.20 Ausgeblendet (links) und eingeblendet (rechts)

Listing 5.16 zeigt das Beispiel in seiner Gesamtheit.

Listing 5.16 Transition bei Klassenänderung *(transitions_klassenaenderung.html)*

```
<!DOCTYPE html>
<html>
<head>
<meta charset="utf-8"/>
<meta name="viewport" content="width=device-width" />
<script src="http://code.jquery.com/jquery-1.7.2.min.js"></script>
```

```
<script>
  $(function() {
    $("#klicken").css("cursor", "pointer").click(function() {
      $("body").toggleClass("sichtbar");
    });
  });
</script>
<title>Transition</title>
<style>
#beispiel {
  background-color: yellow;
  width: 50%;
  text-align: center;
  padding: 2em;
  opacity: 0;
  -webkit-transition: all 1s;
  -o-transition: all 1s;
  -moz-transition: all 1s;
  transition: all 1s;
}
.sichtbar #beispiel {
  opacity: 1;
}
</style>
</head>
<body>
  <p id="klicken">Ein- und Ausblenden</p>
  <p id="beispiel">Sichtbarkeitsänderung</p>
</body>
</html>
```

Elemente animiert hereinbewegen/herausschieben

Im Beispiel wurde ein Ein-/Ausblenden über `opacity` realisiert. Über `transform` kann man beispielsweise Elemente herein-/herausschieben und auf diese Art sichtbar machen oder zum Verschwinden bringen. Das folgende Beispiel funktioniert im Prinzip wie das zuletzt gezeigte, aber das Element wird durch `translate` herausgeschoben und bewegt.

Listing 5.17 Herausschieben *(transitions_rausbewegung.html)*

```
<!DOCTYPE html>
<html>
  <head>
    <meta charset="utf-8" />
    <meta name="viewport" content="width=device-width" />
    <script src="http://code.jquery.com/jquery-1.7.2.min.js"></script>
    <script>
    $(function() {
      $("#klicken").css("cursor", "pointer").click(function() {
        $("body").toggleClass("sichtbar");
      });
    });
    </script>
    <title>Transition</title>
    <style>
      #beispiel {
        background-color: yellow;
```

```
            width: 200px;
            text-align: center;
            padding: 20px;
            -webkit-transition: all 1s;
            -o-transition: all 1s;
            -moz-transition: all 1s;
            transition: all 1s;
         }
         .sichtbar #beispiel {
           opacity: 1;
           -moz-transform: translate(-260px, 0px);
           -webkit-transform: translate(-260px, 0px);
           -o-transform: translate(-260px, 0px);
           -ms-transform: translate(-260px, 0px);
           transform: translate(-260px, 0px);
         }
     </style>
   </head>
   <body>
     <p id="klicken">Ein- und Ausblenden</p>
     <p id="beispiel">Sichtbarkeitsänderung</p>
   </body>
</html>
```

Bild 5.21 Das Element wird animiert herausgeschoben.

Deswegen sind Transitions und die gleich gezeigten Animations ganz zentral, um Übergänge zwischen Seiten zu definieren.

5.10.2 Animations

Animationen sind eine erweiterte Möglichkeit für Bewegung per CSS, da diese direkt zugewiesen werden können und außerdem beliebig genaue Zwischenstufen erlauben. Um Animationen zu verwenden, müssen Sie sie zuerst definieren, was über sogenannte `@keyframes`-Regeln geschieht. Eine einfache Definition sieht folgendermaßen aus (im Beispiel wurde nur die Standardschreibweise verwendet; im ersten Einsatz müssen Sie den Code mit den herstellerspezifischen Präfixen `-moz-`, `-webkit-` und `-o-` schreiben).

```
@keyframes fadein {
  from { opacity: 0; }
  to { opacity: 1; }
}
@keyframes fadeout {
  from { opacity: 1; }
  to { opacity: 0; }
}
```

Hinter `@keyframes` geben Sie den Namen an, über den Sie die Animation danach ansprechen können. Bei `from` spezifizieren Sie den Anfangszustand, den Endzustand geben Sie bei `to` an. Wenn Sie Zwischenstufen definieren möchten, so schreiben Sie anstelle von `from` und `to` Prozentangaben.

Im Beispiel werden zwei Animationen definiert, die eine macht ein Element unsichtbar, die andere macht es umgekehrt sichtbar. Danach können Sie die Animationen bei beliebigen Elementen einsetzen; geben Sie dabei bei `animation-name` den vorher definierten Namen an und legen Sie bei `animation-duration` die Dauer fest.

```
.fade.out {
  opacity: 0;
  animation-duration: 125ms;
  animation-name: fadeout;
}
.fade.in {
  opacity: 1;
  animation-duration: 225ms;
  animation-name: fadein;
}
```

Auch die `animation`-Eigenschaften müssen Sie mit den herstellerspezifischen Präfixen für Webkit-Browser, Firefox und Opera schreiben.

In jQuery Mobile werden alle Seitenübergänge mithilfe von CSS3-Animationen realisiert. Das können Sie sich beispielsweise in der ausführlichen CSS-Datei unter *http://code.jquery.com/mobile/1.1.0/jquery.mobile-1.1.0.css* ansehen. Suchen Sie hier einfach nach `keyframes`.

Vorteil von Transitions/Animations

Warum aber sollten wir Transitions verwenden, wenn wir stattdessen die Animationen auch über JavaScript erstellen könnte? Der eindeutige Vorteil liegt in der besseren Performance. Sehr eindrücklich zeigt das der Geschwindigkeitsvergleich unter *http://css3.bradshawenterprises.com/demos/speed.php*.

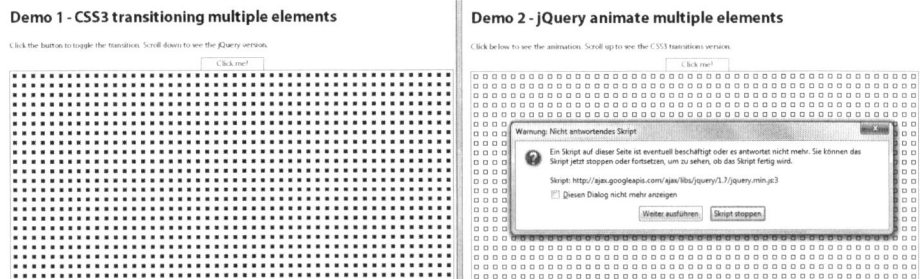

Bild 5.22 Transitions sind schneller als JavaScript-Animationen, wie Brad Shaw beweist.

HINWEIS: Trotzdem sollten Sie CSS3-Animations und CSS3-Transitions nur sparsam einsetzen und immer genügend testen!

5.11 Media-Angabe und Media-Queries

Eine weitere ganz wichtige CSS-Technik für mobile Geräte sind die Media Queries. Damit können Sie CSS-Angaben in Abhängigkeit von den Eigenschaften des Ausgabegeräts vornehmen. Am häufigsten werden Media Queries eingesetzt, um eigene CSS-Angaben für kleinere Bildschirme zu machen.

Media Queries sind der wichtigste – aber nicht einzige! – Bestandteil des Responsive Webdesign, das in Kapitel 10 ausführlicher besprochen wird. Aber Sie können Media Queries auch in Kombination mit anderen Techniken benutzen: So können Sie, wenn Sie eine separate mobile Webseite erstellen, über Media Queries die feinen Unterschiede bei den unterschiedlichen mobilen Ausgeräten berücksichtigen und die Inhalte ganz nach dem verfügbaren Inhalt präsentieren. Auch bei einer mobilen WebApp können Sie mithilfe von Media Queries eine jeweils angepasste Angabe erzeugen, je nachdem beispielsweise, ob das Gerät im Portrait- oder Landscape-Modus ist.

Ein einfaches Beispiel für Media Queries sieht folgendermaßen aus – in diesem Fall wird das Stylesheet *stil.css* nur geladen, wenn der Viewport eine Maximalbreite von 480 px hat.

```
<link rel="stylesheet" href="stil.css" media="screen and (max-width: 480px)" />
```

Oder Sie können die Angaben über eine @-Regel auch innerhalb des Stylesheets machen.

```
@media screen and (max-width: 480px) {
  #content {
    width: 100%;
  }
}
```

Genauer werden die Anatomie von Media Queries sowie die anderen für mobile Geräten relevanten Ausgabetypen wie gesagt in Kapitel 10 besprochen.

5.12 Kurz zusammengefasst

In diesem Kapitel wurden wichtige CSS-Techniken für mobile Geräte vorgestellt:
- Wichtig ist das Prinzip des Progressive Enhancement: Das heißt, eine funktionierende Basis zu erstellen, die dann für fortgeschrittenere Geräte durch neue CSS3-Features verbessert wird.

- Sollen bestimmte Formatierungen nur gelten, wenn ausgewählte Features unterstützt werden, so können Sie auf Modernizr zum Feature-Test zurückgreifen.
- Die meisten CSS3-Features müssen Sie mit herstellerspezifischen Präfixen schreiben, dabei gibt es `-webkit-` für Webkit-Browser, `-moz-` für Firefox und Co., `-o-` für Opera und `-ms-` für den Internet Explorer.
- Die Standardeigenschaft sollten Sie immer zum Schluss angeben.
- Auch wenn die Webkit-basierten Browser auf mobilen Geräten vorherrschen, sollten Sie nicht die Präfixe für die anderen Browser vergessen.
- Viele der neuen CSS3-Features helfen bei der Erstellung von attraktiven Benutzeroberflächen, ohne zusätzliche Hintergrundbilder einsetzen zu müssen:
  - `border-radius` definiert abgerundete Ecken,
  - `box-shadow` zaubert einen Schatten um Boxen, `text-shadow` macht dasselbe bei Text.
  - Lineare Farbverläufe erstellen Sie mit `linear-gradient`; wobei Sie im Sommer 2012 die Angaben in verschiedenen Syntaxversionen machen müssen. Auch wenn Sie auf dem Desktop fast schon die ältere Webkit-Syntax ignorieren können, sollten Sie auf diese für mobile Geräte, deren Browser nicht so schnell upgedatet werden, nicht verzichten.
- CSS3-Transforms ermöglichen in Kombination mit CSS3-Transitions und CSS3-Animations attraktive Seitenübergänge.

6 Performance-Optimierung

Mit der weiten Verbreitung von DSL ist die Performance eine Weile lang in den Hintergrund geraten, denn auch größere Datenmengen schienen gut zu bewältigen. Aber das ändert sich mit dem mobilen Web. Die Verbindung ist – wenn man wirklich mobil ist – schlechter; selbst bei an sich guter Übertragungsrate gibt es prinzipiell eine größere Latenz. Deswegen: Performance ist ein äußerst wichtiger Faktor für gute mobile Erlebnisse.

Jason Grigsby geht sogar so weit, folgenden Ratschlag zu erteilen: Wenn Sie nur eine Sache tun können, um die eigene Desktop-Webseite für mobile Geräte anzupassen, und die Wahl zwischen Media Queries oder Performance haben, dann sollten Sie sich besser für die Performance entscheiden („If you could only do one thing to prepare your desktop site for mobile and had to choose between employing media queries to make it look good on a mobile device or optimizing the site for performance, you would be better served by making the desktop site blazingly fast", siehe *http://cloudfour.com/first-thing-you-should-do-to-optimize-your-desktop-site-for-mobile*). Viele geben hingegen den Media Queries den Vorrang, um das Layout und die Optik besser an die kleineren Bildschirme anzupassen. Aber das können die gängigen Smartphones ja heute schon. Eine Desktop-Seite funktioniert auch auf mobilen Geräten, weil sie so verkleinert wird, dass sie ganz sichtbar ist und der Benutzer die Bereiche, die ihn interessieren, vergrößern kann. Deswegen ist die Performance besonders wichtig – oder besser: der wichtigste Punkt überhaupt.

Bruce Lawson fasst es so zusammen: Geschwindigkeit ist wichtiger als Ästhetik („This tells us that speed is more important than aesthetics", siehe *http://www.brucelawson.co.uk/2012/what-users-want-from-mobile-and-what-we-can-re-learn-from-them*). Das Problem ist, dass Performance erst einmal nicht so cool ist. Apple beispielsweise nimmt auf seine Webseite für eine gute Darstellung auf dem iPad in Kauf, dass iPad-Nutzer die dreifache Datenmenge herunterladen – ein Thema, das uns noch einmal in Kapitel 7.4 beschäftigen wird.

Aber sehen wir uns zunächst einmal an, welche Techniken Sie zur Performance-Verbesserung einsetzen können. Wir beginnen mit den allgemeingültigen, die sich auch für Desktop-Webseiten bewährt haben, und kommen dann zu den spezifischen Empfehlungen für mobile Webseiten.

6.1 Tools

Zur Performance-Optimierung reduziert man HTTP-Request und sorgt für kleinere Dateien. Um das überprüfen zu können, brauchen Sie die richtigen Tools. Alle Browser bieten in ihren Entwicklertools auch die Möglichkeit, die Netzwerkkommunikation zu verfolgen. Firebug beispielsweise zeigt dies in seinem Netzwerk-Tab.

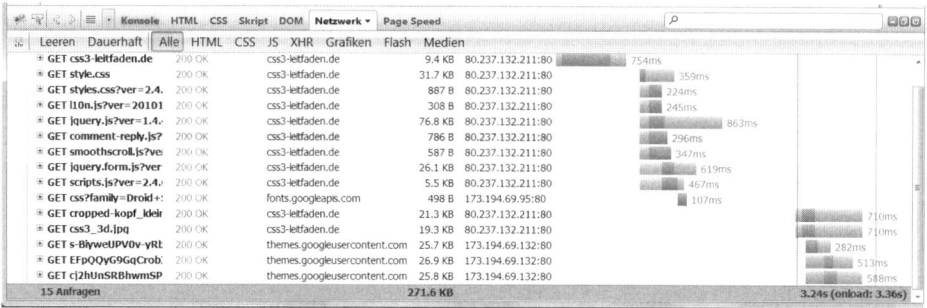

Bild 6.1 Der Netzwerk-Tab im Firebug

 PRAXISTIPP: Den Netzwerk-Tab können Sie sinnvoll nur bei Seiten einsetzen, die sich im Internet befinden; bei lokalen Seiten müssten diese zumindest über einen Server ausgeliefert werden. Dann bleibt aber das „Problem" bestehen, dass die Seiten zu schnell von der eigenen Festplatte geladen werden, als dass Sie viel sehen könnten.

Außerdem gibt es die Erweiterung Page Speed von Google für Firefox und Chrome *(https:// developers.google.com/speed/pagespeed/download)*. Diese sollten Sie sich installieren, sie taucht in diesem Kapitel mehrmals auf. Die Page Speed-Erweiterung im Firefox findet sich nach der Installation als zusätzlicher Tab im Firebug. Ein Klick auf ANALYZE PERFORMANCE startet die Analyse der aktuell aufgerufenen Seite.

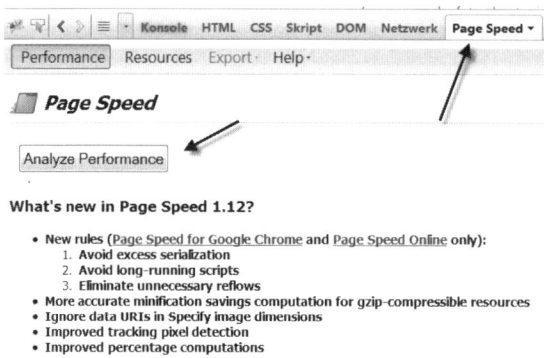

Bild 6.2 Die Page Speed-Erweiterung im Firefox

Ein nützliches Tool speziell für mobile Geräte ist ein Bookmarklet von Steve Souders, das Sie unter *http://stevesouders.com/mobileperf/pageresources.php* finden. Auf der Seite müssen Sie den Link des Bookmarklets klicken und es in Ihre Lesezeichen aufnehmen. Die URL muss danach noch editiert werden: Sie löschen alles bis zum ersten # (und inklusive #) heraus.

Statt

```
http://stevesouders.com/mobileperf/iphonesteps.php#javascript:(function()
{jselem=document.createElement(%27SCRIPT%27);jselem.type=%27text/
javascript%27;jselem.src=%27http://stevesouders.com/mobileperf/mobileperfbkm.
js%27;document.getElementsByTagName(%27body%27)[0].appendChild(jselem);})();
```

heißt es dann nur noch wie folgt:

```
javascript:(function(){jselem=document.createElement(%27SCRIPT%27);jselem.
type=%27text/javascript%27;jselem.src=%27http://stevesouders.com/mobileperf/
mobileperfbkm.js%27;document.getElementsByTagName(%27body%27)[0].
appendChild(jselem);})();
```

Rufen Sie danach eine Webseite auf, so können Sie Ihr Bookmarklet aktivieren. Es bietet Links auf nützliche Tools für das Debuggen auf mobilen Geräten - unter anderem zu Firebug Lite, YSlow (Performance-Analyse von Yahoo!), und unter RESSOURCES erhalten Sie eine Übersicht über die bei der Seite geladenen Ressourcen.

Bild 6.3 Das Bookmarklet von Steve Souders mit nützlichen Analysetools für mobile Geräte

■ 6.2 Allgemeine Codeoptimierungen

Allgemein sollte der Code für eine bessere Performance optimiert sein.

6.2.1 Semantisches HTML

Prinzipiell gilt natürlich, dass ein semantischer Code weniger Ballast enthält als ein auf Tabellenlayouts setzendes HTML-Dokument. Genauso ist es eine grundlegende Optimierung, dass man auf Formatierungsangaben über HTML verzichtet und diese über CSS durchführt. Das heißt natürlich, `font`-Elemente haben hier nichts zu suchen, aber auch nicht Attribute wie `align`.

Der Vorteil ist klar: Formatierungen, die direkt im HTML-Code stehen, müssen auf jeder Unterseite wiederholt werden, CSS-Formatierungen hingegen können ausgelagert werden. Die ausgelagerte Datei muss einmal geladen werden und steht danach zur Verfügung.

6.2.2 CSS-Code optimieren

Auch beim CSS-Code gibt es auch mögliche Optimierungen. Der wichtigste Punkt ist, dass man im Stylesheet nur das stehen lässt, was wirklich gebraucht wird. Manchmal werden ganze Stylesheet-Dateien beispielsweise aus Frameworks eingebunden, die eigentlich gar nicht eingesetzt werden. Aber auch in einzelnen Stylesheets können Formatierungen stehen, die überhaupt nicht verwendet werden.

Beim Auffinden nicht benötigter CSS-Definitionen hilft das Page Speed-Analysetool. Wenn Sie die Analyse der aktuellen Seite durchgeführt haben, finden Sie die entsprechenden Hinweise, wenn Sie REMOVE UNUSED CSS durch Klick auf das kleine Dreieck expandieren.

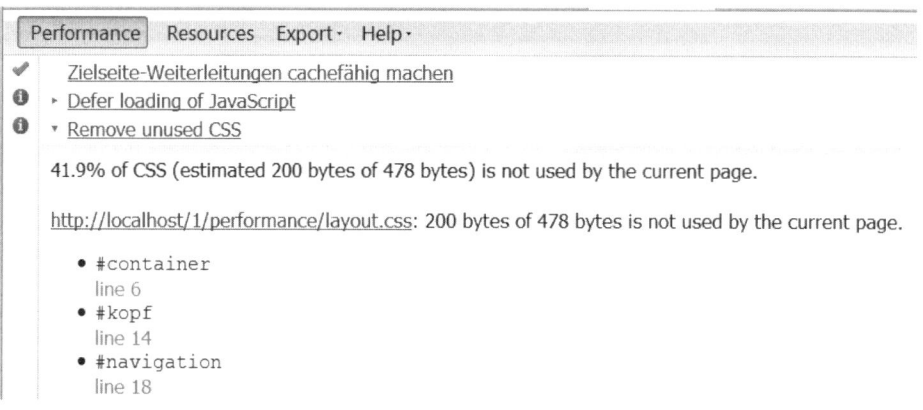

Bild 6.4 Page Speed zeigt unbenutzte CSS-Regeln.

Die benötigten Regeln können außerdem optimiert werden: So sollten Sie CSS-Deklarationen nicht mehrmals verwenden. Folgende beiden Zeilen

```
h1 { color: red; }
h2 { color: red; }
```

lassen sich wie folgt zusammenfassen.

```
h1, h2 { color: red; }
```

Kurzschreibweisen verkürzen ebenfalls den CSS-Code. Anstelle von

```
padding-top: 10px;
padding-right: 15px;
padding-bottom: 20px;
padding-left: 10px;
```

lässt sich beispielsweise Folgendes schreiben.

```
padding: 10px 15px 20px 10px; /* oben beginnend im Uhrzeigersinn */
```

Beachten Sie aber, dass manche Kurzschreibweisen scheinbar mehr bewirken als die ausführliche Schreibweise.

```
h1 {
  font-family: sans-serif;
  font-size: 1.2em;
}
```

Das ist nicht dasselbe wie

```
h1 {
  font: 1.2em sans-serif;
}
```

Durch das letzte Codebeispiel werden nämlich alle nicht explizit aufgeführten Eigenschaften auf den Standard gesetzt und so ist damit eine Überschrift nicht fett.

6.2.3 Links kontrollieren

Zur allgemeinen Codeoptimierung, die an sich selbstverständlich sein sollte, gehört ebenfalls, die Links zu kontrollieren; es sollte keine Links geben, die ins Leere führen und die bekannte 404-Fehlermeldung hervorrufen. Besonders schlimm ist es, wenn Dateien nicht gefunden werden, die die weiteren Download-Prozesse des Browsers blockieren können.

6.2.4 Inhalte asynchron laden

Ebenfalls ein wichtiges Werkzeug für eine gute Performance ist es, Inhalte asynchron zu laden. Mithilfe von Ajax können Sie Inhalte asynchron laden und dadurch einzelne Inhalte der Webseite austauschen, ohne die gesamte Seite neu zu übertragen.

 Ein in diesem Zusammenhang interessantes Tool, um benötigte Inhalte nur bei Bedarf zu laden, ist das folgende: *http://filamentgroup.com/lab/ajax_includes_modular_content*.

■ 6.3 Reduzierung

Ein optimierter Code lässt sich durch Reduzieren (auch „Minimieren") weiter verkleinern. Bei der Reduzierung (engl. to minify) werden Leerzeilen, Kommentare und nicht benötigte Elemente entfernt; das ist sinnvoll für HTML-, CSS- oder JavaScript-Dateien. Wie groß der

Unterschied zwischen der ursprünglichen und der reduzierten Variante ist, hängt davon ab, wie viele Kommentare es gibt. Ein Extrembeispiel ist sicher die JavaScript-Datei jQuery: In der Version mit Kommentaren und Einrückungen ist sie 229 Kilobyte groß, die reduzierte Version kommt nur auf ein Siebtel der ursprünglichen Größe, nämlich auf 32 Kilobyte.

Wichtig ist allerdings, dass Sie die Reduzierung nur im letzten Schritt durchführen und die ursprüngliche Datei erhalten. Für das effektive Arbeiten an den Dateien sind Kommentare, richtige Einrückungen etc. nämlich sehr wichtig.

Für die Reduzierung gibt es unterschiedliche Tools, beispielsweise:

- *http://htmlcompressor.com/compressor.html*
- *http://developer.yahoo.com/yui/compressor*
- *http://code.google.com/p/cssmin*
- *http://www.crockford.com/javascript/jsmin.html*

Auch Page Speed stellt eine reduzierte Version von CSS- und JavaScript-Dateien zur Verfügung, wenn Sie den entsprechenden Punkt expandieren.

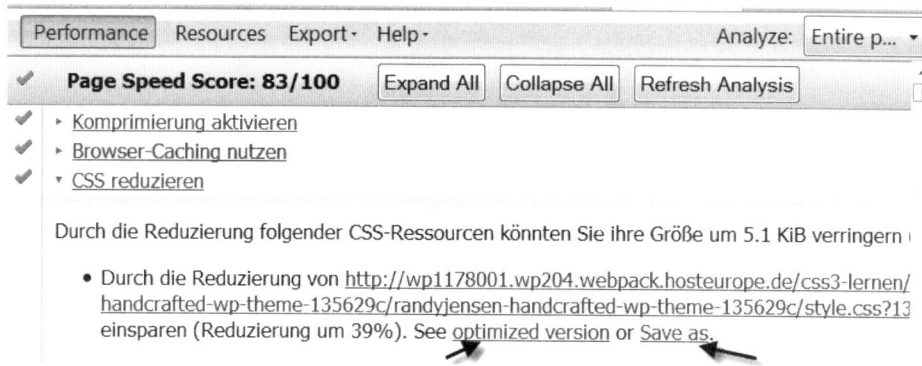

Bild 6.5 Page Speed erzeugt reduzierte Versionen der CSS- und JavaScript-Dateien.

■ 6.4 HTTP-Komprimierung

Dateien werden außerdem kleiner, wenn sie serverseitig komprimiert werden über gzip oder deflate (mehr zur HTTP-Komprimierung unter *http://en.wikipedia.org/wiki/HTTP_compression*). Das ist empfehlenswert für Textdateien wie HTML, CSS oder JavaScript ab einer Größe von 150 Bytes – bei kleineren Größen lohnt es sich nicht aufgrund des größeren Overheads durch die Komprimierung *(https://developers.google.com/speed/docs/best-practices/payload)*. Für Binärdateien wie Bilder ist die Komprimierung ebenfalls nicht geeignet, weil Bilder beispielsweise schon komprimiert sind und eine HTTP-Komprimierung zu größeren Dateien führen würde.

Um die Komprimierung zu vereinfachen, empfiehlt Google außerdem, sich wiederholende Elemente immer auf die gleiche Art zu schreiben, also beispielsweise in HTML die Attribute immer in derselben Reihenfolge zu spezifizieren *(https://developers.google.com/speed/docs/best-practices/payload#GzipCompression)*.

■ 6.5 HTTP-Requests reduzieren & optimieren

Die wichtigste Methode für eine bessere Performance ist es, die HTTP-Requests zu reduzieren. Einen Überblick über die HTTP-Requests bietet Ihnen die Firefox-Erweiterung Firebug im Netzwerk-Tab. Hier sehen Sie die Anzahl an HTTP-Requests, erhalten eine Zusammenfassung über ihre Anzahl, die gesamte Datenmenge und die benötigte Zeit.

Prinzipiell funktioniert der Download der Komponenten von Webseiten folgendermaßen: Der Browser fordert die Seite an und findet darin die Verweise auf externe Dateien – das können Bilder sein, Stylesheets, JavaScript-Dateien oder weitere. Der Browser fordert diese externen Ressourcen dann in der Reihenfolge an, wie sie im Quellcode stehen. Nehmen wir zum Beispiel folgenden Ausschnitt aus einem HTML-Dokument.

```
<head>
<link rel="stylesheet" href="stil.css" />
<script src="functions.js"></script>
</head>
<body>
<img src="bild.jpg" />
</body>
```

Um dieses Beispiel darzustellen, fordert der Browser vier Ressourcen an, und zwar in dieser Reihenfolge:

1. HTML-Dokument
2. *stil.css*
3. *functions.js*
4. *bild.jpg*

Entscheidend für die Performance-Optimierung ist es, die Anzahl an HTTP-Request zu reduzieren und die Datenmenge möglichst gering zu halten; Letzteres hat uns ja am Anfang dieses Kapitels schon beschäftigt.

Mehrere Anfragen können parallel ablaufen; allerdings gibt es auch blockende Anfragen, d. h., bis die entsprechende Ressource heruntergeladen ist, werden keine anderen Ressourcen angefordert. Deshalb spielt auch die Reihenfolge, in der die Ressourcen aufgeführt sind, eine Rolle. Sehen wir uns im Folgenden einmal die Details an.

 In Kapitel 7 geht es ausführlich um die Möglichkeiten, Bilder einzusparen oder HTTP-Request durch Techniken wie Sprites oder CSS-Formatierungen sparend zu nutzen.

6.5.1 CSS-Dateien zusammenfassen und richtig einbinden

Um HTTP-Requests zu sparen, empfiehlt es sich, mehrere CSS-Dateien in einer zusammenzufassen.

> **PRAXISTIPP:** Trotzdem ist es natürlich sinnvoll, während der Entwicklung mehrere Stylesheets zu nutzen; aber vor dem produktiven Einsatz sollten diese zusammengefasst werden.
>
> Manche CSS-Frameworks wie beispielsweise YAML *(http://www.yaml.de)* arbeiten ebenfalls mit einer großen Anzahl an externen Dateien, was praktisch für einen modularen Aufbau ist und für die benötigte Flexibilität sorgt. Am Schluss sollten Sie aber für den produktiven Einsatz die Dateien zusammenfassen.

Gleichzeitig ist es auch wichtig, dass Sie nicht ein Stylesheet mit vielen Regeln haben, die auf der aktuellen Seite nicht benötigt werden. Formatierungen, die wirklich nur auf einzelnen Seiten vorkommen, sollten Sie deshalb in einem separaten Stylesheet lassen. Google empfiehlt zwei bis drei Stylesheets *(https://developers.google.com/speed/docs/best-practices/rtt#CombineExternalCSS)*: ein Stylesheet, das für das grundlegende Aussehen zuständig ist, und ein weiteres, das die Formatierungen beinhaltet, die erst nach dem Laden wichtig sind.

Für die Einbindung von externen CSS-Dateien sollte das `link`-Element benutzt werden, da die alternative Einbindung mit `@import` das weitere Herunterladen von Dateien blockieren kann.

6.5.2 JavaScript-Dateien zusammenfassen

Was für CSS-Dateien gilt, gilt auch für JavaScript-Dateien: Wenn Sie mehrere JavaScript-Dateien haben, sollten Sie diese zusammenfassen. JavaScript-Code, der nicht zu Beginn benötigt wird, sollten Sie ans Ende stellen, d. h. vor `</body>`.

6.5.3 JavaScript und CSS richtig kombinieren

Meistens benötigen Sie externe CSS- und JavaScript-Dateien, dann ist es wichtig, dass diese in der richtigen Reihenfolge angegeben sind.

Die Regel lautet: zuerst die CSS-Dateien, danach die JavaScript-Dateien. Wenn mehrere Verweise auf CSS- und JavaScript-Dateien hintereinander stehen, sollten Sie diese außerdem keinesfalls mischen. Warum das relevant ist, zeigt Bild 6.6 von *https://developers.google.com/speed/docs/best-practices/rtt#PutStylesBeforeScripts*. Mit der richtigen Reihenfolge gibt es nur zwei Download-Blöcke (rechts), da alle CSS-Dateien und die erste JavaScript-Datei gleichzeitig geladen werden können. Stehen die Befehle zum Einbinden der JavaScript-Dateien hingegen mit den CSS-Dateien gemischt, gibt es drei Download-Blöcke (links). Wie groß der Unterschied zwischen beiden Varianten ist, hängt natürlich von den jeweiligen Download-Zeiten ab.

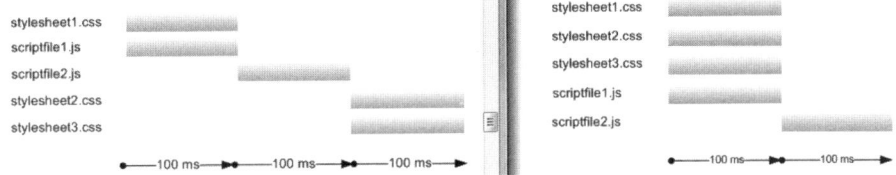

Bild 6.6 Die Reihenfolge von CSS-Dateien und JavaScript-Dateien ist relevant.

6.5.4 CDN nutzen

CDN ist eine Abkürzung für Content Delivery Network. Bei bestimmten häufig benötigten Dateien wie JavaScript-Bibliotheken können Sie auch auf eine von einem CDN bereitgestellte Version zurückgreifen. Der Vorteil ist, dass diese Dateien im Allgemeinen schnell ausgeliefert werden, da sie von einem Server in der Nähe kommen. Zudem ist die Wahrscheinlichkeit groß, dass ein Nutzer der Webseite von einem Besuch einer anderen Seite die Datei bereits heruntergeladen hat und sie damit bereits auf seinem System vorhanden ist.

Andererseits müssen Sie natürlich Vertrauen zu diesem CDN haben, das heißt vertrauen können, dass der Dienst weiter erhalten bleibt. Aber Sie können die CDN-Lösung auch mit einem Fallback kombinieren, so wie es in Boilerplate, einem Best-Practice-Template für neue Projekte *(http://de.html5boilerplate.com)*, mit jQuery gehandhabt wird. Zuerst wird jQuery über das CDN von Google geladen. Danach wird in einem weiteren Skript-Teil überprüft, ob das jQuery-Objekt vorhanden ist. Falls nicht, wird per `document.write()` das `script`-Element geschrieben.

```
<script src="//ajax.googleapis.com/ajax/libs/jquery/1.4.2/jquery.js"></script>
<script>!window.jQuery && document.write(unescape('%3Cscript src="js/libs/jquery-1.4.2.js"%3E%3C/script%3E'))</script>
```

 HINWEIS: Links mit `//` am Anfang funktionieren nur, wenn Sie sie über einen Webserver aufrufen. Außerdem muss dann natürlich eine Kopie der JavaScript-Bibliothek auch am angegebenen Ort – im Beispiel im Unterordner *js/libs* – vorhanden sein.

6.5.5 Cookies richtig nutzen

Cookies werden bei allen Requests vom Client mitgesendet, was aus mehreren Gründen besonders kritisch ist.

- Prinzipiell ist die Übertragung beim Uplink schlechter als beim Downlink.
- Die Daten vom Browser zum Server werden immer nur unkomprimiert gesendet.

Deshalb empfiehlt es sich, Cookies nur sparsam einzusetzen, die gespeicherte Datenmenge klein zu halten und statische Ressourcen, die sich nicht ändern, von separaten Domains zu senden, die keine Cookies benutzen. Zu Alternativen zu Cookies und zu den Details der Cookie-Problematik kommen wir auch noch einmal in Kapitel 9.3.

■ 6.6 Cachen

Cache bezeichnet laut Wikipedia „einen schnellen Puffer-Speicher, der Zugriffe auf ein langsames Hintergrundmedium nach Möglichkeit vermeidet." Meist werden hierzu Inhalte/Daten gepuffert, die bereits einmal verwendet wurden, um beim nächsten Zugriff schneller zur Verfügung zu stehen *(http://de.wikipedia.org/wiki/Cache)*.

Webseiten werden hauptsächlich an zwei Stellen gespeichert: im Browser und auf besonderen Servern, den Proxyservern. Werden Inhalte aus dem Cache geladen anstelle vom ursprünglichen Server, so hat das zwei Vorteile: Sie sparen HTTP-Requests und Download-Zeit.

Damit Dokumente optimal gecachet werden können, müssen Sie angeben, wie lange die einzelnen Ressourcen gültig sind und wann sie erstellt wurden. Wie und ob gecachet wird, steuern Sie über HTTP-Header.

Die Kommunikation per HTTP zwischen Browser und Server besteht aus einem HEAD- und einem BODY-Teil. Eine Anfrage des Clients (Browser) kann beispielsweise folgendermaßen aussehen:

```
GET / HTTP/1.1
Host: www.example.com
```

Der Browser fordert (GET) eine Internetseite an und gibt gleichzeitig das verstandene Protokoll an. Zusätzlich gibt uns der Browser weitere Informationen, etwa mit welchen Dokumenten er umgehen kann etc., was uns hier aber nicht weiter interessiert (in Kapitel 13 kommen wir noch einmal darauf zurück).

Dann kommt die Antwort des Servers. Am Anfang stehen das verwendete Protokoll und eine Statusmeldung.

```
HTTP/1.1 200 OK
```

Es folgen Informationen wie verwendeter Server, aktuelles Datum, MIME-Typ und Zeichensatz, die hier ausgelassen sind. Die folgenden vier Angaben hingegen sind für das Caching relevant.

```
Last-Modified: Tue, 16 Aug 2012 15:39:27 GMT
ETag: "7f01-4aaa12f4ee9c0;89-3f26bd17a2f00"
Cache-Control: max-age=600
Expires: Wed, 17 Aug 2012 08:30:45 GMT
```

`Last-Modified` und `ETag` sind sogenannte Validatoren, sie helfen zu ermitteln, ob ein gecachtes Dokument noch dem aktuellen Stand entspricht. `Cache-Control` gibt in Sekunden vor, wie lange ein Dokument gültig ist, `Expires` macht das ebenfalls, aber in Form eines Verfallsdatums. Nach diesem Header folgt nach einer Leerzeile der Body mit dem Inhalt der Datei.

Im Beispiel wird jetzt das Dokument gecachet und bei allen weiteren Aufrufen der Webseite vor dem Ablaufzeitpunkt kann das Dokument aus dem Cache geladen werden: ohne Wartezeit, ohne Serverlast, direkt und schnell ausgeliefert.

Nach Ablauf des Zeitpunkts setzt der Browser ein sogenanntes „Conditional GET" ab. Das sieht – reduziert auf die relevanten Header – folgendermaßen aus:

```
GET / HTTP/1.1
Host: www.example.com
If-Modified-Since: Tue, 16 Aug 2012 15:39:27 GMT
If-None-Match: "7f01-4aaa12f4ee9c0;89-3f26bd17a2f00"
```

Bei `If-Modified-Since` steht das in der gecachten Ressource bei `Last-Modified` angegebene Datum. Mit `If-None-Match` wird die vorher beim `ETag` angegebene Zeichenkombination verglichen.

Die Antwort des Servers kann jetzt unterschiedlich ausfallen: Wenn es keine Änderungen gibt, sendet er:

```
HTTP/1.1 304 Not Modified
```

Ansonsten sendet er den normalen 200-Statuscode und im Body der Antwort das angeforderte Dokument.

PRAXISTIPP: Jede an einer Webseite beteiligte Ressource – neben dem eigentlichen HTML-Dokument die eingebundenen Bilder, verwendeten Webschriften, Stylesheet- und JavaScript-Dateien – wird eigens per GET vom Browser angefordert. Bei jeder dieser Ressourcen können demnach auch eigene Caching-Direktiven gesetzt werden.

Zur Steuerung des Cache-Verhaltens gibt es eine `meta`-Angabe im HTML-Dokument.

```
<meta http-equiv="expires" content="0" />
```

Diese würde beispielsweise bewirken, dass das Dokument nicht zwischengespeichert wird. Zwei Gründe sprechen allerdings dagegen, das Cache-Verhalten über `meta`-Elemente im HTML-Code zu steuern:

- Damit diese Informationen ausgewertet werden können, muss das Dokument selbst geparst werden – und das tut ein Proxyserver nicht.
- Sie können damit nur bestimmen, ob HTML-Dokumente gecachet werden, nicht aber das Cachen von anderen Dateien wie Bildern, JavaScript- oder CSS-Dateien steuern; und gerade bei diesen bringt die richtige Caching-Strategie einen echten Performancegewinn.

Besser ist es, die Caching-Information mit dem Header bei der Kommunikation per HTTP zu senden. Damit können Sie die Cache-Direktiven mit allen Mitteln senden, die Ihnen prinzipiell zum Senden von HTTP-Headern zur Verfügung stehen.

PRAXISTIPP: Beim Apache-Webserver lässt sich das Caching beispielsweise über die Module *mod_headers* und *mod-expires* steuern. Über *mod_headers* können Sie Frage- und Antwort-HTTP-Header setzen; das *mod_expires*-Modul dient zum Generieren von Expires und Cache-Control-Headern.

Das Caching können Sie – sofern Sie keinen direkten Zugriff auf die Serverkonfiguration haben – über Direktiven in einer *.htaccess*-Datei festlegen.

 htaccess-Dateien bieten eine komfortable Möglichkeit zur Konfiguration des Webservers, wenn Sie keinen Zugriff auf die eigentliche Konfigurationsdatei haben. Es sind Dateien, die wirklich den Namen *.htaccess* haben.

Diese kann mit *mod_expires* wie folgt aussehen.

```
<IfModule mod_expires.c>
ExpiresActive On
ExpiresByType application/x-javascript A29030400
ExpiresByType text/css A29030400
ExpiresByType image/gif A29030400
ExpiresByType image/png A29030400
ExpiresByType image/jpeg A29030400
ExpiresByType text/html A3600
</IfModule>
```

Zuerst wird überprüft, ob das Modul installiert ist, dann wird es aktiviert. Für alle Dateitypen wird (nach MIME-Typen) angegeben, wie lange sie gecachet werden sollen.

Ein nächstes Beispiel zeigt die Verwendung des *mod_headers*-Moduls.

```
<IfModule mod_headers.c>
<FilesMatch "\.(gif|jpg|jpeg|png)$">
  Header set Cache-Control "max-age=29030400"
</FilesMatch>
<FilesMatch "\.(js|css)$">
  Header set Cache-Control "max-age=2419200"
</FilesMatch>
<FilesMatch "\.(html|htm)$">
  Header set Cache-Control "max-age=3600"
</FilesMatch>
</IfModule>
```

Hier wird ein Cache-Control-Header gesendet, und zwar jeweils entsprechend der Endung der Dateien. Für Bilder wird beispielsweise ein Jahr, für JavaScript- und CSS-Dateien ein Monat und für HTML-Dateien eine Stunde als Caching-Dauer festgelegt.

Zum Schluss noch ein paar allgemeine Tipps zum Thema Caching:

- Cool URLs don't change – dieser berühmte Spruch von Tim Berners-Lee gilt insbesondere in diesem Zusammenhang. Die beste Caching-Strategie hilft nichts, wenn dieselben Inhalte unter anderen Dateinamen noch mal auftauchen.
- Damit Last-Modified-Header und ETag auch stimmen, ist es wichtig, dass Sie bei Änderungen nur die geänderten Dateien erneut auf den Server kopieren.

- Für HTML-Dokumente, die sich oft ändern, ist ein `max-age` von einer Stunde sinnvoll. Falls es wirklich schnellere Aktualisierungen gibt, darf es auch weniger sein. Mindestens aber sollten Sie ihnen ein paar Minuten geben, damit die Seiten bei Klick auf den Zurück-Button nicht erneut geladen werden müssen.
- Für Bilder, CSS-Dateien, JavaScript & Co. sind lange Zeiträume empfehlenswert, bis zu einem Jahr.

Was machen Sie aber, wenn sich etwa die JavaScript-Datei doch einmal ändert? Dann ändern Sie einfach den Dateinamen. Bei Ressourcen wie JavaScript- oder CSS-Dateien können Sie im Dateinamen eine Angabe zur Version machen, also beispielsweise ein Datum integrieren wie *script-20111005.js*. Alternativ dazu lassen sich auch andere Zeichenketten in den Namen einbauen (URL-Fingerprinting). Wenn sich die JavaScript-Datei ändert, ändern Sie auch ihren Namen, und damit wird automatisch die neue Datei angefordert.

■ 6.7 Besonderheiten bei mobilen Geräten

Mobile Geräte sind noch einmal ein Spezialfall.

- Das liegt daran, dass sie schwachbrüstiger sind, d. h., von CPU und Arbeitsspeicher her sind sie eher auf dem Stand von Desktop-Rechnern vor vielen Jahren. Nur die Grafik ist besser.
- Mobile Geräte laufen mit Akku und werden nicht wie Desktop-Geräte ständig mit Strom versorgt. Deswegen muss eine performante Seite ressourcenschonend sein. Dafür empfiehlt es sich, JavaScript bewusst einzusetzen – also nur da, wo es notwendig ist, Bilder nicht vom Browser skalieren zu lassen und Dinge zu vermeiden, die dazu führen, dass die Seite neu gezeichnet/formatiert/dargestellt werden muss.

Derzeit gibt es noch keine Abstrafung von batteriehungrigen Webseiten, denn der Benutzer bekommt wahrscheinlich nicht mit, welche der besuchten Seiten für den niedrigen Akkustand verantwortlich ist. Aber das kann sich natürlich auch ändern – so wäre es denkbar, dass es in der Liste von Suchmaschinenlinks Hinweise auf besonders ressourcenfressende Webseiten gibt, oder es könnte das Page Ranking beeinflussen. Aber das sind alles nur Fantasien, derzeit gibt es das alles nicht (Stand: Sommer 2012). ∎

- Bei mobilen Geräten ist die Latenz größer, d. h. etwa die Wartezeit, bis mit dem Herunterladen von Ressourcen begonnen werden kann. Deswegen gilt es beispielsweise auch, unnötige Redirects zu vermeiden.

Für die eigentliche Geschwindigkeit von Daten ist zum einen die Übertragungsrate und zum anderen die Latenz ausschlaggebend. Die Latenz ist die Verzögerungszeit zwischen dem Beginn eines Netzzugriffs und dem eigentlichen Versenden eines Pakets; bei GPRS sind es beispielsweise 500 ms und mehr *(http://www.elektronik-kompendium.de/sites/kom/0910141.htm)*, d. h., dass eine halbe Sekunde für jeden einzelnen Request hinzugezählt werden muss.

Deswegen gibt es auch spezielle Optimierungen, die so nicht für Desktop-Rechner denkbar oder sinnvoll wären.

Erst einmal wechseln wir zum Thema Caching bei mobilen Geräten, denn Caching ist gerade für mobile Webseiten ein zentrales Thema. Bei mobilen Webseiten spielt gerade aber auch die Dateigröße eine wichtige Rolle. Früher hieß es, dass das iPhone nur Webseiten cachet, die nicht größer als 15 Kilobyte sind, dann wurde der Wert erweitert auf 25 Kilobyte. Nach neuen Untersuchungen kommt das YUI-Team mit Steve Souders, beide bekannt für ihre Strategien für performante Webseiten, zu folgenden Empfehlungen *(http://www.yuiblog.com/blog/2010/07/12/mobile-browser-cache-limits-revisited/)*:

- Wichtig ist es, für Expires Werte in der Zukunft anzugeben, damit die Browser keine konditionale GET-Anfrage senden müssen.
- HTML-Seiten sollten 25,6 Kilobyte oder kleiner sein.
- CSS- und JavaScript-Dateien sollten unter 1 Megabyte groß sein. Normalerweise sollten Sie natürlich wesentlich kleinere Dateien benutzen. Aber bis zu einer Größe von 1 Megabyte lohnt es sich, mehrere Dateien zusammenzufassen, um HTTP-Requests zu sparen.

Reichen die Möglichkeiten des klassischen Cachings nicht aus, lohnt sich ein Blick auf HTML5 Application Cache (siehe auch Kapitel 9.1), über das man Komponenten noch länger im internen Speicher auch für die Offline-Benutzung vorhalten kann.

Die Vorgehensweise beispielsweise von *m.bing.com* bei der Optimierung ihrer mobilen Webseite erläutert *Nicholas Zakas (http://www.slideshare.net/nzakas/mobile-web-speed-bumps)*:

- Die ganzen CSS- und JavaScript-Dateien sind beim ersten Aufruf **inline** angegeben, es sind also keine externen Dateien. Damit ist die erste Datei natürlich relativ groß.
- Die Skripte und Styles werden aus der Seite extrahiert und mit localStorage im Browser gespeichert (mehr zu localStorage in Kapitel 9).
- Außerdem wird in Cookies gespeichert, welche Dateien vorhanden sind.
- Beim nächsten Laden werden die Cookies kontrolliert und festgestellt, ob noch externe Dateien benötigt werden.
- Wenn nicht, werden die im localStorage gespeicherten Daten wieder extrahiert und eben als JavaScript- und CSS-Dateien genutzt.

Allgemein ist die Erforschung der Performance-Optimierung von Webseiten für mobile Geräte noch in den Anfängen. Aber einige schlaue Köpfe wie Steve Souders beschäftigen sich intensiv damit, sodass hier sicher bald noch weitere Hinweise und Best Practice gegeben werden.

6.8 Kurz zusammengefasst

- Performance wird oft vernachlässigt, ist aber ein ganz zentrales Thema gerade für mobile Webseiten.
- Für eine gute Performance müssen Sie die Anzahl an Anfragen reduzieren, indem Sie Dateien zusammenfassen.
- Außerdem sollten Sie die Dateien selbst so klein wie möglich machen, indem Sie beispielsweise die Dateien für den produktiven Einsatz reduzieren.
- Da JavaScript-Dateien das weitere Laden von Dateien blockiert, sollten Sie JavaScript möglichst spät einbinden und auf jeden Fall nach den externen CSS-Dateien.
- Cachen macht sich mehrfach bezahlt, zum einen muss die Datei nicht angefordert und zum anderen nicht heruntergeladen werden.
- Neben diesen allgemeinen Performance-Strategien zwingen die Besonderheiten von mobilen Geräten teilweise zu eher ungewöhnlichen Lösungen, wie man sie beispielsweise bei der mobilen Seite von bing praktiziert hat.

7 Bilder und mehr

Mobile Webseiten sollten möglichst performant sein. Das heißt, dass sowohl die Gesamtgröße der benötigten Dateien als auch die Anzahl der geladenen Ressourcen möglichst klein gehalten werden soll. Das gilt natürlich auch für Bilder. Glücklicherweise gibt es gerade für Bilder besondere Strategien und Tricks. Die erste Herausforderung, die zu bewältigen ist, ist die Performance. Außerdem gibt es neue hochauflösende Displays, bei denen „normale" Bilder unscharf aussehen und für die man wiederum eigene Taktiken braucht. Eine weitere Herausforderung ist, dass Bilder an sich nicht so gut skalieren wie beispielsweise Texte. All das wird Thema dieses Kapitels sein.

■ 7.1 Allgemeine Bildoptimierung

In den Anfangszeiten nahm das Thema Bildoptimierung noch einen wesentlich größeren Platz in Tutorials ein als heute. Das liegt natürlich zum einen daran, dass die allgemeinen Techniken mittlerweile bekannt sind. Zum anderen ist das Thema aber auch deshalb etwas in Vergessenheit geraten, weil schnelle Verbindungen und gute Browser scheinbar mehr Fehler verzeihen. Mobile Browser und die mobile Situation hingegen verzeihen weniger, deswegen sollten Sie Ihre Bilder unbedingt optimieren.

Dazu gehören mehrere Komponenten:

- **Bilder zuschneiden:** Erst einmal ist es wichtig, die Bilder zuzuschneiden und nicht mit unnötigen weißen Raum oder Rahmen drum herum auszuliefern.
- **Richtiges Format wählen:** Für Strichgrafiken mit wenigen Farbtönen wählen Sie am besten GIF und PNG8. Fotos und Bilder mit vielen Verläufen speichert man als JPEG. Gängige Bildbearbeitungsprogramme erlauben es, den Grad der Komprimierung genau einzustellen: Je stärker das Bild komprimiert wird, desto schneller lädt es. Bei GIF oder PNG empfiehlt es sich, die Farben wo möglich zu reduzieren.

 Wenn die Webseite sich explizit auch an ältere mobile Geräte richtet, ist es sicherer, statt zu PNG zu GIF oder JPEG zu greifen. Alternativ dazu kann man auch wahlweise je nach Fähigkeiten GIF oder PNG ausliefern lassen *(http://www.w3.org/QA/2006/02/content_negotiation.html)*.

- **Metainformationen löschen:** Manche Bildformate beinhalten verschiedene Metainformationen, die ebenfalls Platz brauchen und entfernt werden sollen. Wählen Sie in Photoshop FÜR GERÄTE UND WEB SPEICHERN, werden diese beispielsweise schon automatisch entfernt.
- Zusätzliche Komprimierungen ermöglichen Tools wie jpegtran *(http://jpegclub.org/jpegtran)* oder OptiPNG *(http://optipng.sourceforge.net)* für PNG.

Einen Hinweis auf nicht optimierte Bilder liefert auch die Browser-Erweiterung Page Speed (siehe Kapitel 6.1). Bei Bedarf stellt es sogar eine verbesserte Variante zur Verfügung.

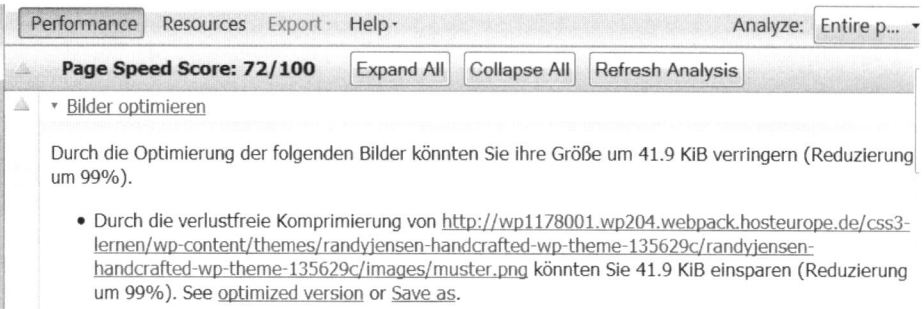

Bild 7.1 Bilder optimieren ganz automatisch mit Page Speed

7.2 Bilder im HTML-Code

Prinzipiell lassen sich zwei Typen von Bildern unterscheiden, rein dekorative zum einen und inhaltsbezogene zum anderen: Rein dekorativ ist beispielsweise ein Hintergrundmuster; hingegen wäre ein typisches inhaltsbezogenes Bild ein Fotos, das einen Artikel illustriert und Aufnahmen des Geschehens zeigt. Selbstverständlich gibt es Grauzonen zwischen diesen beiden Bildtypen. Prinzipiell aber gilt: Dekorative Bilder werden als Hintergrundbilder mit CSS eingefügt, die inhaltsbezogenen Bilder werden als Teil des Inhalts in HTML eingebunden.

Der klassische Code zum Einbinden eines Bildes sieht wie folgt aus.

```
<img src="bild.jpg" height="200" width="300" alt="Beschreibung" />
```

Die Angaben bei `width` und `height` legen fest, wie groß das Bild angezeigt werden soll, und sollten der wirklichen Größe des Bildes entsprechen. Wichtig ist außerdem das `alt`-Attribut, das eine alternative Beschriftung beinhaltet, die in dem Fall gezeigt wird, dass das Bild nicht geladen werden kann.

Was aber ist die richtige Größe? Wenn sich die Webseite sowohl an Desktop-Nutzer als auch an Benutzer mobiler Geräte richtet, dann ist die Antwort klar: Sie brauchen die Bilder in unterschiedlichen Größen. Welche Größe für mobile Geräte richtig ist, hängt vom anvisierten Zielpublikum ab. Richtet sich die Webseite auch an Low-End-Geräte, dann ist eine Breite von 120 px ein guter Wert. Für Smartphones können Sie größere Bilder nehmen, mit 320 px haben Sie ein Bild, das das iPhone im Portrait-Modus ausfüllt. Mit serverseitigen Techniken kann man Bilder in unterschiedlichen Größen ausliefern lassen.

Aber ist das überhaupt notwendig? Es gibt ja auch die Möglichkeit, flexibel skalierbare Bilder einzusetzen. Dafür müssen Sie zuerst einmal die Größenangabe beim `img`-Element weglassen.

```
<img src="bild.jpg" alt="Beschreibung" />
```

Dann können Sie mit CSS über `max-width` die Größe spezifizieren – im Beispiel gleich auch noch für andere Multimedia-Elemente.

```
img, embed, object, video {
  max-width: 100%;
}
```

Dadurch behält das Bild seine inhärente Größe, wird aber gleichzeitig nie größer als der Container, der es umgibt.

Der Vorteil ist klar: Wir haben Bilder, die sich an die Umgebung anpassen, ohne dass weitere Techniken notwendig sind. Die Nachteile sind aber nicht zu übersehen: Auch auf kleinen Bildschirmen werden die großen Bilder heruntergeladen, die längere Ladezeit brauchen. Außerdem muss der Browser das Skalieren übernehmen.

Das W3C hingegen empfiehlt in seinem Mobile Best Practice ganz deutlich, dass die Ausmaße des Bildes im HTML-Code angegeben werden sollen: *Geben Sie die Größe der Bilder an, wenn sie eine inhärente Größe haben* („Specify the size of images in markup, if they have an intrinsic size", siehe *http://www.w3.org/TR/mobile-bp/#IMAGES_SPECIFY_SIZE*).

Direkt die Größe anzugeben, hat den Vorteil, dass der Browser beim Laden der Seite auch direkt den dafür benötigten Platz reservieren kann. Ansonsten kann es beim Laden passieren, dass Seiteninhalte „springen", weil der Browser die Seite nach dem Laden des Bildes neu rendern muss. Dieses neue Rendern ist außerdem etwas, was auf Kosten des Akkus geht und deswegen im Allgemeinen vermieden werden sollte *(http://calendar.perfplanet.com/2011/mobile-ui-performance-considerations)*.

Wenn man dieser Empfehlung folgt, bleiben als Möglichkeit nur die serverseitige Anpassung und die Auslieferung des Bildes im richtigen Format. Das wird beim W3C auch empfohlen: „Resize images at the server, if they have an intrinsic size." *(http://www.w3.org/TR/mobile-bp/#IMAGES_RESIZING)*

PRAXISTIPP: In Kapitel 10.4 kommen wir noch einmal ausführlich auf die Behandlung von Bildern im Responsive Webdesign und die unterschiedlichen Techniken zurück.

Fazit: Als rasche Lösung kann man bei einzelnen Bildern die `max-width`-Methode wählen. Aus Performancegründen ist eine serverseitige Anpassung vorzuziehen.

Weitere Techniken für flexible Bilder finden Sie unter *http://www.flexiblewebbook.com/downloads/FlexibleWebDesign_sample_ch9.pdf*.

7.3 Hintergrundbilder

Dekorative Bilder werden üblicherweise als Hintergrundbilder per CSS eingefügt und damit gibt es ganz andere Möglichkeiten zur Flexibilisierung. Der erste Vorteil von Hintergrundbildern ist, dass sie einfach nur teilweise angezeigt werden, wenn sie größer sind als das sie umfassende Element. Deswegen werden Hintergrundbilder beispielsweise auch gerne bei flüssigen Layouts benutzt, d. h. Layouts mit Breitenangaben in Prozent. Das demonstriert Bild 7.2. Das Layout ist in Prozent angelegt und vom Hintergrundbild sieht man mal mehr, mal weniger – aber nie erzeugt es horizontale Scrollleisten.

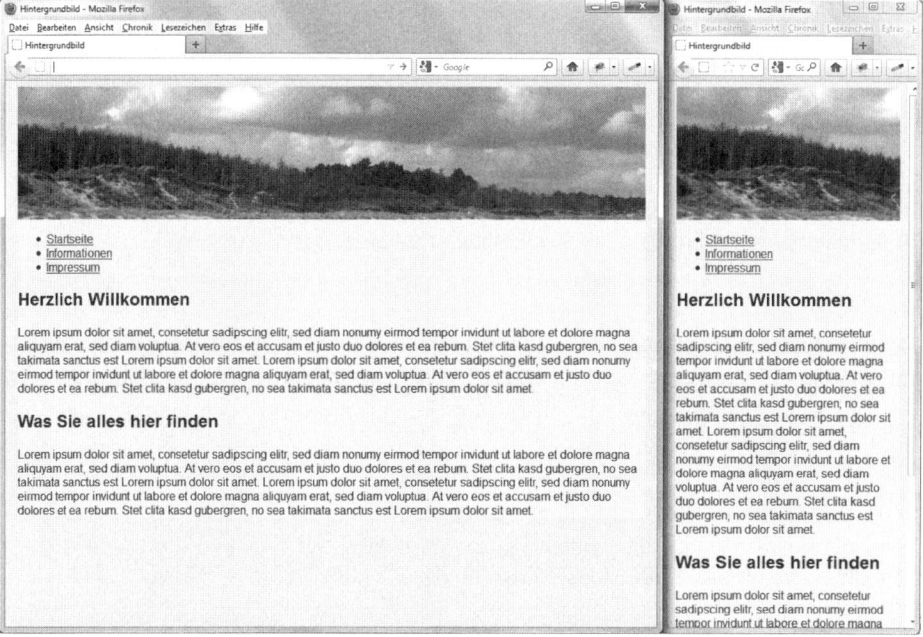

Bild 7.2 Das Hintergrundbild im Kopfbereich ist mal mehr, mal weniger zu sehen.

Über folgenden Code wird ein Hintergrundbild zugewiesen; außerdem wird festgelegt, dass es nicht wiederholt werden soll, und zusätzlich eine Hintergrundfarbe bestimmt.

```
background: url(duenen.jpg) no-repeat #839EB1;
```

Die Definition einer Hintergrundfarbe gleichzeitig mit Hintergrundbildern hat eigentlich eine ähnliche Funktion wie das `alt`-Attribut bei `img`-Elementen: Sie sorgt dafür, dass die Webseite auch verständlich bleibt, wenn das Hintergrundbild nicht angezeigt werden kann.

Die Hintergrundfarbe ist prinzipiell überall dort sichtbar, wo man das Hintergrundbild nicht sieht. Füllt das Hintergrundbild das Element, sieht man sie nicht. Aber sie ist sichtbar, wenn das Hintergrundbild nicht angezeigt werden kann. Das ist wichtig: Nehmen wir an, ein weißer Text steht auf einem dunklen Hintergrundbild. Wird das Hintergrundbild nicht angezeigt, kann es sonst passieren, dass der weiße Texte auf weißem Hintergrund steht und deswegen nicht mehr lesbar ist.

Durch die CSS3-Eigenschaft `background-size` können Sie außerdem die Größe von Hintergrundbildern verändern. Damit können Sie definieren, dass das Hintergrundbild ein Element vollständig ausfüllt; bei Bedarf wird es auch gestreckt.

```
-moz-background-size: 100% 100%;
-webkit-background-size: 100% 100%;
background-size: 100% 100%;
```

Da Hintergrundbilder per CSS geladen werden, kann man sie auch nur in bestimmten Situationen laden, wenn man die zugehörige CSS-Datei lädt. Mit den in Kapitel 10.1 ausführlich besprochenen CSS3-Media Queries können Sie bestimmte Dateien nur unter bestimmten Umständen laden.

■ 7.4 Scharfe Bilder auf scharfen Displays

Die andere Herausforderung für Bilder scheint diametral entgegengesetzt: Auf den neuen hochauflösenden Displays wirken normale Bilder unscharf. Der Grund hierfür liegt darin, dass mehr Pixel für ein normales CSS-Pixel benutzt werden, um eine größere Schärfe bei der Anzeige zu bewirken.

Gehen wir davon aus, dass Sie ein Bild mit den Ausmaßen von 100 px x 100 px haben. Dieses wird dann auf einem iPhone 4 auf 200 px x 200 px skaliert und kann dadurch an Schärfe verlieren; ein ähnliches Phänomen haben Sie beispielsweise beim iPad 3. Damit die Bilder auch auf diesen Displays gestochen scharf wirken, müssen Sie sie doppelt so groß erstellen und dann über CSS oder HTML auf die Hälfte verkleinern.

Dieses Verfahren verwendet beispielsweise Apple auf seiner Webseite (Stand: Frühsommer 2012). Nutzer des iPads 3 erhalten ein extra für sie optimiertes Bild, das ursprünglich die doppelte Größe hat und dann heruntterskaliert wird.

Um das zu realisieren, gibt es alle wichtigen Bilder immer in zwei Varianten, die vergrößerte hat 2x in ihrem Namen, ist doppelt so groß und wird heruntterskaliert. Das heißt, als erste Zutat braucht man verschiedene Bilder für verschiedene Displaytypen. Das andere ist, dass man ermitteln muss, wann welche Bilder wo ausgeliefert werden sollen.

Auf der Apple-Seite ist das folgendermaßen umgesetzt. Zuerst einmal erhalten die umfassenden Elemente der Bilder ein besonders `data`-Attribut, das angibt, dass hier höhere Versionen bereitstehen.

```
<article id="billboard" class="selfclear" data-hires="true">
```

Per Skript wird überprüft, ob es sich um einen Retina-Bildschirm eines iPads handelt, und in diesem Fall das höherauflösende Bild heruntergeladen.

Bild 7.3 Diese Bilder auf der Apple-Startseite sollen auch auf einem iPad 3 optimal aussehen.

Das hat natürlich einen Preis, die für das hochauflösende Display optimierten Bilder kommen von ihrer Kilobyte-Größe auf das Dreifache! Bild 7.4 zeigt: Das fürs iPad 3 optimierte Bild ist 333 Kilobyte groß und hat die Ausmaße 2098 px x 1210 px, das „normale" hat eine Download-Größe von 110 Kilobyte und die Ausmaße 1454 x 605 px.

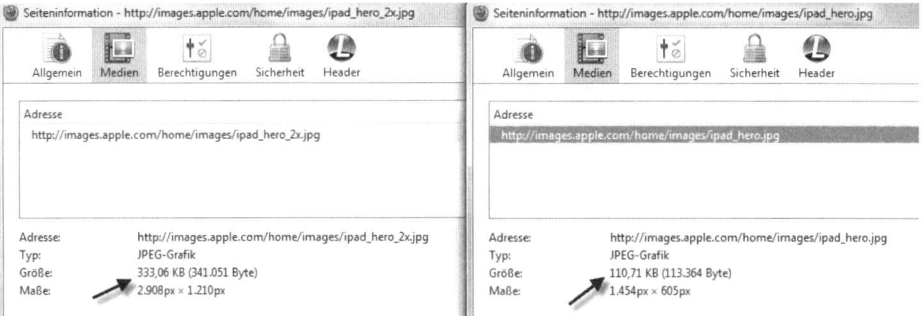

Bild 7.4 Eigenschaften der beiden Bilder im Vergleich

Wie Jason Grigsby auf seinem Blog beschreibt *(http://blog.cloudfour.com/how-apple-com-will-serve-retina-images-to-new-ipads)*, bezahlen die Nutzer vom iPad 3 diese bessere Auflösung durch eine größere Anzahl von HTTP-Requests und eine insgesamt größere Datenmenge, die heruntergeladen werden: Nicht nur brauchen an sich die hochauflösenden Bilder länger zum Laden, sondern es wird auch nicht verhindert, dass die ursprünglichen Bilder geladen werden. Zusätzlich gibt es noch eine Abfrage, ob das hochauflösende Bild überhaupt existiert. Ein Bild bedeutet also drei HTTP-Requests. Für Nutzer anderer Geräte beträgt die Gesamtgröße der Seite 502,90 Kilobyte, für iPad-Nutzer satte 2,13 Megabyte. Da kann man nur hoffen, dass nicht einer dieser Nutzer gerade bei schlechter Verbindung unterwegs ist ...

PRAXISTIPP: Für die Ermittlung, welche Version geladen werden soll, gibt es unterschiedliche JavaScript-Lösungen, unter anderem *http://retinajs.com* oder *https://github.com/adamdbradley/foresight.js*.

Inzwischen gibt es eine Arbeitsgruppe beim W3C *(http://www.w3.org/community/respimg)*, die sich mit Lösungen für responsive, das heißt sich anpassende Bilder beschäftigt (siehe auch Kapitel 10). Diese soll auch das Problem der Bilder für hochauflösende Displays lösen. Hier werden für das Prozedere und die geschickte Auslieferung sicher in Zukunft neue Techniken zur Verfügung stehen.

Die Herausforderung hierbei ist natürlich, dass für eine passende Auslieferung der Bilder nicht nur die Auflösung des Displays, sondern auch die aktuelle Verbindungsgeschwindigkeit herangezogen werden muss.

Verwendet man hingegen Hintergrundbilder, so ist die unterschiedliche Auslieferung aufgrund der Displayeigenschaften zumindest kein Problem. Hier können Sie über Media Queries unterschiedliche Versionen der Bilder ausliefern lassen und diese über die Eigenschaft `background-size` wieder auf die gewünschte Größe skalieren.

```
@media only screen and (-webkit-min-device-pixel-ratio: 2) {
.nav-button- {
  background-image: url(button_200px.png);
  background-size: 100px 100px;
  }
}
```

 PRAXISTIPP: Nützliche Tipps, wie Sie mit CSS3-Eigenschaften gestochen scharfe Buttons auf hochauflösenden Displays hinzaubern, finden Sie unter *http://bradbirdsall.com/mobile-web-in-high-resolution*.

■ 7.5 Skalierbare Bilder

Prinzipiell verlieren Bilder an Schärfe, wenn sie skaliert werden. Das betrifft Bilder, die beispielsweise mit `max-width` skaliert werden, oder auch Bilder auf hochauflösenden Displays, außer Sie stellen für diese eigene Lösungen bereit.

7.5.1 Texte und Schrifticons

Besser als klassische Bitmap-Bilder skalieren natürlich Texte – oder auch Schrifticons. In Abschnitt 7.8 geht es beispielsweise darum, dass man UTF-8-Symbole als Icons nutzen kann. Das hat nicht nur den Vorteil, dass HTTP-Requests eingespart werden, sondern gleichzeitig auch die bessere Skalierbarkeit. Eine weitere Möglichkeit, die u. U. interessant sein kann, sind Icon-Fonts; das heißt herunterladbare Schriften, die alle wichtigsten Icons zur Verfügung stellen.

Ein interessantes Projekt in dieser Hinsicht ist *https://github.com/fontello/fontello#readme*, das die Möglichkeit bietet, Icons aus verschiedenen Open-Source-Fonts auszuwählen, und diese dann in einer Datei kombiniert, sodass nur ein HTTP-Request erforderlich ist. Eine weitere gute Anlaufstelle ist der Font Awesome, der ebenfalls nur Icons enthält *(http://fortawesome.github.com/Font-Awesome)*.

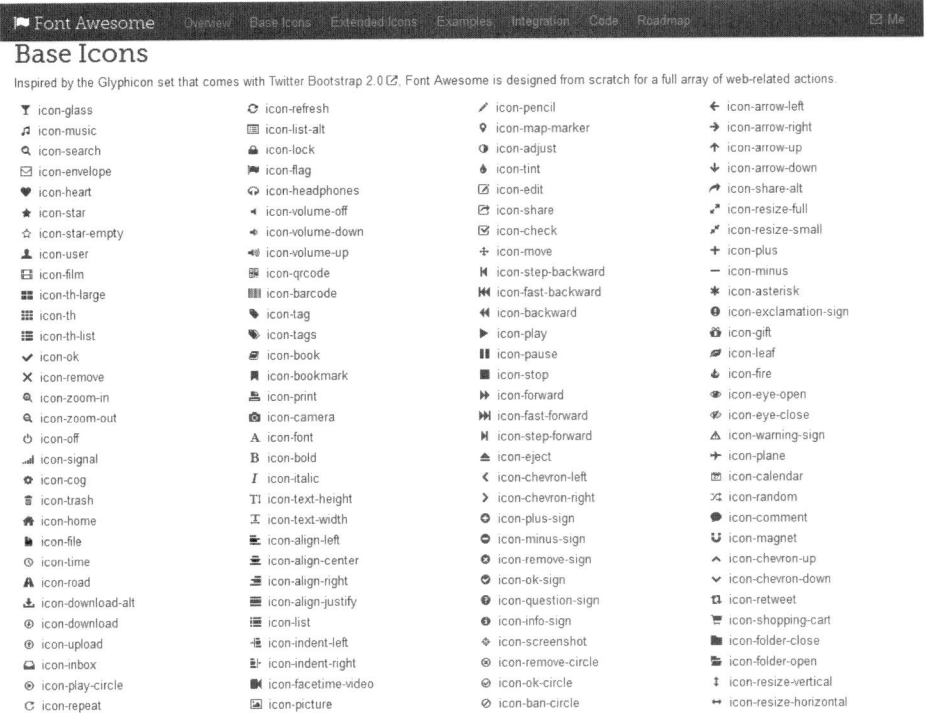

Bild 7.5 Icons für alle Webseitenzwecke: Ausschnitt aus den Icons von Font Awesome

Diese Fonts binden Sie in einer @font-face-Regel wie auch die herunterladbaren Schriften (siehe Kapitel 5.6).

7.5.2 Bilder im SVG-Format

Wunderbar skalierbar sind Bilder im SVG-Format. SVG steht für Scalable Vector Graphics, also für skalierbare Vektorgrafiken, und basiert auf XML. Verantwortlich für SVG ist das W3C *(http://www.w3.org/Graphics/SVG)*.

Diese skalierbaren Vektorgrafiken gibt es schon eine Weile. Noch fehlt ihnen der große Durchbruch, aber an sich ist SVG ein äußerst mächtiges Format, das immer mehr eingesetzt wird; ein Wermutstropfen dabei ist, dass SVG im Android erst ab Version 4 funktioniert.

Beispielsweise werden an mehreren Stellen auf der Apple-Seite SVG-Bilder mit PNG als Fallback-Lösung benutzt.

Ein Beispiel für eine SVG-Grafik samt des dafür verantwortlichen Codes zeigt Bild 7.6.

SVG-Grafiken bieten mehrere Vorteile:

- Zuerst einmal ist natürlich die gute Skalierbarkeit zu nennen Das sieht man deutlich beim W3C-Logo, wenn man die SVG-Version der PNG-Version gegenüberstellt: In der Originalgröße sehen beide Logos gut aus. Bei einer Vergrößerung bleibt das SVG-Logo scharf, während das PNG-Logo verschwommen und unscharf wird.

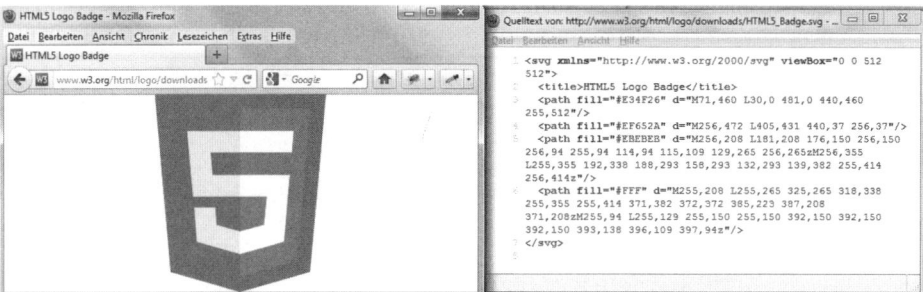

Bild 7.6 Das HTML5-Logo im SVG-Format samt Code

- Auch bei der Dateigröße punktet SVG. Beispielsweise ist das HTML5-Logo im SVG-Format 0,64 Kilobyte groß. Die PNG-Varianten – es müssen ja mehrere in unterschiedlichen Größen angeboten werden – reichen von 0,8 Kilobyte bis hin zu 8,36 Kilobyte.

Natürlich eignet sich SVG nicht für alle Arten von Bildern. Fotos zu vektorisieren wäre unsinnig und würde auch zu wesentlich größeren Dateien führen. Klassische Icons, Logos, Karten oder schematische Zeichnungen lassen sich hingegen gewinnbringend in SVG erstellen.

Da SVG ein auf XML basierendes Format ist, kann man es im Texteditor bearbeiten und es ist auch von Menschen lesbar. Im Gegensatz zu anderen Formaten wie PNG oder GIF können es außerdem Suchmaschinen auslesen: Einerseits kann eine Suchmaschine eine Angabe wie `circle` „verstehen" und andererseits gibt es ein für die Beschreibung vorgesehenes Element mit Namen `desc`, das innerhalb von SVG-Dateien ergänzt werden kann.

Ein einfaches Beispiel zeigt Listing 7.1. Das Ergebnis sehen Sie in Bild 7.7.

Listing 7.1 SVG-Beispiel *(kreis.svg)*

```
<?xml version="1.0" encoding="UTF-8" ?>
<svg xmlns="http://www.w3.org/2000/svg">
<title>Blauer Kreis</title>
<desc>Ein blauer Kreis</desc>
<circle r="60" cx="100" cy="100" fill="blue" />
</svg>
```

Bild 7.7 Ein Kreis

- Am Anfang steht die XML-Deklaration, die nicht obligatorisch ist.
- Dann folgt das `svg`-Start-Tag mit einer Namensraumangabe.
- Im Beispiel sind außerdem ein Titel und eine kurze Beschreibung enthalten.
- Dann wird im Beispiel ein Kreis mit einem Radius von 60 px (`r="60"`) gezeichnet. Ist keine Maßeinheit angegeben, werden Zahlenangaben als Pixel interpretiert. Das Zentrum des Kreises legen die Attribute `cx` und `cy` fest. Der Nullpunkt für das Koordinatensystem ist in der linken oberen Ecke der Zeichenfläche/des Browserfensters. Die x-Achse verläuft horizontal, die y-Achse vertikal. Ein höherer x-Wert verschiebt also einen Punkt nach rechts, ein höherer y-Wert einen Punkt nach unten.
- Über `fill="blue"` wird der Kreis blau eingefärbt.

Jetzt könnten Sie weitere Parameter bestimmen:

SVG kann natürlich wesentlich mehr, vom Zeichnen über Pfadangaben über Muster bis hin zur Farbverläufen, Filtern wie in Photoshop und Animationen.

Natürlich müssen externe SVG-Dateien ebenfalls geladen werden, was zusätzliche HTTP-Requests bedeutet. Aber einerseits können Sie SVG-Bilder auch direkt in HTML5-Dokumente integrieren und andererseits können Sie SVG-Bilder über Data-URLs direkt in HTML- oder CSS-Code einbinden.

■ 7.6 CSS-Sprites

Eine sehr wichtige Technik zur Einsparung von HTTP-Requests sind die CSS-Sprites. Klassischerweise werden CSS-Sprites bei CSS-Hintergrundbildern eingesetzt. Statt mehrerer einzelner Hintergrundbilder wird ein großes Hintergrundbild erstellt, in dem alle benötigten Bilder nebeneinander und untereinander platziert sind. Per CSS sorgen Sie dafür, dass immer nur ein Ausschnitt aus diesem großen Hintergrundbild zu sehen ist – eben immer genau derjenige Ausschnitt, der das gerade benötigte Icon anzeigt.

Bild 7.8 Alle Icons für jQuery Mobile in einem Bild

Zwei Dinge machen Sprites möglich:

- Ist ein Hintergrundbild größer als das Element, in dem es angezeigt werden soll, so ist nur ein Teil des Hintergrundbilds zu sehen.

- Die Position von Hintergrundbildern, d. h., welcher Ausschnitt jeweils angezeigt werden soll, können Sie über die CSS-Eigenschaft background-position festlegen.

Für die Realisierung von CSS-Sprites gibt es unterschiedliche Ansätze. Sehen wir uns am Beispiel an, wie CSS-Sprites bei den Icons von jQuery Mobile benutzt werden.

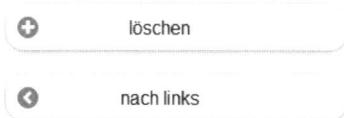

Bild 7.9 Das anvisierte Ziel: Buttons mit kleinen Icons

In Bild 7.9 sehen Sie zwei Buttons mit kleinen Icons. Für die Icons werden CSS-Sprites eingesetzt: Die beiden Icons – mit vielen weiteren – befinden sich in **einer** Bilddatei.

 Die Icons stammen von jQuery Mobile und sind unter *http://code.jquery.com/mobile/1.1.0/images/icons-18-white.png* zu finden.

Die Basis ist folgender HTML-Code.

```
<span class="ui-btn-inner">
  <span class="ui-btn-text">löschen</span>
  <span class="ui-icon ui-icon-delete"> </span>
</span>
<span class="ui-btn-inner">
  <span class="ui-btn-text">nach links</span>
  <span class="ui-icon ui-icon-arrow-l"> </span>
</span>
```

Es sind also span-Elemente mit passenden Klassen. An der Stelle, wo derzeit nur   steht, soll das Icon als Hintergrundbild angezeigt werden.

Empfehlenswert ist bei Sprites die Verwendung von zwei Klassen beim Element, dem das Icon zugewiesen werden soll; im Beispiel sind es ui-icon und ui-icon-delete beim ersten Button und ui-icon und ui-icon-arrow-l beim zweiten Button. Damit können Sie allgemeine Formatierungen für alle Icons über die Klasse ui-icon definieren, die individuellen – es sollen ja immer unterschiedliche Ausschnitte des Hintergrundbilds angezeigt werden – über die andere Klasse, im Beispiel ui-icon-delete und ui-icon-arrow-l.

Beginnen wir mit der Formatierung des umfassenden Elements.

```
.ui-btn-inner {
  padding: 10px 10px 10px 30px;
  text-align: center;
  width: 20%;
  display: block;
  min-width: 0.75em;
  border-radius: 1em 1em 1em 1em;
  position: relative;
  box-shadow: 0 1px 4px rgba(0, 0, 0, 0.3);
  margin: 20px;
}
```

Wichtig ist hierbei zweierlei – zuerst einmal `padding`, der Innenabstand.

```
padding: 10px 10px 10px 30px;
```

Damit wird ein Abstand nach links von 30 px festgelegt. Dieser Abstand ist so groß, dass das Icon links genügend Platz hat und nicht vom daneben liegenden Text verdeckt werden kann.

Ebenfalls zentral ist die folgende Angabe.

```
position: relative
```

Damit stellt das umgebende Element den Bezugspunkt für die Positionierung des darin liegenden Elements dar, das gleich absolut positioniert wird.

Jetzt folgen die Formatierungen des Elements, das das Icon beinhaltet. Zuerst muss es auf die passende Größe gesetzt werden, d.h. genau die Größe **eines** Icons; im Beispiel ist ein einzelnes Icon 18 px x 18 px groß.

```
.ui-icon {
  height: 18px;
  width: 18px;
```

Dann wird das Hintergrundbild eingebunden.

```
background-image: url(http://code.jquery.com/mobile/1.1.0/images/icons-18-white.png);
```

Außerdem muss das Icon in Relation zum umfassenden Element positioniert werden. Dazu dient `position: absolute`: Es positioniert das Icon, wobei der Bezugspunkt für die Verschiebung das umfassende Element ist, das ja `position: relative` erhalten hat. Die gewünschte Position erreichen Sie über `top`- und `left`-Wert, `margin-top` gibt ein Finetuning.

```
margin-top: -9px;
position: absolute;
top: 50%;
left: 10px;
```

Zwei fortgeschrittene Feinheiten gibt es noch, die für jQuery Mobile spezifisch sind. Es wird eine Hintergrundfarbe definiert und das Icon über `border-radius` abgerundet.

```
background-color: rgba(0, 0, 0, 0.4);
border-radius: 9px 9px 9px 9px;
}
```

Das sind die Formatierungen, die alle Icons haben. Jetzt soll aber je nach gewünschtem Icon ein anderer Ausschnitt aus dem Hintergrundbild angezeigt werden. Dafür müssen Sie bei der `icon`-spezifischen Klasse die passenden Werte für `background-position` bestimmen.

```
.ui-btn-delete {
  background-position: -72px 50%;
}
.ui-icon-arrow-l {
  background-position: -144px 50%;
}
```

Bei `background-position` ist jeweils der erste Wert unterschiedlich, der die Verschiebung der Hintergrundbilds von links beschreibt. Diesen brauchen Sie, da die Icons alle nebeneinander platziert sind. Ein negativer Wert bedeutet hier eine Verschiebung **nach links**.

Listing 7.2 zeigt noch einmal den Code in der Gesamtheit.

Listing 7.2 CSS-Sprites *(sprites.html)*

```html
<!DOCTYPE html>
<html>
  <head>
    <meta charset="utf-8"/>
    <meta name="viewport" content="width=device-width" />
    <title>Sprites</title>
    <style>
body {
  background-color: #fff;
  font-family: Helvetica,Arial,sans-serif;
}
.ui-btn-inner {
  padding: 10px 10px 10px 30px;
  text-align: center;
  width: 20%;
  display: block;
  min-width: 0.75em;
  border-radius: 1em 1em 1em 1em;
  position: relative;
  box-shadow: 0 1px 4px rgba(0, 0, 0, 0.3);
  margin: 20px;
}
.ui-icon {
  margin-top: -9px;
  position: absolute;
  top: 50%;
  left: 10px;
  height: 18px;
  width: 18px;
  background-image: url(http://code.jquery.com/mobile/1.1.0/images/icons-18-white.png);
  background-color: rgba(0, 0, 0, 0.4);
  border-radius: 9px 9px 9px 9px;
}
.ui-btn-delete {
  background-position: -72px 50%;
}

.ui-icon-arrow-l {
  background-position: -144px 50%;
}
    </style>
  </head>
  <body>
<span class="ui-btn-inner">
<span class="ui-btn-text">löschen</span>
<span class="ui-icon ui-icon-delete"> </span>
</span>
```

```
<span class="ui-btn-inner">
<span class="ui-btn-text">nach links</span>
<span class="ui-icon ui-icon-arrow-l"> </span>
</span>

  </body>
</html>
```

Es gibt eine Reihe von weiteren Techniken, um Sprites einzusetzen:

- Im Beispiel wurde die Positionierung des Icons über `position: absolute` in Kombination mit `position: relative` realisiert. Eine andere Möglichkeit wäre, die kleinen Icons zu floaten.
- Sie können statt mit Hintergrundbildern mit normalen, per HTML eingebundenen Bildern arbeiten. Über die CSS-Eigenschaft `clip` können Sie die Bilder dann beschneiden.
- Eine andere Möglichkeit besteht im Einsatz der Pseudoelemente `:after` oder `:before`, um hierüber die Hintergrundbilder zuzuweisen.

> **PRAXISTIPP:** Im Beispiel wurden die Icons zusätzlich zu einer Beschriftung verwendet. Oft werden Icons anstelle der Beschriftung benutzt. Das kann problematisch sein: *http://blog.arieh.co.il/posts/open/css-sprites-mobile-and-accessibility* warnt davor, Text per CSS auszublenden und durch Bilder zu ersetzen. Gerade bei mobilen Webseiten kann es sein, dass Bilder deaktiviert sind, CSS aber nicht.

Bei Sprites die richtige Angabe für `background-position` zu ermitteln, ist mühsam.

- Sehr hilfreich ist dabei ein Tool wie *http://www.spritecow.com*. Sie laden das Bild hoch und es erzeugt Ihnen automatisch den benötigten CSS-Code für die einzelnen Elemente.
- Ein anderes nützliches Werkzeug ist *http://spriteme.org*, das Vorschläge für Sprites bei vorhandenen Webseiten macht.

7.6.1 Mehrfachverwertung von Bildern

Wenn Sie dieselben Icons in unterschiedlichen Farben benötigen, so brauchen Sie nicht mehrere Bilder, sondern können die Bilder als PNG halbtransparent abspeichern. Die verschiedenen Farben erhalten Sie dann dadurch, dass Sie unterschiedliche Hintergrundfarben definieren. Wenn Sie einem Element eine Hintergrundfarbe und ein Hintergrundbild zuweisen, so ist die Hintergrundfarbe da zu sehen, wo das Hintergrundbild nicht zu sehen ist, oder eben auch hinter dem Hintergrundbild. Ein Beispiel dafür sind die Icons von jQuery Mobile (Bild 7.10 und Bild 7.11).

Außerdem werden beispielsweise bei jQuery Mobile die Icons über die Eigenschaft `border-radius` abgerundet – so können Sie bis zu einem gewissen Grad „Bildbearbeitung" mit CSS durchführen.

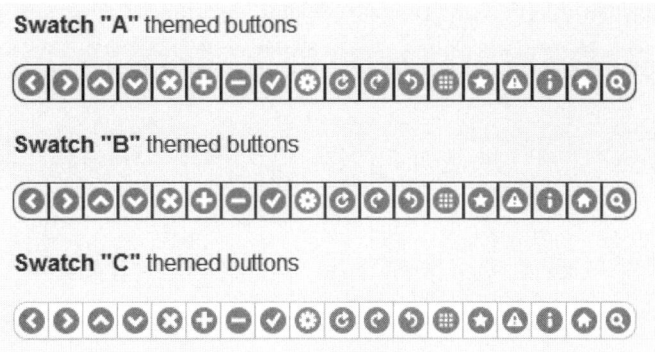

Bild 7.10 jQuery Mobile-Icons mit deaktivierten Hintergrundfarben

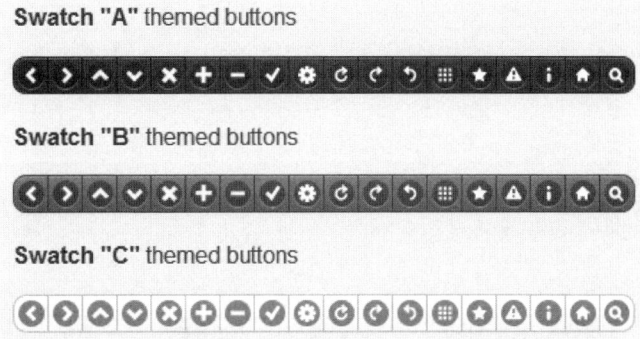

Bild 7.11 jQuery Mobile-Icons mit aktivierten Hintergrundfarben

■ 7.7 CSS zur Bildreduktion

Dank CSS können Sie an verschiedenen Stellen ganz auf Bilder verzichten.

7.7.1 Malen über CSS

Mit CSS können Sie bestimmte einfache Formen direkt zeichnen, beispielsweise Dreiecke: Wenn Sie einem Element einen breiten Rahmen geben und die Rahmenbereiche unterschiedlich einfärben, sehen Sie, dass die einzelnen, unterschiedlich eingefärbten Rahmenteile diagonale Schnittstellen an den Ecken haben. Gibt man dem Element selbst eine Breite und Höhe von 0 px, bleiben die vier kleinen Dreiecke der Rahmen übrig. Daraus lassen sich einzelne Dreiecke gewinnen, indem man Teile der Rahmen transparent einfärbt; weitere Variationen ergeben sich dadurch, dass für ausgewählte Rahmenteile 0 px Breite definiert wird.

Listing 7.3 demonstriert ein paar Grundformen und Ableitungen.

Listing 7.3 Dreiecke über CSS erzeugen *(dreiecke_aus_rahmen.html)*

```
#eins {
  width: 80px;
  height: 50px;
  border: 20px solid red;
  border-color: red yellow blue orange;
}
#zwei {
  width: 0px;
  height: 0px;
  border: 20px solid red;
  border-color: red yellow blue orange;
}
#drei {
  width: 0px;
  height: 0px;
  border: 20px solid red;
  border-color: red transparent transparent orange;
}
#vier {
  width: 0px;
  height: 0px;
  border: 20px solid red;
  border-color: red transparent;
  border-width: 20px 20px 0px 0px;
}
```

Bild 7.12 Formen über CSS

 PRAXISTIPP: Eine Auflistung weiterer Formen finden Sie unter *http://css-tricks.com/examples/ShapesOfCSS*.

7.7.2 CSS3-Eigenschaften

Die anderen Einsparmöglichkeiten gehen über CSS3. Die CSS3-Eigenschaften, die Sie für mobile Layouts einsetzen können, werden in Kapitel 5 vorgestellt. Hier nur eine kurze Auflistung, welche CSS3-Eigenschaften zur Reduktion von Bildern benutzt werden können.

- Für abgerundete Ecken brauchte man früher bei einer flexiblen Box bis zu vier Bilder – heute können Sie direkt Ecken über die CSS3-Eigenschaft `border-radius` und den Grad der Abrundung von Elementen bestimmen.

- Schatten um Elemente: Auch das ließ sich früher nur mit Bildern realisieren, jetzt geht es direkt dank `box-shadow`.
- Individuelle Schriften: Für ausgefallenere Schriften für Überschriften oder Ähnliches griff man früher zu komplizierten Bildersetzungstechniken; d. h. auch Bildern. Inzwischen können Sie individuelle Schriften direkt mit `@font-face` nutzen. Dabei müssen Sie aber berücksichtigen, dass diese Schriften natürlich auch heruntergeladen werden; deswegen darf man sie bei mobilen Webseiten nur äußerst sparsam einsetzen.
- Schöne Schrifteffekte erreichen Sie auch über `text-shadow` – die Schatten um Texte, und das natürlich ganz ohne Grafiken.
- Farbverläufe: Auch das war ein klassischer Einsatzbereich von Hintergrundbildern; heute lässt sich das über CSS3 mit `linear-gradient` und `radial-gradient` umsetzen.

7.8 Bilder einsparen über Symbole

Unicode beinhaltet nicht nur eine immense Anzahl an Buchstaben verschiedener Schriften, sondern auch eine Reihe von Icons. Diese können Sie direkt nutzen und sparen sich die entsprechenden Icons. Das ist beispielsweise ein gutes Verfahren für kleine Icons, die auf Buttons integriert werden, oder auch für andere Icons auf der Webseite. Wenn Sie solche Icons im HTML-Code einbinden wollen, so können Sie sie direkt an der entsprechenden Stelle angeben.

```
&#9733;
```

Dieser Code ergänzt beispielsweise einen kleinen Stern.

Wenn Sie Icons als CSS-Hintergrundbilder brauchen, so funktioniert das über erzeugte Inhalte. Mit den Selektoren `:before` und `:after` ergänzen Sie Inhalte am Anfang oder am Ende eines Elements – und das funktioniert ebenfalls für die kleinen Symbole. Im folgenden Ausschnitt aus einem Stylesheet – es stammt von *http://www.paulund.co.uk/css-buttons-with-icons-but-no-images* – benötigen die Elemente nur die passenden Klassen und dann werden über erzeugte Inhalte die entsprechenden Icons eingefügt.

```
.add:before    { content: "\271A"; }
.edit:before   { content: "\270E"; }
.delete:before { content: "\2718";}
.save:before   { content: "\2714";}
.email:before  { content: "\2709";}
.cross:before  { content: "\2716"; }
```

Bild 7.13 Buttons ganz ohne Bilder – die Icons sind die UTF-8-Symbole.

PRAXISTIPP: Eine gute Quelle für solche Symbole ist beispielsweise *http://inamidst.com/stuff/unidata/* oder *http://www.utf8-chartable.de/unicode-utf8-table.pl?start=9728&number=1024&names=-&utf8=string-literal*.

7.9 Data-URLs

Aus eins mach keins: Mit Data-URLs können Sie kleinere Bilder kodiert direkt in eine Webseite integrieren und HTTP-Requests einsparen. Das funktioniert beispielsweise für im HTML-Code per `img` eingebettete Bilder. Hierfür müssen Sie hinter `src` zuerst den MIME-Typ – im Beispiel `data:image/gif` – angeben, danach `base64`. Dann folgen das kodierte Bild, eine Reihe von Buchstaben und Zahlen, die im folgenden Beispiel gekürzt ist.

```
<img width="19" height="19" alt="Stern"
src="data:image/gif;base64,R0lGODlhEwATALMAAP" />
```

Data-URLs lassen sich in gleicher Weise auch per CSS nutzen.

```
background-image: url(data:image/gif;base64,R0lGODlhEwATALMAAP);
```

Auch hier wurde der eigentliche Code gekürzt.

PRAXISTIPP: Kodierte Bilder brauchen um ein Drittel mehr Speicherplatz als in der unkodierten Variante. Dieses Problem erledigt sich, wenn der Server die Seiten GZIP-komprimiert ausliefert, denn dann ist der Größenzuwachs minimal.

Die Konvertierung können Sie durch ein Tool wie etwa *http://dataurl.net/#about* durchführen. Alternativ dazu lässt sich das Bild mit PHP konvertieren. Dafür benötigen Sie die Funktion `base64_encode()`, der Sie über `file_get_contents()` das zu konvertierende Bild übergeben.

```
<?php echo base64_encode(file_get_contents("stern.gif")); ?>">
```

Danach können Sie sich den erzeugten Code ausgeben lassen, ihn kopieren und in Ihr Dokument einfügen. Oder Sie schreiben die Ausgabe von PHP an die betreffende Stelle.

```
<img src="data:image/gif;base64,<?php echo
base64_encode(file_get_contents("stern.gif")); ?>">
```

Data-URLs funktionieren im IE ab Version 8, für ältere Versionen könnte man sich über MHTML behelfen *(http://www.phpied.com/mhtml-when-you-need-data-uris-in-ie7-and-under)*.

Beachten sollten Sie bei Data-URLs, dass Bilder, die auf diese Art in die HTML-/CSS-Datei integriert sind, nicht separat von dieser gecachet werden können. Data-URLs können Sie nicht nur für klassische Bilder verwenden, sondern beispielsweise ebenfalls für SVG-Grafiken – und im Prinzip ebenfalls für alle anderen Dateien.

■ 7.10 Kurz zusammengefasst

Dieses Kapitel hat besondere Techniken im Umgang mit Bildern vorgestellt.

- Am Anfang stehen immer die allgemeinen Optimierungen, d. h., Bilder im richtigen Format abspeichern und die formatspezifischen Optimierungen durchführen.
- Bilder können Sie durch Code oder CSS ersetzen: So sind für viele Dinge wie abgerundete Ecken inzwischen die CSS3-Eigenschaften die bessere Wahl. Anstatt Bilder als Icons zu benutzen, können Sie auch auf Schriftsymbole zurückgreifen.
- HTTP-Requests sparen Sie, indem Sie kleine Bilder als Data-URLS direkt integrieren oder mehrere Bilder durch CSS-Sprites zusammenfassen.
- Um scharfe Bilder auf hochauflösenden Displays darzustellen, müssen Sie separate Bilder ausliefern lassen oder auf skalierbare Formate wie SVG zurückgreifen.
- Die Skalierung von Bildern über `max-width` und als Alternative dazu das Ausliefern der passenden Bilder durch eine serverseitige Anpassung wird uns noch einmal in Kapitel 10.4 beschäftigen.

8 JavaScript für mobile Geräte

JavaScript ist eine zentrale Komponente heutiger Webseiten und in dem Moment, in dem es nicht nur um Webseiten, sondern um Webanwendungen geht, unabdingbar. Dieses Kapitel zeigt Ihnen, was die Besonderheiten der Ausführung von JavaScript auf mobilen Geräten sind und worauf Sie achten müssen. Es stellt damit die Basis für Kapitel 9 dar, in dem es um die spezialisierten APIs gehen wird.

8.1 JavaScript, aber richtig!

Für die eher schwachbrüstigen mobilen Geräte ist es wichtig, einen möglichst guten JavaScript-Code zu schreiben: Dabei helfen Einstellungen wie `use strict` oder Tools wie JSLint. Außerdem sollten Sie JavaScript- und HTML-Code trennen und vor dem Einsatz von neuen Features testen, ob diese auch unterstützt werden. Ein wichtiger Punkt ist zudem, möglichst performantes JavaScript zu schreiben. Lassen Sie uns nun aber zu den Details kommen.

8.1.1 Strenger ist besser

Ein guter Stil ist es bei JavaScript, `"use strict"` zu verwenden, das mit ECMAScript 5 eingeführt wurde. Wenn Sie dieses nutzen, erhalten Sie Fehlermeldungen und das Skript wird abgebrochen, wenn Sie auf eine nicht empfohlene Art programmieren.
Um diesen Modus zu aktivieren, ergänzen Sie Folgendes am Anfang Ihrer Skripte.

```
"use strict";
```

In Browsern, die diesen Strict-Modus nicht unterstützen, bewirkt die Angabe nichts. In anderen Browsern erhalten Sie in bestimmten Fällen Fehlermeldungen und das Skript wird nicht weiter ausgeführt. So wird beispielsweise das Skript abgebrochen, wenn Sie eine Variable verwenden, die nicht mit `var` deklariert wird – etwas, was sonst nicht zu einem Fehler führen würde.

Im folgenden Codeschnipsel wird zuerst der Strict-Modus aktiviert und dann einer nicht mit `var` deklarierten Variablen ein Wert zugewiesen und versucht, diesen mit `alert()` auszugeben.

Listing 8.1 Beispiel für `use strict` *(usestrict.html)*

```
"use strict";
i = 42;
alert(i);
```

Dieses Skript erzeugt eine Fehlermeldung, die Sie im Firefox in der Fehlerkonsole sehen. Die Fehlerkonsole erreichen Sie über EXTRAS / WEB-ENTWICKLER / FEHLERKONSOLE. Der Fehler ist so gravierend, dass die `alert()`-Box nicht angezeigt wird.

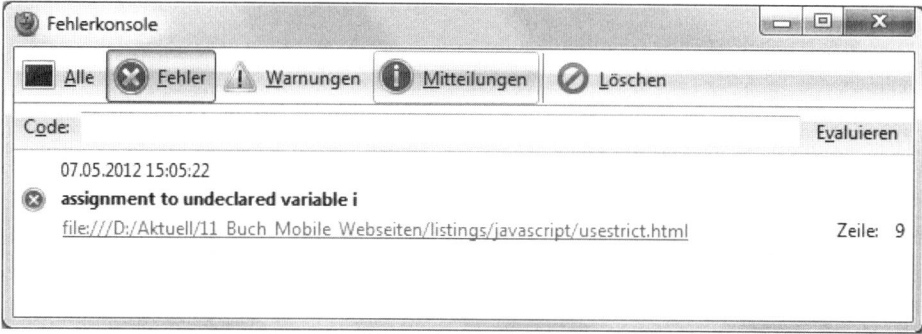

Bild 8.1 Fehlermeldung in der Fehlerkonsole von Firefox

`use strict` zwingt Sie also zu einem besseren, strengeren Programmierstil.

 Weitere Informationen zu diesem Modus finden Sie im Mozilla Developer Network unter *https://developer.mozilla.org/en/JavaScript/Strict_mode*.

8.1.2 Code prüfen mit JSLint

Noch strenger als der Strict-Modus ist die Überprüfung des Online-Tools JSLint *(http://www.jslint.com)*. Unter anderem kontrolliert JSLint auch die korrekte Einrückung des Codes, verlangt, dass beispielsweise `"use strict"` innerhalb einer Funktion gekapselt wird, damit es nicht Probleme mit Code geben kann, der nicht dem Strict-Modus folgt. Unser kleines Beispiel von eben muss damit etwa folgendermaßen aussehen, um den strengen Vorgaben von JSLint zu genügen.

```
(function () {
    "use strict";
    var i = 42;
    alert(i);
}());
```

JSLint liefert eine Reihe von Konfigurationsoptionen, über die Sie steuern, wann welche Meldungen erscheinen.

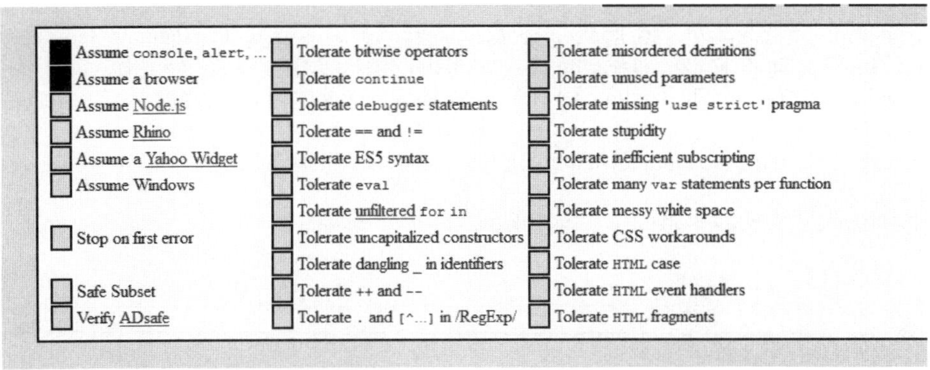

Bild 8.2 JSLint-Konfigurationsmöglichkeiten

8.1.3 Besser trennen

Prinzipiell sollten Sie JavaScript-Code und HTML-Code trennen, genauso wie Sie CSS-Code von HTML-Code trennen. Das erleichtert es auch, die Webseite so zu gestalten, dass sie ohne JavaScript funktioniert.

> Inwieweit eine Webseite auch ohne JavaScript funktionstüchtig sein soll – oder überhaupt ohne JavaScript funktionieren kann –, hängt von den konkreten Anforderungen ab. Bei einer einfachen mobilen Webseite ist das ein erstrebenswertes Ziel und eher möglich als bei einer vollständigen WebApp, die eine mehr oder minder komplexe Aufgabe löst. Letztere kann natürlich nicht ohne JavaScript funktionieren.

Bei einfachen Beispielen verwendet man oft Eventhandler direkt im HTML-Code wie in Listing 8.2.

Listing 8.2 Button mit `onclick` – Ausschnitt aus *eventhandler.html*

```
<input type="button" onclick="alert('danke')" value="bitte klicken" />
```

Hier wird bei Klick auf den Button eine Meldungsbox ausgegeben.

Diese Art des Eventhandlings ist praktisch für kurze schnelle Beispiele, bedeutet aber natürliche eine Vermischung von HTML- und JavaScript-Code. Dies ist ähnlich schlechter Stil wie `style`-Attribute im HTML-Code.

```
<p style="color: red">besonderer Text</p>
```

Besser ist es, HTML-Code und JavaScript-Code sauber voneinander zu trennen.

Sehen wir uns an, wie das im Beispiel geht. Zuerst einmal hat der Button eine `id` erhalten, über die Sie ihn ansprechen können. Nach dem Button steht der JavaScript-Part, in dem der Button mit `getElementById()` ausgewählt wird.

Ist der Button so ausgewählt, können Sie die `onevent`-Eigenschaft des Elements definieren und ihr eine Funktion zuweisen. Im Beispiel heißt die Funktion `danke` und wird darunter erstellt. Das Ergebnis ist dasselbe wie im vorherigen Beispiel – ein Klick auf den Button löst eine Meldung aus –, allerdings ist jetzt der HTML-Code frei von JavaScript-Code – den `script`-Part könnte man natürlich in eine externe Datei auslagern.

Listing 8.3 Eventhandling gemäß DOM 0 *(eventhandler_dom0.html)*

```
<body>
  <input id="meinbutton" type="button" value="bitte klicken" />
  <script>
  document.getElementById("meinbutton").onclick= danke;
  function danke() {
    alert('danke')
  }
  </script>
</body>
```

Diese Art, mit Events umzugehen, d. h. die Verwendung von `onclick` etc., bezeichnet man auch als Eventhandling nach DOM 0.

PRAXISTIPP: Mit `document.getElementById()` können Sie erst auf ein Element zugreifen, wenn das Dokument soweit geladen ist. Im Beispiel wird das dadurch erreicht, dass der `script`-Block unterhalb des Elements steht. Ansonsten müssten Sie den Code in einer Funktion definieren, die Sie mit `<body onload="diefunktion()">` aufrufen.

Die JavaScript-Bibliothek jQuery bietet für diese Fälle den folgenden Ausdruck.

```
$(function() {
  /* wird ausgeführt, nachdem das Dokument geladen ist */
});
```

Der Code, der innerhalb der geschweiften Klammern steht, wird erst ausgeführt, nachdem das Dokument geladen ist.

Prinzipiell mehr Möglichkeiten beim Umgang mit Events bietet das Eventhandling nach DOM 2, hier arbeitet man mit sogenannten **Eventlistenern**, die zugehörige Methode heißt `addEventListener()`. Ihr übergeben Sie drei Argumente, zuerst den Namen des Ereignisses, dann den Namen einer Funktion, die aufgerufen werden soll, wenn das Ereignis eintritt. Als dritter Parameter wird ein boolescher Wert erwartet. `false` bedeutet hier, dass der Eventlistener ganz normal ausgelöst wird, wenn es direkt das Element betritt.

DOM ist eine Abkürzung für Document Object Model und definiert den Standard für den Zugriff auf HTML-Elemente.

Unser kleines Beispiel sieht bei Verwendung von Eventlisternern wie in Listing 8.3 gezeigt aus.

Listing 8.4 Eventlistener *(event_dom2.html)*

```
<body>
  <input id="meinbutton" type="button" value="bitte klicken" />
  <script>
  document.getElementById("meinbutton").addEventListener("click", danke, false);
  function danke() {
    alert('danke')
  }
  </script>
</body>
```

Der Vorteil von Eventlisternern gegenüber Eventhandlern ist, dass problemlos mehrere Aktionen mit einem Event verknüpft werden können; so können beispielsweise mehrere Funktionen aufgerufen werden, wenn jemand auf einen Button klickt.

Der Nachteil an Eventlisternern ist, dass diese im Internet Explorer bis einschließlich Version 8 anders implementiert sind. Der Internet Explorer benötigt die Methode `attachEvent()` mit nur zwei Parametern: Der erste ist der Name des Events mit `on`, der zweite die Funktion, die aufgerufen werden soll.

```
document.getElementById("meinbutton").attachEvent("onclick", danke);
```

Das bedeutet, dass Sie Code doppelt schreiben müssen, sofern der Internet Explorer 8 und ältere Versionen unterstützt werden sollen.

PRAXISTIPP: Gängige JavaScript-Bibliotheken – außer sie sind auf Webkit-Browser spezialisiert wie Zepto.js – bieten hier natürlich ein komfortables Eventhandling, das die Browserunterschiede vor Ihnen verbirgt.

Ansonsten können Sie sich selbst eine Funktion schreiben, die sich um die Browserunterschiede kümmert. Eine solche stellt John Resig unter *http://ejohn.org/blog/flexible-javascript-events* vor.

Sie sieht folgendermaßen aus:

```
function addEvent( obj, type, fn ) {
  if ( obj.attachEvent ) {
    obj['e'+type+fn] = fn;
    obj[type+fn] = function(){obj['e'+type+fn]( window.event );}
    obj.attachEvent( 'on'+type, obj[type+fn] );
  } else
    obj.addEventListener( type, fn, false );
}
```

Und so verwenden Sie sie. Sie übergeben `addEvent()` drei Parameter:

- Als ersten Parameter das Objekt, für das Sie einen Eventlistener registrieren möchten.
- Als zweiten Parameter das Ereignis – ohne `on` –, also im Beispiel nur `"click"`.
- Als dritten Parameter die Funktion, die ausgeführt werden soll.

Damit lässt sich unser Beispiel wie in Listing 8.5 umschreiben.

Listing 8.5 Eventlistener browserübergreifend definieren *(event_dom2_browserueberg.html)*

```
function addEvent( obj, type, fn ) {
  if ( obj.attachEvent ) {
    obj['e'+type+fn] = fn;
    obj[type+fn] = function(){obj['e'+type+fn]( window.event );}
    obj.attachEvent( 'on'+type, obj[type+fn] );
  } else
    obj.addEventListener( type, fn, false );
}
addEvent(document.getElementById("meinbutton"), "click", danke);
function danke() {
  alert('danke')
}
```

In den folgenden Beispielen verzichte ich jedoch auf den Einsatz dieser Funktion, um die Beispiele möglichst kompakt zu halten.

8.1.4 Feature-Tests

Bevor Sie bestimmte JavaScript-Features nutzen, sollten Sie testen, ob sie auch funktionieren.

8.1.4.1 Selbst testen

Solche Tests können Sie selbst schreiben. So wird beispielsweise der folgende Code nur ausgeführt, wenn die Geolocation API (siehe Kapitel 9.4) unterstützt wird.

```
if (navigator.geolocation) {
  /* geolocation funktioniert */
} else {
  /* geolocation funktioniert nicht */
}
```

Wie der Feature-Test konkret aussehen muss, hängt vom Feature ab, um das es geht. Mark Pilgrim unterscheidet auf *http://diveintohtml5.info/detect.html* vier verschiedene Typen von Tests:

- Sie testen, ob eine bestimmte Eigenschaft beim globalen Objekt existiert – ein Beispiel ist der oben gezeigte Test für die Geolocation API.
- In manchen Fällen hingegen müssen Sie zuerst ein Element erstellen, um dann überprüfen zu können, ob es eine bestimmte Eigenschaft hat.
- In anderen Fällen wieder müssen Sie beim erstellten Element kontrollieren, ob es eine bestimmte Methode hat und der Rückgabewert dieser Methode den Erwartungen entspricht.
- In wiederum anderen Fällen müssen Sie ein Element erstellen, ihm eine Eigenschaft zuweisen und sehen, ob die Eigenschaft den Wert behalten hat.

Welche Art jeweils die richtige ist, hängt davon ab, um welches Feature es sich handelt und wie es implementiert ist.

Mark Pilgrim liefert unter *http://diveintohtml5.info/index.html* bei allen wichtigen HTML5-Features die notwendigen Tests samt Erläuterungen.

8.1.4.2 Mehr als Feature-Tests mit Modernizr

Besonders komfortabel geht das Feature-Testen mit der JavaScript-Bibliothek Modernizr *(http://modernizr.com)*.

Allgemeine Hinweise zu Modernizr, wie der Download eines an die eigenen Bedürfnisse angepassten Skriptes, das nur die Feature-Tests beinhaltet, die Sie auch brauchen, finden Sie in Kapitel 5.1.

Haben Sie Modernizr im Kopf Ihres Dokuments eingebunden, können Sie die JavaScript-API von Modernizr nutzen.

Listing 8.6 Modernizr-API nutzen *(modernizr.html)*
```
<!DOCTYPE html>
<html>
  <head>
    <meta charset="utf-8"/>
    <meta name="viewport" content="width=device-width" />
    <title>Modernizr</title>
    <script src="modernizr.js"></script>
  </head>
  <body>
  </body>
</html>
```

Es wird ein Objekt mit Namen `Modernizr` erzeugt, das die überprüften Features als Eigenschaften enthält. Ein Beispiel: Wenn die Geolocation API unterstützt wird, erhält `Modernizr.geolocation` den Wert `true`, ansonsten `false`.

Einen Überblick über die Eigenschaften des Modernizr-Objekts können Sie sich im Firebug verschaffen. Rufen Sie das obige Beispiel auf, aktivieren Sie Firebug, klicken Sie den DOM-Tab an und expandieren Sie MODERNIZR. Jetzt sehen Sie alle Eigenschaften mit den zugewiesenen Werten.

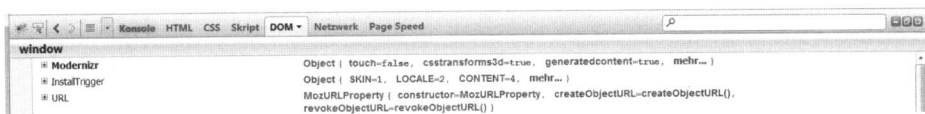

Bild 8.3 Der Tab DOM im Firebug beinhaltet auch das Modernizr-Objekt.

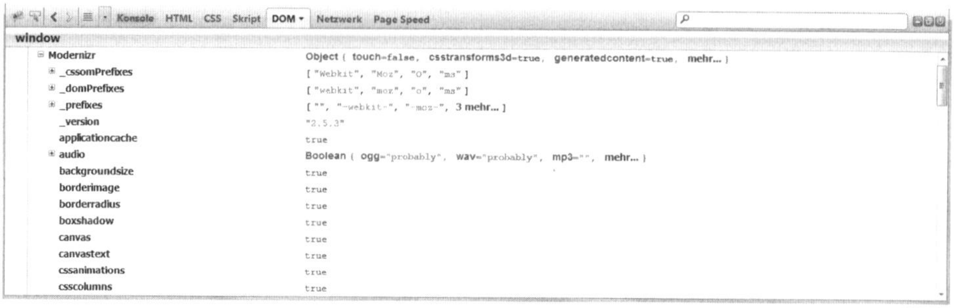

Bild 8.4 Inhalt des Modernizr-Objekts

Damit können Sie Überprüfungen wie folgt konstruieren.

```
if (Modernizr.geolocation) {
  /* Code, wenn Geolocation unterstützt wird */
}
else {
  /* Code, wenn Geolocation nicht unterstützt wird */
}
```

> **PRAXISTIPP:** Welche Tests Modernizr im Hintergrund durchführt, können Sie in der Dokumentation von Modernizr oder in der nicht minimierten Version lesen. Auch wenn Sie sich entscheiden sollten, Ihre eigenen Feature-Tests zu schreiben, sollten Sie sich ansehen, welchen Weg Modernizr gewählt hat: Das ist oft das Ergebnis vieler Überlegungen und ständiger Verbesserungen.

Außerdem können Sie Modernizr nutzen, um Ersatzbibliotheken, d. h. Fallback-Lösungen, nach Bedarf zu laden. Dafür gibt es die `load()`-Methode von Modernizr. Diese erwartet eine Testbedingung hinter `test`, also im Beispiel etwa `Modernizr.geolocation`. Ist die Testbedingung wahr, wird die JavaScript-Datei geladen, die hinter `yep` steht, ansonsten diejenige, die hinter `nope` angegeben ist.

```
Modernizr.load({
  test: Modernizr.geolocation,
  yep : 'geo.js',
  nope: 'geo-polyfill.js'
});
```

Dieses konditionale Laden, also das Laden von Skripten nur wenn sie benötigt werden, ist sehr attraktiv, da Sie dadurch unnötige Downloadzeiten und HTTP-Requests sparen.

8.1.5 Performantes JavaScript

Jede neue Browserversion punktet damit, dass sie JavaScript besser unterstützt und vor allem wesentlich schneller ausführt. Trotzdem ist es gerade bei Seiten für mobile Geräte wichtig, performantes JavaScript zu schreiben, da mobile Geräte im Allgemeinen wesentlich schwächer sind als ihre Desktop-Geschwister.

SunSpider ist ein Benchmark-Tool, um die Geschwindigkeit der JavaScript-Ausführung zu testen *(http://www.webkit.org/perf/sunspider/sunspider.html)*. Immer wieder gibt es an verschiedenen Stellen Vergleiche, die zeigen, wie die einzelnen aktuellen Browser abschneiden. Eines aber ist klar: Jeder Browser ist besser als seine eigenen Vorversionen.

Natürlich ist SunSpider nur eines von mehreren Benchmark-Tools, weitere finden Sie beispielsweise unter *http://ejohn.org/blog/javascript-performance-rundown*.

Wichtig für performantes JavaScript sind unter anderen folgende Punkte:

- Zuerst einmal sollten Sie für die bessere Performance JavaScript-Dateien am Ende des Dokuments einbinden, d.h. vor dem schließenden `</body>`. Nicht empfohlen ist die Einbindung im `head`-Bereich. Aber natürlich gibt es auch hier Ausnahmen: Die JavaScript-Datei Modernizr sollten Sie im `head` einbinden, weil sie nur dann optimal funktioniert.
- DOM-Manipulationen, d.h. das Hinzufügen von HTML-Elementen oder ihr Ändern, sind aufwendig und sollten auf ein Minimum reduziert werden. Besser als beispielsweise bei jedem Durchgang einer Schleife ein zusätzliches Element anzuhängen, ist es, zuerst den HTML-Code zusammenzubauen und ihn danach auf einmal anzuhängen.
- Elemente, die Sie häufiger brauchen, sollten Sie in einer Variablen zwischenspeichern.
- Lesen und Schreiben des DOM sollten nicht vermischt werden; statt abwechselnd mehrmals lesend und dann wieder schreibend auf das DOM zuzugreifen, ist es besser, die jeweiligen Aktionen zu bündeln: Führen Sie besser zuerst alle Lesevorgänge durch und dann die Schreibvorgänge.
- Prinzipiell sind bestimmte CSS3-Operationen wie 3D-Transforms oder Transitions (siehe Kapitel 5.9/5.10) hardwareoptimiert und deswegen ist es besser, solche Animationen mit CSS3 zu realisieren als über JavaScript.

Zur Überprüfung der Performance der Ausführung von JavaScript bietet sich die in den Entwicklertools von Chrome integrierte TIMELINE an, die Sie bei aktiviertem Entwicklertool über den gleichnamigen Tab erreichen. Um die Anzeige der Timeline zu aktivieren, müssen Sie zuerst auf den Record-Button unten in der Statusleiste der Entwicklertools klicken (in Bild 8.5 mit Pfeil gekennzeichnet) und dann die Seite neu laden.

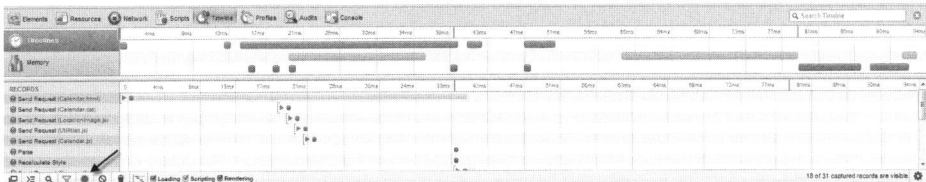

Bild 8.5 Die Timeline in den Entwicklertools von Chrome

Durch verschiedene Farben wird gekennzeichnet, wofür die Zeit benötigt wird: Blau bedeutet die Ladezeit, Gelb die Ausführung des Skripts, Lila die Darstellung.

Weitere Tipps zur Performance

Steve Souders beschäftigt sich viel mit Performance-Optimierungen für Webseiten, unter anderem auch für JavaScript, beispielsweise in der folgenden Präsentation: *http://www.slideshare.net/souders/javascript-performance-at-sfjs*. Ein Artikel bei HTML5 Rocks *(http://www.html5rocks.com/en/tutorials/speed/html5)* zeigt weitere Performance-Optimierungen.

8.1.6 Spezialfall: Opera Mini und JavaScript

Opera Mini funktioniert anders als andere Browser: Hier gibt es eine Opera-Komponente, die auf einem Proxy läuft, die die Webseite verarbeitet und ein optimiertes Ergebnis an den Client sendet. Prinzipiell kann die auf einem Proxy laufende Komponente dasselbe wie der „normale" Opera; aber durch die „Proxysituation" gibt es ein paar Einschränkungen in Bezug auf JavaScript.

- JavaScript-Animationen oder zeitgesteuerte AJAX-Updates funktionieren nicht; `setTimeout()` und `setInterval()` werden im Zweifelsfall nur einmal ausgeführt.
- JavaScript kann nicht im Hintergrund laufen, sondern es muss eine Benutzeraktion stattfinden, die bewirkt, dass eine neue Version des Dokuments angefordert wird.
- Auch bei Events gibt es Besonderheiten: `mouseout` wird nicht unterstützt und `mouseover` funktioniert nur, wenn ein Klick stattgefunden hat. `resize`- und `scroll`-Ereignisse sind prinzipiell nicht unterstützt.
- Pop-ups (`window.open()`) werden in demselben Fenster geöffnet. Logischerweise hat damit auch `window.close()` keine Auswirkung und schließt das Fenster nicht.

Das waren Einschränkungen von Opera Mini im Vergleich zu anderen mobilen Browsern. Daneben gibt es aber ein paar interessante zusätzliche Features: So stellt Opera Mini ein `operamini`-Objekt zur Verfügung, mit dem sich bestimmte Eigenschaften von Opera Mini und dem Gerät, auf dem der Browser läuft, abfragen lassen. Die Überprüfung sollten Sie am besten wie in Listing 8.7 implementieren.

Listing 8.7 Auf Opera Mini prüfen *(operamini.html)*

```
if (Object.prototype.toString.call(window.operamini) === "[object
OperaMini]") {
  alert("Opera Mini");
}
else {
  alert("kein Opera Mini");
}
```

Mithilfe des `operamini`-Objekts können Sie interessante Informationen auslesen, etwa:

- `operamini.features.sms` gibt `true` zurück, falls es über Opera Mini möglich ist, eine SMS zu versenden.
- `operamini.phone` liefert Informationen über den Gerätehersteller und das Modell.

Weitere Informationen zu Opera Mini erhalten Sie unter *http://dev.opera.com/articles/view/opera-mini-web-content-authoring-guidelines*.

8.2 JavaScript-Bibliotheken

Wer heute JavaScript einsetzt, setzt oft eine der verfügbaren Bibliotheken ein – weil die Arbeit damit umso vieles leichter und schneller von der Hand geht. Besonders beliebt sind etwa Mootools *(http://mootools.net)* oder jQuery *(http://jquery.com)*. Und dann gibt es beispielsweise auch Erweiterungen von jQuery speziell für mobile Webanwendungen.

8.2.1 Size matters

JavaScript-Bibliotheken machen die Entwicklung unvergleichlich einfacher und man kommt wesentlich schneller an das gewünschte Ziel – zu Recht ist das Motto von jQuery „Write less – do more". Diese Vereinfachungen haben aber natürlich einen Preis. Auch wenn die Dateien minimiert sind, haben sie eine gewisse Größe – jQuery etwa 32 KByte, Mootools 94 KByte.

Auf Desktops mit guten Internetverbindungen ist diese Größe zu vernachlässigen. Bei mobilen Geräten spielen diese Größen eher eine Rolle. Das heißt nicht, dass Sie solche Bibliotheken nicht für mobile Webseiten einsetzen sollten, sondern nur dann, wenn es sich auch lohnt. Wenn es um einfache Dinge geht, die die Macht der Bibliotheken nicht ausnutzen, dann ist es wesentlich besser, diese händisch zu programmieren und die Downloadzeiten zu reduzieren.

 HINWEIS: Features, die man nicht braucht, bezahlt man immer zu teuer!

Die andere Gefahr bei der Verwendung von Bibliotheken ist, dass sie verleiten können, ineffektiven Code zu schreiben, weil Sie nicht mitbekommen, was im Hintergrund für die Ausführung notwendig ist.

8.2.2 Spezielle Bibliotheken für den mobilen Einsatz

Neben den klassischen großen Bibliotheken wie jQuery gibt es kleinere, die direkt für den mobilen Einsatz optimiert sind.

Zepto.js

Zepto.js *(http://zeptojs.com)* ist eine JavaScript-Bibliothek, die speziell für moderne mobile und moderne Desktop-Browser entwickelt ist. Unterstützt werden folgende Browser:

- Safari 5+ (Desktop)
- Chrome 5+ (Desktop)
- Mozilla Firefox 4+
- iOS 4+ Safari
- Android 2.2+ Browser
- Andere WebKit-basierte Browser
- webOS 1.4.5+ Browser
- BlackBerry Tablet OS 1.0.7+ Browser
- Amazon Silk 1.0+
- Opera 10+

Zepto.js hat eine jQuery-ähnliche API, aber nur ca. ein Viertel des Umfangs von jQuery mit 8,5 KByte, da beispielsweise die für ältere Internet Explorer benötigten Codeteile gestrichen wurden. Eventuell ist für später eine Unterstützung des IE10 angedacht.

Ein Beispiel für die Nutzung von Zepto.js: Durch den folgenden Code wird ein Inhalt vor eine Tabelle eingefügt.

```
$('table').before('<p>See the following table:</p>')
```

Sie sehen: Die Auswahl und das Einfügen funktionieren dabei genau wie in jQuery.

Wenn Sie Zepto.js für Anwendungen nutzen wollen, die ebenfalls für den Internet Explorer gedacht sind, so können Sie als Fallback-Lösung jQuery laden. Da konditionale Kommentare im Internet Explorer ab Version 10 nicht mehr implementiert sind, ist folgende Vorgehensweise empfohlen.

```
<script>
document.write('<script src=' +
('__proto__' in {} ? 'zepto' : 'jquery') +
'.js><\/script>')
</script>
```

XUI

XUI *(http://xuijs.com)* ist eine weitere für mobile Geräte spezialisierte JavaScript-Bibliothek. Unterstützt werden Webkit-Browser, Opera, Firefox, BlackBerry Mobile ab Version 4.6, IE Mobile >= 6. Die Bibliothek ist unterschiedlich groß, die Webkit-/Firefox-/Opera-only-Version kommt auf 10,6 KByte, die andere mit Unterstützung für BlackBerry Mobile auf 23,2 KByte, mit Unterstützung für den IE auf 24,1 KByte.

Auch diese Bibliothek funktioniert ähnlich wie jQuery. Durch folgenden Code wird der Klick auf ein Element mit der `id="btn"` abgefangen und bei einem anderen Element mit der `id="msg"` eine Meldung angezeigt.

```
x$('#btn').click( function (e) {
    x$('#msg').html('Thanks for your submission!');
})
```

Dieser Code sieht genauso aus wie jQuery bis auf das x$, das das XUI-Funktion repräsentiert.

PRAXISTIPP: Außerdem gibt es eine Reihe von Plug-ins für XUI unter *https://github.com/xui/xui-plugins*, beispielsweise eine für Swipe, d. h. das Wischen.

Neben diesen einfachen kleinen JavaScript-Bibliotheken stehen natürlich Frameworks wie jQuery Mobile oder Sencha Touch bereit, die wesentlich mehr machen als beim Codeschreiben zu helfen. So zaubert etwa jQuery Mobile gleich alle für eine mobile WebApp wesentlichen Komponenten hin, und das, auch ohne dass Sie eine Zeile JavaScript-Code geschrieben haben (mehr zu diesen Frameworks in Kapitel 11 und Kapitel 12).

■ 8.3 Events für Touchscreens

Moderne Smartphones ermöglichen gerade durch ihre Touchscreens eine sehr intuitive Bedienung; wie intuitiv die Bedienung wird, merkt man, wenn man solche Geräte einmal in die Hände von kleineren Kindern gibt, die sofort das Prinzip verstehen und sie nutzen können.

Ein wichtiger Teil von JavaScript ist das Eventhandling, d. h. zu reagieren, wenn bestimmte Ereignisse eintreten, also beispielsweise ein Button gedrückt wird, eine andere Option in der Auswahlliste gewählt oder ein Formular abgeschickt wird. Besondere Ereignisse sind die Touchereignisse von Touchscreens.

Prinzipiell funktionieren Anwendungen oder Webseiten allerdings auch, ohne dass Sie sich um die besonderen Events für Touchscreens kümmern. Ein klassisches Klickereignis wird eben auch ausgelöst, wenn Sie auf einen Link nicht klicken, sondern mit dem Finger darauf tippen. Für die anderen Mausereignisse gelten die in der Tabelle gezeigten Entsprechungen.

Tabelle 8.1 Entsprechungen zwischen Maus- und Touchereignissen

Touchereignis	Mausereignis
touchstart	mousestart
touchmove	mousemove
touchend	mouseup
	mouseover

HINWEIS: Wie Sie in der obigen Tabelle sehen, fehlt eine Entsprechung für mouseover.

Das JavaScript-Event `mouseover` oder die `:hover`-Pseudoklasse aus CSS, die häufig dazu dienen, Zusatzinformationen einzublenden, funktionieren hingegen nicht. Das ist problematisch, wenn Sie wichtige Informationen und Hinweise als Tooltipps anzeigen lassen – diese werden im Zweifelsfall nicht angezeigt. Ein Beispiel sehen Sie auf *http://www.br.de/ wetter/action/bayernwetter/bayern.do* (siehe Bild 8.6). Links auf dem Desktop erscheinen nützliche Erläuterungen zu den Icons beim Überfahren mit der Maus – auf diese Informationen muss man auf einem mobilen Browser (rechts: Opera Mobile) verzichten.

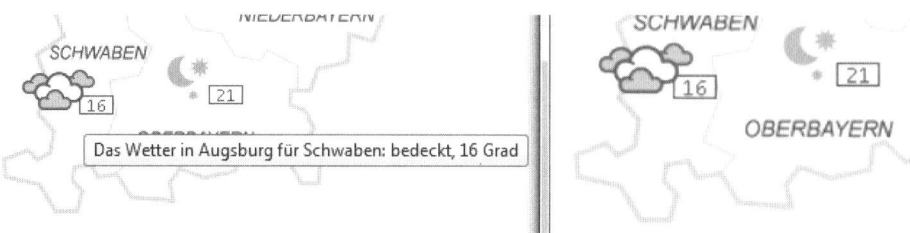

Bild 8.6 BR-Wetter online

Bei solchen Dingen müssen Sie sich entscheiden: Sind die Informationen nicht sonderlich wichtig, können Sie sie einfach weglassen. Sind sie hingegen wichtig, müssen Sie sie anders realisieren.

> **PRAXISTIPP:** Für die Realisierung gibt es folgende Möglichkeiten:
> - Sie können die Inhalte direkt einblenden.
> - Sie können sie bei Tap/Klick aktivieren.
> - Sie können eine eigene Lösung für Touchscreens implementieren.
>
> Eine Diskussion der einzelnen Möglichkeiten finden Sie unter *http:// trentwalton.com/2010/07/05/non-hover*.

Dann gibt es aber besondere Events, die speziell für die Touchereignisse gemacht sind. Im Folgenden wird der Einfachheit halber von Fingern geredet, obwohl natürlich die Berührung nicht mit einem Finger erfolgen muss. Es sind folgende Touchereignisse:

- `touchstart`: Der Finger berührt den Bildschirm.
- `touchend`: Die Berührung hört auf.
- `touchmove`: Der Finger wird bewegt.
- `touchcancel`: Der Finger verlässt den relevanten Bereich, wenn ein anderer Dialog eingeblendet wird oder ein Telefonanruf eingeht etc.

> Diese Events sind in der Spezifikation des W3C unter *http://www.w3.org/ TR/touch-events* beschrieben. Die Spezifikation befindet sich im Zustand einer Candidate Recommendation (Stand: Sommer 2012), also der Vorstufe der Recommendation, d. h. der endgültigen Empfehlung und Standardisierung.

Diese Ereignisse werden so behandelt, wie andere Ereignisse in JavaScript, also beispielsweise die Klickereignisse: Wenn das Ereignis eintritt, wird ein Event-Parameter übergeben, der nützliche Eigenschaften und Methoden hat. Er beinhaltet unter anderem:

- `touches`: Dieses Array speichert die Koordinaten jedes Touchereignisses, unabhängig davon, ob diese bei einer Bewegung innerhalb des registrierten Bereichs sind oder nicht.
- `targetTouches` beinhaltet alle gerade aktuellen Berührungspunkte, die im Element begonnen wurden, das das Ziel der Berührung ist.
- Nehmen wir an, ein Bereich ist das Ziel des Ereignisses. Wenn jetzt der Benutzer den Bereich an zwei Stellen berührt und einen Finger aus dem Bereich herausbewegt, so beinhaltet `targetTouches` trotzdem zwei Einträge.
- Hat umgekehrt der Benutzer einen Finger innerhalb des Bereichs und bewegt einen anderen außerhalb in diesen Bereich hinein, dann beinhaltet `targetTouches` nur ein Element.
- `changedTouches` beinhaltet alle Berührungen, bei denen eine Änderung stattgefunden hat. Wenn man den Finger aus einem Bereich herausbewegt, so beinhaltet `changedTouches` noch die Koordinaten des letzten Punkts.

Die Besonderheit ist jetzt, dass mehrere Touchereignisse gleichzeitig stattfinden können – das Zoomen beispielsweise ist ja auch nur durch zwei Finger gleichzeitig möglich. Deswegen sind diese `touches`, `targetTouches` und `changedTouches` immer Arrays.

Jedes Arrayelement selbst ist wiederum ein Objekt mit mehreren Eigenschaften

- `screenX` und `screenY` sind die Positionen relativ zum Bildschirm.
- `pageX` und `pageY` bestimmen die Position im Viewport, wobei das Scrollen berücksichtigt ist.
- `clientX` und `clientY` beschreiben ebenfalls die Position im Viewport, aber ohne Scrollen zu berücksichtigen.
- `identifier` ist eine eindeutige Kennung.
- `target` benennt das ursprüngliche HTML-Element, bei dem das Ereignis seinen Ursprung hatte.

Ein kleines Beispiel soll den Umgang und das Auslesen von Touchereignissen zeigen. Im HTML-Teil gibt es zwei Bereiche: einen sensiblen Bereich, der die Touchereignisse abfängt, und einen weiteren, in dem Informationen dazu angezeigt werden sollen.

```
<div id="bereich">Wir fangen Ereignisse </div>
<div id="output">Infos</div>
```

- Unterhalb dieser beiden Elemente, aber noch vor dem schließenden `</body>`, steht der JavaScript-Teil, der die Touchereignisse abfängt und die Informationen ausgibt. Im Beispiel wird der Einfachheit halber nur mit `addEventListener()` gearbeitet.
- Zuerst werden für alle Touchereignisse die `EventListener` registriert:

```
el.addEventListener("touchstart", touchEreignisseAbfangen, false);
el.addEventListener("touchend", touchEreignisseAbfangen, false);
el.addEventListener("touchmove", touchEreignisseAbfangen, false);
```

- In der Funktion `touchEreignisseAbfangen()` wird je nach Ereignis auf die unterschiedlichen Arrays zugegriffen und die Position von `clientX` und `clientY` ausgelesen. Diese werden dann ausgegeben.
- Listing 8.8 zeigt das Beispiel in seiner Gesamtheit.

Listing 8.8 Touchereignisse abfangen *(touchevents.html)*

```html
<!DOCTYPE html>
<html>
<head>
  <meta charset="UTF-8" />
    <meta name="viewport" content="width=device-width" />
<style>
#bereich {
  width: 100%;
  max-width: 500px;
  text-align: center;
  padding: 60px 0px;
  border: 1px dotted green;
}
</style>
<title>Touches abfangen</title>
</head>
<body>
  <div id="bereich">Wir fangen Ereignisse </div>
  <div id="output">Infos</div>
<script>
  var el = document.getElementById("bereich");
  el.addEventListener("touchstart", touchEreignisseAbfangen, false);
  el.addEventListener("touchend", touchEreignisseAbfangen, false);
  el.addEventListener("touchmove", touchEreignisseAbfangen, false);

  function touchEreignisseAbfangen(event){
    var output = document.getElementById("output");
    switch(event.type){
      case "touchstart":
        output.innerHTML = "touchstart (" + event.touches[0].clientX +
                    "," + event.touches[0].clientY + ")";
        break;
      case "touchend":
        output.innerHTML += "<br />touchend (" +
                    event.changedTouches[0].clientX + "," +
                    event.changedTouches[0].clientY + ")";
        break;
      case "touchmove":
        event.preventDefault();   //Scrollen verhindern
        output.innerHTML += "<br />touchmove (" +
                    event.changedTouches[0].clientX + "," +
                    event.changedTouches[0].clientY + ")";
        break;
    }
  }
</script>
</body>
</html>
```

HINWEIS: Beim `touchend` kann man nicht mit `touches` oder `target-Touches` operieren, weil diese am Ende eines Touch-Vorgangs nichts mehr beinhalten würde – im Gegensatz zu `changedTouches`.

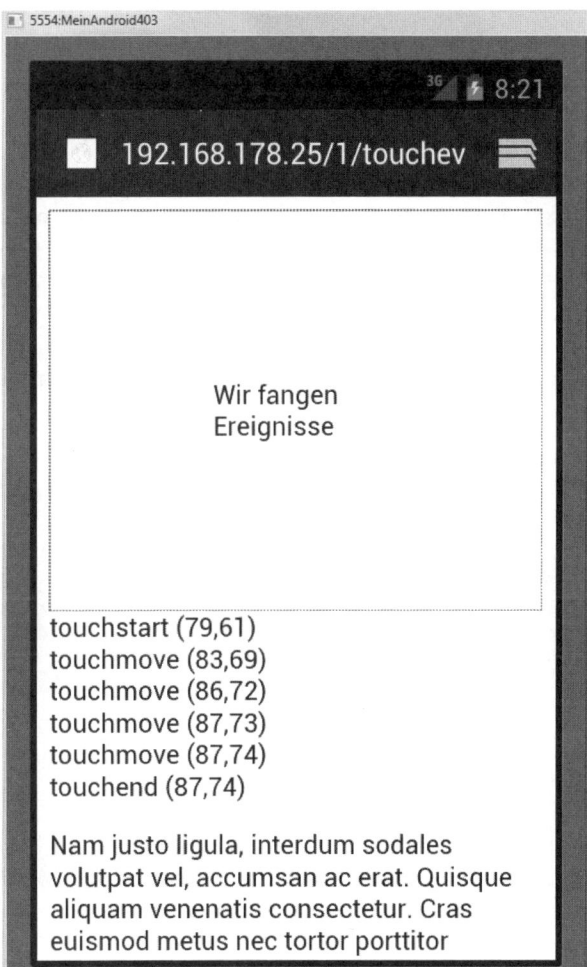

Bild 8.7 Touchereignisse wurden abgefangen und Informationen über die Positionen ausgegeben.

Zur Überprüfung, ob Touchereignisse vom aktuellen Gerät unterstützt werden, können Sie wiederum Modernizr nutzen.

```
if (Modernizr.touch){
   // Touch-Ereignisse unterstützt
} else {
   // nicht unterstützt
}
```

HINWEIS: Die Ergebnisse sind jedoch nicht immer so wie erwartet (siehe *https://github.com/Modernizr/Modernizr/issues/548*).

Ausführliche Tabellen zur Unterstützung von Touchereignissen finden Sie unter *http://www.quirksmode.org/mobile/tableTouch.html*.

Wenn Sie bei einer echten Anwendung bestimmte Aktionen nur durch Touch auslösen lassen, so bringt das zwei Probleme mit sich:

- Es lässt sich nicht auf einem Desktop-Rechner testen. Natürlich ist es wichtig, die Anwendungen, wenn sie speziell für mobile Geräte gedacht sind, auch auf solchen zu testen. Die Entwicklung und prinzipielle Funktionstests führt man jedoch normalerweise parallel dazu auf einem Desktop-Rechner durch, weil das Handling so viel einfacher ist und damit eine große Zeitersparnis bedeutet.
- Es funktioniert nur mit Geräten, die die Touchereignisse auch unterstützen – nicht also beispielsweise bei weniger mächtigen Smartphones und natürlich auch nicht auf einem Desktop-Rechner.

Deswegen empfiehlt es sich, gleichzeitig auch die Mausereignisse zu berücksichtigen. Bei der Nutzung von jQuery funktioniert das beispielsweise folgendermaßen: Sie geben einfach beide Events an, die eine Aktion auslösen sollen. Im Beispiel sind es `touchstart` und `mousedown`.

```
$('obj').bind('touchstart mousedown', function(e){

});
```

8.3.1 Aus Berührungen werden Gesten

Durch die gezielte Kombination von Berührungen werden die Gesten, die ein sehr intuitives Benutzen der Smartphones ermöglichen. Eine bekannte Geste ist beispielsweise das Wischen (englisch *swipe*), das verwendet wird, um durch Bilder zu navigieren oder einen Bildschirm wegzuwischen, um den nächsten anzeigen zu lassen.

PRAXISTIPP: Speziell fürs iPhone existieren daneben die folgenden Ereignisse:

- `gesturestart`
- `gesturechange`
- `gestureend`

Diese funktionieren jedoch nicht browserübergreifend. Weitere Informationen hierzu finden Sie unter *http://developer.apple.com/library/safari/#documentation/UserExperience/Reference/GestureEventClassReference/GestureEvent/GestureEvent.html*.

Eine Auflistung der gängigen Gesten bietet Luke Wroblewski *(http://www.lukew.com/ff/entry.asp?1071)*: Das reicht vom einfachen Tap (Antippen), doppeltem Tap über das auch mit der Maus übliche Ziehen bis hin zu dem für Touchscreens spezifischen Pinch, das zur Verkleinerung benutzt wird.

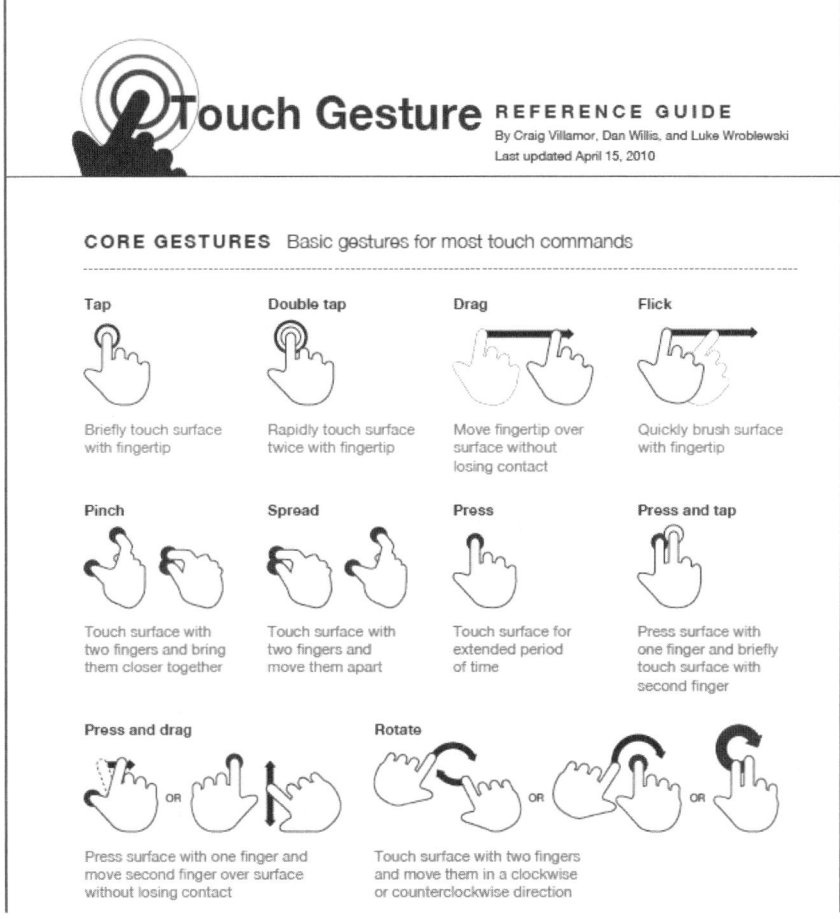

Bild 8.8 Eine Referenz der möglichen Touch-Gesten finden Sie bei Luke Wroblewski.

Eine Umsetzung der Gestensteuerung können Sie auf Basis der Touchereignisse implementieren. Für das Wischen muss man etwa überprüfen, ob der Unterschied zwischen der aktuellen Position und der vorherigen Position eine bestimmte Größe sowie bestimmte Richtung hat, und dann die gewünschte Aktion durchführen.

Aber dafür gibt es natürlich auch schon fertige Lösungen. Hierzu möchte ich Ihnen zwei Beispiele nennen.

Die JavaScript-Bibliothek hammer.js *(http://eightmedia.github.com/hammer.js)* bietet Unterstützung für Tap, doppelten Tap, Halten (Hold), Ziehen (Drag) und Transformieren (Transform). Sie können hammer.js als eigenständige Bibliothek nutzen oder als jQuery-Plug-in.

jQuery Mobile hat von Haus aus eine Unterstützung für Touch-Gesten integriert. Es sind die folgenden: `tap`, `taphold`, `swipe`, `swipeleft` und `swiperight`. Als `swipe` wird eine ziehende Berührung interpretiert, die 30 px horizontal und weniger als 20 px vertikal erfolgt und innerhalb einer Sekunde stattfindet. Über Parameter können Sie die Defaults ändern und beispielsweise mit `durationThreshold` festlegen, wie lange ein `swipe` noch als `swipe` interpretiert werden soll und ab wann nicht mehr davon auszugehen ist.

Außerdem stellt jQuery Mobile sogenannte virtuelle Mausereignisse zur Verfügung, die eine Abstraktion von Maus- und Touchereignissen darstellen. Sie können einen Listener für das Ereignis definieren und das entsprechende Plug-in kümmert sich darum, dass der richtige Listener für die aktuelle Plattform aufgerufen wird. Diese virtuellen Ereignisse sind `vmouseover`, `vmousedown`, `vmousemove`, `vmouseup`, `vclick` und `vmousecancel` – allerdings wird von der Verwendung von `vclick` abgeraten, besser ist es, mit `click` zu arbeiten *(http://jquerymobile.com/test/docs/api/events.html)*.

 Auf jQuery Mobile (und damit auch auf diese Ereignisse) kommen wir noch einmal ausführlich in Kapitel 11 zu sprechen.

8.4 Kurz zusammengefasst

Dieses Kapitel hat Ihnen eine Einführung in die Besonderheiten von JavaScript auf mobilen Geräten gegeben. Prinzipiell zeigen sich auch bei JavaScript auf mobilen Geräten zwei wichtige Punkte:

- Die inhärenten Einschränkungen von mobilen Geräten zwingen dazu, bessere Webseiten zu erstellen, da Fehler weniger verziehen werden. So ist es im Allgemeinen wichtig, performantes JavaScript zu schreiben, bei mobilen Geräten aber noch einmal mehr.
- Neben diesen „Einschränkungen" gibt es aber auch die Besonderheiten, nämlich die Features, die mobile Geräte im Positiven von anderen unterscheiden – d.h. dass beispielsweise mobile Geräte häufiger mit einem Touchscreen versehen sind und Gesten unterstützen, die eine sehr intuitive Bedienung ermöglichen.

Außerdem haben Sie in diesem Kapitel ein paar auf mobile Browser spezialisierte Bibliotheken kennengelernt.

Auch in Kapitel 9 geht es viel um JavaScript – bei der Vorstellung der neuen APIs, die wichtige Möglichkeiten für mobile Webseiten und mobile WebApps bieten.

9 Neue APIs und wichtige Spezifikationen

HTML5 definiert neben den neuen semantischen Elementen eine Reihe von APIs, d. h. Programmierschnittstellen, die für Webapplikationen wichtig sind. Neben den HTML5-APIs geht es in diesem Kapitel auch um APIs, die nicht Teil von HTML5, aber dennoch neu und wichtig für mobile Webseiten sind. Da viele dieser APIs nur zuverlässig funktionieren, wenn die Dateien über einen Webserver aufgerufen werden, sollten Sie sich, wie in Kapitel 14.1 beschrieben, einen Webserver installieren.

Sie lernen u. a. AppCache kennen, über das Sie definieren können, dass Dateien für die Offline-Verwendung gespeichert werden sollen. Außerdem stelle ich Ihnen die Widgets, eine alternative Speicherung für die Offline-Nutzung, vor. Darüber hinaus erfahren Sie, wie Sie Daten mit WebStorage auf dem Client speichern können, wie Sie die Geolocation API nutzen, um herauszufinden, wo sich jemand befindet, und wie Sie über Device Orientation die Bewegung von Geräten auslesen. Zudem erhalten Sie einen Überblick über weitere nützliche APIs.

9.1 Offline Web Applications – AppCache

Ein wesentlicher Unterschied zwischen Webseiten und nativen Anwendungen ist, dass Webseiten üblicherweise nur funktionieren, wenn der Benutzer online ist. An dieser Stelle bessern die *Offline Web Applications*, kurz AppCache, nach. Über ein Manifest können Sie spezifizieren, welche Dateien auch offline zur Verfügung stehen sollen. Damit das funktioniert, muss der Benutzer natürlich das erste Mal online sein, damit die Dateien heruntergeladen werden können. Danach stehen sie auch offline zur Verfügung.

AppCache hat mehrere Vorteile:

- Zuerst einmal ermöglichen sie Anwendungen, die auch funktionieren, wenn der Benutzer offline ist. Deswegen ist AppCache gerade für den mobilen Bereich so wichtig, weil hier die Verbindungsqualität schwanken kann oder es eben auch Offline-Zeiten gibt. Für WebApps ist AppCache natürlich von besonders großer Bedeutung.
- Aber auch ansonsten bietet AppCache einen Vorteil: Es kann zur Performance-Steigerung eingesetzt werden, da bei einer zweiten Anforderung die Dateien direkt vom internen

Speicher geladen werden können. Gleichzeitig kann das auch helfen, die Serverlast zu reduzieren.

9.1.1 Das Grundprinzip von AppCache

Sehen wir uns einmal an, wie das Ganze funktioniert. Als Beispiel dient ein HTML-Dokument mit einem Stylesheet und mehreren eingebundenen Bildern.

```
<!DOCTYPE html>
<html>
<head>
  <meta charset="UTF-8" />
  <title>Offline-Webapps</title>
  <link href="style.css" rel="stylesheet" type="text/css" />
</head>
<body>
<h1>Lorem ipsum dolor</h1>
<p>Lorem ipsum dolor sit amet, consectetur adipisicing elit, sed do eiusmod
tempor incididunt ut labore et dolore magna aliqua ... </p>
<div class="bilder">
<img src="bilder/landschaft_01.jpg" width="300" height="225" alt="Bild 1" />
<img src="bilder/landschaft_02.jpg" width="300" height="225" alt="Bild 2" />
<img src="bilder/landschaft_03.jpg" width="300" height="225" alt="Bild 3" />
<img src="bilder/landschaft_04.jpg" width="300" height="225" alt="Bild 4" />
<img src="bilder/landschaft_05.jpg" width="300" height="225" alt="Bild 5" />
<img src="bilder/landschaft_06.jpg" width="300" height="225" alt="Bild 6" />
</div>
</body>
</html>
```

Im Normalfall sieht das Dokument wie in Bild 9.1 gezeigt aus.

Welche Dateien für die Offline-Verwendung gespeichert werden sollen, wird über ein sogenanntes **Manifest** bestimmt. Dies ist eine Textdatei, in der die Dateien angegeben sind, die offline zur Verfügung stehen sollen. In der ersten Variante sieht dies wie folgt aus.

```
CACHE MANIFEST
#Version 1.0

style.css
bilder/landschaft_01.jpg
bilder/landschaft_02.jpg
```

Manifest-Dateien beginnen mit der Sequenz CACHE MANIFEST. Zusätzlich wurde im Beispiel ein Kommentar ergänzt – eingeleitet über das #-Zeichen, das ist wichtig fürs Handling von Manifest-Dateien. Dazu erfahren Sie gleich mehr.

Unter CACHE MANIFEST sind die Dateien aufgeführt, die für die Offline-Benutzung gespeichert werden sollen, im Beispiel die Stylesheet-Datei sowie zwei Bilder; jede dieser Dateien muss dabei in einer eigenen Zeile stehen. Bewusst werden nicht alle in der HTML-Seite referenzierten Bilder aufgeführt, um bestimmte Besonderheiten zu zeigen.

Leerzeichen oder -zeilen werden ignoriert und dienen im Beispiel nur der optischen Gliederung.

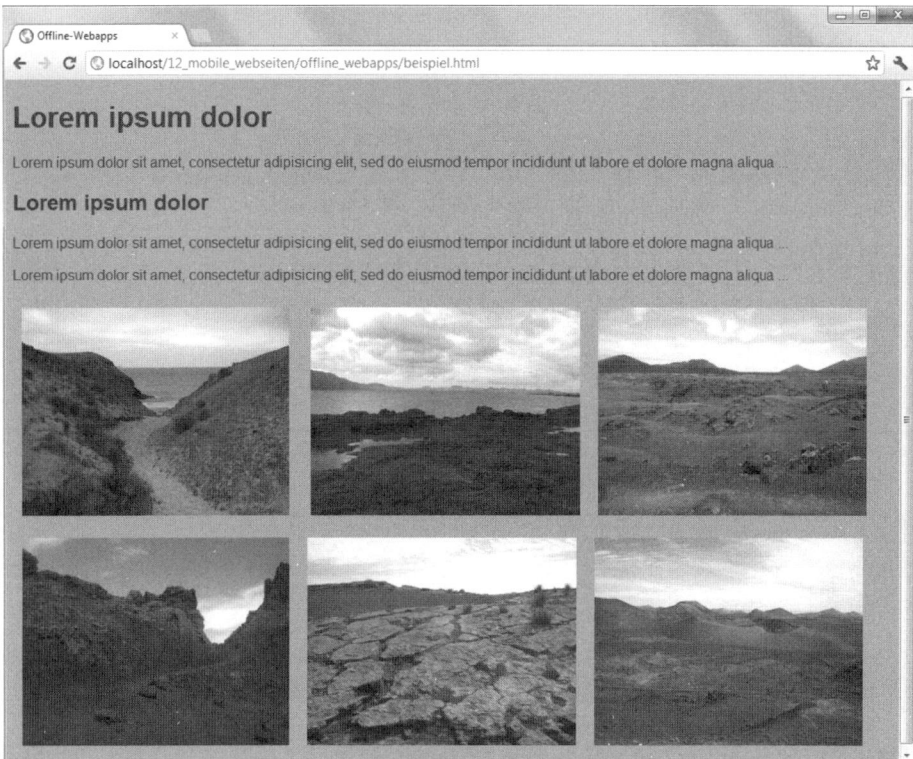

Bild 9.1 Das Beispieldokument: HTML-Datei, CSS-Datei und mehrere Bilder

Diese Datei wird unter dem Namen *manifest.appcache* abgespeichert.

 Ursprünglich war als Dateiendung für Manifest-Dateien *.manifest* vorgesehen. Inzwischen wurde das aber in *.appcache* geändert. Sie werden im Web aber noch an mehreren Stellen auf die nicht mehr aktuelle Endung *.manifest* stoßen. Eigentlich ist aber auch die Endung nicht wesentlich.

Auf dieses Manifest müssen Sie im HTML-Code verweisen. Hierfür ergänzen Sie ein `manifest`-Attribut im Start-Tag von `html` mit dem Pfad zum Manifest.

Listing 9.1 Ausschnitt aus *offline_webapps/beispiel.html*

```
<html manifest="manifest.appcache">
```

Manifest-Dateien funktionieren nur, wenn sie mit dem korrekten MIME-Typ ausgeliefert werden. Dieser lautet `text/cache-manifest`. Dass der richtige MIME-Typ benutzt wird, lässt sich beispielsweise über eine *.htaccess*-Datei festlegen.

```
AddType text/cache-manifest    appcache
```

Falls bei Ihrem Projekt noch die veraltete Endung für die Manifest-Datei `.manifest` benutzt wird, können Sie diese ebenfalls in der *.htaccess*-Datei angeben.

```
AddType text/cache-manifest   appcache manifest
```

Wenn Sie nach diesen Schritten das Dokument wieder aufrufen, d.h. neu laden, so zeigt sich ein vielleicht unerwartetes Bild. Obwohl wir noch im Online-Modus sind, werden nur die im Manifest aufgeführten Bilder geladen, die anderen nicht.

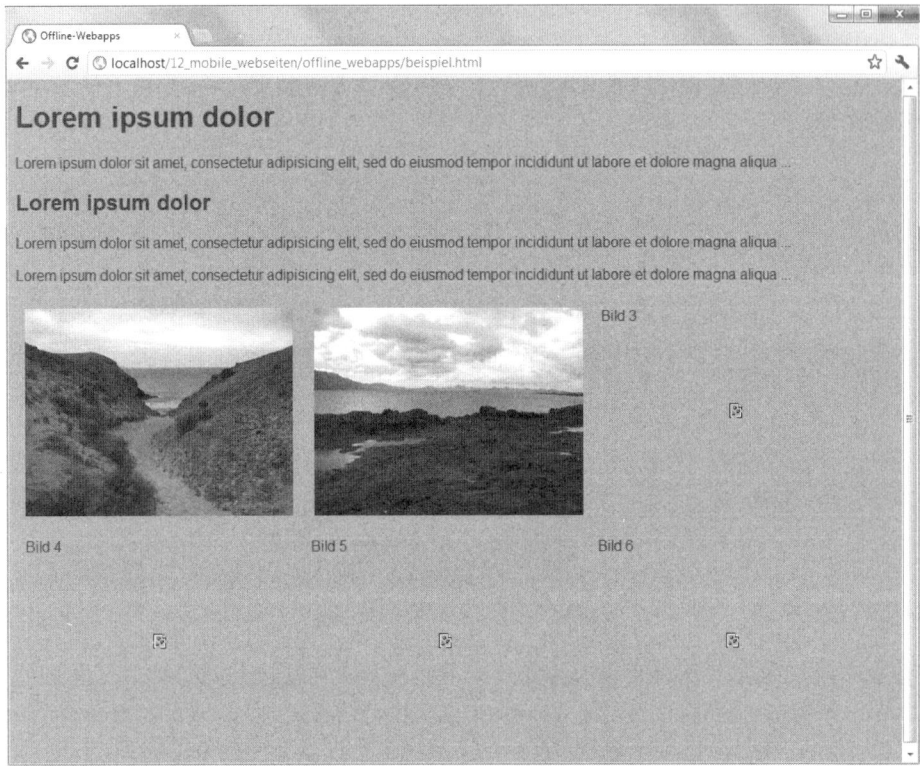

Bild 9.2 Im Online-Modus werden jetzt nicht mehr alle Bilder angezeigt.

 HINWEIS: Das Manifest wirkt sich auch auf die Anzeige aus, wenn Sie online sind.

Um das zu beheben, könnten wir natürlich die weiteren Bilder ebenfalls im Manifest anführen. Wir wollen uns aber noch die anderen Optionen und Bereiche ansehen, die die Manifest-Dateien bieten. Sie können nämlich ebenfalls Dateien angeben, die immer aus dem Internet geladen werden, und außerdem Fallback-Lösungen spezifizieren.

Im Beispiel sollen zwei der Bilder immer über das Internet angefordert werden. Diese geben Sie unter dem Stichwort `NETWORK:` an. Parallel dazu können Sie die gecachten Ressourcen auch mit `CACHE:` betiteln. Schließlich gibt es noch eine weitere Rubrik: Unter `FALLBACK:`

können Sie Alternativressourcen spezifizieren, die geladen werden, wenn die angeforderten Ressourcen offline nicht zur Verfügung stehen.

Damit sieht das modifizierte Manifest wie in Listing 9.2 aus.

Listing 9.2 Das Manifest mit den drei Bereichen *(manifest.appcache)*

```
CACHE MANIFEST
#Version 1.0

CACHE:
style.css
bilder/landschaft_01.jpg
bilder/landschaft_02.jpg

NETWORK:
bilder/landschaft_03.jpg
bilder/landschaft_04.jpg

FALLBACK:
bilder/landschaft_05.jpg bilder/platzhalter.jpg
bilder/landschaft_06.jpg bilder/platzhalter.jpg
```

PRAXISTIPP: Der NETWORK-Bereich ist nützlich für Dateien, die Ergebnisse von aktuellen Berechnungen oder Ähnliches anzeigen. Hier wäre es natürlich schlimm, wenn diese gecachet würden, und genau dafür ist NETWORK da.

HINWEIS: Manifest-Dateien sind recht empfindlich, was syntaktische Fehler anbelangt. Deswegen sollten Sie längere Manifeste immer überprüfen, etwa mit *http://manifest-validator.com*.

Wenn Sie die Seite jetzt im Offline-Modus laden – bei der Benutzung eines Servers können Sie beispielsweise einfach den Server stoppen –, so ist die Ausgabe im Browser wie im Manifest vorgegeben:

- Bild 1 und Bild 2 werden normal angezeigt.
- Bild 3 und Bild 4 funktionieren nicht (diese sind ja bewusst bei NETWORK angegeben, sollen also immer vom Server angefordert werden).
- Bild 5 und Bild 6 werden durch das Platzhalterbild ersetzt.

Im Beispiel wurden im Manifest konkrete Dateien angegeben. Sie können aber auch Ordnernamen einsetzen und beispielsweise bestimmen, dass alle Dateien eines Ordners durch eine bestimmte Fallback-Datei ersetzt werden sollen.

```
FALLBACK
/bilder /bilder/platzhalter
```

Oder Sie können für alle nicht erreichbaren Inhalte eine spezielle Datei angeben.

```
FALLBACK
/ offline.html
```

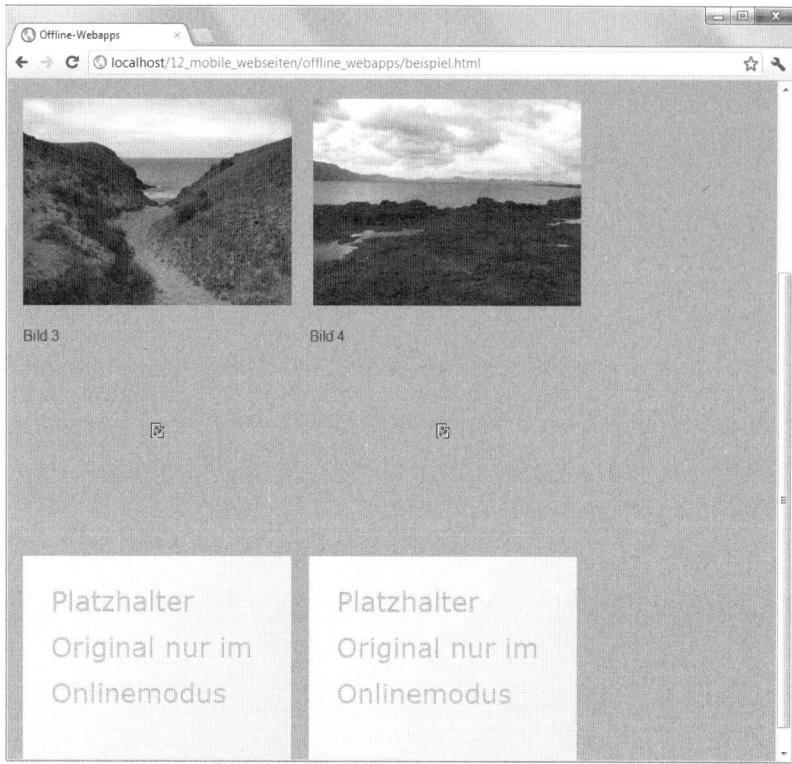

Bild 9.3 Das Beispiel im Offline-Modus

In unserer Manifest-Datei steht zuerst der Bereich CACHE, gefolgt von FALLBACK und NETWORK; diese Reihenfolge ist üblich, aber nicht vorgeschrieben – Sie dürfen sogar auch einzelne Bereiche mehrmals aufführen.

9.1.2 Offline-Dateien überprüfen

In den Browserwerkzeugen können Sie kontrollieren, welche Daten heruntergeladen wurden.

Chrome

Welche Dateien für die Offline-Benutzung heruntergeladen wurden, verrät ein Blick in die Werkzeuge von Chrome. Diese finden Sie unter dem Werkzeugsymbol. Wählen Sie dann bei TOOLS den Punkt WEBENTWICKLER TOOLS. In den WEBENTWICKLER TOOLS klicken Sie in der Leiste oben auf RESOURCES und dann links auf den Punkt APPLICATION CACHE. Nun müssen Sie nur noch das richtige Dokument auswählen. Danach sehen Sie eine Liste der Dateien, die für die Offline-Verwendung gespeichert wurden.

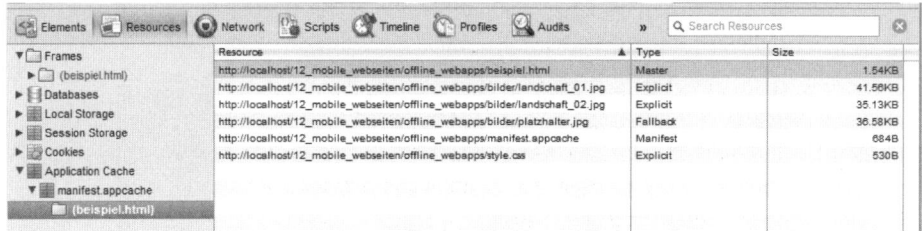

Bild 9.4 Chrome: die für die Offline-Verwendung gespeicherten Dateien

Im Beispiel sind es mehrere:

- *beispiel.html:* Diese Datei ist unsere HTML-Datei. Wir hatten sie nicht im Manifest aufgeführt. Es werden aber automatisch die Dateien, die den Verweis auf das Manifest enthalten, mitgespeichert.

> **PRAXISTIPP:** Die HTML-Dateien werden also on the fly mitaufgenommen. Beispielsweise können Sie AppCache bei einzelnen Seiten so aktivieren, dass der Benutzer alle anderen HTML-Dateien des Projekts nicht ebenfalls herunterladen muss. Wenn es hingegen wirklich nur um eine einzelne oder wenige Seiten geht, die darin einbezogen werden sollen, ist es besser, diese explizit in der Manifest-Datei aufzuführen.

- Wie zu erwarten sind die beiden Bilder *landschaft_01.jpg* und *landschaft_02.jpg* sowie *style.css* gespeichert – diese wurden ja explizit im Manifest aufgeführt.
- Ebenfalls gespeichert ist *platzhalter.jpg,* das unter `FALLBACK` aufgeführt wird. Es soll benutzt werden, wenn bestimmte Bilder nicht angezeigt werden können. Dafür muss es ebenfalls heruntergeladen werden, was hiermit geschehen ist. In Chrome-Tools erhält es bei TYPE den passenden Eintrag `FALLBACK`.

Firefox

Bevor Dateien für die Offline-Nutzung im Firefox gespeichert werden, erscheint eine Meldung, die den Benutzer nach der Erlaubnis fragt. Der Benutzer muss erst das Speichern der Daten erlauben; Bild 9.5 zeigt die Meldung auf dem Desktop-Firefox; eine ebensolche Meldung wird auch beim mobilen Firefox eingeblendet.

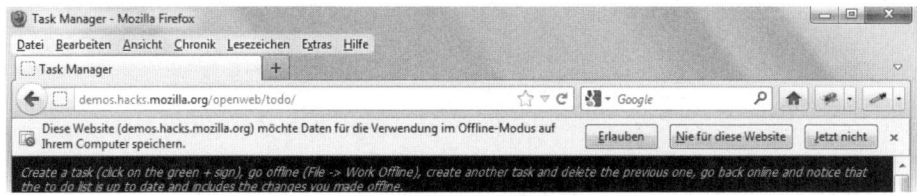

Bild 9.5 Der Benutzer muss erst das Speichern der Daten erlauben.

Ob diese Meldung erscheinen soll, können Desktop-Nutzer unter EINSTELLUNGEN / ERWEITERT / NETZWERK festlegen: NACHFRAGEN, WENN WEBSITES DATEN FÜR DIE VERWENDUNG IM OFFLINE-

MODUS SPEICHERN MÖCHTEN. Außerdem sehen Sie hier die Domains, die Daten gespeichert haben, und können die Dateien einzelner Domains löschen.

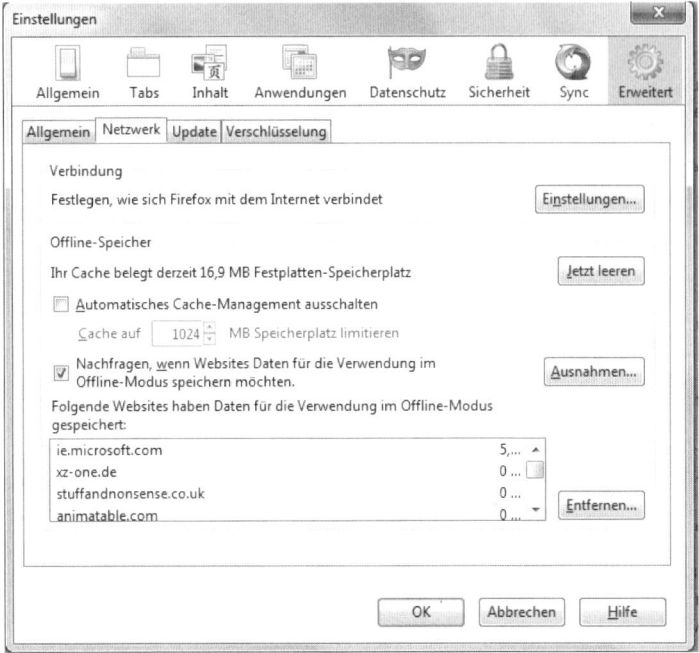

Bild 9.6 Das Dialogfeld im Firefox zur Steuerung der Offline-Cache-Daten

Sowohl im Desktop-Firefox als auch in der mobilen Variante sehen Sie die einzelnen Dateien aufgelistet, wenn Sie in der Adresszeile: `about:cache?device=offline` eingeben.

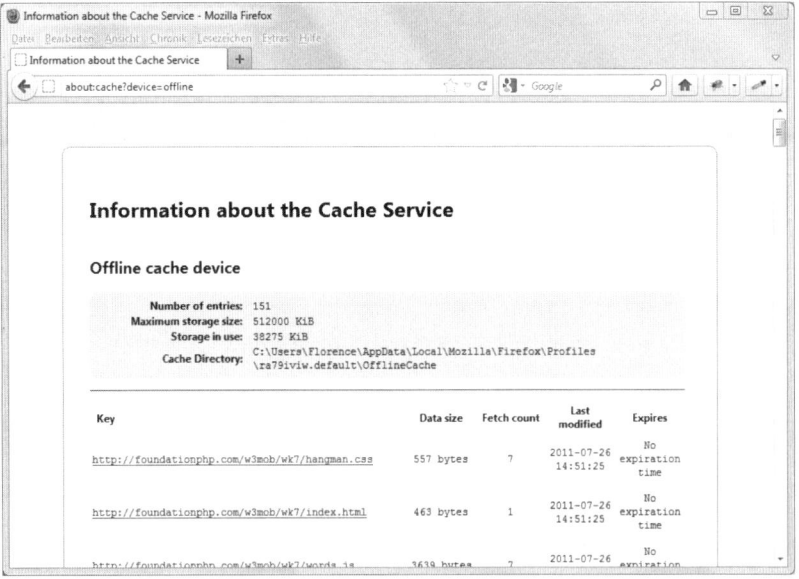

Bild 9.7 Firefox: `about:cache?device=offline`

Die Nachfrage, die im Firefox standardmäßig erscheint, kann unbedarfte Benutzer abschrecken. Ansonsten könnte man dieses Feature natürlich rein für WebApps weiter benutzen.

9.1.3 Änderungen an den Dateien durchführen

Das Handling von AppCache ist aus zwei gegensätzlichen Gründen schwierig: Zum einen ist es problematisch, weil Manifest-Dateien empfindlich auf Fehler reagieren; aber nicht weniger aufreibend kann der Umgang mit AppCache sein, weil es **zu gut funktioniert**.

Ein Beispiel für den ersten Fall: Angenommen im Beispiel wird das Stylesheet modifiziert und der Seitenhintergrund in Schwarz geändert – eine Änderung, die den Vorteil hat, dass man sie deutlich erkennt.

```
body {
   background-color: black;
   color: white;
}
```

Laden Sie das Dokument neu – davor müssen Sie natürlich wieder in den Online-Modus wechseln, wenn Sie im Offline-Modus waren –, so zeigt die Änderung am Stylesheet anscheinend keine Auswirkung: Die Farben bleiben wie gehabt. Das liegt daran, dass weiterhin die gecachten Dateien benutzt werden. Das, was eigentlich Ziel ist, wird uns an dieser Stelle zum Fluch.

Damit die Dateien neu geladen werden, müssen Sie die Manifest-Datei selbst modifizieren. Das geht am einfachsten, indem Sie den Kommentar zu Beginn des Manifests verändern; beispielsweise können Sie die Versionsnummer anpassen.

```
CACHE MANIFEST
#Version 1.1
#der Rest bleibt wie gehabt#
```

Wenn Sie jetzt im Online-Modus die Seite aktualisieren, geschieht scheinbar nichts. Im Hintergrund aber wird die neue Manifest-Datei ausgelesen und im Hintergrund (!) werden die geänderten Dateien heruntergeladen. Da das aber im Hintergrund und asynchron geschieht und außerdem danach kein automatischer Refresh stattfindet (was ja ein sehr unübliches Verhalten für einen Browser wäre!), sehen Sie die Änderungen erst nach einem erneuten Reload.

Hier finden Sie noch einmal zusammengefasst, was Sie tun müssen, damit sich Änderungen an im Manifest aufgeführten Dateien auswirken:

1. Führen Sie eine Änderung an der Manifest-Datei durch. Am einfachsten ist es, mit einer Versionsnummer in einem Kommentar zu arbeiten.
2. Sie müssen die Webseite dann zwei Mal neu laden (Reload), damit die Änderungen sichtbar sind.
3. Bedenken Sie außerdem, falls Sie testweise offline waren, dass im Offline-Modus Ihre Änderungen an der Manifest-Datei keine Auswirkung haben!

PRAXISTIPP: Weitere Probleme können sich etwa in älteren Firefox dadurch ergeben, dass die Manifest-Datei selbst gecachet wird. Das können Sie über folgende Ergänzung in der *.htaccess*-Datei unterbinden:

```
ExpiresByType text/cache-manifest "access plus 0 seconds"
```

9.1.4 JavaScript-API für Offline-Cache

Wenn ein Browser AppCache unterstützt, gibt es in JavaScript ein `window.applicationCache`-Objekt, für das eine Reihe von Ereignissen ausgelöst werden. Damit können Sie über JavaScript ermitteln, in welchem Zustand sich der AppCache befindet.

Es gibt folgende Ereignisse:

`checking`: Dies ist das erste Ereignis, das eintritt, wenn der Browser das `manifest`-Attribut im HTML-Start-Tag entdeckt hat. Was dann passiert, hängt davon ab, ob die Seite bereits besucht war.

Gehen wir zuerst davon aus, dass die Webseite davor noch nicht aufgerufen wurde, und sehen uns die weiteren Ereignisse an:

- `downloading`: Wird die Webseite zum ersten Mal besucht, versucht der Browser, die Manifest-Datei und die dort angegebenen Dateien herunterzuladen; das hiermit verbundene Ereignis heißt passenderweise `downloading`.
- `progress`: Während des Herunterladens werden `progress`-Ereignisse ausgelöst. Hierüber wird informiert, wie viele Dateien bereits heruntergeladen wurden.
- `cached`: Dieses Ereignis tritt ein, wenn alle in der Manifest-Datei aufgeführten Dateien geladen sind.

Etwas anders sind die Ereignisse, wenn die Seite erneut aufgerufen wird:

- Wieder ist das erste Ereignis `checking`.
- `noupdate`: Hat sich nichts geändert, wird das `noupdate`-Ereignis ausgelöst, ansonsten ein `downloading`-Ereignis.
- Sind alle Dateien heruntergeladen, wird das `updateready`-Ereignis ausgelöst. Das heißt allerdings nicht, dass die aktualisierten Dateien bereits dargestellt werden – das geschieht erst nach einem Reload durch den Benutzer.

Außerdem gibt es zwei weitere Ereignisse, die ausgelöst werden können:

- `obsolete`: Das bedeutet, dass die Nachfrage nach der Manifest-Datei eine 404-Fehlermeldung liefert. Der AppCache wird gelöscht.
- `error`: Es ist ein Fehler aufgetreten. Das kann unterschiedliche Ursachen haben. Mögliche Ursachen sind, dass eine Datei, die in der Manifest-Datei angegeben ist, nicht heruntergeladen werden konnte oder dass das Manifest während eines Updates geändert wurde.

Sehen wir uns ein Beispiel an, wie sich die Ereignisse abfangen und entsprechende Meldungen in der Konsole von Firebug ausgeben lassen. Zuerst werden die Ereignisse mit bestimmten Funktionen verbunden. Das geschieht allerdings nur, wenn AppCache unterstützt wird. Wenn `window.applicationCache` undefined zurückgibt, ist es nicht im aktuellen Browser implementiert, sonst schon.

Im ersten Schritt werden die Eventlistener mit den Ereignissen verbunden und außerdem Funktionen definiert, die aufgerufen werden sollen.

Listing 9.3 Meldungen über den Zustand des Offline-Caches *(statusmeldungen.html)*

```
if (window.applicationCache) {
  applicationCache.addEventListener('error', appCacheError, false);
  applicationCache.addEventListener('checking', checkingEvent, false);
  applicationCache.addEventListener('noupdate', noUpdateEvent, false);
  applicationCache.addEventListener('downloading', downloadingEvent, false);
  applicationCache.addEventListener('updateready', updateReadyEvent, false);
  applicationCache.addEventListener('cached', cachedEvent, false);
}
```

Dann werden die einzelnen Funktionen definiert, die die Meldungen ausgeben.

```
function appCacheError(e) {
  console.log("Fehler: " + e.value);
}
function checkingEvent(e) {
  console.log("Auf Updates überprüfen");
}
function noUpdateEvent(e) {
  console.log("Keine Updates");
}
function downloadingEvent(e) {
  console.log("Downloading");
}
function updateReadyEvent(e) {
  console.log("offline-fähig:-)");
}
function cachedEvent(e) {
  console.log("offline-fähig:-)");
}
```

Parallel zu den Ereignissen gibt es auch Eigenschaften des ApplicationCache-Objekts. Sie lauten folgendermaßen (in Klammern sind immer ihre nummerischen Entsprechungen angegeben):

- `UNCACHED` (0) – Das ApplicationCache-Objekt kennt kein gecachetes Objekt.
- `IDLE` (1) – Es gibt einen Cache und der ist aktuell.
- `CHECKING` (2) – Es wird überprüft, ob Updates vorhanden sind.
- `DOWNLOADING` (3) – Ressourcen werden heruntergeladen.
- `UPDATEREADY` (4) – Cache wurde aktualisiert.
- `OBSOLETE` (5) – Cache ist veraltet.

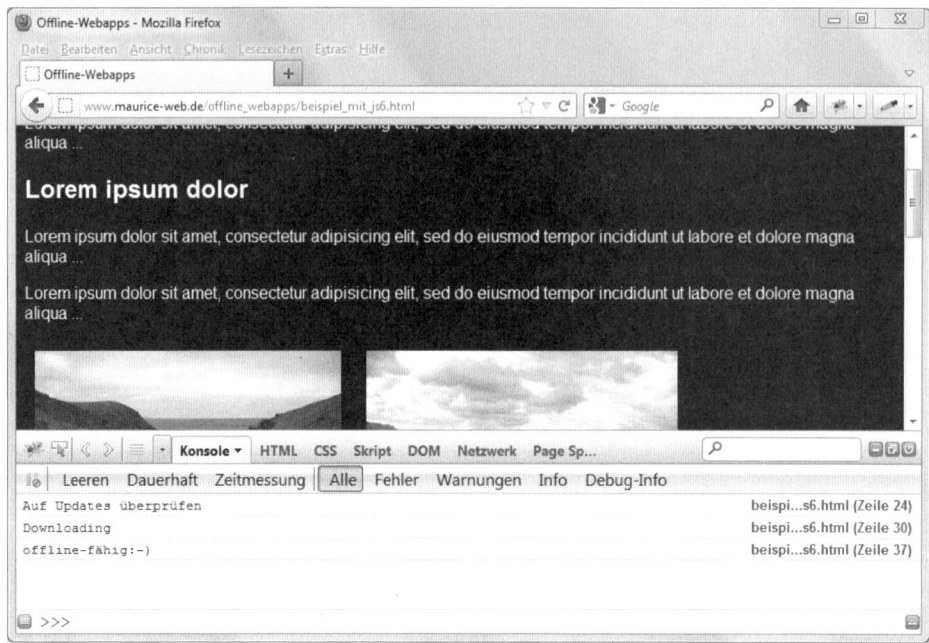

Bild 9.8 Erfolgsmeldungen im Firebug

9.1.5 Browserunterstützung für AppCache

Tabelle 9.1 AppCache in den Browsern (aktualisierte Daten dazu unter *http://mobilehtml5.org*)

Safari iOS	Android	BlackBerry	Firefox	Opera Mobile	Opera Mini	Internet Explorer
ja	2.1+	6.0	ja	ja	–	– (ab IE10)

Wie Sie in der Tabelle sehen, unterstützen die gängigen mobilen Browser AppCache bis auf Opera Mini; im Internet Explorer gibt es die Unterstützung erst ab Version 10, d. h., im Windows Phone 7.5. funktioniert es noch nicht.

Das Gute an AppCache ist, sofern es nicht unterstützt wird, dass die Webseite zwar nicht für die Offline-Nutzung zur Verfügung steht, aber ansonsten alles noch wie gewohnt funktioniert.

 Die ApplicationCache-Spezifikation finden Sie unter *http://www.whatwg.org/specs/web-apps/current-work/multipage/offline.html*.

PRAXISTIPP: Nützlich im Zusammenhang mit AppCache ist die in HTML5 *(http://www.whatwg.org/specs/web-apps/current-work/multipage/offline.html)* definierte `onLine`-Eigenschaft des `navigator`-Objekts: Mit `navigator.onLine` können Sie überprüfen, ob der Browser gerade eine Internetverbindung hat oder nicht. Genau genommen ist nur die Negation zuverlässig und bedeutet, dass der Browser gerade keine Netzwerkverbindung hat. `navigator.onLine` kann `true` zurückliefern, wenn der Browser zwar eine Netzwerkverbindung, aber keine Internetverbindung hat. ∎

Eine Alternative zur Verwendung von AppCache, wenn es rein um mobile WebApps geht, ist die Verwendung von Widgets; Widgets sind eine Möglichkeit, Dateien für die Offline-Verwendung zu verpacken. Darum wird es in Abschnitt 9.2 gehen.

■ 9.2 W3C-Widgets – gut verpackt ist halb gewonnen

Das W3C definiert in seiner Widget-Spezifikation *(http://www.w3.org/TR/widgets)*, wie sich Webkomponenten für die Offline-Benutzung verpacken lassen. Diese W3C-Widgets bestehen aus klassischen HTML-/CSS-/JS-Dateien und Bildern, außerdem gibt es eine XML-Datei mit Metainformationen. W3C-Widgets können unter Opera direkt installiert werden und – das ist wichtig – sie sind ebenfalls die Basis für PhoneGap Build-Projekte.

PhoneGap ist eine HTML5-Plattform, die es Ihnen erlaubt, native Apps für verschiedene Betriebssysteme auf der Basis von HTML, CSS und JavaScript (siehe auch Kapitel 11.9) zu erstellen. ∎

Ein Widget beinhaltet neben den klassischen Webdateien eine XML-Konfigurationsdatei. Diese trägt den Namen *config.xml* und sieht beispielsweise wie folgt aus.

Listing 9.4 Die Konfigurationsdatei des Widgets *(config.xml)*

```xml
<widget xmlns    = "http://www.w3.org/ns/widgets"
        id       = "http://example.org/exampleWidget"
        version  = "1.0"
        height   = "200"
        width    = "200"
        viewmodes = "fullscreen">
  <name short="Beispiel 1.0">
    Ein Beispiel Widget!
  </name>
  <description>
    Ein Beispiel-Widget, das die Möglichkeiten von W3C-Widgets zeigen soll
  </description>
```

```
  <author href  = "http://example.com"
          email = "ich@mir.de">Ich b. Mir</author>
</widget>
```

Das Wurzelelement heißt `widget` und es ist das einzig obligatorische Element in der *config.xml*. Das Wurzelelement hat im Beispiel mehrere Attribute, von denen nur die Namensraumangabe bei `xmlns` verpflichtend ist mit dem vorgegebenen Wert `http://www.w3.org/ns/widgets`. Die anderen Attribute sind fakultativ und ermöglichen, bestimmte Parameter/Informationen anzugeben.

Im Beispiel gibt es außerdem ein `name`-Element, das den Namen des Widgets beinhaltet. Beim `short`-Attribut kann eine Kurzform des Namens angegeben werden; dies ist besonders praktisch in mobilen Umgebungen, in denen nur die kurze Variante des Wiget-Namens Platz hat. `description` liefert die Beschreibung und `author` Informationen zum Autor.

PRAXISTIPP: Wie bei allen XML-Dateien ist auch bei der Konfigurationsdatei von Widgets wichtig, dass sie syntaktisch korrekt ist: So muss es zu jedem Start-Tag auch ein End-Tag geben oder die Elemente müssen direkt geschlossen werden über `<element />`.

Das Beispiel zeigt nicht alle möglichen Elemente, es gibt weitere, die Sie hier angeben können, unter anderem:

- `license` ist für die Lizenz des Widgets gedacht.
- Das Element `icon` kann verwendet werden, um ein Symbol für das Widget zu benennen, das dann statt des Standardicons angezeigt wird. Den Pfad geben Sie bei `src` an und er ist relativ zum Widget-Verzeichnis: `<icon src="icons/beispiel.png"/>`

Bild 9.9 Das Standardicon für Widgets können Sie durch Ihr eigenes Icon ersetzen.

- Beim `content`-Atttribut können Sie die Startseite Ihres Widgets bestimmen. Schreiben Sie hierfür bei `src` den Pfad zur Datei: `<content src="meinWidget.html"/>`. Wenn Sie kein `content`-Element angeben, so wird die Datei *index.html* genommen.
- Interessant ist auch das `feature`-Element: Hierüber können Sie bestimmen, welche Features Ihr Widget für seine Funktionsweise benötigt. Durch folgende Angabe wird beispielsweise die Unterstützung für Geolocation vorausgesetzt: `<feature name="http://example.org/api/geolocation" required="true"/>`

Ein minimales Widget benötigt neben der Konfigurationsdatei mindestens noch eine HTML-Datei (Listing 9.5).

Listing 9.5 Die zum Widget gehörige HTML-Datei *index.html*

```html
<!DOCTYPE html>
<html>
<head>
  <meta charset="utf-8" />
  <meta name="viewport" content="width=device-width" />
  <title>Beispiel-Widget</title>
</head>
<body>
<h1>Ein wichtiges wundersames wahnsinniges Widget</h1>
</body>
</html>
```

Um das Widget zu erstellen, müssen Sie diese beiden Dateien zippen.

> **PRAXISTIPP:** Wichtig ist, dass Sie nur die Dateien in Ihrer endgültigen Zip-Datei haben, nicht beispielsweise einen Ordner, in dem die Dateien sich befinden.

Wenn Sie die Dateien gezippt haben, müssen Sie noch die Endung in *.wgt* ändern, dann ist das Widget bereit für den Einsatz.

Bild 9.10 Mit der richtigen Endung kommt auch schon das generische Widget-Icon.

Das Widget lässt sich per Doppelklick in Opera installieren – allerdings nur, falls Sie keinen Fehler in Ihrer *config.xml* haben, sonst erhalten Sie an dieser Stelle eine Fehlermeldung.

Bild 9.11 Das Widget ist bereit zur Installation.

Die Abbildung zeigt den Installationsbildschirm und Sie sehen, dass Name und Autor des Widgets angegeben sind wie in der Konfigurationsdatei. Der bei `description` angegebene Text erscheint beim Klick auf ÜBER DIESES WIDGET.

Nach der Installation wird das Widget angezeigt; standardmäßig mit einem durchsichtigen Hintergrund, was Sie über CSS ändern können.

Ein wichtiges wundersames wahnsinniges Widget

Bild 9.12 Das Widget – es funktioniert, macht aber natürlich nicht viel.

 Die offizielle Spezifikation zu Widgets finden Sie unter *http://www.w3.org/ TR/widgets*.

Derzeit ist leider die Unterstützung für W3C-Widgets mager, es ist nur Opera, in dem sie funktionieren; außerdem folgt PhoneGap der Widget-Konvention.

Die W3C-Widgets zeigen aber deutlich, wie ein Offline-Nutzen von Webkomponenten funktionieren kann, und verfolgen dabei ein anderes Prinzip als AppCache. Bei AppCache müssen Sie in der Manifest-Datei alle benötigten Dateien angeben, bei den Widgets ist das nicht nötig, da sie sich ja bereits in einem gemeinsamen Ordner befinden. Nützlich sind auch die weiteren Metaangaben bei den Widgets, die es so bei AppCache nicht gibt.

■ 9.3 WebStorage

In manchen Situationen ist es günstig, Daten auf dem Rechner des Benutzers zu speichern, beispielsweise den aktuellen Stand bei einem Spiel oder eine gewählte Konfiguration. Klassischerweise verwenden Sie hier Cookies. Cookieskönnen Sie beispielsweise mit PHP setzen.

```
<?php
setcookie("name", "Hans", time()+3699);
?>
```

Und bei einer erneuten Anforderung können Sie das Cookie dann auslesen, also etwa:

```
<?php
if(isset($_COOKIE["name"])) {
  echo htmlspecialchars($_COOKIE["name"]));
}
```

 Cookies lassen sich auch mit JavaScript setzen. Ein praktisches Skript dazu stammt von Peter-Paul Koch und ist unter *http://www.quirksmode.org/js/ cookies.html* zu finden.

In Listing 9.6 werden zwei Cookies gesetzt.

Listing 9.6 Cookies mit PHP setzen *(cookie_setzen.php)*
```
<?php
setcookie("name", "Hans", time()+7200);
setcookie("farbe", "blau", time()+7200);
?>
<!DOCTYPE html>
<html>
 <head>
  <title>Cookies setzen</title>
  <meta charset="UTF-8" />
 </head>
 <body>
 <p>In diesem Dokument werden zwei Cookies gesetzt werden</p>
 <p>Auf folgender Seite können Sie diese auslesen:
 <a href="cookie_auslesen.php">cookie_auslesen.php</a></p>
 </body>
</html>
```

In einem zweiten Dokument werden die Cookies ausgelesen.

Listing 9.7 Cookies auslesen *(cookie_auslesen.php)*
```
<!DOCTYPE html>
<html>
 <head>
  <title>Cookies auslesen</title>
  <meta charset="UTF-8" />
  <link rel="stylesheet" href="stil.css" />
 </head>
 <body>
 <p><img src="kreis.png" alt="kreis" width="150" height="150" /></p>
 <?php
 if (isset($_COOKIE["name"]) && isset($_COOKIE["farbe"])) {
   echo "Cookies wurden gesetzt<br />\n";
   echo "Name: " . htmlspecialchars($_COOKIE["name"]) . "<br />\n";
   echo "Farbe: " . htmlspecialchars($_COOKIE["farbe"]);
 } else {
   echo "keine Cookies gesetzt";
 }
 ?>
 </body>
</html>
```

HINWEIS: Damit das Beispiel funktioniert, müssen Sie es auf einem Server ausführen, der PHP unterstützt; beispielsweise über XAMPP, dessen Installation in Kapitel 14.1 beschrieben wird.

Den Weg, den die Cookies gehen, sehen Sie gut im Firebug. Im geöffneten Firebug (Aufruf über ANSICHT / FIREBUG) klicken Sie auf den Tab NETZWERK. Hier können Sie Frage und Antwort bei der HTTP-Kommunikation verfolgen. Wenn Sie auf eine Ressource klicken, sehen Sie die gesendeten Header. Das Cookie entdecken Sie beim Anfrage-Header.

Das Besondere: Im Anfrage-Header des Clients werden die Cookies, die einmal gesetzt waren, immer wieder mitgesendet.

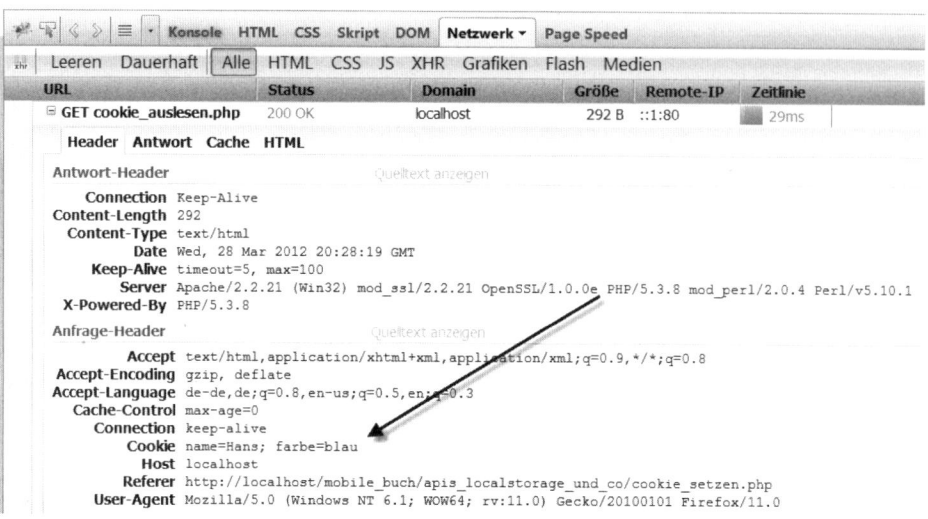

Bild 9.13 Cookies im Firebug im Anfrage-Header des Clients

Im Beispiel gibt es für das Dokument *cookie_auslesen.php* drei HTTP-Requests, neben dem eigentlichen PHP-Dokument auch einen für das Stylesheet *stil.css* und für das Bild *kreis.png*. Bei jedem dieser Anfragen wird das Cookie mitgesendet – im Firebug sehen Sie das ganz deutlich, wenn Sie sich die Header der einzelnen Ressourcen anzeigen lassen.

Das erzeugt natürlich einen Overhead, der nicht gut für die Performance ist. Wie groß der Overhead und der Schaden für die Performance sind, hängt von der Situation ab: Je mehr Dateien geladen werden, je größer die Datenmenge der Cookies und je mehr Cookies, desto größer ist der Overhead.

Deswegen heißt es in den Best-Practice-Anweisungen für Webapplikationen beim W3C: Cookies sparsam verwenden! *(http://www.w3.org/TR/mwabp/#bp-data-cookies)*

 PRAXISTIPP: Ein sinnvoller Umgang mit Cookies ist es, ihre Größe zu beschränken und außerdem statische Ressourcen, die also nicht vom Inhalt der Cookies abhängen, von einem anderen Host zu senden.

Cookies haben aber noch andere Beschränkungen:

- Die Anzahl der Cookies ist beschränkt.
- Der Speicherplatz bei Cookies ist ebenfalls eingeschränkt, ca. 4 Kilobyte.

Im Zusammenhang mit HTML5 – aber nicht wirklich Teil der HTML5-Spezifikation – sind mehrere Speicherlösungen, um Daten auf dem Client zu speichern. Ganz wichtig sind Speicherlösungen natürlich für WebApps. Ein klassisches Beispiel wäre eine To-do-Liste, die natürlich die Möglichkeit bieten muss, dass die Daten auch gespeichert werden. Am besten benutzbar auf mobilen Geräten ist derzeit WebStorage.

PRAXISTIPP: WebStorage ist eine Alternative zur Verwendung von Cookies an manchen Stellen, aber natürlich ersetzt es sie nicht. Außerdem kann WebStorage sinnvoll mit Cookies kombiniert werden; ein Beispiel hierzu war die in Kapitel 6.7 erwähnte Strategie von Bing bei ihrer mobilen Seite.

9.3.1 WebStorage

WebStorage ist ein Überbegriff für localStorage und sessionStorage. Beide erlauben die Speicherung von Schlüssel-Wert-Paaren über den Browser. Dabei gilt die „same origin policy", d. h., dass nur Daten, die von derselben Domain, mit demselben Protokoll und demselben Port gesetzt sind, gelesen werden können. Daten, die von http://www.example.com gesetzt sind, können beispielsweise also nicht von https://www.example.com (Protokoll https!) ausgelesen werden.

sessionStorage und localStorage unterscheiden sich darin, wie lange die Daten gespeichert werden; bei sessionStorage leben sie nur so lange wie der zugehörige Tab. localStorage-Daten leben an sich unbegrenzt – bis sie von einem Skript oder dem Nutzer gelöscht werden.

Um Schlüssel-Wert-Paare im localStorage zu speichern, gibt es verschiedene Möglichkeiten. Zuerst einmal können Sie diese direkt wie andere Eigenschaften bei Objekten setzen.

```
localStorage.ort="München";
console.log(localStorage.ort); //gibt München aus
```

Alternativ können Sie die Schreibweise mit den eckigen Klammern benutzen.

```
localStorage["ort"] = "München";
console.log(localStorage["ort"]); //gibt München aus
```

Die dritte Variante ist die expliziteste: über setItem() und getItem().

```
localStorage.setItem("ort", "München");
var wert = localStorage.getItem("ort");
console.log(wert);
```

Das localStorage-Objekt hat weitere nützliche Eigenschaften und Methoden:

- length verrät die Anzahl der gespeicherten Schlüssel-Wert-Paare.
- Über key(index) ermitteln Sie den Schlüssel eines gespeicherten Schlüssel-Wert-Paares.
- Mit clear() löschen Sie alle Einträge aus dem localStorage – natürlich nur diejenigen, auf die Sie Zugriff haben (same origin policy)!
- Einzelne Schlüssel-Wert-Paare löschen Sie über removeItem().

Im folgenden Beispiel werden zuerst über clear() alle bisherigen Einträge gelöscht. Danach werden neue Einträge gesetzt. Schließlich wird über length die Anzahl der gespeicherten Werte ausgelesen, diese werden in einer for-Schleife durchlaufen und jeweils die Werte ausgegeben.

Listing 9.8 Alle Werte ausgeben lassen *(localStorage_alle_ausgeben.html)*

```
localStorage.clear();
localStorage.setItem("ort", "München");
localStorage.setItem("farbe", "rot");
localStorage.setItem("werkzeug", "hammer");
var anzahl = localStorage.length;
 var ausgabe = "";
for (var i = 0; i < anzahl; i++) {
  ausgabe += localStorage.getItem(localStorage.key(i)) + " ";
}
 console.log(ausgabe);
```

Bild 9.14 Alle gespeicherten Werte werden in der Konsole ausgegeben.

9.3.2 localStorage – Strings, sonst nichts

Eine Besonderheit gibt es bei localStorage: Die Inhalte werden immer als Strings gespeichert. Das kann in manchen Fällen zu Problemen führen.

 Dass Inhalte immer als Strings gespeichert werden, ist in der im Frühsommer 2012 gültigen Browserimplementation der Fall, in der Spezifikation ist es eigentlich anders vorgesehen.

Nehmen wir an, Sie speichern als Wert eine Zahl. Danach wollen Sie zur Zahl 2 addieren und das Ergebnis ausgeben.

```
localStorage.zahl = 42;
console.log(localStorage.zahl + 2);
```

Dies gibt jetzt **422** aus – denn 42 wird als String behandelt und die 2 daran gehängt.

Besser funktioniert es, wenn Sie die JavaScript-Methode `parseInt()` einsetzen.

```
localStorage.zahl = 42;
var zahl = parseInt(localStorage.zahl);
console.log(zahl + 2);
```

Ebenso kann es Probleme geben, wenn Sie boolesche Wahrheitswerte im localStorage-Objekt abspeichern und direkt weiterverarbeiten. In folgendem Beispiel wird der boolesche Wert `false` gespeichert. Intern wird er aber als String gespeichert. Bei der Überprüfung wird jetzt der String `"false"` ausgewertet. Und da dieser String den booleschen Wert `true` ergibt, wird *„Wert als wahr ausgewertet"* ausgegeben.

```
localStorage.bool = false;
if (localStorage.bool) {
  console.log("Wert als wahr ausgewertet");
}
```

Eine Lösung bietet folgender Ansatz, bei dem ein Stringvergleich auf den Wert "true" durchgeführt wird.

```
localStorage.bool = false;
if (localStorage.bool == "true") {
  console.log("Wert als wahr ausgewertet ");
}
else {
  console.log("Wert als falsch ausgewertet ");
}
```

Jetzt wird wie erwartet „Wert als falsch ausgewertet" ausgegeben.

Wollen Sie Objekte im localStorage speichern, so nutzen Sie am besten JSON-Methoden.

> JSON steht für JavaScript Object Notation und ist ein kompaktes Datenformat zur Speicherung von Inhalten in Schlüssel-Wert-Paaren. JavaScript stellt ein natives JSON-Objekt bereit, das praktische Methoden zur Arbeit mit JSON bietet.

Nehmen wir als Beispiel folgende fiktive Konfiguration.

```
var konfiguration = {
  "farbe": "rot",
  "schriftgroesse": "mittel",
  "hintergrund": "dunkel"
}
```

Wenn Sie dieses direkt in localStorage speichern und danach wieder auslesen, erhalten Sie nicht die gewünschte Ausgabe.

```
localStorage.daten = konfiguration.
console.log(localStorage.daten);
```

Auf der Firebug-Konsole wird [object Object] ausgegeben. Es funktioniert allerdings, wenn Sie mit JSON arbeiten. Über `JSON.stringify()` können Sie das Objekt in einen String verwandeln und über `JSON.parse()` aus dem String wieder das Objekt gewinnen.

```
localStorage.daten = JSON.stringify(konfiguration);
var daten = JSON.parse(localStorage.daten);
console.log(daten);
```

Die Ausgabe lautet jetzt: *Object { farbe="rot", schriftgroesse="mittel", hintergrund="dunkel"}*

Die Besonderheiten bei der Speicherung von Daten innerhalb von localStorage gelten gleichermaßen für sessionStorage: Das unterscheidet sich ja nur wie erwähnt durch die kürzere Dauer, in der die Daten gespeichert werden.

9.3.3 localStorage und sessionStorage im Browser überprüfen

Ob die Speicherung geklappt hat, können Sie im Browser überprüfen. Sehr komfortabel geht es beispielsweise in den Entwicklungswerkzeugen von Chrome. Wenn Sie diese aktiviert haben, finden Sie unter RESOURCES den Eintrag LOCALSTORAGE, ein Klick auf LOCAL-

FILES zeigt die von dieser Webseite gespeicherten Schlüssel-Wert-Paare. Diese lassen sich an dieser Stelle auch editieren und ändern. Klicken Sie einfach doppelt in einen Eintrag, dann sind Sie im Schreibmodus und können Änderungen durchführen.

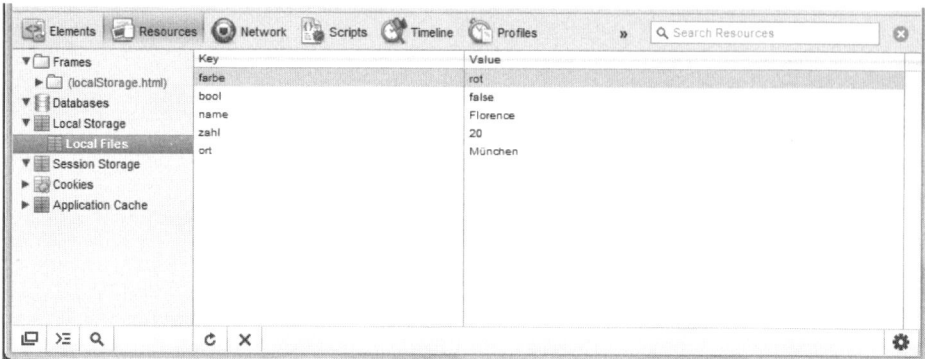

Bild 9.15 localStorage-Daten in den Entwicklerwerkzeugen von Chrome

Im Firebug können Sie zur Überprüfung auch die Konsole verwenden. Wenn Sie unten localStorage eingeben, erhalten Sie Informationen über das localStorage-Objekt und können befehlsgesteuert Inhalte ändern.

Bild 9.16 Eingabe von localStorage in der Konsole von Firebug

 PRAXISTIPP: Einen Überblick über alle im localStorage gespeicherten Daten bietet die Firefox-Erweiterung mit Namen HTML5 Local Storage Explorer von Foundstone (*https://addons.mozilla.org/de/firefox/addon/foundstone-html5-local-storage*). Wenn Sie sie installiert haben, lässt sie sich über das Menü EXTRAS aufrufen. Sie werden erstaunt sein, wie viele Seiten Informationen im localStorage gespeichert haben. Wenn Sie Hacks-Mozilla aufgerufen haben, so ist es verantwortlich für den folgenden Eintrag.

Bild 9.17 „This text will be saved locally, forever", schreibt hacks.mozilla.

In Opera aktivieren Sie zuerst über STRG + UMSCHALTTASTE + I (Windows) oder BEFEHL + OPTION + I (Mac) das Entwicklungstool Dragonfly. Beim Menüpunkt STORAGE gibt es einen eigenen Tab LOCALSTORAGE.

9.3.4 Unterstützung von localStorage testen

Bevor Sie localStorage einsetzen, sollten Sie prüfen, ob es im aktuellen Browser unterstützt wird. Sie sollten daher testen, ob das `window`-Objekt über das `localStorage`-Unterobjekt verfügt.

```
function lc() {
  try {
    return 'localStorage' in window && window['localStorage'] !== null;
  } catch(e){
    return false;
  }
}
if (lc) {
  //Wenn localStorage unterstützt
}
```

Bei der Verwendung von Modernizr ist die Überprüfung der Unterstützung sehr einfach.

```
if(Modernizr.localStorage) {
  //alert("localStorage unterstützt");
}
```

bzw.

```
if(Modernizr.sessionStorage) {
  //alert("sessionStorage unterstützt");
}
```

Modernizr führt hier im Hintergrund eine erweiterte Überprüfung durch. Getestet wird nicht nur, ob das Objekt vorhanden ist, sondern ob sich wirklich Schlüssel-Wert-Paare setzen lassen, was an sich zuverlässiger ist. Im Folgenden sehen Sie, wie die Tests durchgeführt werden.

```
tests['localstorage'] = function() {
  try {
    localStorage.setItem(mod, mod);
    localStorage.removeItem(mod);
    return true;
  } catch(e) {
    return false;
  }
};
tests['sessionstorage'] = function() {
  try {
    sessionStorage.setItem(mod, mod);
    sessionStorage.removeItem(mod);
    return true;
  } catch(e) {
    return false;
  }
};
```

9.3.5 Browserunterstützung für WebStorage

Tabelle 9.2 WebStorage in den Browsern (aktualisierte Daten dazu unter *http://mobilehtml5.org*)

Safari iOS	Android	Black-Berry	Firefox	Opera Mobile	Opera Mini	Internet Explorer
ja	2.0+	6.0	ja	ja	–	9+

PRAXISTIPP: Als Fallback-Lösung für localStorage können Cookies benutzt werden (siehe etwa *https://github.com/wojodesign/local-storage-js* und auch *https://gist.github.com/350433*). Aber das funktioniert natürlich nur für kleinere Datenmengen.

9.3.6 localStorage – Kritik und Alternativen

localStorage wird mitunter auch heftig kritisiert, beispielsweise von Chris Heilmann *(http://hacks.mozilla.org/2012/03/there-is-no-simple-solution-for-local-storage)* auf hacks.mozilla.org. Es gibt folgende Probleme damit:

- Die Performance ist nicht optimal, da die Speicherung synchron erfolgt und damit andere Prozesse blockieren kann.
- Es gibt kein Ablaufdatum für die gespeicherten Inhalte. Sofern diese nicht durch das Skript oder durch den Benutzer gelöscht werden, bleiben sie erhalten. Derzeit gibt es auch keine komfortable Möglichkeit für den Benutzer, die Inhalte von localStorage zu löschen.
- Es gibt keine zuverlässige Möglichkeit zu überprüfen, ob noch Speicherplatz zur Verfügung steht.

indexedDB

Als Alternative wird indexedDB ins Feld geführt. Das ist ebenfalls eine Speichermöglichkeit über JavaScript. indexedDB ist allerdings für mehr Daten vorgesehen, es ist eben eine Datenbank.

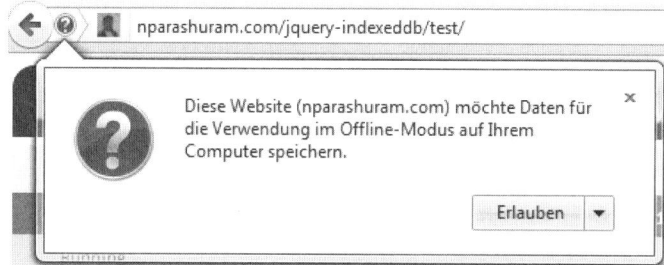

Bild 9.18 Bevor Daten in indexedDB gespeichert werden, muss der Benutzer zustimmen.

Aber indexedDB hat auch Nachteile: Zuerst einmal ist die API wesentlich weniger intuitiv und nicht so einfach zu nutzen wie WebStorage. Und zum anderen ist die Unterstützung für indexedDB derzeit auf mobilen Geräten noch so gut wie nicht vorhanden. In Zukunft wird sich dies aber sicher ändern.

PRAXISTIPP: Ein Beispiel, wie Sie ein Bild in indexedDB speichern können, zeigt *http://hacks.mozilla.org/2012/02/storing-images-and-files-in-indexeddb*.

WebSQL Storage

Eine weitere Möglichkeit, die zur Speicherung von Daten auf dem Client in einer Datenbank genutzt werden kann, ist WebSQL Storage *(http://www.w3.org/TR/webdatabase)*. Das Schöne daran: Es ist bereits in Webkit-basierten Browsern angekommen und funktioniert damit auf vielen mobilen Geräten. Der große Nachteil: Die entsprechende Arbeitsgruppe hat angekündigt, nicht weiter an der Spezifikation zu arbeiten, sodass WebSQL Storage keine Zukunft mehr hat.

So ist derzeit WebStorage die praktikabelste Speichermöglichkeit mit Zukunft, die natürlich mit anderen Speichermöglichkeiten wie Cookies und AppCache kombiniert werden kann.

PRAXISTIPP: Eine interessante Kombination von WebStorage und AppCache zeigt *http://www.alistapart.com/articles/application-cache-is-a-douchebag*.

9.4 Geolocation API

Eine Besonderheit von mobilen Geräten ist eben auch, dass sie mobil sind, das heißt mit dem Nutzer unterwegs. Deswegen ist es besonders interessant zu erfahren, wo sich ein Benutzer befindet, um ihm für seinen Ort spezifische Angebote zu unterbreiten oder ihm dadurch auch zu ersparen, selbst mühsam die Adresse einzugeben. Genau hierbei hilft die Geolocation API. Wenn alles klappt, können Sie über die Geolocation API den Breiten- und Längengrad auslesen und diese weiter verarbeiten – beispielsweise die aktuelle Position auf Google Maps anzeigen lassen.

Die offizielle Spezifikation finden Sie unter *http://www.w3.org/TR/geolocation-API*.

Die Geolocation API definiert, wie Sie solche Informationen auslesen können. Wie der Browser hingegen an die Positionsangaben kommt, ist seine Sache. Browser verwenden Lokalisierungsdienste, die die Information, wo sich ein Benutzer befindet, anhand mehrerer möglicher Informationen ermitteln:

- IP-Adresse
- WLAN-Netzwerke (so hat beispielsweise Google alle WLAN-Netzwerke gescannt, als die Daten für Google Street View gesammelt wurden.)
- GPS
- Funksignale (Handynetz)

Diese unterscheiden sich natürlich in der Genauigkeit und außerdem kann es ja nach verwendetem Lokalisierungsdienst auch zu unterschiedlichen Ergebnissen kommen.

 Eine schöne Einführung in dieses Thema von Benutzerseite liefert *http://www.mozilla.org/de/firefox/geolocation*.

9.4.1 Erst fragen, dann ...

Die Information, wo sich jemand befindet, ist natürlich eine äußerst persönliche. Denn liest und wertet man diese Information regelmäßig aus, erfährt man sehr viel über den Benutzer: wo er wohnt, ob er Kinder hat, Bioprodukte isst, mit dem Auto fährt, welche Sorte von Filmen er ansieht bis hin zu seiner religiösen Zugehörigkeit etc. Deswegen können Sie die Information über die geografische Position des Nutzers auch nicht direkt in einer Webseite auslesen, sondern erst wenn der Browser den Benutzer um Erlaubnis gefragt und der Benutzer diesem zugestimmt hat. Wie die Frage im Firefox aussieht, zeigt Bild 9.19. Über das Icon links oben können Sie die Frage wieder aktivieren, falls Sie sie weggeklickt haben.

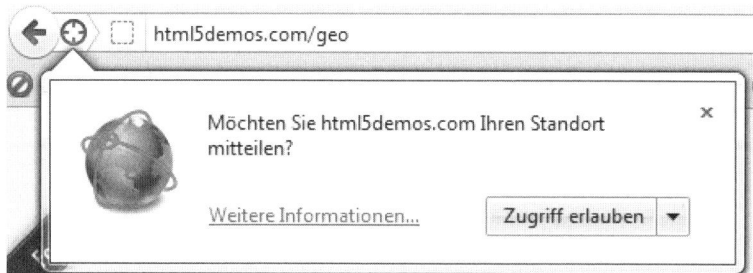

Bild 9.19 Nachfrage im Firefox

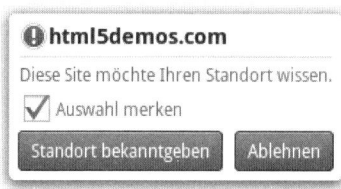

Bild 9.20 Opera Mobile fragt nach, ob die Webseite den Standort auslesen kann ...

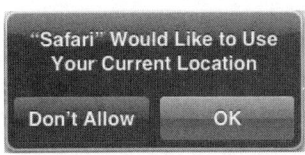 **Bild 9.21** iPad: Wenn Sie zugestimmt haben, kommt bei den Seiten eine weitere Abfrage.

Für Tests ist es wichtig zu wissen, wie Sie die in diesem Fenster gegebene Erlaubnis widerrufen bzw. im Nachhinein die Erlaubnis erteilen. Diese Optionen finden Sie immer irgendwo in den Einstellungen des Browsers versteckt, beispielsweise:

- Im Android-internen Browser gibt es entsprechende Optionen unter EINSTELLUNGEN/ STANDORTZUGRIFF AKTIVIEREN bzw. STANDORTZUGRIFF LÖSCHEN.
- Im iPhone finden Sie die Einstellung unter EINSTELLUNGEN / ALLGEMEIN / ZURÜCKSETZEN. Tippen Sie hier auf ORTUNGSWARNUNGEN ZURÜCKSETZEN.
- Opera Mobile: Im Opera-Menü finden Sie den Punkt unter EINSTELLUNGEN / PRIVATSPHÄRE / BEKANNTGEGEBENE ORTUNGSEINSTELLUNGEN LÖSCHEN.

9.4.2 Geolocation API

Wird die Geolocation API unterstützt, so hat der Browser das Objekt `navigator.geolocation` mit verschiedenen Methoden:

- `getCurrentPosition()` ermöglicht es, die aktuelle Position auszulesen.
- `watchPosition()` liest die aktuelle Position mehrmals aus, ist also nützlich, um eine Bewegung festzustellen. Die Callback-Funktion wird mehrmals ausgeführt.
- `clearWatch()` beendet die Beobachtung der aktuellen Position, die mit `watchPosition()` ausgelöst wurde.

Ob die Geolocation API unterstützt wird, können Sie mithilfe von Modernizr prüfen.

```
if (Mondernizr.geolocation) {
 // wenn Geolocation unterstützt
}
else {
  // Geolocation nicht unterstützt
}
```

Sie können es aber auch händisch auf folgendem Wege prüfen.

```
if (navigator.geolocation) {

}
```

Sehen wir uns einmal die Methode `getCurrentPosition` genauer an. `getCurrentPosition` erwartet drei Parameter:

- Als ersten Parameter eine Callback-Funktion, die aufgerufen wird, wenn die Positionsermittlung erfolgreich ist.
- Der zweite Parameter ist ebenfalls eine Callback-Funktion, die allerdings aufgerufen wird, wenn es einen Fehler gegeben hat.
- Als dritten Parameter können Sie ein Array mit Optionen übergeben.

PRAXISTIPP: Callback-Funktionen sind wichtig in JavaScript. Wikipedia übersetzt Callback-Funktionen auch mit *Rückruffunktionen* und liefert folgende Definition: Eine Callback-Funktion ist „eine Funktion, die einer anderen Funktion als Parameter übergeben und von dieser unter gewissen Bedingungen aufgerufen wird" *(http://de.wikipedia.org/wiki/R%C3%BCckruffunktion)*.

Wichtig ist, dass Sie in JavaScript Callback-Funktionen richtig angeben. Sie können direkt den Namen der Funktion ohne runde Klammern schreiben, also beispielsweise:

```
navigator.geolocation.getCurrentPosition(position);
```

Die Funktion können Sie dann gesondert definieren:

```
function position() { }
```

Oder aber Sie geben direkt eine anonyme Funktion, d. h. eine Funktion ohne Namen, an:

```
navigator.geolocation.getCurrentPosition(function(pos)  {
});
```

Nun folgt ein Beispiel für die Verwendung von `getCurrentPosition()`: Im Erfolgsfall wird `position` aufgerufen, bei Fehlern `fehler` und `optionen` beinhaltet es weitere Angaben.

```
navigator.geolocation.getCurrentPosition(position, fehler, optionen);
```

Der Callback-Funktion, die bei Erfolg ausgeführt wird, wird ein Objekt übergeben mit zwei Eigenschaften, nämlich `coords` und `timestamp`. `timestamp` beinhaltet den Zeitpunkt, an dem die Position ausgelesen wurde. `coords` liefert eine Fülle von Informationen, von denen `latitude` und `longitude` besonders nützlich sind:

- `coords.latitude`: Breitengrad
- `coords.longitude`: Längengrad
- `coords.altitude`: Höhe
- `coords.accuracy`: Exaktheit
- `coords.heading`: Richtung
- `coords.speed`: Geschwindigkeit
- `coords.altitudeAccuracy`: Exaktheit der Höhenangabe

Im folgenden Beispiel wird `getCurrentPosition` nur die erste Funktion übergeben, die im Erfolgsfall aufgerufen wird, die entsprechenden Informationen werden ausgelesen und in einer `alert`-Box ausgegeben.

Listing 9.9 Position auslesen *(geo_api.html)*

```
navigator.geolocation.getCurrentPosition(
  function (position) {
    var ausgabe = "Breitengrad " + position.coords.latitude  + "\n"
              + "Längengrad "   + position.coords.longitude + "\n"
              + "Höhe "         + position.coords.altitude  + "\n"
```

```
                        + "Exaktheit "           + position.coords.accuracy         + "\n"
                        + "Exaktheit Höhe "      + position.coords.altitudeAccuracy
                        + "\n"
                        + "Richtung "            + position.coords.heading          + "\n"
                        + "Geschwindigkeit "     + position.coords.speed            + "\n"
                        + "Zeitstempel "         + position.timestamp;
    alert(ausgabe);
});
```

Bild 9.22 Opera Mobile: Die ermittelten Daten werden ausgegeben.

Das waren die Informationen, die Sie auslesen können, wenn die Bestimmung der Position erfolgreich war. Sehen wir uns jetzt genauer die Callback-Funktion an, die im Fehlerfall aufgerufen werden kann. Das hier übergebene Objekt liefert beispielsweise einen der folgenden Fehlercodes:

- `UNKNOWN_ERROR (0)`: unbekannter Fehler
- `PERMISSION_DENIED (1)`: Erlaubnis nicht erteilt
- `POSITION_UNAVAILABLE (2)`: Position des Gerätes konnte nicht herausgefunden werden
- `TIMEOUT (3)`: Zeit ist abgelaufen (Dieser Fehler kann auftreten, wenn Sie bei den zusätzlichen Optionen eine Obergrenze angegeben haben.)

Außerdem kann es eine Meldung (`message`) liefern, die für Debugging gedacht ist – aber nicht dazu, dem Benutzer präsentiert zu werden.

 PRAXISTIPP: Im Firefox ist es mitunter schwierig, dass diese Fehler wirklich ausgelöst werden. Gibt man bei dem erscheinenden Dialog mit der Nachfrage an, dass man diese Daten „Jetzt nicht" bereitstellen will, wird kein Fehler ausgelöst. Hinweise dazu gibt es unter *https://bugzilla.mozilla.org/show_bug.cgi?id=650247* und *https://bugzilla.mozilla.org/show_bug.cgi?id=591745*. Dies war ursprünglich so beabsichtigt, ist aber verwirrend bei der Programmierung.

Als dritter Parameter kann an `getCurrentPosition()` ein JavaScript-Objekt mit folgenden Optionen übergeben werden:

- `enableHighAccuracy`: Dahinter geben Sie `true` an, wenn Sie die Position mit der größtmöglichen Genauigkeit erhalten wollen.
- `maximumAge` bestimmt das maximale Cachealter in Millisekunden; es kann nämlich sein, dass das Gerät die Position cachet, um beispielsweise den Akku zu schonen.
- `timeout` legt die maximale Zeit fest, in der versucht werden soll, die Position zu erhalten.

Im Listing 9.10 sehen Sie die erweiterte Variante des letzten Beispiels: Die Meldung wird innerhalb eines Output-Elements ausgegeben und im Falle eines Fehlers wird ebenfalls eine entsprechende Meldung erzeugt.

Listing 9.10 Position und weitere Informationen ermitteln und ausgeben lassen *(geo_api2.html)*

```
<!DOCTYPE html>
<html>
  <head>
  <meta charset="UTF-8" />
   <meta name="viewport" content="width=device-width, initial-scale=1" />
   <title>Position auslesen</title>
</head>
<body>
<h2>Die Position und alles, was dazugehört </h2>
<div id="output">Position ermitteln ...</div>
<script>
if (navigator.geolocation) {
  navigator.geolocation.getCurrentPosition(
    function (position) {
      var ausgabe = "Breitengrad "   + position.coords.latitude  + "<br />"
              + "Längengrad "        + position.coords.longitude + "<br />"
              + "Höhe "              + position.coords.altitude  + "<br />"
              + "Exaktheit "         + position.coords.accuracy  + "<br />"
              + "Exaktheit Höhe "    + position.coords.altitudeAccuracy
              + "<br />"
              + "Richtung "          + position.coords.heading   + "<br />"
              + "Geschwindigkeit "   + position.coords.speed     + "<br />"
              + "Zeitstempel "       + position.timestamp;

      document.getElementById("output").innerHTML=ausgabe;
    },
    function (fehler) {
     var meldung = "";
     switch(fehler.code) {
       case fehler.PERMISSION_DENIED:
       meldung = "Erlaubnis nicht erteilt";
       break;

       case fehler.POSITION_UNAVAILABLE:
       meldung = "Position konnte nicht ermittelt werden.";
       break;

       case fehler.TIMEOUT:
       meldung = "Position konnte nicht in der vorgegebenen Zeit ermittelt
werden";
```

```
        break;

      case fehler.UNKNOWN_ERROR:
        meldung = "Ein unbekannter Fehler ist aufgetreten.";
        break;
    }
      document.getElementById("output").innerHTML=meldung;
    },

    {timeout:10000}
  )
}
else {
  var meldung = "Geolocation wird nicht unterstützt";
  document.getElementById("output").innerHTML=meldung;
}

</script>
</body>
</html>
```

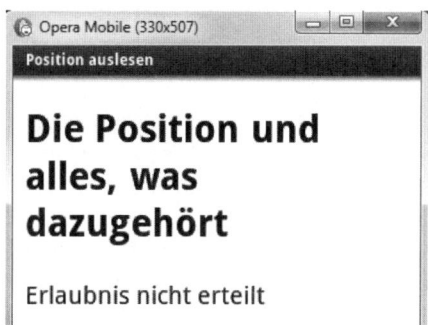

Bild 9.23 Stimmt der Benutzer nicht zu, wird eine entsprechende Meldung ausgegeben.

9.4.3 Browserunterstützung für die W3C Geolocation API

Tabelle 9.3 Geolocation API in den Browsern (aktualisierte Daten dazu unter *http://mobilehtml5.org*)

Safari iOS	Android	Black-berry	Firefox	Opera Mobile	Opera Mini	Internet Explorer
ja	2.0+	6.0	ja	ja	–	9+

Die Unterstützung ist ordentlich, wie Sie in der Tabelle sehe. Aber in älteren Geräten ist teilweise eine andere Version von Geolocation – nicht die W3C-Variante – implementiert; so verwenden ältere Android-Browser eine Geolocation-Variante, die auf Google Gears setzt; und der Blackberry OS 5 unterstützt ebenfalls eine eigene Version von Geolocation. Klingt kompliziert, glücklicherweise gibt es aber ein Skript, das sich um die verschiedenen benötigten Implementierungen kümmert mit Namen geo-location-javascript (*http://code.google.com/p/geo-location-javascript*):

Um es zu benutzen, müssen Sie es zuerst herunterladen und einbinden.

```
<script src="js/geo.js" ></script>
```

Dann müssen Sie die Überprüfung anpassen, mit der geschaut wird, ob die Geolocation API unterstützt wird.

```
if(geo_position_js.init()){
   geo_position_js.getCurrentPosition(success_callback,error_callback);
}
else{
   alert("Geolocation nicht unterstützt");
}
```

Danach können Sie wie gewohnt die beiden Callback-Funktionen implementieren.

> **HINWEIS:** Bei dem Skript geo-location-javascript gab es im April 2012 eine Änderung: Ursprünglich musste zusätzlich ein Verweis auf *gears_init.js* integriert werden; als Google dies jedoch vom Netz genommen hat, wurde das entsprechende Skript direkt integriert, so dass der zusätzliche Verweis nicht mehr notwendig ist.

Die Geolocation API ist relativ gut unterstützt, trotzdem bedeutet das nicht, dass es immer klappt. Schließlich kann der Benutzer Ihnen jederzeit die Erlaubnis verweigern, seine Position auszulesen. Deswegen sollten Sie immer eine akzeptable Fallbacklösung bereithaben. Außerdem kann es sein, dass das Positionsauslesen zwar geklappt hat, der Benutzer aber wirklich Informationen zu einem Pizzaservice von einem anderen Ort als seinem aktuellen haben möchte, weil er erst gerade dahin unterwegs ist. Deswegen ist es good practice, die Position auszulesen, dem Benutzer aber die Möglichkeit zu geben, diese auch zu ändern.

> In Kapitel 11.8 finden Sie ein Beispiel, wie Sie die Geolocation API nutzen können, um eine Karte mit der aktuellen Position des Nutzers anzeigen zu lassen.

■ 9.5 Device Orientation API

Mit CSS3-Media Queries können Sie verschiedene Stylesheets laden lassen, je nachdem, ob das Gerät im Portrait- oder Landscape-Modus ist durch die Angabe orientation.

```
<link rel="stylesheet" media="all and (orientation:portrait)"
href="portrait.css" />
<link rel="stylesheet" media="all and (orientation:landscape)"
href="landscape.css" />
```

Im Beispiel werden die Angaben aus dem Stylesheet *portrait.css* im Portrait-Modus berücksichtigt, die Regeln aus *landscape.css* hingegen im Landscape-Modus.

Skriptgesteuert differenziertere Information über die Position des Geräts auszulesen und direkt auf alle Bewegungen des mobilen Geräts zu reagieren, erlaubt die Device Orientation API *(http://www.w3.org/TR/orientation-event)*. Es ist eine relativ neue API, die Unterstützung beginnt erst langsam.

Bild 9.24 zeigt einen Ausschnitt aus der Spezifikation *(http://www.w3.org/TR/orientation-event)* mit den involvierten Achsen.

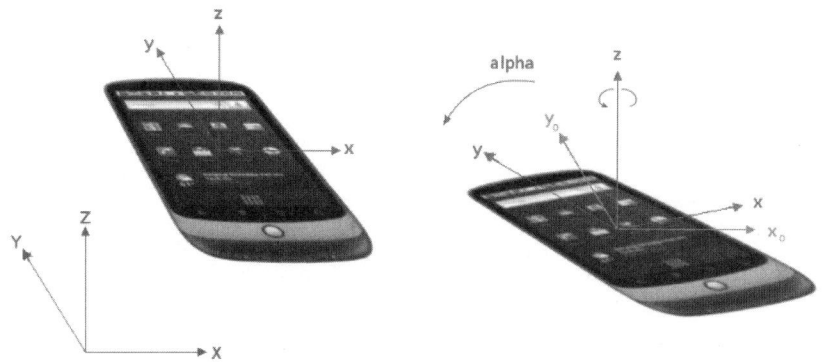

Device in the initial position, with Earth (XYZ) and body (xyz) frames aligned.

Device rotated through angle alpha about z axis, with previous locations of x and y axes shown as x_0 and y_0.

Bild 9.24 Die verschiedenen involvierten Achsen

Die Device Orientation API definiert mehrere Events, von denen zwei am wichtigsten sind: `deviceorientation` und `devicemotion`.

- `deviceorientation` ermöglicht es zu ermitteln, wie das Gerät zur Erde positioniert ist.
- `devicemotion` bietet ein Ablesen von Beschleunigung und Drehung, also wie das Gerät im Verhältnis zur Erde bewegt wird.

Für diese Events können Sie auf die klassische Art mit `EventListener` registrieren.

Listing 9.11 Die Orientierung des Geräts auslesen *(deviceorientation.html)*
```
window.addEventListener("deviceorientation", handleOrientation, true);
```

In der definierten Funktion können Sie auf die Eigenschaften zugreifen, die im Beispiel ausgegeben werden.

```
window.addEventListener("deviceorientation", handleOrientation, true);
  function handleOrientation(orientData) {
    var alpha = orientData.alpha;
    var beta = orientData.beta;
    var gamma = orientData.gamma;

    var output = document.getElementById("output");

    output.innerHTML="alpha: " + alpha +
                ", beta: " + beta +
                ", gamma: " + gamma;
}
```

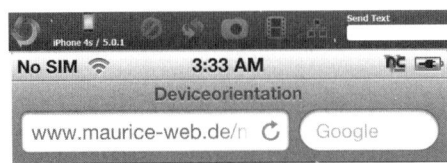

Bild 9.25 Die ausgelesenen Werte werden ausgegeben (iPhone, iOS 5.01).

Jetzt möchte ich noch genauer auf die angegebenen Werte eingehen:

- `alpha` beinhaltet eine Gradangabe relativ zum Norden. Da der Wert gegen den Uhrzeigersinn angegeben ist, müssen Sie `360 - alpha` nehmen, um einen typischeren Wert zu erhalten.
- `beta` bestimmt die vertikale Drehung. Wenn das Gerät auf dem Boden liegt, ist der Wert 0, wenn es senkrecht aufgerichtet ist, dann 90.
- Mit `gamma` ermitteln Sie die seitliche Drehung.

Die ausgelesenen Werte können Sie beispielsweise einsetzen, um ein Element entsprechend mit CSS3-3D-Transformationen zu drehen.

Listing 9.12 Ein Element aufgrund der Bewegung des Geräts drehen *(deviceorientation_drehung.html)*

```
<!DOCTYPE html>
<html>
  <head>
  <meta charset="UTF-8" />
    <meta name="viewport" content="width=device-width, initial-scale=1" />
  <title>Deviceorientation</title>
  <style>
  body {
    font: 120% sans-serif;
  }
  h1 {
    font-size: 100%;
  }
    #viereck {
      margin: auto;
      background-color: orange;
      width: 80%;
      max-width: 400px;
      height: 200px;
      line-height: 200px;
      text-align: center;
      border: 2px dotted blue;
    }
  </style>
  </head>
```

```
<body>
  <h1>Deviceorientation</h1>
  <div id="viereck">Viereck</div>
<script>
window.addEventListener("deviceorientation", handleOrientation, true);
function handleOrientation(orientData) {
  var alpha = orientData.alpha;
  var beta = orientData.beta;
  var gamma = orientData.gamma;
  var viereck = document.getElementById("viereck");
  viereck.style.webkitTransform = "rotate(" + gamma + "deg)
rotate3d(1, 0, 0, "

+ beta + "deg)";
  viereck.style.MozTransform = "rotate(" + gamma + "deg)
rotate3d(1, 0, 0, " + beta

+ "deg)";
  viereck.style.msTransform = "rotate(" + gamma + "deg)
rotate3d(1, 0, 0, " + beta

+ "deg)";
  viereck.style.OTransform = "rotate(" + gamma + "deg)
rotate3d(1, 0, 0, " + beta

+ "deg)";
}
</script>
</body>
</html>
```

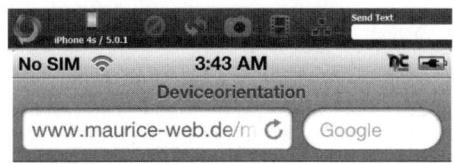

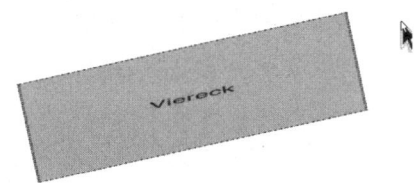

Bild 9.26 Gedrehtes Viereck im iPhone (5.01)

Weitere Erläuterungen zur Device Orientation API finden Sie unter *http://www.html5rocks.com/en/tutorials/device/orientation*: Hier wird dann passend ein Logo gedreht.

Das Spannende an dieser API ist, dass Sie sie für eine andere Art der Benutzerinteraktion verwenden können. Die Beercamp-Seite von 2012 *(http://2012.beercamp.com)* präsentiert sich beispielsweise als Pop-up-Buch. Auf Desktop-Browsern wird das Umblättern durch Mausgesten realisiert, auf mobilen Geräten – sofern sie dies unterstützen – geschieht das Umblättern über eine Bewegung des Geräts. Diese Bewegungen abfangen zu können, ist natürlich auch für Browserspiele interessant.

Bild 9.27 Die Beercamp-Webseite als 3D-Popup-Buch reagiert auf die Ausrichtung.

 Näheres zu den Hintergründen der Realisierung der Beercamp-Webseite erfahren Sie in folgendem Artikel des Smashing Magazines: *http://coding.smashingmagazine.com/2012/04/17/beercamp-an-experiment-with-css-3d*. Gleich zu Beginn steht die deutliche Warnung: Nein, die hier beschriebenen Techniken sind noch nicht für einen breiten Einsatz geeignet. Es ist in der Tat eher Zukunftsmusik, aber dank sich immer schneller entwickelnder Geräte nähern wir uns der Zukunft schneller als noch vor einer Weile.

Tabelle 9.4 Device Orientation (aktualisierte Daten unter *http://caniuse.com/deviceorientation*)

Safari iOS	Android	Black-Berry	Firefox	Opera Mobile	Opera Mini	Internet Explorer
4.2 +	3.0+	?	Mobile	12	–	10?

9.6 Weitere APIs

Es gibt eine Reihe von weiteren interessanten APIs, die sich derzeit zwar noch nicht browserübergreifend nutzen lassen, die aber zeigen, was in Zukunft möglich sein wird.

9.6.1 Media Capture

Mit dem richtigen `input`-Element können Sie dem Benutzer ermöglichen, Bilder mit der Kamera aufzunehmen.

```
<input type="file" accept="image/*;capture=camera"/>
```

Das funktioniert beispielsweise schon in Android Version 4: Klickt der Benutzer auf den Datei hochladen-Button wird die Kamera aktiviert und er kann direkt ein Bild aufnehmen.

Die entsprechende Spezifikation finden Sie unter *http://www.w3.org/TR/html-media-capture*. Sie befindet sich im Frühsommer 2012 im Zustand eines Working Drafts, d. h., dass hier noch von Änderungen auszugehen ist.

Ein Zugriff auf das Bild ist dann über die FILE API *(http://www.w3.org/TR/FileAPI)* über das BLOB-Interface *(http://www.w3.org/TR/FileAPI/#dfn-Blob)* möglich.

9.6.2 Page Visibility API

Mit der Page Visibility API *(http://www.w3.org/TR/page-visibility)* können Sie überprüfen, ob eine Seite gerade sichtbar ist, und damit beispielsweise auf bestimmte Aktionen verzichten, wenn die Seite sowieso gerade nicht sichtbar ist. Sinnvoll ist das beispielsweise für aufwendige Zeichenvorgänge oder Ähnliches.

```
if (document.hidden) {
  /* Seite gerade nicht sichtbar */
}
```

9.6.3 WebWorkers

JavaScript ist eine Single-Threaded-Umgebung, d. h., dass nicht mehrere Skripte gleichzeitig ausgeführt werden können. Das ändern WebWorkers *(http://www.whatwg.org/specs/webapps/current-work/multipage/workers.htm)*: Mit WebWorkers ist es möglich, Skripte im Hintergrund laufen zu lassen. Damit können Sie komplexe Rechenoperationen im Hintergrund laufen lassen, während im Vordergrund weiterhin der Benutzer mit der Seite normal interagieren kann.

9.6.4 System Notification

System Notification *(http://www.w3.org/TR/notifications)* ermöglichen Hinweise, die das Gerät bei Bedarf von sich gibt, auch wenn der Browser nicht mehr im Vordergrund ist in diesem Moment. Beispiel wäre: ein Pizzaservice, der informiert, wann die Pizza abgeholt werden kann. Im Working Draft geht es natürlich ebenfalls um das dafür notwendige System der Erlaubniserteilung: Schließlich soll nicht jede Webseite die Möglichkeit haben, Hinweise auszugeben – das wäre ein unerträglicher Gedanke.

9.6.5 Vibration API

Die Vibration API *(http://www.w3.org/TR/vibration)* macht genau das, was der Name vermuten lässt: Sie bietet eine Möglichkeit, wie Webanwendungen taktile Rückmeldungen an ihre Benutzer geben können.

```
navigator.vibrate(200);
```

Die Angabe bestimmt beispielsweise, dass der Browser eine Vibration auslösen soll, die 200 Millisekunden dauert. Außerdem lassen sich auch Vibrationsmuster erzeugen (lang-kurz im Wechsel etc.).

9.6.6 Battery Status API

Die Battery Status API *(http://www.w3.org/TR/battery-status)* war eigentlich Teil der System Information API, ist aber inzwischen ausgelagert. Sie erlaubt es, den Zustand des Akkus auszulesen. Beim W3C gibt es ein schönes Beispiel für eine Einsatzmöglichkeit: So könnte eine Webseite regelmäßig nach neuen Mails schauen, aber nur solange der Akku genügend geladen ist, und ansonsten auf diese Aktion verzichten.

9.6.7 Network Information API

Die Network Information API *(http://dvcs.w3.org/hg/dap/raw-file/tip/network-api/index.html)* ermöglicht es, über JavaScript zu ermitteln, wie die aktuelle Verbindung ist. Damit kann man zusätzliche Informationen oder größere Bilder bei einer besseren Verbindung laden.

Ein Beispiel, wie man diese API nutzen kann, um je nach Verbindung andere Bilder zu laden, zeigt *http://davidbcalhoun.com/2010/using-navigator-connection-android*. Wichtig ist aber auch der dort stehende Hinweis, dass man bei solchen Veränderungen dem Benutzer die Möglichkeit bieten muss, zwischen den verschiedenen Version zu wechseln; wie das aussehen könnte, zeigt Bild 9.28.

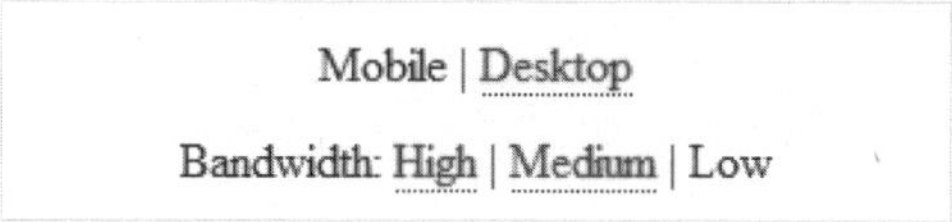

```
        Mobile | Desktop
Bandwidth: High | Medium | Low
```

Bild 9.28 So könnten die Wechsellinks aussehen.

Aber auch, wenn diese API weiter unterstützt wird, so löst sie nicht alle Probleme. Dann ist zwar eine Unterscheidung zwischen WLAN, Edge und 3G möglich; aber beispielsweise ist WLAN nicht gleich WLAN: Wird ein WLAN beispielsweise in einem Café von vielen Teilnehmern genutzt, ist die Verbindung schlechter *(http://bradfrostweb.com/blog/mobile/hi-res-optimization)*.

 Einen Überblick über die aktuellen APIs und ihren aktuellen Stand bietet *http://www.w3.org/standards/techs/mobileapp#w3c_all*. Interessant in dieser Hinsicht ist auch folgender Link: *http://hacks.mozilla.org/category/webapi*.

■ 9.7 Kurz zusammengefasst

Webseiten werden immer häufiger zu Anwendungen – und das gilt natürlich gerade auch vermehrt für mobile Webseiten, die zu mobilen Apps werden. Dafür braucht es das richtige Zeug dazu und das bieten die neuen APIs über JavaScript. Derzeit schon einsatzbereit sind:

- AppCache, um Daten für die Offline-Verwendung zu speichern
- WebStorage zum Speichern von Daten auf dem Client, so-dass man in manchen Situationen – aber natürlich nicht immer – auf Cookies verzichten kann.
- Geolocation API: Wenn Nutzer mobil sind, dann ist es natürlich besonders attraktiv, ihnen auch für ihren aktuellen Standort passende Dienste anbieten zu lassen.

Daneben steht eine Reihe von neuen APIs bereit, die zwar noch nicht zum breiten Einsatz taugen, aber zeigen, dass es nur noch eine Frage der Zeit ist, bis man auf weitere Komponenten der Geräte zugreifen kann; das war früher noch ein Alleinstellungsmerkmal von nativen Apps.

TEIL III

Umsetzung

10 Responsive Webdesign

Mit dem Responsive Webdesign verhält es sich ähnlich wie mit Ajax. Auch bei Ajax waren die zugrunde liegenden Techniken bereits bekannt und im Einsatz – aber für den Durchbruch der Technologie fehlte noch ein kurzer, prägnanter Begriff. In seinem Artikel für A List Apart im 24. Mai 2010 *(http://www.alistapart.com/articles/responsive-web-design)* verwendete Ethan Marcotte zum ersten Mal den Begriff „Responsive Webdesign" und seitdem erlebte er einen wahren Boom. Responsive Webdesign verwendet grundsätzliche CSS, um die Anpassungen an den unterschiedlichen Bildschirmen durchzuführen – und zwar über Formatierungen, die nur unter bestimmten Umständen gelten.

Seit Mai 2010 hat sich das Responsive Webdesign wesentlich weiterentwickelt. Es gibt verschiedene Ansätze zur Realisierung und auch neue Lösungen für mögliche Probleme wie z. B. für den Umgang mit Navigationen, für die Behandlung von Bildern und vieles mehr.

10.1 Das Grundprinzip des Responsive Webdesigns

Responsive Webdesign ist ein Design, das sich an die äußeren Gegebenheiten anpasst. So ist das Layout bei wenig verfügbarem Platz beispielsweise einspaltig, bei mehr verfügbarem Platz mehrspaltig. Laut Ethan Marcotte setzt sich das Responsive Webdesign aus drei Komponenten zusammen:

- Flüssiges Layout
- Flexible Bilder und andere Medien
- Media Queries

Zu diesen drei Punkten kommen wir jetzt im Detail.

10.1.1 Flüssige Layouts

Flüssige Layouts sind Layouts, die auf Prozente für Breitenangaben setzen. Damit passen sich die Layouts an die Breite des Bildschirmes an, d. h., sie nutzen den verfügbaren Platz optimal aus.

Noch weiter verbreitet im Web sind Layouts mit festen Pixelangaben. Der Grund hierfür ist, dass Pixellayouts einfacher zu testen und zu handeln sind. Beim Responsive Webdesign ist jedoch wie gesagt wichtig, dass es sich um flüssige Layouts handelt. Über Media Queries – dazu gleich ausführlich – können Sie Breakpoints definieren; d. h. festlegen, an welcher Stelle das Layout sich ändern soll. Sie können jedoch nicht unendlich viele Zwischenstufen definieren. Flüssige Angaben sorgen dafür, dass das Layout auch bei den Zwischenstufen funktioniert.

Angaben in Prozent sind auch für Layouts wichtig, die nur für mobile Nutzer gedacht sind. Denn Sie wissen bei Webseiten für mobile Geräte nicht, wie viel Platz Ihnen letztendlich auf dem Bildschirm zur Verfügung steht. Wenn Sie mit Prozentwerten arbeiten, können Sie sicher sein, dass Sie den verfügbaren Platz auch ausnutzen.

10.1.1.1 Pixel in Prozent umrechnen

Ein kleines Beispiel soll zeigen, wie Sie ein Layout, das in Pixeln konzipiert ist, in ein flüssiges Layout umwandeln. Das ist ein Schritt, den man häufiger vollzieht, weil beispielsweise der grafische Entwurf der Webseite in Pixeln angelegt ist.

Das HTML-Dokument hat die in Listing 10.1 dargestellte Struktur.

Listing 10.1 Ein Pixellayout *(layout_pixel.html)*

```html
<div id="container">
  <div id="kopf">Kopf</div>
  <div id="navigation">Navigation</div>
  <div id="inhalt">Inhalt</div>
</div>
```

Über CSS wird die grundlegende Anordnung vorgenommen: #kopf wird oben platziert, #navigation und #inhalt nebeneinander. Die zweispaltige Anordnung geschieht darüber, dass die Navigation links gefloatet wird und der Inhaltsbereich einen Außenabstand in der Größe der Navigation erhält.

```css
#container {
  background-color: #ccc;
  width: 960px;
}
#kopf {
  background-color: #aaa;
  width: 960px;
}
#kopf h1 {
  margin-bottom: 0;
  padding: 30px;
}
#navigation {
  width: 260px;
```

```
    float: left;
}
#navigation ul {
  margin-top: 0;
  padding-top: 30px;
}
#inhalt {
  background-color: #eee;
  margin-left: 260px;
  padding-top: 30px;
}
#inhalt p {
  margin-top: 0;
}
```

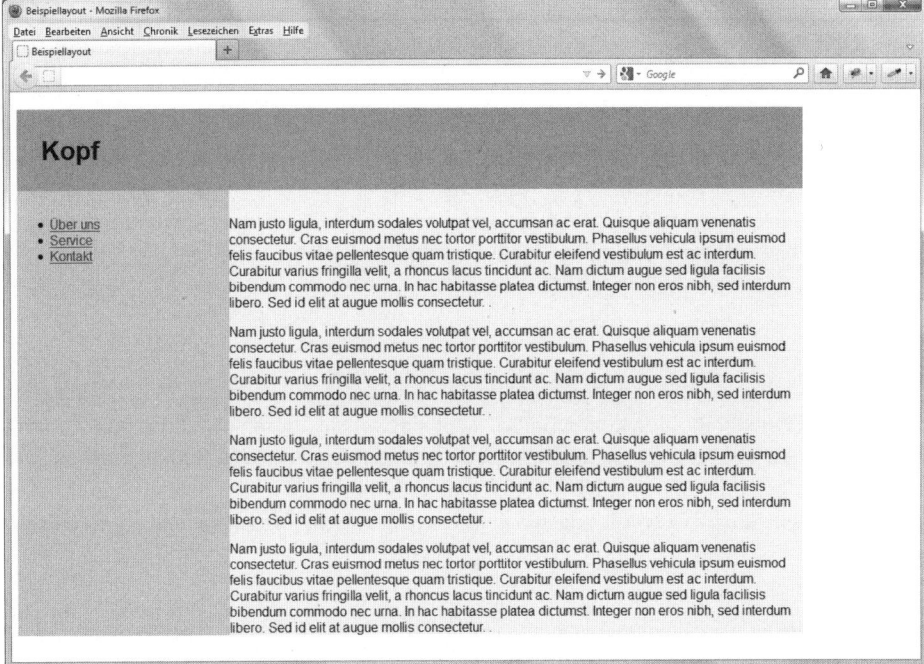

Bild 10.1 Das Beispiellayout mit festen Pixelangaben

Um das Beispiel in ein flüssiges Layout zu verwandeln, müssen Sie die Pixelwerte in Prozentwerte umrechnen. Prozentangaben sind immer relativ zum umgebenden Kontext. Eine Angabe wie 50 % kann ganz unterschiedlich breit sein, je nachdem, wo sie steht. In folgendem Beispiel gibt es mehrere `div`-Elemente, die eine Breite von 50 % erhalten.

Listing 10.2 Immer 50 % *(prozent_sind_relativ.html)*

```
<div style="width: 50%; background-color: #aaa">50%</div>
<div style="width: 50%;">
  <div style="width: 50%; background-color: #ddd">50%</div>
</div>
```

Das erste `div`-Element ist direktes Kindelement von `body`, damit bezieht sich 50 % auf die Breite des Browserfensters.

Die nächsten beiden `div`-Elemente sind ineinander verschachtelt. Beide haben eine Breite von 50 %. Beim inneren `div`-Element bezieht sich die Breite auf das Element, das es umfasst. Damit ist es halb so groß.

Bild 10.2 50 % sind relativ und beziehen sich immer auf den umgebenden Bereich.

Deswegen müssen Sie bei der Umrechnung von Pixeln in Prozentwerte immer **den umgebenden Kontext** berücksichtigen.

Beginnen wir mit der Umrechnung der Pixelangaben des Beispiels (Listing 10.1). `#container` hat eine Breite von 960 px. Dies ändern wir in 95 %, da es etwas Abstand nach rechts und links geben soll, aber das ist natürlich Geschmackssache.

```
#container {
  background-color: #ccc;
  width: 95%;
}
```

Jetzt zur Breitenangabe des Kopfbereichs. Im Beispiel war dieser ebenfalls 960 px breit. Eben hatten wir 960 px mit 95 % gleichgesetzt, aber das können wir hier nicht machen, weil sich der Bezugspunkt geändert hat. Um die benötigte Breite zu berechnen, gibt es eine Formel, die Ethan Marcotte schön auf den Punkt bringt (*http://www.alistapart.com/articles/fluidgrids*).

 PRAXISTIPP: Zielbreite geteilt durch Breite des Kontextes ergibt den gewünschten Wert.

Im Beispiel ist die Zielbreite 960 px, die Breite des Kontextes ist ebenfalls 960 px – also ist der gewünschte Wert 100 %.

```
#kopf {
  background-color: #aaa;
  width: 100%;
}
```

HINWEIS: Natürlich können Sie eine Breitenangabe wie 100 % auch weglassen, weil Blockelemente automatisch so breit werden wie ihr Inhalt. Im Beispiel wurde diese Breitenangabe jedoch verwendet, um zu demonstrieren, dass ein und derselbe Pixelwert – nämlich die 960 px – je nach Kontext zu anderen Prozentwerten führen kann.

Kümmern wir uns um die Navigation. Sie hat eine Breite von 260 px, der umgebende Kontext ist 960 px (die ursprüngliche Breite des umfassenden #container); damit ergibt sich ein Prozentwert von 27.083 % (260/960).

```
#navigation {
  width: 27.083%;
  float: left;
}
```

Diesen Wert setzen wir auch für margin-left beim Inhaltsbereich ein.

```
#inhalt {
  background-color: #eee;
  margin-left: 27.083%;
  padding-top: 30px;
}
```

Damit sind die wichtigsten Umrechnungen abgeschlossen, das Layout ist flüssig und passt sich an die Breite des Browserfensters an.

Für den Desktop ergibt sich aber noch ein Problem. Bei sehr viel verfügbaren Platz werden die Zeilen sehr lang, was das Lesen erschwert. Unabhängig von der Länge der Zeilen kann es außerdem sein, dass das Layout ab einer bestimmten Breite nicht mehr akzeptabel aussieht. Beschränken lässt sich die Breite über min-width und max-width. Diese können Sie beim umfassenden #container ergänzen.

```
#container {
  background-color: #ccc;
  width: 95%;
  max-width: 1200px;
  min-width: 700px;
}
```

Ob das wirklich immer notwendig ist, ist die Frage. Der Benutzer kann sich im Zweifelsfall ja das Browserfenster verkleinern. Bei der Darstellung auf mobilen Geräten stellt sich das Problem nicht, da dort die Zeilen im Allgemeinen nicht zu lang werden.

Das angepasste Listing finden Sie unter *layout_prozent.html*.

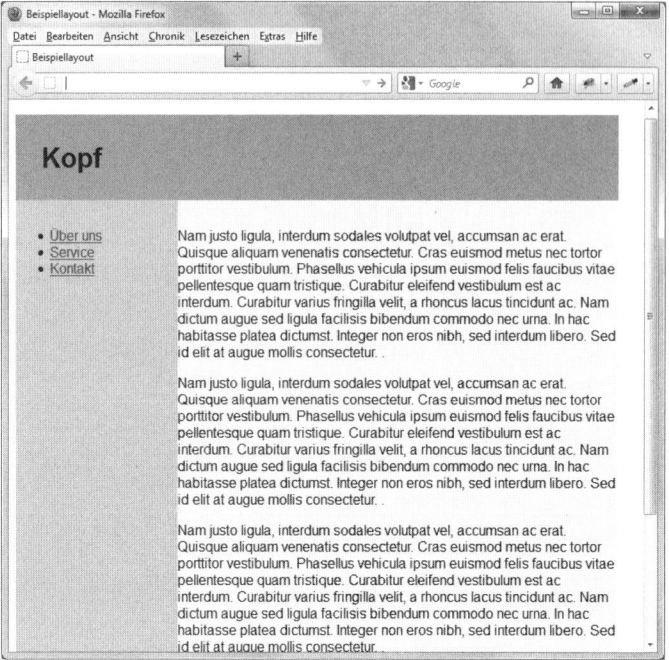

Bild 10.3 Schmal bei wenig verfügbarem Platz

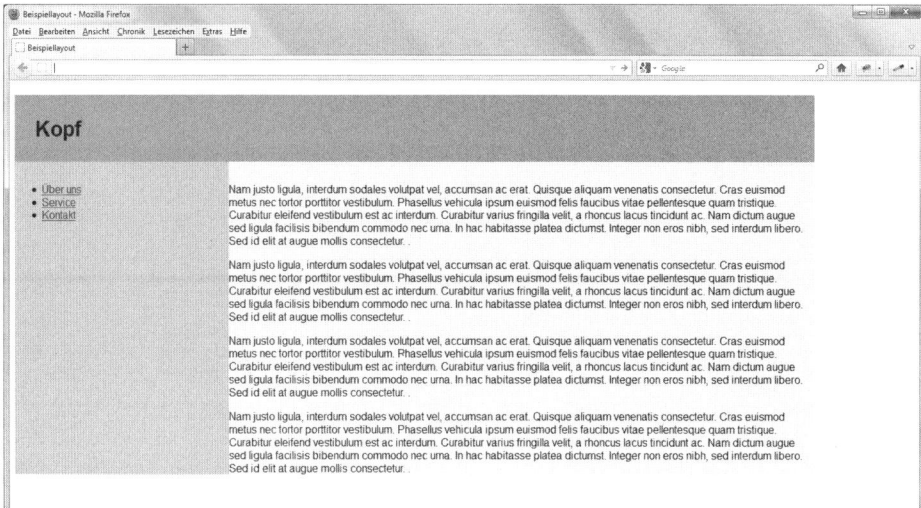

Bild 10.4 Breiter bei mehr verfügbarem Platz

10.1.1.2 Hintergrundbilder zur Simulation von Spalten bei flüssigen Layouts

Häufig werden Hintergrundbilder eingesetzt, um gleich lange Spalten zu simulieren. Im Beispiel ist es scheinbar nicht notwendig, denn die #navigation hat keine eigene Hintergrundfarbe und hier ist die Hintergrundfarbe des umfassenden #container zu sehen. Das funktioniert allerdings nur so lange, wie #navigation kürzer ist als #inhalt. Ist das nicht gegeben, sieht es nicht mehr wie gewünscht aus. Wie Bild 10.5 zeigt, ist es mit der Illusion der beiden gleich langen Spalten vorbei, sobald die Navigation länger ist als der Inhaltsbereich.

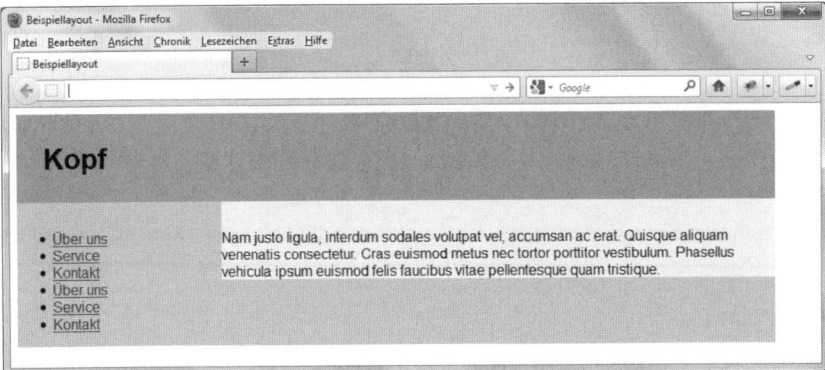

Bild 10.5 Vorbei ist es mit der Illusion der beiden gleich langen Spalten.

Damit #container das gefloatete Element umschließt, wurde außerdem bei #container overflow: hidden ergänzt. Der zusätzliche Rand zwischen dem Kopfbereich, bei dem man dann die #container-Hintergrundfarbe sieht, wird durch die Angabe #kopf h1 { margin-top: 0; } entfernt.

Klassische Abhilfe für die Zweispaltenproblematik ist die Ergänzung eines Hintergrundbildes: Das Hintergrundbild ist eingefärbt wie die benötigten Spalten, aber nur ein paar Pixel hoch. Es wird dann untereinander wiederholt mit repeat-y.

Das funktioniert auch bei flüssigen Layouts – mit einem kleinen Trick: Sie erstellen ein Hintergrundbild, das prozentual die richtige Aufteilung hat, aber so breit ist wie die maximale Breite. Dieses weisen Sie dem #container-Element zu. Wichtig ist dann, dass die Positionierung des Hintergrundbilds ebenfalls über Prozentwerte erfolgt.

Listing 10.3 Spalten über ein flexibles Hintergrundbild *(layout_prozent_gleichlange_spalten.html)*

```
#container {
/* andere Angaben wie gehabt */
   background: url(hg_spalten.png) 27.083% 0% repeat-y #ccc;
}
```

27.083 % beträgt im Beispiel die Breite der linken Spalte. Mit dieser Angabe bei background wird der Punkt bei 27.083 % des Hintergrundbilds auf 27.083 % des Hintergrunds gesetzt.

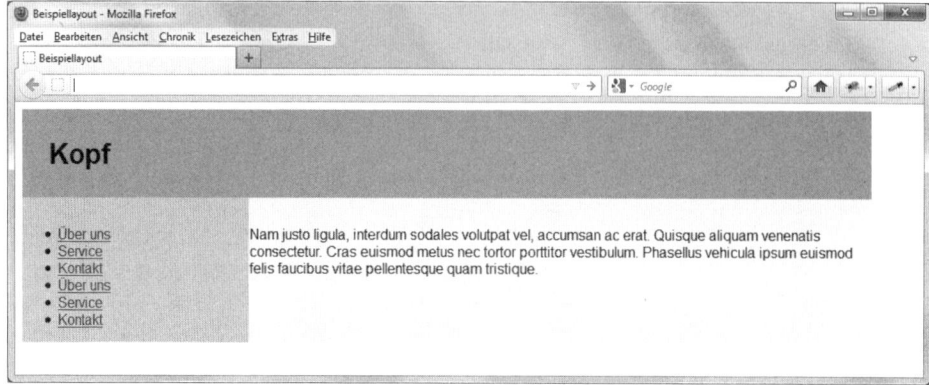

Bild 10.6 Jetzt klappt es mit dem Zweispalter auch bei kurzem Inhaltsbereich.

10.1.2 Flüssige Bilder

Bei flüssigen Layouts stellt sich eine grundlegende Frage: Es gibt auch Elemente auf Webseiten, die feste Breiten haben oder inhärente Breiten wie zum Beispiel Bilder. Was macht man mit diesen?

Nehmen wir an, in der Navigation ist unterhalb der Navigationspunkte ein Bild eingefügt. Dieses ist genauso breit, wie die Navigation war – als die Breite der Navigation noch in Pixeln angegeben war.

Listing 10.4 Ausschnitt aus *layout_prozent_bild_problem.html*

```
<div id="navigation">
  <ul>
    <li><a href="#">Über uns</a></li>
    <li><a href="#">Service</a></li>
    <li><a href="#">Kontakt</a></li>
  </ul>
  <img src="bild.jpg" width="260" height="195" alt="Bild" />
</div>
```

Dann kommt es zu einer unerwünschten Anzeige, wenn der Navigationsbereich schmaler wird als das Bild.

Genau an dieser Stelle kommen die flexiblen Bilder zum Tragen. Hierfür müssen Sie zweierlei machen:

- Zuerst müssen Sie die Breiten- und Höhenangaben im HTML-Code beim Bild entfernen.

  ```
  <img src="bild.jpg" alt="Bild" />
  ```

- Außerdem müssen Sie im Stylesheet folgende Regel ergänzen:

  ```
  img {
    max-width: 100%;
  }
  ```

Diese Angabe sorgt dafür, dass Bilder ihre inhärente Größe behalten, aber gleichzeitig nie größer werden als der sie umgebende Bereich.

Das angepasste Beispiel finden Sie unter *layout_prozent_bild.html*.

Bild 10.7 So soll es nicht sein: Es gibt Überlappungen, wenn die Navigationsleiste schmaler wird.

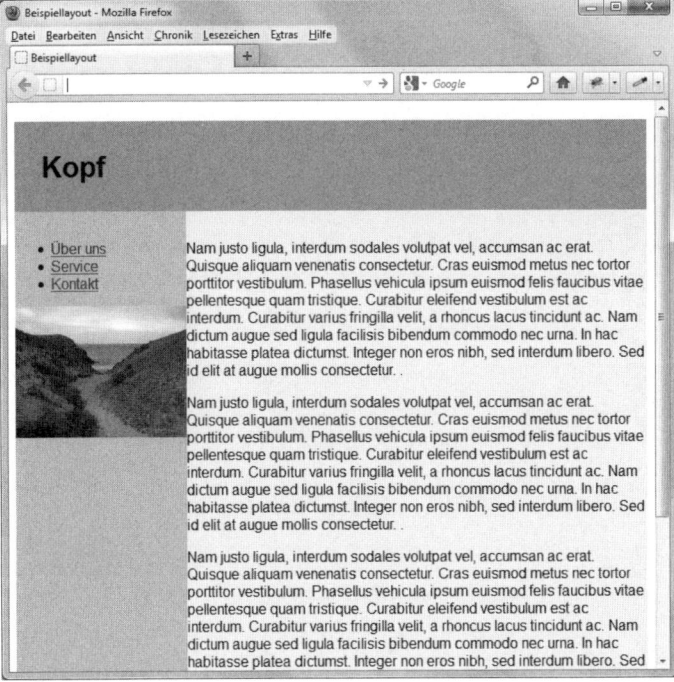

Bild 10.8 Dank `max-width: 100%` wird das Bild nicht größer als das es umgebende Element.

Dass das Ganze nur zuverlässig funktioniert, wenn die Breiten- und Höhenangaben im HTML-Code entfernt sind, demonstriert Listing 10.5. In diesem ist ebenfalls die globale Regel img { max-width: 100%; } definiert. Sie bezieht sich auf zwei Beispielbilder, die einen Kreis darstellen: Das eine hat width- und height-Angaben im HTML-Code, das andere nicht.

Listing 10.5 Breiten-/Höhenangabe in Kombination mit max-width *(responsive_bild_test.html)*

```
<!DOCTYPE html>
<html>
<head>
<meta charset="UTF-8" />
<title>max-width</title>
<style>
img {
  max-width: 100%;
}
</style>
</head>
<body>
<img src="kreis.png" width="500" height="500" alt="Kreis" />
<br />
<img src="kreis.png" alt="Kreis" />
</body>
</html>
```

Listing 10.5 zeigt das Ergebnis: Oben befindet sich der Kreis mit den Ausmaßen im HTML-Code: Er wird verzerrt. Unten ist dasselbe Bild ohne Ausmaße im HTML-Code, der Kreis bleibt ein Kreis.

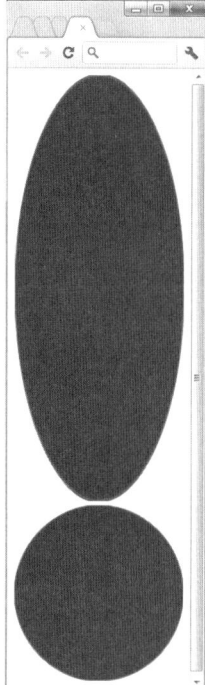

Bild 10.9 Oben verzerrt, unten weiterhin Kreis

Deutlich ist in der Abbildung zu sehen, dass das Bild nur dann seine Proportionen beibehält, wenn im HTML-Code keine Breiten- und Höhenangaben stehen.

Auf älteren Windows-Systemen kann diese Bildvergrößerung zu unschönen Ergebnissen führen; falls das für Sie relevant sein sollte, so gibt es ein JavaScript von Ethan Marcotte *(http://unstoppablerobotninja.com/entry/fluid-images)*, das hier nachbessert.

PRAXISTIPP: Die Angabe von `max-width` funktioniert nicht nur bei Bildern, sondern gleichermaßen bei Videos und Co.

Eine Alternative zum Skalieren von Bildern ist es, sie zu beschneiden. Das geht beispielsweise über die Ergänzung von `overflow: hidden` und `object-fit: none`.

Listing 10.6 Abgeschnitten *(responsive_bild_objectfit.html)*

```
img {
  max-width: 100%;
  -o-object-fit: none;
  overflow: hidden;
}
```

Wie sich das bei einem Kreis auswirkt, zeigt das Bild 10.10: Bei weniger verfügbarem Platz wird das Bild beschnitten.

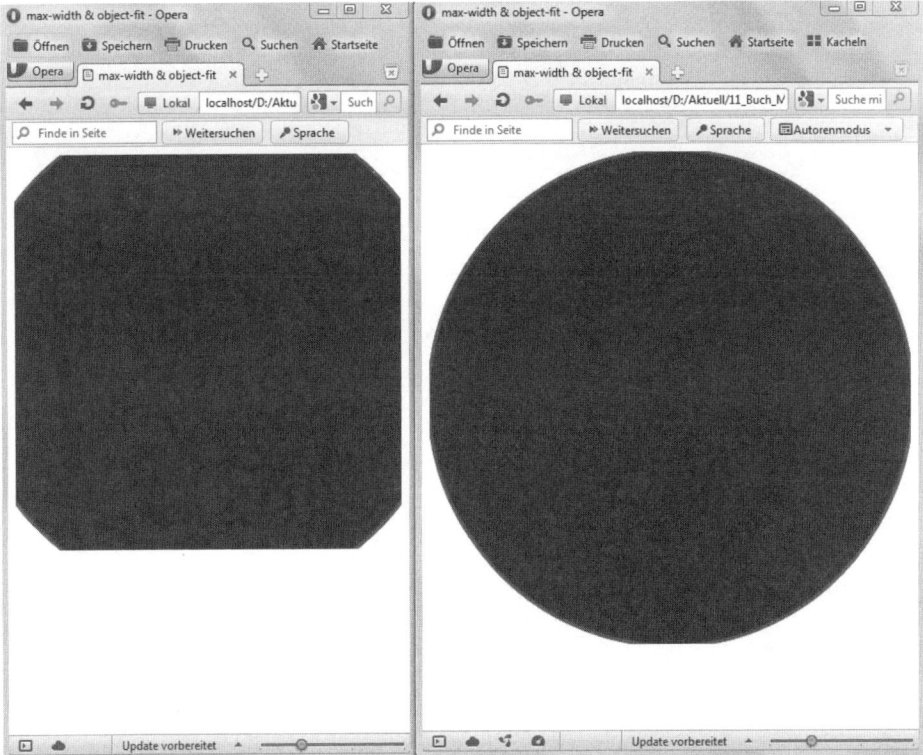

Bild 10.10 `object-fit` im Einsatz: Bei weniger Platz wird das Bild beschnitten (links).

Das passt natürlich nicht zu allen Bildern; außerdem wird es derzeit nur von Opera unterstützt (Stand: Frühsommer 2012). Prinzipiell aber ist es eine interessante Alternative.

10.1.2.1 Flexible Hintergrundbilder

Hintergrundbilder sind, was Größenanpassungen betrifft, per se wesentlich flexibler als Vordergrundbilder. Wenn ein Hintergrundbild größer ist als der Bereich, in dem es steht, so wird es einfach abgeschnitten. Das passt auch meistens, da Hintergrundbilder für dekorative Grafiken und nicht für Inhaltsgrafiken benutzt werden sollen.

Zusätzlich steht Ihnen über CSS3 die Möglichkeit zur Verfügung, Hintergrundbilder auf eine bestimmte Größe zu skalieren. Die Eigenschaft lautet `background-size`. Durch die folgenden Zeilen wird ein Hintergrundbild auf 20 px x 40 px gesetzt.

```
background-image: url(kreis.png);
-moz-background-size: 20px 40px;
-webkit-background-size: 20px 40px;
background-size: 20px 40px;
```

10.1.3 Media Queries

Die dritte Zutat – eine sehr wichtige, aber eben nicht die einzige! – des Responsive Designs sind die Media Queries. Media Queries sind in CSS3 definiert.

 Das entsprechende Modul finden Sie unter *http://www.w3.org/TR/css3-mediaqueries*. Es bereits im Zustand einer Candidate Recommendation (Stand: Sommer 2012).

10.1.3.1 Unterschiedliche Ausgabegeräte

Bereits seit CSS 2.1 gibt es die Möglichkeit, bei Stylesheets anzugeben, für welches Ausgabemedium sie gelten solle. So lassen sich eigene Stylesheets für den Ausdruck und den Bildschirm definieren.

```
<link rel="stylesheet" href="bildschirm.css" media="screen" />
<link rel="stylesheet" href="ausdruck.css" media="print" />
```

Hierfür schreiben Sie nach dem `media`-Attribut die Angabe `screen` und `print` – je nachdem, ob das Stylesheet für den Bildschirm oder für den Ausdruck gedacht sein soll. Auf diese Art können Sie auch Bereiche in Ihrem Stylesheet mit Sonderangaben für den Ausdruck oder den Bildschirm festlegen.

```
@media screen {
/* Angaben nur für den Bildschirm */
}
@media print {
  #navigation {
     display: none;
  }
```

```
/* Weitere Angaben nur für den Ausdruck */
}
```

Eine Reihe von Ausgabemedien ist in CSS 2.1 definiert, das beinhaltet neben den am häufigsten benötigten `screen` und `print` auch Sachen wie `projection` (Präsentationsmodus) oder auch `handheld`. Leider jedoch werden Stylesheets mit der Angabe `media="handheld"` von allen gängigen Smartphones ignoriert, diese lesen die beim Medientyp `screen` angegebenen Stylesheets.

 Das zeigt aber natürlich auch deutlich: Smartphones versuchen die normalen Webseiten akzeptabel darzustellen, deswegen versuchen sie es auch mit diesem Modus.

Der einzige gängige Browser, der die Angabe `media="handheld"` interpretiert, ist Opera Mini. Er liest das dort angegebene Stylesheet aber nur, wenn er im mobilen Modus läuft. Dafür müssen Sie in den Einstellungen **Mobile view** aktivieren.

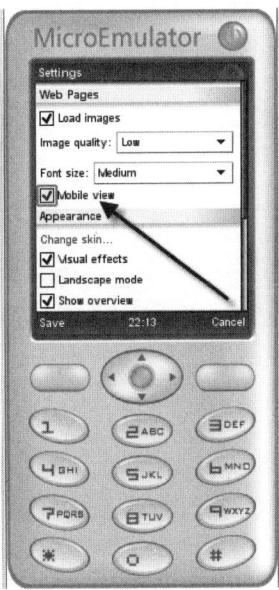

Bild 10.11 Opera Mini MOBILE VIEW

Aber auch wenn Smartphones den Typ `handheld` allgemein lesen würden, wäre damit nicht viel gewonnen – schließlich ist Bildschirm nicht gleich Bildschirm, auch bei mobilen Geräten. Was man braucht, ist eine Möglichkeit des Finetunings: Wenn nur so viel Platz zur Verfügung steht, dann mache das, sonst das ...

10.1.3.2 Abfrage der Eigenschaften

Genau das erlauben Media Queries. Query kann man mit Abfrage übersetzen; über Media Queries können Sie die genaueren Eigenschaften des Ausgabegeräts abfragen und je nach Beschaffenheit andere Stylesheet-Angaben anwenden.

So werden beispielsweise durch folgenden Code die in *stil.css* angegebenen Formatierungen nur angewandt, wenn der Bildschirm maximal 480 px Breite hat; umgekehrt gesagt, gelten diese Regeln bei allen Bildschirmen, die einen kleineren Anzeigebereich als 480 px haben.

```
<link rel="stylesheet" href="stil.css" media="screen and (max-width: 480px)" />
```

Das modifizierte `media`-Attribut können Sie ebenso in einem `@import`-Befehl nutzen.

```
<style>
  @import url(stil.css) screen and (max-width: 600px);
</style>
```

HINWEIS: Bedenken Sie jedoch, dass `@import` aus Performance-Gründen nicht empfehlenswert ist.

Schließlich – das werden Sie häufiger brauchen – können Sie diese `@media`-Angabe auch innerhalb eines Stylesheets einsetzen.

```
@media screen and (max-width: 480px) {
  #content {
    width: 100%;
  }
}
```

PRAXISTIPP: Diese Vorgehensweise ist empfehlenswert, um HTTP-Requests zu sparen. Prinzipiell laden Browser nämlich immer alle Stylesheets, auch wenn die Bedingungen nicht auf sie zutreffen.

10.1.3.3 Zutaten für Media Queries

Media Queries haben eine bestimmte Syntax. Sehen wir uns diese anhand des folgenden Beispiels an.

```
screen and (max-width: 480px)
```

Zuerst steht das Ausgabegerät (`screen`), dann folgen die Angabe `and` und in runden Klammern ein Ausdruck, der evaluiert wird. Mehrere Angaben lassen sich kombinieren; so können Sie bestimmen, dass Angaben nur gelten sollen, wenn das Gerät kleiner als X und gleichzeitig größer als Y ist. Kommen wir nun zu den einzelnen Komponenten.

10.1.3.4 Ausgabegerät

Die Angaben des Ausgabegeräts sind dieselben, die Sie auch aus CSS 2.1 kennen. `screen` und `print` sind sicher die häufigsten, aber es gibt auch `braille` (Braillezeile), `handheld`, `projection` (Projektor), `tty` (Terminal), `tv` (Fernseher), `embossed` (Brailledrucker) oder `speech` (Sprachbrowser).

Außerdem ist `all` möglich, wenn die CSS-Regeln für alle Geräte gelten soll.

```
@media all and (min-width: 500px) {}
```

all dürfen Sie in diesem Fall weglassen. Die folgende Zeile bewirkt also dasselbe wie die vorherige.

```
@media (min-width: 500px) {}
```

PRAXISTIPP: Vor dem Ausgabegerät kann das Schlüsselwort `only` stehen:

```
@media only screen and (min-width: 500px)
```

Diese Angabe verhindert, dass die Angabe von Browsern gelesen und interpretiert wird, die Media Queries noch nicht verstehen, hat aber ansonsten keinerlei Auswirkungen.

10.1.3.5 Bedingungen verknüpfen

Bei einem Ausdruck wie `screen and (min-width: 500px)` steht hinter der Angabe des Ausgabegeräts das Schlüsselwort `and`, gefolgt von den Angaben zur Beschaffenheit des Geräts in runden Klammern.

`and` verknüpft mehrere Bedingungen: So trifft `screen and (max-width: 600px)` auf ein Gerät zu, was zum einen ein Bildschirm ist und zum anderen eine maximale Anzeigebreite von 600 px besitzt.

Sie können auf diese Art auch mehrere Bedingungen verknüpfen.

```
@media screen and (min-device-width: 768px) and (max-device-width: 1024px)
```

Damit gelten die Formatierungen bei einer Mindestbreite des Ausgabegerätes von 768 px und einer Maximalbreite von 1024 px.

Neben `and` für das logische UND gibt es das logische ODER. Hierfür schreiben Sie ein Komma zwischen die Angaben.

```
@media screen and (max-device-width: 480px), screen and (max-width: 600px) {}
```

PRAXISTIPP: Die Bedeutung von „Oder" hat das Komma allgemein in CSS. Bei einem Selektorausdruck wie `.wichtig, .bedeutsam { }` gilt die angegebene Formatierung entweder für Elemente mit der Klasse `wichtig` oder für Elemente mit der Klasse `bedeutsam`.

In diesem Fall gelten die Angaben für Bildschirme mit einer maximalen Breite des Ausgabegeräts (`device-width`) von 480 px und für Bildschirme mit einem maximalen Viewport (`width`) von 600 px. Zu `width` und `device-width` erfahren Sie gleich noch mehr.

Am häufigsten werden Sie für Media Queries mit den Angaben `max-width` und `min-width` arbeiten, aber es gibt noch eine Reihe von anderen. Es stehen folgende zur Auswahl:

- `width`: Breite des Viewports
- `height`: Höhe des Viewports
- `device-width`: Breite des Ausgabegeräts
- `device-height`: Höhe des Ausgabegeräts

- `orientation`: Ausrichtung. Mögliche Werte sind `portrait` und `landscape`. Funktioniert ab Android 2, iOS 4.0 für das iPhone und ab iOS 3.4 für das iPad.
- `aspect-ratio`: Verhältnis zwischen `width` und `height`
- `device-aspect-ratio`: Verhältnis zwischen `device-width` und `device-height`
- `color`: Anzahl der Bits pro Farbe des Ausgabegeräts
- `color-index`: Anzahl der Einträge in der Color-Lookup-Tabelle
- `monochrome`: Anzahl der Bits pro Pixel bei monochromen Ausgabegeräten
- `resolution`: Dichte der Pixel, z. B. `min-resolution`: 300 dpi
- `scan` für TV-Monitore, mögliche Werte `interlaced` oder `progressive`
- `grid`: mögliche Werte: 1 (Grid-basiert) oder 0 (Bitmap-basiert)
- `device-pixel-ratio` ist nicht Teil der offiziellen Spezifikation, aber ermöglicht beispielsweise, besondere Hintergrundbilder für das Retina-Displays oder Ähnliches zu bestimmen.

10.1.3.6 Unterstützung für Media Queries und Nachbesserungen

Die Unterstützung für Media Queries ist ordentlich: Webkit-Browser unterstützen sie schon länger, Opera Mobile, Opera Mini sind dabei, der Internet Explorer allerdings erst ab Version 9. Problematisch sind also eigentlich die älteren IE – diese muss man berücksichtigen, da beim Responsive Webdesign ja klassischerweise ein und dasselbe Dokument für Desktop und mobile Geräte verwendet wird.

Für ältere Geräte gibt es unterschiedliche Möglichkeiten nachzubessern, über CSS oder über JavaScript.

Über CSS

Wenn Nachbessern sich nur auf ältere Internet Explorer bezieht, so können Sie das Stylesheet für größere Bildschirme noch einmal separat für den Internet Explorer einbinden lassen. Hierfür können Sie konditionale Kommentare benutzen.

```
<link rel="stylesheet" href="basis.css" />
<link rel="stylesheet" href="verbessert.css" media="only all and (min-width: 600px)" />
<!--[if lt IE 9 & !IEMobile]>
<link rel="stylesheet" href="verbessert.css"  />
<![endif]-->
```

Das bedeutet, dass es zwei Stylesheets gibt:
- *basis.css* sind grundlegende einfache Formatierungen für ein einspaltiges Layout.
- *verbessert.css* beinhaltet komplexere Formatierungen für ein Mehrspaltenlayout und ist nur für Geräte mit einer Mindestbreite von 600 px gedacht (bei weniger Platz ist ein Einspalter sicher besser zu nutzen). `only` bei der `media`-Regel bewirkt, dass Browser, die Media Queries nicht verstehen, diese Angabe nicht lesen.

Schließlich sorgen die konditionalen Kommentare dafür, dass der IE kleiner als 9 – aber nicht der IEMobile – die Mehrspaltenvariante lädt.

Jeremy Keith dokumentiert diesen Ansatz unter *http://adactio.com/journal/4494* detailliert.

Nachhilfe mit JavaScript

Das Nachbessern mit CSS hat den Vorteil, dass keine anderen Techniken involviert sind. Aber es hat auch Nachteile:

- Es ist damit nur möglich, zwei verschiedene Versionen zu realisieren, mitunter benötigt man aber Zwischenstufen.
- Diese Variante kümmert sich nur darum, dass der Desktop-IE Mehrspalten-CSS-Formatierungen erhält. Falls jemand aber den Desktop-Browser nutzt und das Fenster sehr klein gezogen hat, wird trotzdem das Mehrspalten-CSS geladen.

Diese Einschränkungen gibt es nicht, wenn Sie zu JavaScript zum Nachbessern greifen. Hierfür gibt es im Wesentlichen zwei JavaScript-Bibliotheken: respond.js und css3-mediaqueries-js.

respond.js *(https://github.com/scottjehl/Respond.respond.js)* ist sehr schlank (1 KByte Größe). Sein Ziel ist es nicht, alle möglichen Media Queries abzubilden, sondern die am häufigsten benötigten.

Es funktioniert folgendermaßen: Sie müssen diese Datei herunterladen und nach den CSS-Angaben einbinden. Außerdem sollten Sie die Datei über einen Webserver ausliefern lassen.

```
<link rel="stylesheet" href="responsive.css" />
<script src="respond.min.js"></script>
```

Im Skript wird dann am Anfang getestet, ob der Browser nativ Media Queries unterstützt, wenn ja, wird das Skript abgebrochen.

respond.js hat folgende Besonderheiten:

- `min-width` und `max-width` funktionieren, aber keine anderen Angaben.
- Es funktioniert nicht bei `@import`-Media-Angaben.
- Doppelte Media Queries werden nicht unterstützt. Es ist also problematisch, wenn Sie ein `link`-Element mit `media`-Attribut haben und zusätzlich im verlinkten Stylesheet noch Media-Query-Angaben. Dann setzen sich die `@media`-Angaben durch.
- Außerdem sollten Sie keine `@font-face`-Regeln innerhalb der Media Query-Angaben schreiben (die aber meiner Erfahrung nach allgemein nicht zu empfehlen sind).
- Es gibt Probleme, wenn die CSS-Dateien eine BOM-Markierung am Anfang haben.

 PRAXISTIPP: BOM steht für Byte Order Mark und ist ein zusätzliches Zeichen, das manchmal am Anfang von UTF-8-Dateien ergänzt wird, um zu kennzeichnen, dass es sich um UTF-8 handelt. Da dieses Zeichen auch sonst Probleme bereiten kann, sollten Sie dafür sorgen, dass es beim Speichern nicht hinzugefügt wird. Der Editor Notepad++ *(http://notepad-plus-plus.org)* bietet beispielsweise unter KODIERUNG die Option, Dateien als UTF-8 mit oder ohne BOM abzuspeichern (Bild 10.12).

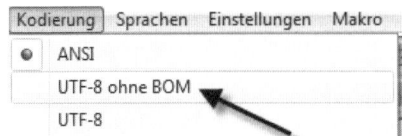

Bild 10.12 Notepad++: Dokumente als UTF-8 ohne BOM abspeichern

- Es kann passieren, dass auskommentierte Media Queries ebenfalls ausgewertet werden.

Die Liste sieht beim ersten Eindruck so aus, als wäre die Unterstützung von respond.js sehr eingeschränkt; das ist es aber nicht. Es sind die Spezialfälle, die nicht funktionieren. Das, was Sie am häufigsten brauchen, wird unterstützt und gleichzeitig punktet respond.js mit seiner Schlankheit.

Die Alternative zu respond.js ist ein anderes JavaScript mit Namen css3-mediqueries-js *(http://code.google.com/p/css3-mediaqueries-js)*. Es ist wesentlich größer (15,6 KByte), dafür gibt es weniger Einschränkungen beim verwendeten Typ von Media Queries.

■ 10.2 Strategien für Media Queries

Bei der praktischen Arbeit mit Media Queries stellen sich mehrere Fragen für die konkrete Vorgehensweise. Diese werden im Folgenden diskutiert.

10.2.1 Die wichtigsten Eigenschaften für Media Queries

Mit Media Queries lassen sich verschiedene Eigenschaften des Geräts abfragen. Welche aber zieht man bei einem Responsive Layout am besten heran?

10.2.1.1 width & device-width

Diejenigen, die sofort in die engere Wahl kommen, sind `width` und `device-width`. Während `width` auf die Breite des Viewport ausgerichtet ist, beschreibt `device-width` die physikalische Breite des Bildschirms.

Was damit gemeint ist, ist unterschiedlich:

- Auf dem Desktop ist `device-width` immer die Größe des Bildschirms, `width` hingegen die Breite des Browserfensters.
- Auf einem Smartphone bezeichnet `device-width` die physikalische Größe des Bildschirms, `width` hingegen ist die Viewport-Angabe, die meist wesentlich größer ist, standardmäßig 980 px beim iPhone, 800 px hingegen beim internen Android-Browser. Dieser Viewport wird durch die `<meta name="viewort">`-Angabe ... modifiziert.

 PRAXISTIPP: Wenn Sie `width` verwenden, brauchen Sie unbedingt die Meta-Angabe mit `<meta name="viewport" content="width=device-width" />`, weil sonst die Angaben nicht greifen.

Die Kombination von `width` mit Meta-Angabe ist die empfohlene Art zur Konstruktion von Media Queries: Sie hat zudem den Vorteil, dass die unterschiedlichen Layouts auch auf dem Desktop funktionieren. Damit profitieren auch Nutzer von schmal gezogenen Browserfenstern von der optimierten Darstellung; zusätzlich erleichtert es das Testen.

10.2.2 Scharfe Grafiken auf scharfen Displays

`width` in Kombination mit der `meta`-Angabe ist die empfohlene Art für Layout-Switches. Bilder können Sie außerdem über die Angabe `device-pixel-ratio` finetunen. Aber kommen wir zunächst zu den Hintergründen.

Smartphone-Bildschirme werden immer besser, weil stets versucht wird, die Anzeige weniger „pixelig" zu machen. Um das zu erreichen, verwendet man mehr Pixel. Sehen wir uns zum Beispiel das iPhone 4 an. Es hat eigentlich eine Auflösung von 640 px mal 960 px. Diese Gerätepixel entsprechen jedoch nicht den CSS-Pixeln. Für jedes CSS-Pixel werden zwei Gerätepixel benutzt. Denn wenn man CSS- und Gerätepixel gleichsetzen würde, wäre die Darstellung zu klein.

Normalerweise muss Sie das nicht kümmern, die Geräte skalieren alle Seitenelemente automatisch. Bei Text und skalierbaren Grafiken wie SVG funktioniert das auch prima; bei Bildern hingegen kann die Skalierung dazu führen, dass sie weniger gut aussehen.

Gehen wir davon aus, dass Sie ein Bild mit den Ausmaßen von 100 px x 100 px haben. Dieses wird auf einem iPhone 4 auf 200 px x 200 px skaliert und kann dadurch an Schärfe verlieren. Für solche Fälle können Sie besondere Bilder zur Verfügung stellen. Auch das lässt sich über Media Queries abfragen. Die entsprechende Eigenschaft heißt `device-pixel-ratio`. Diese müssen Sie – im Gegensatz zu den anderen Media Query-Abfragen – mit herstellerspezifischen Präfixen schreiben. Im Folgenden sehen Sie ein paar Beispiele für mögliche Angaben.

```
@media screen and (-webkit-min-device-pixel-ratio: 2) {}
@media screen and (-webkit-min-device-pixel-ratio: 1.5) {}
@media screen and (-webkit-min-device-pixel-ratio: 1.0) {}
@media screen and (-webkit-min-device-pixel-ratio: 0.75) {}
```

Sie können dann beispielsweise Hintergrundbilder durch größere ersetzen, die Sie über die CSS3-Eigenschaft `background-size` wieder auf die korrekte Größe in CSS-Pixeln setzen. Dann hebt sich das auf und das Bild bleibt so scharf, wie es ist.

```
@media only screen and (-webkit-min-device-pixel-ratio: 2) {
.nav-button- {
  background-image: url(button_200px.png);
  background-size: 100px 100px;
 }
}
```

Weitere Informationen dazu finden Sie unter *http://blog.iwalt.com/2010/06/targeting-the-iphone-4-retina-display-with-css3-media-queries.html*.

Wollen Sie das auch auf dem mobilen Opera anwenden, ergänzen Sie die Angabe durch das -o-Präfix. Außerdem müssen Sie beispielsweise anstatt 1.5 den Wert 3/2 angeben.

```
@media screen and (-o-min-device-pixel-ratio : 3/2) {}
```

Sie können auch beide kombinieren.

```
@media screen and (-o-min-device-pixel-ratio : 3/2),
screen and (-webkit-min-device-pixel-ratio: 1.5),
screen and (min-device-pixel-ratio: 1.5)  {}
```

10.2.2.1 Einheiten für die Abfrage – Pixel, em oder was?

Für die Layoutumbrüche empfiehlt es sich, auf `width` zu setzen. Aber welche Einheit zieht man heran? Pixel zu verwenden, hat den Vorteil, dass diese relativ intuitiv und einfach einzusetzen sind, z. B. treffen die folgenden Regeln zu, wenn der Viewport 500 px oder größer ist.

```
@media all and (min-width: 500px) {}
```

Die andere Möglichkeit, die sich auch wachsender Beliebtheit erfreut, ist, hierfür auf em-Werte zu setzen.

```
@media all and (min-width: 31em)
```

> **PRAXISTIPP:** Die Einheit em in CSS entspricht der aktuell gewählten Schriftgröße. Haben Sie diese nicht verkleinert und der Benutzer hat es auch nicht, so entspricht 1 em 16 px.

Die Stärke von em ist, dass das Layout sich besser anpasst, wenn der Benutzer die Schrift in seinem Browser vergrößert hat. Allerdings funktioniert die Anpassung eventuell erst nach einem Reload; es funktioniert also nur für die Benutzer, die standardmäßig ihre Schrift vergrößert haben.

> **PRAXISTIPP:** Ein schönes Beispiel für den Vorteil von em-basierten Media-Query-Angaben finden Sie unter *http://blog.cloudfour.com/the-ems-have-it-proportional-media-queries-ftw*.

Media Queries in der Einheit em entsprechen dem allgemeinen neuen Trend, dass man bei den Breakpoints und Layout-Switches nicht an die Geräte denkt, sondern an die Inhalte. Dazu kommen wir gleich noch einmal.

10.2.3 Breakpoints definieren

Als Breakpoints werden die Größenangaben bei den Media Queries bezeichnet, d. h., wann eine andere Formatierung greift oder wann es eine Änderung im Layout gibt.

In den Anfangszeiten des Responsive Webdesign wurde das im Folgenden abgedruckte Listing häufig zitiert und als gute Lösung präsentiert. Es stammt von Andy Clarke *(http://www. stuffandnonsense.co.uk/blog/about/hardboiled_css3_media_queries)*.

```css
/* Smartphones (portrait and landscape) ----------- */
@media only screen
and (min-device-width : 320px)
and (max-device-width : 480px) {
/* Styles */
}
/* Smartphones (landscape) ----------- */
@media only screen
and (min-width : 321px) {
/* Styles */
}
/* Smartphones (portrait) ----------- */
@media only screen
and (max-width : 320px) {
/* Styles */
}
/* iPads (portrait and landscape) ----------- */
@media only screen
and (min-device-width : 768px)
and (max-device-width : 1024px) {
/* Styles */
}
/* iPads (landscape) ----------- */
@media only screen
and (min-device-width : 768px)
and (max-device-width : 1024px)
and (orientation : landscape) {
/* Styles */
}
/* iPads (portrait) ----------- */
@media only screen
and (min-device-width : 768px)
and (max-device-width : 1024px)
and (orientation : portrait) {
/* Styles */
}
/* Desktops and laptops ----------- */
@media only screen
and (min-width : 1224px) {
/* Styles */
}
/* Large screens ----------- */
@media only screen
and (min-width : 1824px) {
/* Styles */
}
/* iPhone 4 ----------- */
@media
only screen and (-webkit-min-device-pixel-ratio : 1.5),
only screen and (min-device-pixel-ratio : 1.5) {
/* Styles */
}
```

Das Listing wurde vollständig aufgeführt, weil es sehr nützliche Informationen enthält – aber trotzdem sollten Sie es heute keineswegs eins zu eins übernehmen. Andy Clarke selbst versieht es auf seiner Webseite mit dem Hinweis: „This entry has been deprecated: Please use 320 and Up instead." Es ist also nicht mehr erwünscht und man soll besser *320 and Up* benutzen.

Es gibt mehrere Probleme mit dieser Liste:

- `min-device-width` und `max-device-width` werden verwendet, dabei sind im Allgemeinen `min-width` und `max-width` vorzuziehen.
- Das Hauptproblem aber ist: Ein wichtiges Prinzip für zukunftsfreundliche Anwendungen und Webseiten ist es, sich nicht um die Geräte, sondern um eine akzeptable Darstellung **der Inhalte** unter unterschiedlichen Bedingungen zu kümmern. So sind `min-width` und `max-width` in Kombination mit einer Meta-Viewport-Angabe dafür wesentlich besser geeignet.

HINWEIS: Die Vielfalt an Geräten ist zu groß, als dass Sie alle berücksichtigen können. Deswegen empfiehlt es sich, das Problem nicht von den Geräten her, sondern aus dem Blickwinkel der Inhalte zu betrachten.

- Ein anderes Problem zeigt sich beispielsweise an folgendem Kommentar, der davon ausgeht, die darunter stehende Angabe wäre für Smartphones geeignet:

```
/* Smartphones (portrait and landscape) ---------- */
@media only screen
and (min-device-width : 320px)
and (max-device-width : 480px) {
/* Styles */
}
```

Es geht hierbei aber nicht um Smartphones an sich, sondern um iPhones – andere Smartphones sind wesentlich unterschiedlicher in ihren Breitenangaben.

Brad Frost formuliert dies sehr schön in der zweiten Ausgabe seines Newsletters zum Thema Responsive Webdesign *(http://bradfrostweb.com/responsive-web-design-newsletter)*: „The numbers 320, 480, 768, and 1024 mean nothing to you. You recognize that they are simply drops in a much larger ocean." („Die Zahlen 320, 480, 768 und 1024 bedeuten Ihnen nichts. Sie erkennen, dass es einfach nur Tropfen in einem viel größeren Ozean sind.") Im Beispiel sind die Anmerkungen Teil eines witzigen Horoskops, deshalb diese Art der Formulierung.

Ähnlich problematisch sind die Media Queries im Stylesheet der mobilen Seite von *web.de (http://s.uicdn.com/webde/mag/static/2.13/css/mobile.css)*. Im Folgenden sehen Sie einen kleinen Ausschnitt.

```
@media all and (max-width: 266px) { /* legacy phones */ }
@media all and (min-width: 267px) and (max-width: 279px) {
/* Opera Mini on Android */ }
media all and (min-width: 280px) and (max-width: 319px) {
/* Opera Mini on Android */ }
@media all and (min-width: 320px) and (max-width: 359px) {
/* 320px portrait */ }
@media all and (min-width: 360px) and (max-width: 368px) {
/* 360px portrait (oversize phones) */ }
@media all and (min-width: 369px) and (max-width: 399px) {
/* 369px portrait (oversize phones) */ }
@media all and (min-width: 400px) and (max-width: 479px) {
/* 400px Landscape (Galaxy Wave) */ }
@media all and (min-width: 424px) and (max-width: 479px) {
/* Opera Mini on the Galaxy Nexus */ }
@media all and (min-width: 480px) and (max-width: 532px) {
/* 480px landscape */ }
@media all and (min-width: 533px) and (max-width: 597px) {
/* 533px landscape */ }
@media all and (min-width: 598px) and (max-width: 638px) {
/* 480px landscape */ }
@media all and (min-width: 640px) and (max-width: 959px) {
/* 640px landscape */ }
@media all and (min-width: 704px) and (max-width: 959px) {
/* Opera Mini (Nexus) landscape */ }
@media all and (min-width: 960px) {
/* tablet; desktop */ }
```

Das mutet wie der verzweifelte Versuch an, Kontrolle zu bewahren und alle wichtigen Geräte zu berücksichtigen, dabei ist die Anzahl an Media Queries schon erschlagend. Gleichzeitig ist klar, dass natürlich nicht alle Geräte und Systeme dabei sind. Ich bin überzeugt, dass man hier durch eine bessere Zusammenfassung und ein Ausgehen von den Inhalten und nicht den Geräten mehr als die Hälfte der Breakpoints einsparen könnte.

Besser als die beiden gerade vorgestellten Beispiele ist folgendes:

1. Der Inhalt bestimmt die Breakpoints.
2. Es werden so wenige wie nötig, so viele Stufen wie notwendig eingesetzt, an denen immer von einem grundlegenden Layout ausgehend Änderungen durchzuführen sind. Die einzelnen Formatierungen basieren aber aufeinander. Das kann dann beispielsweise wie folgt aussehen.

```
/* Formatierung für alle */
@media screen and (min-width : 600px) { }
@media screen and (min-width : 860px) { }
@media screen and (min-width : 1200px) { }
```

Dabei gibt es zwei prinzipielle Herangehensweisen: Entweder nehmen Sie als Basis das Layout für die kleinen Bildschirme oder für große Bildschirme. Zu dieser Unterscheidung kommen wir gleich genauer. Wenn möglich sollten Sie den Mobile First-Ansatz verwenden.

10.2.4 Mobile First oder Desktop First?

Mit welchem Layout beginnt man, wenn man ein Responsive Webdesign erstellt?

10.2.4.1 Desktop First

Die typische Vorgehensweise in den Anfangszeiten war es, ein Desktop-Layout zu nehmen und zusätzliche Angaben für kleinere Viewports zu ergänzen. Das Desktop-Layout ist damit der Normalfall. Darauf basierend werden die abweichenden Layouts erstellt. Im Bedarfsfall werden bestimmte, auf kleinem Bildschirm nicht benötigte Inhalte per `display: none` versteckt.

Ein einfaches Beispiel soll zeigen, wie das funktioniert. Herangezogen wird das schon bekannte Listing *layout_prozent.html*, das das Ergebnis der Umwandlung eines festen in ein flüssiges Layout war. Basis ist die in Listing 10.7 gezeigte HTML-Struktur.

Listing 10.7 Ausschnitt aus *desktop_first.html*

```
<div id="container">
  <div id="kopf">Kopf</div>
  <div id="navigation">Navigation</div>
  <div id="inhalt">Inhalt</div>
</div>
```

Im Stylesheet stehen zuerst die Angaben für die zweispaltige Darstellung auf dem Desktop – hier auf die wesentlichen Dinge reduziert.

```
#container {
  width: 95%;
  max-width: 1200px;
  min-width: 700px;
}
#navigation {
  width: 27.083%;
  float: left;
}
#inhalt {
  margin-left: 27.083%;
}
```

Dann werden die für kleinere Bildschirme benötigten Angaben innerhalb von `@media` ergänzt.

```
@media screen and (max-width: 500px) {
  #container {
    min-width: 0;
    width: 100%;
  }
  #navigation {
    float: none;
    width: 100%;
  }
  #inhalt {
    margin-left: 0;
  }
}
```

Das heißt, Sie müssen überall dort, wo das Layout für die kleinen Bildschirme nicht passt, die Angaben überschreiben. So wird z. B. der #container auf 100 % gesetzt und die Mindestbreite überschrieben – das ist ganz wichtig! Außerdem muss die Navigation auf 100 % Breite gesetzt werden, das Floaten wird aufgehoben und der linke Abstand beim #inhalt muss ebenfalls entfallen.

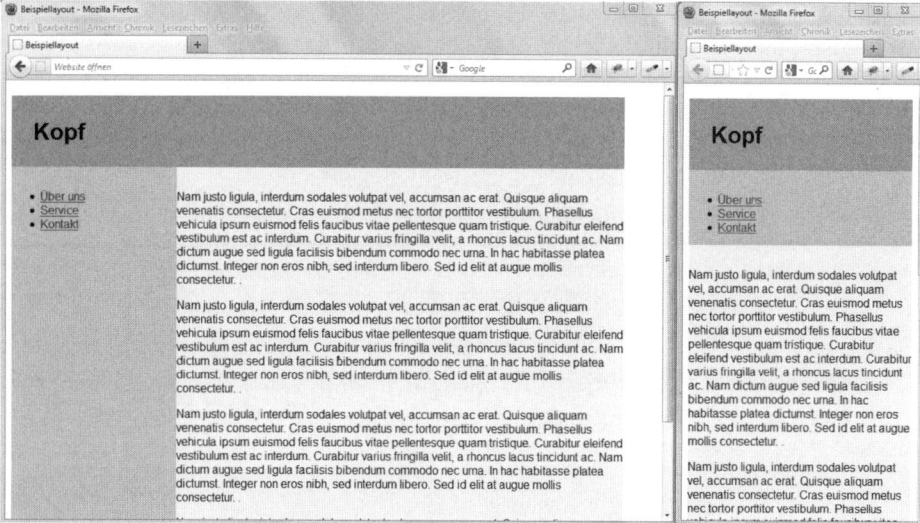

Bild 10.13 Zweispaltig bei viel verfügbarem Platz, einspaltig bei wenig verfügbarem Platz

 PRAXISTIPP: Wichtig bei dieser Herangehensweise ist, dass die Angaben für kleinere Bildschirme **nach** den allgemeinen Angaben stehen, denn die allgemeinen Angaben stehen nicht innerhalb von Media Queries und würden deswegen auch für kleinere Bildschirme gelten.

Vorteile von Desktop First

- Dieser Ansatz hat den Vorteil, dass Sie ihn bei einem bestehenden Layout verwenden können. Sie müssen nur im Kopfbereich einen weiteren Verweis auf eine Stylesheet-Datei ergänzen, weitere Änderungen sind nicht notwendig. Und Sie können ihn sogar auch bei einem Pixellayout einsetzen.
- Es kommt auch der gewohnten Denkweise entgegen: Von dem Vertrauten ausgehend – dem Desktop – definieren Sie, wo benötigt, die Anpassungen für die „anderen Geräte".

Nachteile von Desktop First

- Es kann sein, dass die Inhalte, wenn sie linearisiert werden, nicht die optimale Reihenfolge haben. So empfiehlt es sich prinzipiell, für mobile Geräte die Navigation unterhalb des Inhalts zu platzieren; häufig ist das bei Layouts, die für den Desktop erstellt werden, nicht der Fall.

- Wenn viele Inhalte per `display: none` ausgeblendet werden, werden sie auf dem Mobilgerät trotzdem noch geladen.
- Es kann damit passieren, dass Hintergrundbilder, die nur für die Desktop-Variante gedacht sind, ebenfalls auf dem mobilen Gerät geladen werden.

 Das diesbezügliche Verhalten von Browsern ist inkonsistent, es hängt von den genauen Implementierungen ab und hat sich in letzter Zeit auch geändert. Interessant sind hier die Untersuchungen unter *http://timkadlec.com/2012/02/media-query-asset-downloading-tests*. Laut Tim Kadlecs Ergebnissen ist es inzwischen so, dass bei folgender Angabe das Hintergrundbild auf schmalen Bildschirmen meist nicht geladen wird.

```
@media all and (min-width: 601px) {
  #test5 {
   background-image:url('images/test5-desktop.png?7015617454fb6c1
2ebf7311.30608321');
  }
}
@media all and (max-width: 600px) {
   #test5 {
   background-image:url('images/test5-mobile.png?7015617454fb6c12
ebf7311.30608321');
  }
}
```

In diesem Beispiel stehen die Hintergrundbilder beide innerhalb von `@media`-Regeln.

Im folgenden Fall hingegen, bei dem das Überschreiben alleine durch die Kaskade bewirkt wird, ist es nicht so eindeutig.

```
#test4 {
   background-image:url('images/test4-desktop.png?21041954204fb6c
1d16bafa0.30365965');
}
@media all and (max-width: 600px) {
   #test4 {
      background-image:url('images/test4-mobile.png?21041954204fb6
c1d16bafa0.30365965');
   }
}
```

Diesen letzten Ansatz würde man ja bei einem Desktop First-Ansatz benutzen, um beispielsweise ein anderes Hintergrundbild für kleine Bildschirme zu bestimmen.

Deshalb scheint es sicherer zu sein, um das unnötige Laden von Bildern zu verhindern, diese innerhalb von `@media`-Regeln zu schreiben.

Desktop First kann also Nachteile haben, weil die Inhalte nicht optimal angeordnet sind und die Variante für mobile Geräte nicht so performant ist, wie sie sein könnte.

10.2.4.2 Mobile First

Im Gegensatz zum Desktop First-Ansatz steht beim Mobile First-Ansatz das Layout für Smartphones und Co. am Anfang der Überlegungen und des Designprozesses. Sehen wir uns an, wie man dasselbe Beispiel bei einem Mobile First-Ansatz aufbaut. Zuerst einmal würden wir eine etwas andere Quellcode-Anordnung wählen: der Inhaltsbereich steht zuerst, danach kommt die Navigation.

Listing 10.8 Ausschnitt aus *mobile_first.html*

```
<div id="container">
  <div id="kopf">Kopf</div>
  <div id="inhalt">Inhalt</div>
  <div id="navigation">Navigation</div>
</div>
```

Kommen wir nun zum CSS-Code. Hier beginnen wir mit den Formatierungen für kleine Bildschirme.

```
#kopf {
  background-color: #aaa;
  width: 100%;
  padding: 20px 0;
  text-align: center;
}
#navigation ul {
  margin-top: 0;
  padding-top: 30px;
}
#inhalt {
  background-color: #eee;
  padding-top: 30px;
}
#inhalt p {
  margin-top: 0;
}
```

Dann folgen die Sonderangaben für Desktop-Geräte.

```
@media screen and (min-width: 500px) {
  #container {
    width: 95%;
    max-width: 1200px;
    min-width: 700px;
  }
  #navigation {
    width: 27%;
    float: left;
  }
  #inhalt {
    background-color: #eee;
    width: 73%;
    float: right;
    padding-top: 30px;
  }
}
```

Das Ergebnis zeigt Bild 10.15. Die Navigation ist bei kleinen Bildschirmen unterhalb des Inhaltsbereichs angeordnet; damit man sie sieht, wurde für den Screenshot ein Großteil des Textes auskommentiert.

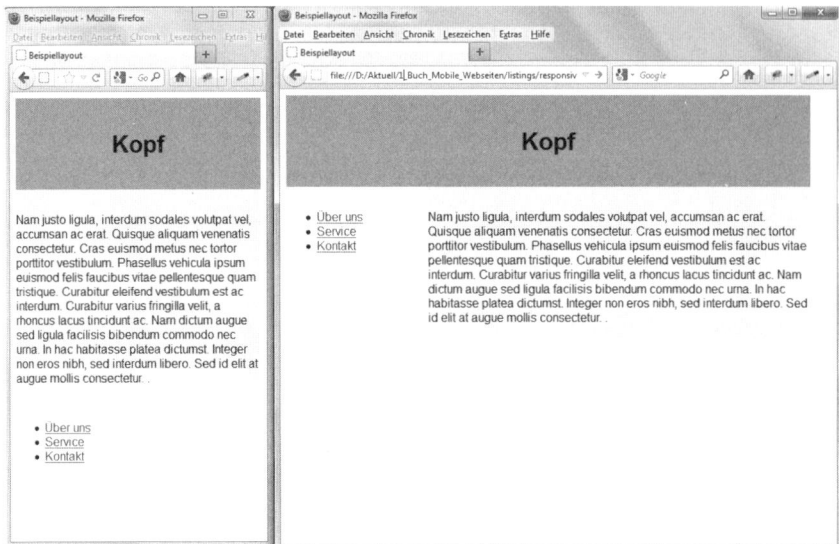

Bild 10.14 Links bei schmalem Viewport, rechts bei mehr Platz

Bei der Realisierung fällt auf, dass für das grundlegende Smartphone-Layout wenige prinzipielle Anpassungen notwendig sind – die großen `div`-Container sollen untereinander dargestellt und so breit werden, wie der Platz es zulässt. Da sich Blockelemente standardmäßig so aufbauen, muss man per CSS wesentlich weniger machen.

Aufwendiger sind dann die Formatierungen des Desktop-Layouts; hier müssen die Breiten der umfassenden `div`-Elemente beschränkt und außerdem muss `float` für eine Darstellung nebeneinander herangezogen werden.

Vorteile von Mobile First

- Da mobile Geräte nicht die Ausnahme sind, sondern die Geräte und der Zugriffsmodus mit dem größten Wachstumspotenzial, ist es auch sinnvoll, sich zuerst auf diese zu konzentrieren und sie also nicht als Sonderfall, sondern als Normalfall zu betrachten.
- Eine Gestaltung für mobile Geräte zuerst zwingt einen dazu, sich auf das Wesentliche zu konzentrieren und das Wesentliche, die zentrale Funktionalität und Aussage der Webseite, im Blick zu behalten.
- Solche Webseiten sind performanter und vermeiden die klassischen Probleme von Responsive Webdesign.
- Sie kommen bei diesem Ansatz prinzipiell mit weniger Zeilen CSS-Code aus: Bei Desktop First müssen Sie für die grundlegende Anordnung zuerst die Elemente floaten, um das Floaten für kleinere Viewports aufzuheben. Bei Mobile First müssen Sie nur in den Media Queries für größere Viewports floaten.
- Dieser Ansatz wird oft als der optimale fürs Responsive Design angesehen.

Nachteile von Mobile First

- Der größte Nachteil dieses Ansatzes ist, dass Sie nicht im Nachhinein eine bestehende Webseite mit dem Mobile First-Ansatz responsive gestalten können. Es funktioniert nur bei Neuerstellungen.
- Auch bei einer Neuerstellung verlangt es einiges an Neulernen (bzw. Überzeugungsarbeit dem Kunden gegenüber), Umgewöhnen, um die mobile Version als „Normalfall" zu betrachten, wenn man ein Layout erstellt.

Im Zweifelsfall wird auch der Mobile-First-Ansatz nicht bedeuten, dass Sie zuerst das Layout für Smartphones erstellen und, wenn das steht und realisiert ist, sich an die Gestaltung der größeren Varianten machen; sondern Sie werden parallel an den verschiedenen Layouts arbeiten. Das wiederum bedeutet aber natürlich eine Herausforderung für die Zusammenarbeit zwischen Designern und Webentwicklern, die gemeinsam am Layout arbeiten müssen. Es geht also hier nicht, dass der Designer das Layout erstellt, das danach der Webentwickler umsetzt; es muss mehrere Durchgänge/Iterationen geben.

Mobile First ist der bessere Ansatz, aber manchmal ist es sinnvoller, den Desktop-First-Ansatz zu verfolgen, als nichts zu machen. Die Gefahr ist immer, dass man die Anforderungen sehr hoch setzt und ein Alles-oder-nichts-Prinzip deklariert. Dann kann es passieren, dass man nichts macht, statt das zu realisieren, was machbar ist und zumindest eine Verbesserung bringt, auch wenn es nicht optimal ist.

10.2.5 Anzahl der Breakpoints

Wie viele verschiedene @media-Queries und Layoutvarianten braucht man? Das hängt vom Projekt ab und von den Inhalten, ab welchen Punkten Änderungen notwendig werden. In seiner Projektvorlage 320 and Up *(http://stuffandnonsense.co.uk/projects/320andup)* verwendet Andy Clarke fünf Angaben.

```
@media only screen and (min-width: 480px) {}
@media only screen and (min-width: 600px) {}
@media only screen and (min-width: 768px) {}
@media only screen and (min-width: 992px) {}
@media only screen and (min-width: 1382px) {}
```

Da die ersten Angaben außerhalb von Media Queries stehen, bedeutet das sechs Layoutvarianten.

Jede Variante bedeutet aber einen nicht unerheblichen Zeitaufwand; das Layout muss entwickelt und getestet werden. Typisch scheint mir hier die Schilderung der Umsetzung eines responsive Design der Webseite *Airport-Hotels.uk* von Gavyn McKenzie *(http://mobile.smashingmagazine.com/2012/05/18/first-forays-into-responsive-web-development)*. Sie haben vier der Varianten von 320 and Up genommen, die letzte also weggelassen. Nach der Realisierung haben sie aber festgestellt, dass sie davon ein oder sogar zwei sparen könnten, weil man damit noch immer 85 % der Besucher erreicht und weil das natürlich erheblichen Aufwand eingespart hätte. Denn ja, es ist auch eine Frage des Budgets und der zur Verfügung stehenden Zeit. Jede größere Layoutveränderung bedeutet Arbeit und Tests. Man wird natürlich mindestens zwei Varianten machen; wohl auch noch eine dritte Zwischenstufe, aber jede zusätzliche größere Änderung sollte genau überlegt sein.

Beim Responsive Webdesign gibt es ein paar Knackpunkte, für die inzwischen eine Reihe von Lösungen existiert. Der erste, der uns beschäftigen soll, ist die Navigation.

10.3 Navigationen im Responsive Webdesign

Die Navigation ist eine entscheidende Komponente bei jeder Webseite und gerade beim Responsive Webdesign benötigt sie besondere Aufmerksamkeit.

Wichtig ist erst einmal, dass die Navigationselemente bei der Variante für kleine Bildschirme groß genug sind, damit man sie bequem auf einem Touchscreen mit dem Finger bedienen kann; ein Finger ist schließlich wesentlich größer als der Mauszeiger. Wenn die Navigationspunkte zu nahe beieinander sind, ist es schwierig, den richtigen zu treffen. Vielleicht ist Ihnen das auch schon einmal beim Surfen mit dem Smartphone untergekommen. Da der Seitenaufbau meist sowieso relativ lange dauert, ist es umso ärgerlicher, wenn dann noch die falsche Seite geladen wird.

10.3.1 Grundlegende Überlegungen zur Navigation

Eine horizontale Navigation in der Desktop-Variante kann nur dann auch eine horizontale Navigation auf kleinem Bildschirm bleiben, wenn es nicht zu viele Navigationspunkte gibt. Drei bis vier haben normalerweise Platz, sofern die Beschriftungen nicht zu lang sind.

Bild 10.15 Die Navigation auf der Webseite von Ethan Marcotte ist horizontal bei viel Platz ...

Bild 10.16 ... und bleibt auch bei wenig Platz horizontal.

Dieses Schema eignet sich nur für Webseiten mit wenigen Unterpunkten, nicht zufällig ist es auf Selbstpräsentationen von Einzelpersonen besonders häufig zu sehen. Wenn es mehr Punkte sind, werden die Navigationspunkte oft statt horizontal vertikal angeordnet, so beispielsweise auf *http://2011.beyondtellerrand.com*.

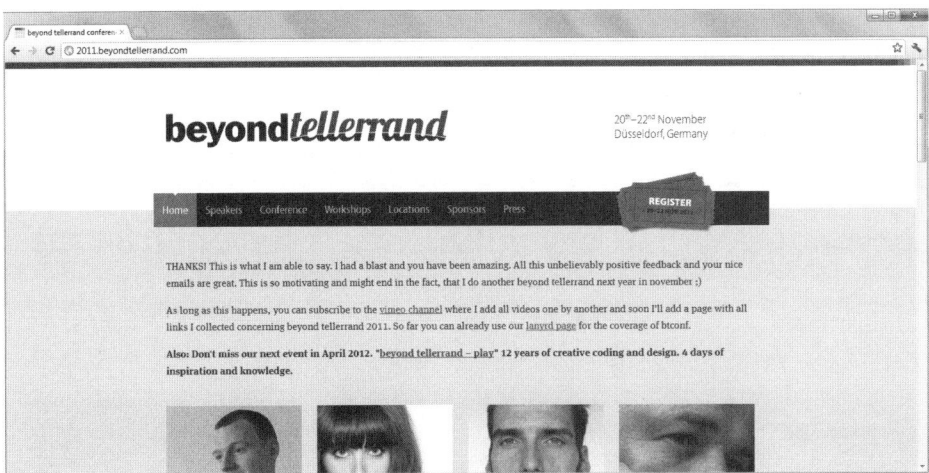

Bild 10.17 *http://2011.beyondtellerrand.com:* Bei viel verfügbarem Platz mit horizontaler Navigation

Bild 10.18 *http://2011.beyondtellerrand.com*: Bei wenig verfügbarem Platz mit vertikaler Navigation

Das Problem an der vertikalen Navigation bei kleinen Viewports ist, dass häufig dann beim Navigieren durch die einzelnen Unterseiten immer nur der Kopfbereich und die Navigation zu sehen sind – der eigentliche Inhalt, um den es geht, ist erst durch Scrollen erreichbar. Navigiert man durch die einzelnen Punkte, ändert sich oben kaum etwas, das Entscheidende ist immer unten. Das hat zwei Nachteile: Zum einen erschwert es die Orientierung und zum anderen ist das Wesentliche immer erst durch zusätzliche Interaktion erreichbar.

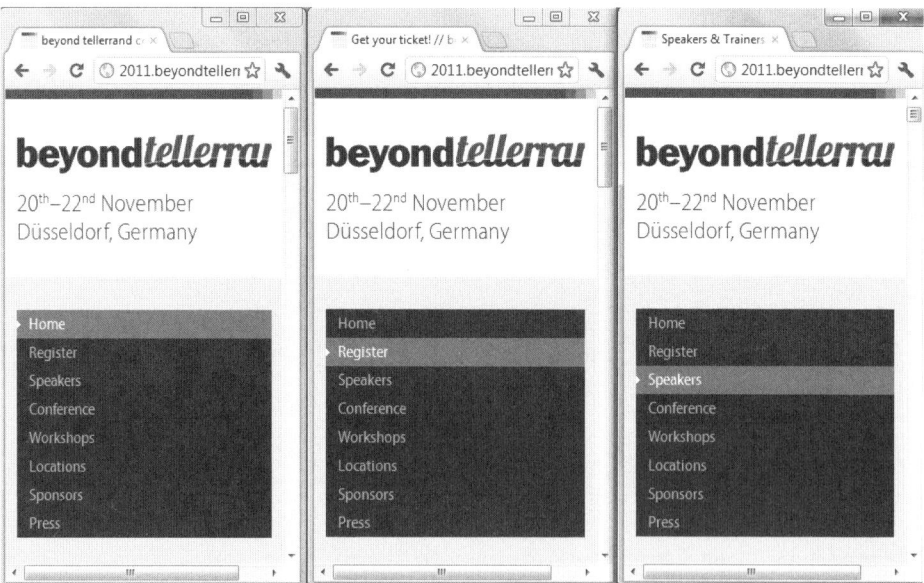

Bild 10.19 Beim Navigieren durch die Seite ändert sich kaum etwas.

Irritierend bei einer Benutzung auf einem Smartphone ist außerdem, dass die Hervorhebung des Menüpunktes natürlich in dem Moment erfolgt, wenn man darauf klickt. Der Benutzer erhält aber kein Feedback, wann die neue Seite auch wirklich geladen ist.

Luke Wroblewski, Jeffrey Zeldman und andere benennen als wichtige Strategie für mobile Webseiten „Content First", d. h., der Inhalt soll zuerst kommen *(http://www.lukew.com/ff/entry.asp?1372)*. Die Darstellung und Anordnung der Navigation auf kleinem Bildschirm widerspricht diesem Prinzip.

 Es gibt natürlich auch Fälle, in denen die Darstellung von Navigationslinks, ohne dass man etwas von Inhalten sieht, auf der Seite weniger störend ist: nämlich dann, wenn diese Navigation nur auf der Startseite zu sehen ist. Das erinnert an die Listenmenüs von mobilen Anwendungen, bei denen eine Liste den Einstiegspunkt in die verschiedenen Unterbereiche der Anwendung ermöglicht. Einen solchen Fall sehen Sie auf *http://orbitaldevs.com* (siehe Bild 10.20).

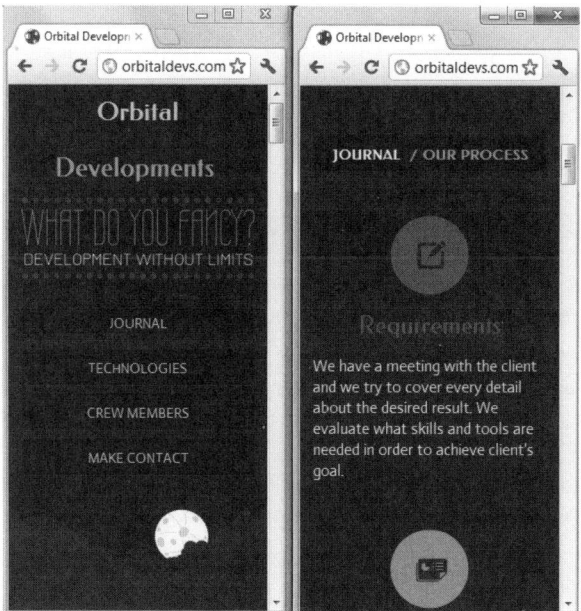

Bild 10.20 Ein Klick auf den ersten Menüpunkt führt direkt zur entsprechenden Stelle.

Zusammengefasst gibt es zwei wesentliche Anforderungen an die Navigation:

- Die Punkte müssen groß genug sein, damit sie sich bequem bedienen lassen.
- Die Navigation soll in Kombination mit dem Kopfbereich nicht den gesamten Bildschirm auf kleinen Geräten füllen.

Diese Anforderungen scheinen sich nur schwer unter einen Hut bringen zu lassen. Glücklicherweise gibt es aber inzwischen unterschiedliche Lösungen für dieses Problem.

10.3.2 Anker-Navigation

Die Anker-Navigationslösung wird u. a. von Luke Wroblewski in seinem Buch *Mobile First* (ISBN 978-1-937557-02-7, A Book Apart 2011) vorgestellt und ist technisch einfach; denn sie lässt sich rein über HTML und CSS realisieren.

Diese Variante ist eng mit dem Mobile First-Ansatz verknüpft, denn der HTML-Code wird so gestaltet, wie es auf kleinen Bildschirmen dargestellt werden soll: Die Navigation wird unterhalb des Inhaltsbereichs angeordnet, am Anfang des Dokuments gibt es einen Link, über den diese Navigation direkt erreichbar ist.

```
<div id="container">
<p id="sprung"><a href="#navigation">Navigation</a></p>
<div id="inhalt">
<h2>Der Inhalt </h2>
</div>
<div id="navigation">
<ul>
  <li><a href="#">Erstens</a></li>
  <li><a href="#">Zweitens</a></li>
  <li><a href="#">Drittens</a></li>
  <li><a href="#">Viertens</a></li>
  <li><a href="#">Fünftens</a></li>
  <li><a href="#">Sechstens</a></li>
</ul>
</div>
</div>
```

Damit ist die Variante für kleine Bildschirme schon funktionstüchtig. Aber natürlich sollten Sie dann die Navigation ansprechend gestalten und den Link zur Navigation beispielsweise in einen Button umwandeln. Damit daraus auch bei großem Bildschirm eine angemessene Navigation wird, müssen Sie per CSS kräftig eingreifen. Gehen wir einmal davon aus, dass die Navigation bei großen Bildschirmen horizontal oberhalb des Inhaltsbereichs dargestellt werden soll, wie man das häufig auf Webseiten sieht.

Diese geplanten Formatierungen sollen im Beispiel ab einer Größe von 760 px greifen.

```
@media screen and (min-width: 760px) { }
```

Die folgenden Angaben stehen also innerhalb der geschweiften Klammern der `@media`-Regel.

Erst einmal muss das umfassende Element `position: relative` erhalten – ohne dass Sie Werte für die Verschiebung angeben. Damit bietet das umfassende Element den Bezugspunkt für weitere in ihm angeordnete absolut positionierte Elemente. Außerdem benötigt der `#container` ein `padding-top`, d. h. einen Innenabstand nach oben. Dieser Platz ist für die Navigation vorgesehen.

```
#container {
  position: relative;
  padding-top: 3em;
}
```

Die Navigation wird absolut positioniert. Bezugspunkt für `top: 0` und `left: 0` ist der `#container`.

```
#navigation {
  position: absolute;
```

```
  top: 0;
  left: 0;
  width: 100%;
}
```

Außerdem kann die interne Sprungmarke ausgeblendet werden.

```
#sprung {
  display: none;
}
```

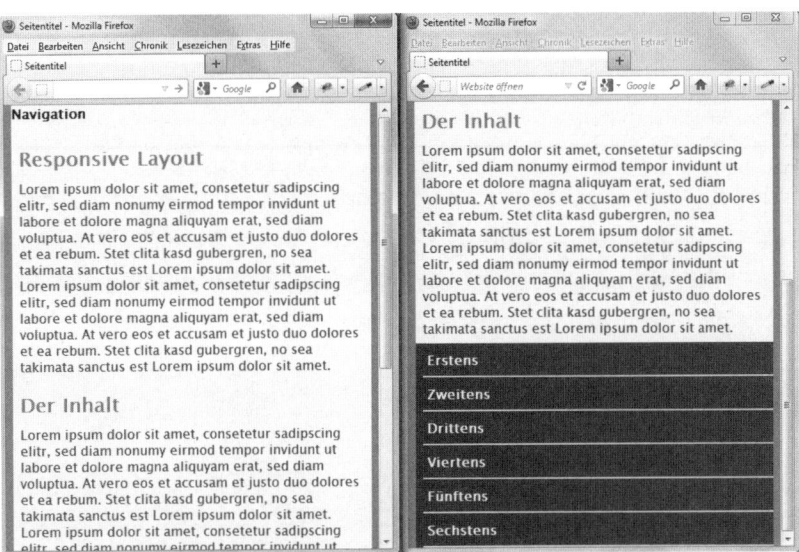

Bild 10.21 Ein Klick auf den Punkt Navigation (links) führt zur Navigation unten (rechts).

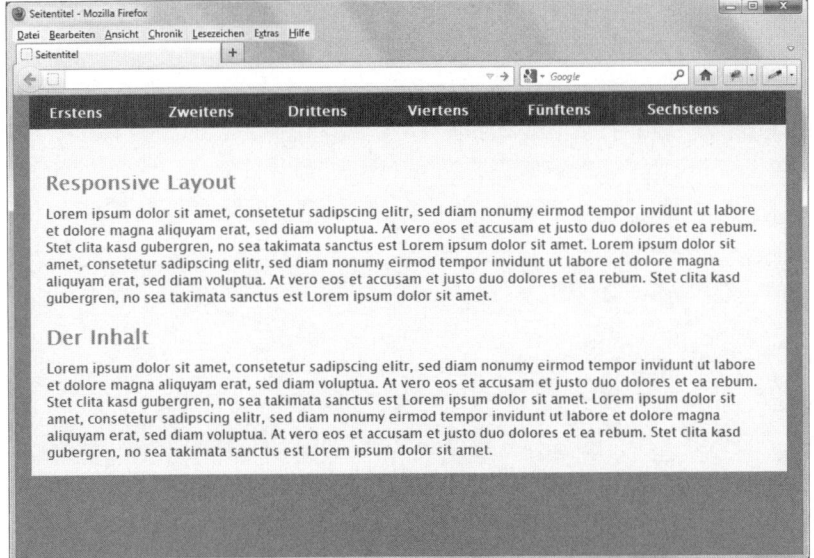

Bild 10.22 Bei großen Bildschirmen ist die Navigation „ganz normal" oberhalb des Inhalts.

Listing 10.9 zeigt den Code in der Gesamtheit.

Listing 10.9 Die Realisierung der Anker-Navigation *(responsive_anker_navigation.html)*

```html
<!DOCTYPE html>
<html>
<head>
  <meta charset="utf-8" />
  <meta name="viewport" content="width=device-width" />
  <title>Seitentitel</title>
<style>
* {
  margin: 0;
  padding: 0;
}
body {
  font: 100% "Lucida Sans Unicode", "Lucida Grande", sans-serif;
  background-color: #7E98A0;
}
#container {
  background-color: #fff3ac;
  max-width: 1200px;
  margin: auto 2%;
  color: #3F4547;
}
#navigation {
  width: 100%;
  background: #3F4547;
  overflow: hidden;
}
#navigation ul {
  margin-left: 2%;
  list-style-type: none;
}
#navigation li {
  padding: 10px 5px;
  border-bottom: 2px solid #ddd;
}
#navigation a {
  color: #fff3ac;
}
#inhalt {
  color: #292A2F;
  padding: 2%;
}
#inhalt h2 {
  color: #A8795E;
  margin: 1em 0 0.5em;
}
a {
  text-decoration: none;
  color: black;
  font-weight: bold;
}
@media screen and (min-width: 760px) {
  #navigation ul li {
    float: left;
    width: 15%;
```

```
    border-bottom: none;
  }
  #container {
    position: relative;
    padding-top: 3em;
  }
  #navigation {
    position: absolute;
    top: 0;
    left: 0;
    width: 100%;
  }
  #sprung {
    display: none;
  }
}
</style>
</head>
<body>
<div id="container">
<p id="sprung"><a href="#navigation">Navigation</a></p>
<div id="inhalt">
<h2>Responsive Layout</h2>
<h2>Der Inhalt </h2>
</div>
<div id="navigation">
<ul>
  <li><a href="#">Erstens</a></li>
  <li><a href="#">Zweitens</a></li>
  <li><a href="#">Drittens</a></li>
  <li><a href="#">Viertens</a></li>
  <li><a href="#">Fünftens</a></li>
  <li><a href="#">Sechstens</a></li>
</ul>
</div>
</div>
</body>
</html>
```

Das Beispiel lässt sich natürlich in mehrerer Hinsicht verfeinern und verbessern, aber es demonstriert klar das Grundprinzip.

10.3.3 Auswahlliste

Auswahllisten sind eine platzsparende Möglichkeit für Navigationen. Diese gibt es schon länger, sie sind allerdings ein bisschen in Vergessenheit geraten, da sie von schöner gestalteten Navigationen verdrängt wurden. Mit dem Responsive Webdesign kommen sie wieder – weil sie eine gute Möglichkeit sind, mehrere Navigationspunkte platzsparend am Seitenanfang zu präsentieren. Ein Beispiel zeigt Bild 10.23: Bei kleinem Bildschirm ist es eine Auswahlliste (links), bei größerem Browserfenster eine horizontale Navigation (rechts). Die Auswahlliste wird dann im aktiven Modus je nach Betriebssystem unterschiedlich dargestellt.

Bild 10.23 Einmal Auswahlliste, einmal horizontale Navigation

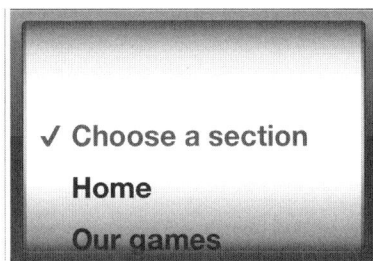

Bild 10.24 Die Auswahlliste beim Auswählen im iPhone

Das bedeutet etwa, dass die folgende Liste

```
<ul>
  <li><a href="eins.html">Erstens</a></li>
  <li><a href="zwei.html">Zweitens</a></li>
  <!-- weitere Punkte -->
</ul>
```

bei wenig verfügbarem Platz zu einer Auswahlliste wird, bei der die Pfade immer beim `value`-Attribut angegeben sind.

```
<select >
  <option value="eins.html">Erstens</option>
  <option value="zwei.html">Zweitens</option>
  <!-- weitere Punkte -->
</select>
```

Dies können Sie auf verschiedene Arten umsetzen. Im einfachsten Fall erstellen Sie den HTML-Code für beide Arten der Navigation und blenden diese wechselseitig aus.

 Ein Beispiel hierfür zeigt Chris Coyier unter *http://css-tricks.com/convert-menu-to-dropdown*. Bei kleinem Bildschirm und gleichzeitig deaktiviertem JavaScript funktioniert es allerdings nicht.

Diese Dopplung ist allerdings etwas unschön und birgt auch die Gefahr in sich, dass Änderungen nicht an allen Stellen übernommen werden, zudem kann es sein, dass eben auch beide Navigationen von Screenreadern vorgelesen werden.

Bei den Navigationen per Auswahlliste ist allgemein immer ein Problem, dass sie, wenn sie schlecht programmiert sind, nur bei aktiviertem JavaScript funktionieren, bei nicht aktiviertem hingegen nutzlos sind. Dieses Problem umgehen Sie, wenn Sie die Umwandlung von normaler ungeordneter Liste in die Auswahlliste bei kleinem Bildschirm ebenfalls mit JavaScript bewerkstelligen. Damit erscheint die Auswahlliste nur bei aktiviertem JavaScript und es ist in Ordnung, wenn sie auch nur dann funktioniert.

Sie können diese Umwandlung händisch per JavaScript realisieren, wie Sie es beispielsweise im Smashing Magazine unter *http://coding.smashingmagazine.com/2012/02/13/progressive-and-responsive-navigation* beschrieben finden. Einfacher geht es mit einem jQuery-Plugin Responsive Menu *(https://github.com/mattkersley/Responsive-Menu)*.

Um es zu verwenden, müssen Sie zunächst jQuery und das Plug-in im Kopfbereich einbinden.

```
<script src="http://ajax.googleapis.com/ajax/libs/jquery/1.7.2/jquery.min.js"></script>
<script src="jquery.mobilemenu.js"></script>
```

Da Plug-in aktivieren Sie über den Befehl `mobileMenu()`. Davor geben Sie an, welche Listen umgewandelt werden sollen; d.h., Sie schreiben einen Selektor, der die ungeordneten/geordneten Listen der Navigation auswählt.

 HINWEIS: Das Plug-in funktioniert nur bei Listen. Aber da Sie normalerweise sowieso Listen für Ihre Navigationen benutzen sollten, ist das keine Einschränkung.

```
<script>
  $(function(){
    $('#navigation ul').mobileMenu();
  });
</script>
```

Das Skript bietet noch mehrere Konfigurationsoptionen:

- `switchWidth` bestimmt, ab welcher Breite die Umwandlung in die Auswahlliste stattfinden soll.
- `topOptionText` ist der Text, der als Erstes in der Auswahlliste angezeigt wird. Der Standardtext ist englisch, deswegen empfiehlt es sich, hier etwas anderes anzugeben. Wenn Sie hier `null` schreiben, wird kein erster Text angegeben, sondern es beginnt direkt mit den Menüpunkten.

In folgendem Beispiel findet die Umwandlung in eine Auswahlliste bei 760 px statt und es erscheint kein zusätzlicher erster Punkt bei der Auswahlliste.

```
$(function(){
  $('#navigation ul').mobileMenu({
    switchWidth: 760,
    topOptionText: null
  });
});
```

Das jQuery-Plug-in funktioniert ebenfalls bei verschachtelten Menüs.

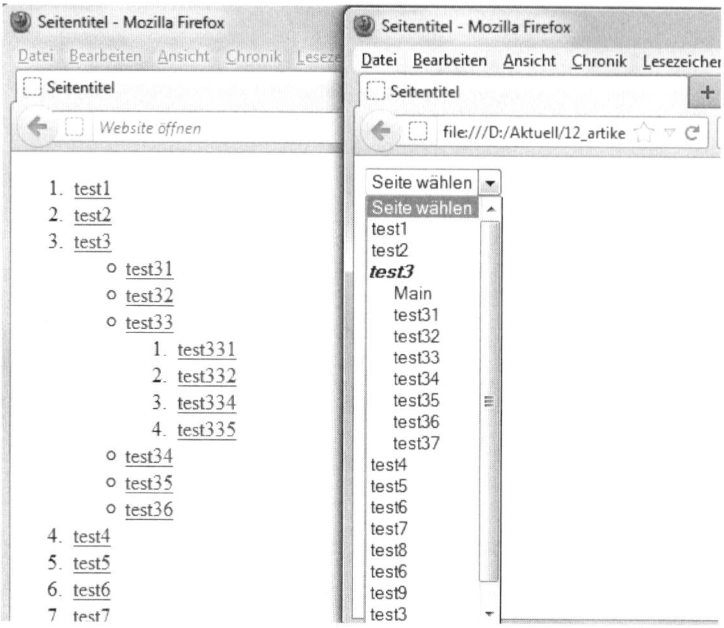

Bild 10.25 Das jQuery-Plug-in kann auch mit verschachtelten Listen umgehen.

Tiefer verschachtelte Listen verwandelt das Plug-in in Listen mit zwei Hierarchieebenen, mehr geben Auswahllisten kaum her. Dabei zeigt sich aber auch das Problem dieses Ansatzes: Die Auswahllisten können nicht gestaltet werden und tiefer verschachtelte Menüs wie überhaupt zu viele Menüpunkte werden rasch unübersichtlich.

Das jQuery-Plug-in hat noch ein paar Schwachstellen, die hoffentlich behoben werden (Stand: Frühsommer 2012). So wird beispielsweise bei Unterseiten nicht automatisch der richtige Auswahllistenpunkt hervorgehoben etc. Aber es ist einfach, wunderbar schnell und ohne großen Aufwand einzusetzen.

10.3.4 Dynamisches Ein-/Ausblenden

Der nächste mögliche Ansatz involviert mehr JavaScript. Sie können die Navigation auch nach Bedarf einblenden lassen. Das heißt, bei wenig verfügbarem Platz ist sie standardmäßig ausgeblendet, bei mehr verfügbarem Platz standardmäßig eingeblendet. Über einen Button lässt sie sich dann jeweils ein- oder ausblenden.

Es gibt unterschiedliche Wege, so etwas zu realisieren. Die hier vorgestellte Lösung erfüllt folgende Anforderungen:

- Wichtig ist, dass die Navigation auch bei deaktiviertem JavaScript benutzbar ist. Es empfiehlt sich hier also ein Ansatz nach dem Progressive-Enhancement-Prinzip: Das Grundgerüst der Webseite ist auch ohne JavaScript benutzbar, mit JavaScript ist die Benutzung aber komfortabler.

- Es soll so wenig wie möglich über JavaScript realisiert werden. Das erreichen Sie dadurch, dass das eigentliche Aus-/Einblenden über CSS realisiert wird. JavaScript wird im Wesentlichen nur dafür eingesetzt, die richtige Formatierung auszulösen; dafür lassen wir dynamisch Klassen ergänzen.

Ein Ansatz, der diese Voraussetzungen erfüllt, stammt von der Filament Group. Die hier vorgestellte Lösung basiert teilweise auf dem dritten unter *https://github.com/filamentgroup/RWD-Nav-Patterns* vorgestellten Ansatz.

Der HTML-Part ist relativ klar – und die Garantie dafür, dass Webseite und Navigation bei deaktiviertem JavaScript benutzbar sind. Es gibt ein umfassendes Element `#container`, einen Inhaltsbereich `#inhalt` und eine Navigation `#navigation`. Innerhalb des Inhaltsbereichs steht ein Link zur Navigation, die unterhalb des Inhalts angeordnet ist.

```
<div id="container">
  <div id="inhalt">
    <a href="#navigation" id="nav-zeigen">Menü</a>
    <!-- Hier weitere Inhalte -->
  </div>
  <div id="navigation">
    <ul><li><a href="#">Erstens</a></li><!-- Weitere Punkte --></ul>
  </div>
</div>
```

Dann zum entscheidenden JavaScript-Teil. Per JavaScript werden zwei Klassen hinzugefügt:

- Bei aktiviertem JavaScript erhält das `html`-Element die Klasse `js`.

PRAXISTIPP: Das ist eine gute Möglichkeit, um gesonderte Formatierungen bei aktiviertem JavaScript durchführen zu können. Auch Modernizr ergänzt die Klasse `js` bei aktiviertem JavaScript.

- Wenn die Navigation angezeigt werden soll, erhält das `html`-Element zusätzlich die Klasse `nav-spalte`. Diese wird je nach Situation – konkret per Klick auf einen der Buttons – jeweils hinzugefügt und entfernt.

Außerdem wird die Klasse `nav-spalte` ab einer bestimmten Größe des Viewports automatisch hinzugefügt, wobei die verfügbare Größe mit JavaScript ermittelt wird.

Die Navigation soll zum einen durch den allgemeinen Navigationsbutton geschlossen und geöffnet werden können, zum anderen aber soll es auch einen eigenen Schließen-Button geben, der in der dynamisch eingeblendeten Navigation erscheinen soll. Da dieser nur bei aktiviertem JavaScript eine Funktion hat, empfiehlt es sich, diesen auch über JavaScript zu erzeugen.

Im Beispiel wird jQuery eingesetzt, das zuerst einmal eingebunden werden muss. Damit sieht der benötigte JavaScript-Code wie folgt aus.

```
<script src="http://ajax.googleapis.com/ajax/libs/jquery/1.7.2/jquery.min.js"></script>
<script>
$(function(){
//Klasse hinzufügen bei aktiviertem JavaScript
  $('html').addClass('js');
```

```
    // Schließen-Button ergänzen
    $('#navigation ul').before('<a href="#" id="nav-verstecken" >Schließen</a>');

    // Navigation wechselnd aus- einblenden
    $('#nav-zeigen, #nav-verstecken').on('click', function(){
      $('html').toggleClass('nav-spalte');
      return false;
    });

    // Ab einem gewissen verfügbaren Platz soll die Navigation immer angezeigt werden
    $(window).bind('load resize orientationchange', function(){
      if ( window.outerWidth >= 1000 ) { $('html').addClass('nav-spalte'); };
    });

  });
  </script>
```

Damit ist alles bereit für das wechselnde Ein-/Ausblenden, denn für alle Situationen gibt es passende Klassen beim HTML-Starttag.

Bei deaktiviertem JavaScript ist das Start-Tag schlicht und ergreifend:

```
<html>
```

Bei aktiviertem JavaScript und bei kleinerem Bildschirm sieht das HTML-Start-Tag wie folgt aus.

```
<html class="js">
```

Wenn die Navigation angezeigt wird, ist das HTML-Start-Tag hingegen folgendermaßen:

```
<html class="js nav-spalte">
```

Mit diesem Wissen lassen sich die entsprechenden Formatierungen für den CSS-Teil definieren.

Doch kommen wir erst einmal zum Inhaltsbereich. Er wird relativ positioniert und von links um 0 verschoben; damit ist er ganz normal sichtbar. Außerdem ist eine CSS3-Transition, d. h. ein Übergang, definiert, wodurch das Ein- und Ausblenden später animiert erscheint.

```
#inhalt {
  position: relative;
  left: 0;
  z-index: 99;
  background-color: #fff;
  -webkit-transition: left 0.3s ease;
  -moz-transition: left 0.3s ease;
  -o-transition: left 0.3s ease;
  transition: left 0.3s ease;
}
```

Bei aktiviertem JavaScript – erkennbar an der Klasse js im HTML-Start-Tag – wird #navigation absolut positioniert – und über display: none ausgeblendet.

```
.js #navigation {
  padding-top: 1em;
```

```
position: absolute;
top: 0;
left: 0;
z-index: 1;
display: none;
margin: 0;
}
```

Jetzt kommen die Formatierungen, die bei aktivierter Navigation gelten sollen. In diesem Fall hat das HTML-Start-Tag die Klasse `nav-spalte`, deswegen wählen die Selektoren `.nav-spalte #navigation` und `.nav-spalte #inhalt` die Elemente nur bei aktivierter Navigation aus.

Die Navigation wird über `display: block` eingeblendet. Außerdem erhält sie eine Breite von 60%.

```
.nav-spalte #navigation {
  width: 60%;
  display: block;
}
```

Der Inhaltsbereich muss Platz für die Navigation machen, er wird um 50% nach rechts geschoben, und außerdem ist seine Breite begrenzt.

```
.nav-spalte #inhalt {
  left: 60%;
  width: 40%;
}
```

Wenn die Navigation nicht angezeigt ist, steht beim Inhaltsbereich `left: 0`, jetzt hier `left: 50%`. Der Unterschied zwischen 0 und 50% wird über die CSS3-Transition animiert, dadurch schiebt sich der Inhaltsbereich wahrnehmbar nach rechts.

Es fehlt noch die Darstellung der Links zum Ein- und Ausblenden. Der Menüpunkt zum Zeigen/Ausblenden der Navigation ist immer zu sehen.

```
#nav-zeigen {
/* Formatierungen nach Bedarf */
}
```

Der Schließen-Button ist hingegen im Normalfall mit `display: none` ausgeblendet.

```
#nav-verstecken {
  display: none;
}
```

Bei eingeblendeter Navigation wird der Schließen-Button sichtbar.

```
.nav-spalte #nav-verstecken{
  display: block;
}
```

Damit haben Sie eine funktionierende Basis mit einer dynamischen Navigation. Jetzt können Sie darangehen, optische Verbesserungen durchzuführen. So wäre es sicher sinnvoll, die Breite der Navigation unterschiedlich zu definieren je nach verfügbarem Platz – über Media Queries.

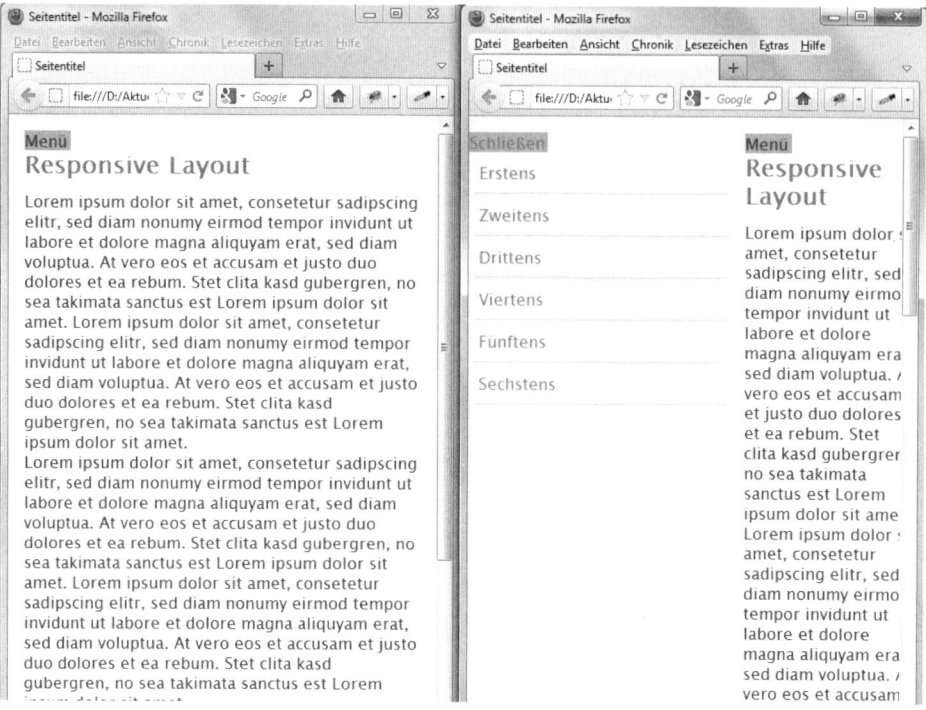

Bild 10.26 Dynamisches Ausklappmenü – links: eingeklappt, rechts: ausgeklappt

Listing 10.10 zeigt das Beispiel in der Gesamtheit.

Listing 10.10 Ausklappmenü *(responsive_aufklappmenue.html)*

```
<!DOCTYPE html>
<html>
<head>
  <meta charset="utf-8" />
  <meta name="viewport" content="width=device-width" />
  <title>Seitentitel</title>
<style>
/* Allgemeine Formatierungen */
* {
 margin: 0;
 padding: 0;
}
body {
 font: 100% "Lucida Sans Unicode", "Lucida Grande", sans-serif;
 background-color: #C0D5E0;
}
#container {
  background-color: #fff3ac;
  max-width: 1200px;
  color: #3F4547;
}
#navigation ul {
  clear: both;
```

```css
  margin-left: 2%;
  list-style-type: none;
}
#navigation li {
  padding: 10px 5px;
  border-bottom: 2px solid #ddd;
}
#navigation a {
  color: #A8795E;
}
#inhalt {
  color: #292A2F;
  padding: 1em;
}
#inhalt h2 {
  color: #A8795E;
  margin: 0 0 0.5em;
  clear: left;
}
a {
  text-decoration: none;
}
/* Vorbereitungen für die dynamische Navigation */
#inhalt {
  position: relative;
  left: 0;
  z-index: 99;
  background-color: #fff;
  -webkit-transition: left 0.3s ease;
  -moz-transition: left 0.3s ease;
  -o-transition: left 0.3s ease;
  transition: left 0.3s ease;
}
.js #navigation {
  padding-top: 1em;
  position: absolute;
  top: 0;
  left: 0;
  z-index: 1;
  display: none;
  margin: 0;
}
/* bei sichtbarer Navigation */
.nav-spalte #navigation {
  width: 60%;
  display: block;
}
.nav-spalte #inhalt {
  left: 60%;
  width: 40%;
}
/* Links zum Ein-/Ausblenden der Navigation */
#nav-zeigen {
  background-color: orange;
  float: left;
  width: 3em;
}
#nav-verstecken {
```

```
    display: none;
    background-color: orange;
    width: 5em;
}
.nav-spalte #nav-verstecken{
    display: block;
}
</style>
<script
src="http://ajax.googleapis.com/ajax/libs/jquery/1.7.2/jquery.min.js"></script>
  <script>
  $(function(){
    $('html').addClass('js');
    // Schließen-Button ergänzen
    $('#navigation ul').before('<a href="#" id="nav-verstecken" >Schließen</a>');

    // Navigation wechselnd aus-/einblenden
    $('#nav-zeigen, #nav-verstecken').on('click', function(){
       $('html').toggleClass('nav-spalte');
       return false;
    });
    // Ab einem gewissen verfügbaren Platz soll die Navigation immer angezeigt werden
    $(window).bind('load resize orientationchange', function(){
       if ( window.outerWidth >= 1000 ) { $('html').addClass('nav-spalte'); };
    });

});
  </script>
</head>
<body>
<div id="container">
<div id="inhalt">
<a href="#navigation" id="nav-zeigen">Menü</a>
<h2>Responsive Layout</h2>
<p>Lorem ipsum dolor sit amet, consetetur sadipscing elitr, sed diam nonumy eirmod tempor invidunt ut labore et
</div>
<div id="navigation">
<ul>
  <li><a href="#">Erstens</a></li>
  <li><a href="#">Zweitens</a></li>
  <li><a href="#">Drittens</a></li>
  <li><a href="#">Viertens</a></li>
  <li><a href="#">Fünftens</a></li>
  <li><a href="#">Sechstens</a></li>
</ul>
</div>
</div>
</body>
</html>
```

Diese Variante stellt natürlich nur eine Basis dar, die Sie jetzt gestalten und verfeinern können. Beispielsweise wäre es sicher sinnvoll, die Breite der Navigation abhängig von der verfügbaren Breite zu definieren. 60 % ist okay bei wenig Platz, aber bei viel Platz eindeutig zu viel. Solche Unterschiede lassen sich natürlich wieder gut mit @media-Angaben realisieren.

10.3.5 Buttons oder Icons für die Navigation

Beim Ankermenü erreicht der Benutzer die Navigation erst bei Klick auf einen Link, auch das Ausklappmenü reagiert darauf. Doch wie soll dieser aussehen? Eine Möglichkeit ist natürlich, dass man ihn mit dem beschriftet, was er zur Anzeige bringt, etwa „Menü", „Navigation". Andererseits habe ich die Erfahrung gemacht, dass solche Begriffe Webentwicklern zwar sehr geläufig sind, nicht aber den Besuchern. Besser ist eine beschreibende Bezeichnung für den individuellen Fall – bei Webauftritten von Zeitungen wird etwa häufig „Rubriken" gewählt.

Bild 10.27 Über den Punkt RUBRIKEN erreicht man bei der Süddeutschen Zeitung das Menü.

 HINWEIS: Um Missverständnissen vorzubeugen: Nein, die Süddeutsche Zeitung setzt nicht auf ein Responsive Webdesign, sondern auf eine separate Webseite. Aber die verschiedenen Ansätze sind durchlässig – besonders für Inspirationen.

Es wäre natürlich schön, wenn es ein Icon gäbe, das sich dafür etabliert. Andy Clarke ist in seinen Untersuchungen immer häufiger auf ein Icon mit drei horizontalen Linien gestoßen *(http://www.stuffandnonsense.co.uk/blog/about/we_need_a_standard_show_navigation_icon_for_responsive_web_design)*.

Bild 10.28 Zukünftiges Standardicon zum Einblenden der Navigation *(http://webdagene.no)*?

10.4 Bilder im Responsive Webdesign – Klappe, die zweite

Eigentlich scheint bei der Verwendung von Bildern im Responsive Webdesign alles klar zu sein: ein `max-width` an der richtigen Stelle, und das Layout funktioniert wie geschmiert. Optisch ja, dafür ist es die richtige Methode. Performance-technisch aber gibt es hierbei ein großes Problem: Bilder, die auf einem Desktop eine gute Figur machen und für die kleinen Bildschirme einfach zusammengestaucht werden, brauchen unnötig viel Ladezeit, sie sind also nicht performant. Da die Verbindung normalerweise sowieso schlechter ist und der Seitenaufbau auf mobilen Geräten länger dauert, ist es besonders schlimm, wenn man die mobilen Nutzer zusätzlich noch mit übergroßen Bildern traktiert, von denen sie nicht profitieren.

Den umgekehrten Weg zu gehen, also die Bilder für die kleinen Bildschirme zu optimieren und sie dann für den Desktop einfach hochzuzoomen, geht natürlich auch nicht. Die Nutzer von Desktop-Geräten sind schließlich an eine bestimmte Qualität gewöhnt.

Was wir also brauchen, sind zwei separate Bilder, eine kleine Variante für die kleinen Bildschirme, die entsprechend auch schnell lädt, und eine Variante für die großen Bildschirme. Das Problem ist, dass man **bei der ersten Anfrage des Clients** wissen muss, welches die richtigen Bilder sind, um diese ausliefern zu können.

Es gibt verschiedene Lösungen für dieses Problem. Und es wird neue Lösungen geben, da das W3C hierzu eine eigene Arbeitsgruppe gebildet hat. Diese Gruppe *(http://www.w3.org/community/respimg)* wird versuchen, das Problem über neue Markup-Konventionen oder Ähnliches zu lösen. Doch wenn diese Grupp zu einem sinnvollen Ergebnisvorschlag gekommen ist, wird es aber natürlich dauern, bis diese Lösung auch in den wichtigen Browsern implementiert ist.

Es gibt aber schon unterschiedliche Lösungen, die heute funktionieren.

10.4.1 src.sencha.io

Eine schöne Lösung – weil sie so wunderbar einfach und „automagisch" ist – stammt von Sencha Touch. Das Grundprinzip veranschaulicht die Skizze auf der Webseite *http://www.sencha.com/learn/how-to-use-src-sencha-io*.

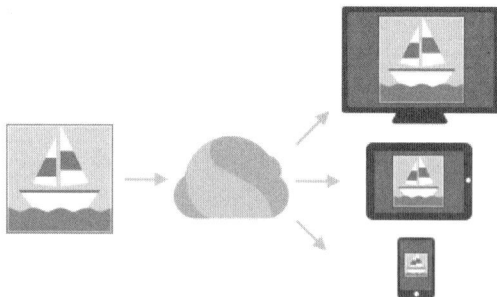

Bild 10.29 Das Grundprinzip von src.sencha.io

HINWEIS: Die Lösung funktioniert nur bei Webseiten im Internet, nicht bei Webseiten, die nur über den lokalen Testserver aufgerufen werden.

Sollen Bilder von src.sencha.io bearbeitet werden, so müssen Sie zuerst ihre URL absolut angeben, d. h. mit dem Namen der Domain inklusive Protokoll davor. Dann ergänzen Sie am Anfang http://src.sencha.io/.

Ein Beispiel: Befindet das Bild sich auf http://www.maurice-web.de/mobile_webseiten/gruener_see.jpg, lautet die Angabe wie folgt.

```
<img src="http://src.sencha.io/http://www.maurice-web.de/mobile_webseiten/
gruener_see.jpg" alt="Grüner See" />
```

Das ist alles: Dann kümmert sich src.sencha.io automatisch darum, das Bild in die für das Gerät passende Größe zu verwandeln.

Ein kleines Beispiellisting zeigt die Umwandlung in Aktion: Zweimal wird das Bild vom grünen See eingebunden, einmal ohne die und einmal mit der Einwirkung von src.sencha.io.

```
Bild ohne src.sencha.io<br />
<img src="gruener_see.jpg" alt="Grüner See" />
<br />
Bild mit src.sencha.io<br />
<img src="http://src.sencha.io/http://www.maurice-web.de/mobile_webseiten/
gruener_see.jpg" alt="Grüner See" />
```

Bild 10.30 zeigt das Ergebnis. Oben ist ohne Dazutun von src.sencha.io nur ein kleiner Ausschnitt des Bildes auf dem iPhone zu sehen, unten konnte src.sencha.io wirken und das Bild hat exakt die richtige Größe.

Bild 10.30 Großes Bild oben in Originalgröße, unten magisch geschrumpft

Wichtig ist dabei folgender Punkt: Das Bild wird nicht über max-width oder sonstige Tricks nur in der Anzeige skaliert; sondern es wurde ein neues Bild in der passenden Größe erzeugt.

Wie aber funktioniert diese Magie? src.sencha.io ermittelt die benötigte Größe anhand des User-Agent-Strings, der bei der Anfrage mitgesendet wird. Das heißt, src.sencha.io ermittelt die Größe anhand einer Datenbank mit aktuellen User-Agent-Strings zu Größenzuordnungen.

User-Agent-Strings und ihr Nutzen sind auch Thema von Kapitel 13. Immer stellt sich dabei natürlich die Frage: Ist die Voraussage einer Größe aufgrund eines User-Agent-Strings zuverlässig? Das hängt natürlich davon ab, ob die zugrunde liegende Datenbasis gut ist und aktuell gehalten wird.

Auf dem Windows-Emulator ist das Ergebnis ein bisschen weniger überzeugend – übrigens ebenso auf einem Smartphone mit Android 2.3.

Bild 10.31 Eindeutig zu klein geworden ist das Bild auf dem Windows Emulator.

Die Frage ist aber natürlich, ob diese Abweichungen so schlimm sind. Beim Windows Phone, okay, da wird das Bild zu klein dargestellt. Aber etwas funktioniert ja trotzdem: Es ist für einen mobilen Zugriff optimiert und wesentlich besser als das riesige Originalbild, das zuerst eingebunden wird; es ist optimiert – wenn auch nicht so „optimal" wie auf dem iPhone.

Neue Möglichkeiten von src.sencha.io

Ein zusätzliches Feature von src.sencha.io benutzt ein clientseitiges Skript, um die aktuelle Displaygröße zu ermitteln, und speichert diesen Wert in einem Cookie, das danach, d. h. bei darauffolgenden Abfragen, ausgelesen werden kann.

Hierfür müssen Sie zuerst die entsprechende JavaScript-Datei einbinden.

```
<script src='http://src.sencha.io/screen.js'></script>
```

Außerdem müssen Sie beim Einbinden des Bildes angeben, dass die Größe des Bildschirms als Basis für die Größe des neu erstellten Bildes herangezogen werden soll, was über die zusätzliche Angabe von `screen.width` nach `http://src.sencha.io/` geschieht.

```
<img src="http://src.sencha.io/screen.width/http://www.maurice-web.de/
mobile_webseiten/gruener_see.jpg" alt="Grüner See" />
```

Das Ergebnis sieht danach auf einem Samsung Galaxy wie gewünscht aus – auf dem Windows Phone allerdings noch nicht. Diese Kombination von clientseitigem und serverseitigem Ansatz ist aber etwas, was Zukunft hat. Der Ansatz ist im Frühsommer 2012 noch als experimentell beschrieben; außerdem wird sich zeigen, was die Ergebnisse der diesbezüglichen Arbeitsgruppe vom W3C zutage fördern.

Der Vorteil an der Lösung src.sencha.io ist ihre Einfachheit: Sie brauchen keine speziellen Programmierkenntnissen, müssen nichts zusätzlich installieren etc. Der Nachteil ist, dass Sie das Skalieren an einen externen Dienst abgeben und sich damit auch von diesem abhängig machen. Es scheint ziemlich sicher, dass der Dienst weiter betrieben wird, aber eine wirkliche hundertprozentige Garantie gibt es natürlich nicht.

Die beiden weiteren vorgestellten Lösungen haben diesen Nachteil nicht, sind dafür etwas aufwendiger.

10.4.2 Adaptive Images

Eine Lösung für die Auslieferung unterschiedlicher Bilder je nach Gerät ist „Adaptive Images" von Matt Willcox *(http://adaptive-images.com)*. Diese Lösung hat den Vorteil, dass sie sich leicht in bestehende Projekte integrieren lässt.

Das Kernstück von Adaptive Images ist ein PHP-Skript, das die Skalierung der Bilder übernimmt. Damit das funktioniert, brauchen Sie PHP 5.x mit GD Lib, was aber eine Standardbibliothek ist. Eine weitere wichtige Komponente dieser Lösung ist eine *.htacess*-Datei, die die Bildanfragen an das PHP-Skript weiterleitet. Außerdem gibt es ein JavaScript-Schnipsel, das die Viewport-Größe ausliest und in einem Cookie speichert. Darauf basierend können dann die für die Größe optimierten Bilder geladen werden.

Und so funktioniert es:

Die *.htaccess*-Datei speichern Sie im Wurzelverzeichnis des Webprojekts. In dieser Datei können Sie Verzeichnisse angeben, die von der Bildskalierung nicht betroffen sein sollen. Sinnvoll ist es beispielsweise hier, das Verzeichnis anzugeben, in dem sich Icons befinden.

In der *.htaccess*-Datei wird festgelegt, dass alle Bildanfragen an das PHP-Skript *adaptive-images.php* weitergeleitet werden; hier der entsprechende Ausschnitt. Ausgelesen werden Bilder mit der Endung *jpg, jpeg, gif* und *png*.

```
RewriteRule \.(?:jpe?g|gif|png)$ adaptive-images.php
```

Außerdem können Sie in dieser Datei auch die Ordner von Bildern angeben, die nicht skaliert werden sollen; etwa Icons. Schreiben Sie diese in folgender Zeile anstelle von *assets*.

```
RewriteCond %{REQUEST_URI} !assets
```

Standardmäßig werden ebenfalls Bildanfragen an *ai-cache* nicht behandelt, denn da werden die passend skalierten Bilder gespeichert.

```
RewriteCond %{REQUEST_URI} !ai-cache
```

Auch die Datei *adaptive-images.php* speichern Sie im Wurzelverzeichnis des Projekts ab. Sie übernimmt die Hauptarbeit bei der Skalierung der Bilder.

Erstellen Sie außerdem ein beschreibbares Verzeichnis *ai-cache*, in diesem werden dann die skalierten Bilder gespeichert.

Dann müssen Sie noch folgende Zeilen in den Kopfbereich Ihres Dokuments einfügen.

```
<script>document.cookie='resolution='+Math.max(screen.width,screen.height)+'; path=/';</script>
```

Dieser Code setzt per JavaScript ein Cookie mit dem Wert der aktuellen Auflösung, anhand dessen kann das jeweils benötigte Bild in der richtigen Größe bereitgestellt werden.

Die Einstellungen für das Skript nehmen Sie in der Datei *adaptive-images.php* vor. Hier können Sie beispielsweise die verschiedenen Viewport-Größen angeben, für die eigene skalierte Bilder zur Verfügung stehen sollen.

```
$resolutions    = array(1382, 992, 768, 480);
```

Das Skript muss natürlich, da PHP und eine *.htaccess*-Datei involviert sind, auf einem Server ausgeführt werden, es funktioniert jedoch auch auf einem lokalen Server.

PRAXISTIPP: Bedenken Sie beim Testen, dass wirklich die Breite des Bildschirms ausgelesen wird, nicht die Breite des Browserfensters, d. h., Sie können die Wirkung des Skripts nicht mit einem Desktop-Browser mit einem verkleinerten Browserfenster testen. Es funktioniert aber, wenn Sie sich beispielsweise mit Ihrem mobilen Gerät mit dem lokalen Testserver verbinden. ■

Wenn es geklappt hat, sehen Sie in Ihrem Ordner *ai-cache* die neu skalierten Bilder. Für jede benötigte Größe werden eigene Unterordner angelegt.

Bild 10.32 *ai-cache*-Ordner mit skalierten Bildern

Mit Version 1.5 von Adaptive Images ist eine Unterstützung für Retina-Bildschirme hinzugefügt. Das heißt, bei Bedarf werden Bilder für diese Bildschirme sogar hochskaliert. Um das zu nutzen, müssen Sie einen etwas modifizierten JavaScript-Code am Anfang Ihres Dokuments einbinden. Er lautet folgendermaßen:

```
<script>document.cookie='resolution='+Math.max(screen.width,screen.
height)+("devicePixelRatio" in window ? ","+devicePixelRatio : ",1")+';
path=/';</script>
```

Der Vorteil an der Lösung von Adaptive Images ist, dass Sie nur eine Zeile innerhalb der HTML-Dateien selbst ergänzen müssen. Wenn Sie im Nachhinein diese Lösung bei einem Projekt implementieren wollen, so ist das relativ unproblematisch möglich – denn die Hauptarbeit erledigen die zusätzlichen Dateien *.htaccess* und das PHP-Skript zur Skalierung der Bilder.

10.4.3 Responsive Images von der Filament Group

Eine weitere Lösung für flexible Bilder bietet die Filament Group unter *http://filamentgroup.com/lab/responsive_images_experimenting_with_context_aware_image_sizing*. Bei dieser Lösung werden die Bilder nicht skaliert, sondern je nach Viewport-Größe unterschiedliche Bilder geladen.

Benötigt werden hierfür – neben den Bildern in zwei unterschiedlichen Größen – eine *.htaccess*- und eine JavaScript-Datei.

Die JavaScript-Datei binden Sie im Kopf Ihres Dokuments ein.

```
<script src="rwd-images/rwd-images.js"></script>
```

An der Stelle, an der Sie ein Bild benutzen möchten, geben Sie Ihr Bild normal an, es muss allerdings vor der Endung `.r` enthalten. Das `img`-Element benötigt außerdem den Pfad zum großen Bild, der beim HTML5-Attribut `data-fullsrc` angegeben wird.

Nehmen wir an, Ihr kleines Bild heißt `bild.jpg` und Ihr großes `bild_gross.jpg`, dann geht es folgendermaßen:

```
<img src="bilder/bild.r.jpg" data-fullsrc="bilder/bild_gross.jpg">
```

Beachten Sie, dass Sie als Bildnamen für das kleine Bild `bild.r.jpg` angeben müssen, obwohl das Bild selbst `bild.jpg` heißt.

Damit das dann klappt, muss die JavaScript-Datei am angegebenen Ort sein und sich die *.htaccess*-Datei im selben Ordner befinden. Die *.htaccess*-Datei wird nur tätig, wenn Sie das Dokument über einen Server aufrufen.

Dann wird, wenn die Breite des Anzeigegeräts kleiner als 480 px ist, *bild.jpg* geladen, ansonsten *bild_gross.jpg*.

PRAXISTIPP: Die Überprüfung per JavaScript zielt dabei auf die Breite des Ausgabegeräts, d.h. das, was man über Media Queries mit `device-width` abfragt. Die Breitenangabe von 480 px, die standardmäßig genommen wird, ist auf jeden Fall zu eng, sie lässt sich erweitern, beispielsweise so:

```
<script>
  var rwd_images = {
    widthBreakPoint: 600
  };
</script>
```

10.5 Tabellen im Responsive Webdesign

Layouttabellen sind längst passé, aber für tabellarische Daten sind Tabellen die korrekte semantische Auszeichnung. Bei einem Responsive Webdesign stellen Tabellen eine besondere Herausforderung dar, da sie einen vorgegebenen Platz benötigen. Eine Tabelle mit zehn Spalten beispielsweise lässt sich schlecht auf eine Breite von 320 px zusammenquetschen. Horizontales Scrollen sollten Sie vermeiden.

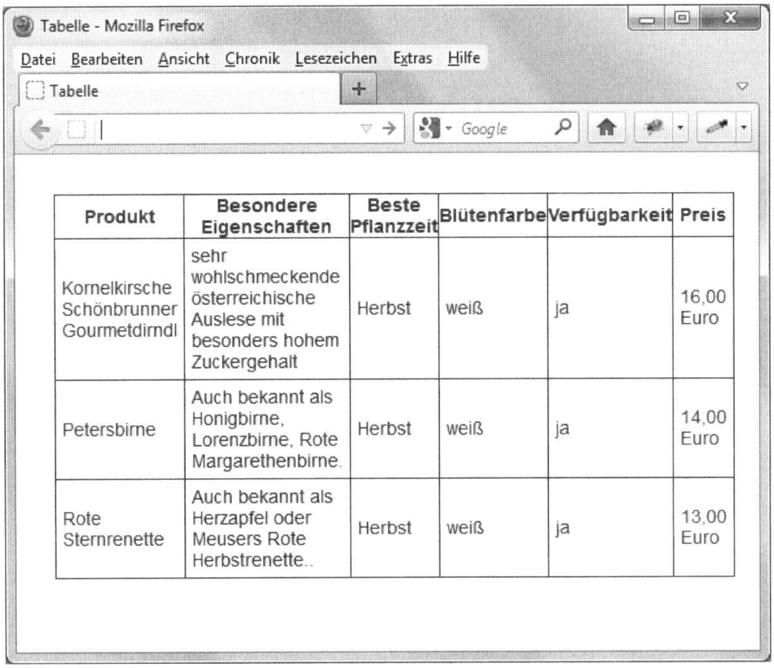

Produkt	Besondere Eigenschaften	Beste Pflanzzeit	Blütenfarbe	Verfügbarkeit	Preis
Kornelkirsche Schönbrunner Gourmetdirndl	sehr wohlschmeckende österreichische Auslese mit besonders hohem Zuckergehalt	Herbst	weiß	ja	16,00 Euro
Petersbirne	Auch bekannt als Honigbirne, Lorenzbirne, Rote Margarethenbirne.	Herbst	weiß	ja	14,00 Euro
Rote Sternrenette	Auch bekannt als Herzapfel oder Meusers Rote Herbstrenette..	Herbst	weiß	ja	13,00 Euro

Bild 10.33 Bis zu einem gewissen Grad lässt die Tabelle sich zusammenschieben ...

10.5 Tabellen im Responsive Webdesign

Bild 10.34 Aber auf dem Screen eines Smartphones ist sie abgeschnitten ... unschön!

Eine gute Lösung für das Tabellenproblem kommt von Chris Coyier *(http://css-tricks.com/responsive-data-tables)*. Sie besteht darin, dass bei kleinem Viewport die Zellen der Tabelle als normale Blockelemente angezeigt werden, vor denen die Beschriftung über erzeugte Inhalte eingefügt wird.

Bild 10.35 Die linearisierten Inhalte der Tabelle sind ohne horizontales Scrollen erreichbar.

Gehen wir von einer einfachen Tabelle mit folgender Struktur aus.

```
<table border="1">
  <tr>
    <th>Produkt</th><th>Besondere Eigenschaften</th><th>Beste Pflanzzeit</th><th>Blütenfarbe</th><th>Verfügbarkeit</th><th>Preis</th>
  </tr>
  <tr>
    <td>Kornelkirsche Schönbrunner Gourmetdirndl </td><td>sehr wohlschmeckende österreichische Auslese mit besonders hohem Zuckergehalt  </td><td>Herbst</td><td>weiß</td><td>ja</td><td>16,00 Euro</td>
  </tr>
  <tr>
    <td>Petersbirne</td><td>Auch bekannt als Honigbirne, Lorenzbirne, Rote Margarethenbirne. </td><td>Herbst</td><td>weiß</td><td>ja</td><td>14,00 Euro</td>
  </tr>
  <tr>
    <td>Rote Sternrenette</td><td>Auch bekannt als Herzapfel oder Meusers Rote Herbstrenette.. </td><td>Herbst</td><td>weiß</td><td>ja</td><td>13,00 Euro</td>
  </tr>
</table>
```

Dann können Sie Sonderangaben für schmale Viewports machen, bei denen die Inhalte nicht mehr ohne Scrollen lesbar sind.

```
@media only screen and (max-width: 600px) {
}
```

PRAXISTIPP: Die Angabe `max-width: 600px` passt bei der Beispieltabelle, ist aber natürlich kein allgemeingültiger Wert. Testen Sie am besten anhand Ihrer konkreten Tabelle, wie lange die Inhalte auch ohne Änderung nutzbar sind und ab wann Sie auf die andere Ansicht umschalten müssen.

Zuerst einmal muss man die Darstellung als Tabelle ausschalten. Das erreichen Sie, indem Sie alle an der Tabelle beteiligten Elemente zu Blockelementen machen.

```
table,td, tr {
  display: block;
}
```

Die Überschriften werden zunächst nicht mehr gebraucht und ausgeblendet.

```
th {
  position: absolute;
  top: -9999px;
  left: -9999px;
}
```

Dann folgen die Formatierungen der einzelnen Zeilen. Sie werden relativ positioniert und erhalten einen Innenabstand von 30 %. Dieser Innenabstand ist ein Platzhalter, dort werden danach die Tabellenbeschriftungen eingefügt.

```css
td {
  position: relative;
  padding-left: 30%;
}
```

Die Tabellenüberschriften werden jetzt vor die einzelnen Zellen gesetzt. Per `position: absolute` wird die Position festgelegt. Diese bezieht sich auf die eigentlichen td-Elemente, für die `position: relative` bestimmt war. Die mit `width` festgelegte Breite für die Beschriftung korreliert dabei mit dem über `padding-left` dafür reservierten Platz.

```css
td:before {
  position: absolute;
  top: 6px;
  left: 6px;
  width: 30%;
}
```

Zum Schluss wird den einzelnen Tabellenzellen die richtige Beschriftung über erzeugte Inhalte zugeordnet. Die Zuordnung erfolgt über den CSS3-Selektor `:nth-of-type()`, über den Sie das soundsovielte Kindelement seiner Art auswählen können.

```css
td:nth-of-type(1):before { content: "Produkt"; }
td:nth-of-type(2):before { content: "Eigenschaften"; }
td:nth-of-type(3):before { content: "Pflanzzeit"; }
td:nth-of-type(4):before { content: "Blütenfarbe"; }
td:nth-of-type(5):before { content: "Verfügbarkeit"; }
td:nth-of-type(6):before { content: "Preis"; }
```

Problematisch ist dabei der IE, der die mit per `display: block` ausgezeichnete Tabellenelemente falsch darstellt. Deswegen empfiehlt es sich, die gesamten Angaben in einem Stylesheet zu machen, das vom IE nicht gelesen wird.

Im Folgenden sehen Sie das Listing in seiner Gesamtheit.

Listing 10.11 Die anpassungsfähige Tabelle *(tabelle.html)*

```html
<!DOCTYPE html>
<html >
 <head>
   <meta charset="UTF-8" />
   <meta name="viewport" content="width=device-width" />
   <title>Tabelle</title>
<style>
* {
  margin: 0;
  padding: 0;
}
body {
  font-family: sans-serif;
  background-color: #FCFCF4;
  color: #07242D;
  font-size: 90%;
}
table {
  margin: 30px;
  border-collapse: collapse;
}
```

```
td {
  padding: 5px;
}
</style>
<!--[if !IE]><!-->
<style>
@media only screen and (max-width: 600px) {
  table,td, tr {
    display: block;
  }
  table {
    margin: 0;
  }
  th {
    position: absolute;
    top: -9999px;
    left: -9999px;
  }
tr {
  border: 1px solid #ddd;
}
  td {
    border: none;
    border-bottom: 1px solid #eee;
    position: relative;
    padding-left: 30%;
  }
  td:before {
    position: absolute;
    top: 6px;
    left: 6px;
    width: 30%;
  }
  td:nth-of-type(1):before { content: "Produkt"; }
  td:nth-of-type(2):before { content: "Eigenschaft"; }
  td:nth-of-type(3):before { content: "Pflanzzeit"; }
  td:nth-of-type(4):before { content: "Blütenfarbe"; }
  td:nth-of-type(5):before { content: "Verfügbarkeit"; }
  td:nth-of-type(6):before { content: "Preis"; }
}
</style>
   <!--<![endif]-->
 </head>
 <body>
   <table border="1">
     <tr>
       <th>Produkt</th>
       <th>Besondere Eigenschaften</th>
       <th>Beste Pflanzzeit</th>
       <th>Blütenfarbe</th>
       <th>Verfügbarkeit</th>
       <th>Preis</th>
     </tr>
     <tr>
       <td>Kornelkirsche Schönbrunner Gourmetdirndl </td>
       <td>sehr wohlschmeckende österreichische Auslese mit besonders
         hohem Zuckergehalt   </td>
       <td>Herbst</td><td>weiß</td><td>ja</td><td>16,00 Euro</td>
```

```
    </tr>
    <!-- weiter Zeilen ausgelassen -->
  </table>
 </body>
</html>
```

Weitere Vorschläge zur Darstellung von Tabellen auf kleinen Displays kommen von Scott Jehl *(http://jsbin.com/emexa)*. Man könnte die Tabelle auf kleinen Bildschirmen auch als Diagramm anzeigen lassen – sofern die Daten dafür geeignet sind; eine Tabelle mit Preisen wäre es natürlich nicht.

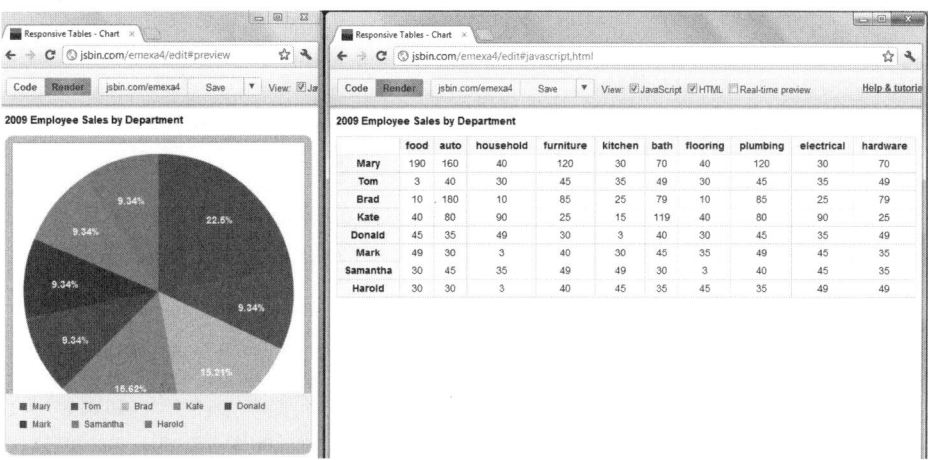

Bild 10.36 Bei wenig Platz (links) werden die Daten als Diagramm präsentiert.

10.6 Weitere Herausforderungen beim Responsive Design

Eine Sache vergisst man leicht, wenn man immer nur Grundprinzipien anhand von kleinen Beispielen oder auch typische Blogelemente zeigt: die Werbung. Bei vielen Webseiten sind Werbeeinblendungen essenziell. Dabei gibt es zwei Probleme: Zum einen können diese Angaben in fester Größe Probleme beim Responsive Design machen, weil sie sich eben nicht so nahtlos in den sich selbst immer anders arrangierenden Fluss der Elemente einfügen. Und zum anderen ist oft für mobile Geräte eine andere Werbung geeignet, d. h. auch andere Inhalte als für die Desktop-Version. Werbung für Apps ist auf mobilen Geräten sinnvoll – weniger bringt ihre Anzeige auf Desktop-Browsern. Ebenso ist Werbung, die sich darauf bezieht, wo sich jemand befindet, auf mobilen Geräten sehr sinnvoll – und weniger sinnvoll bei der Anzeige im Desktop-Browser. Zudem gibt es Werbeformate, die schwierig auf mobilen Geräten sind.

Ein weiteres Problem sind die Analysetools, etwa Google Analytics und Co., an die wir uns schon sehr gewöhnt haben. Die klassischen Desktop-Analysetools basieren auf JavaScript.

Für mobile Webseiten gibt es Alternativen, die rein serverseitig funktionieren, aber es ist natürlich ein Entweder-oder.

Und was ist, wenn man unterschiedliche Inhalte je nach verfügbarem Platz darstellen möchte? Dann kann es beispielsweise helfen, Inhalte über Ajax einzublenden. Eine Diskussion dieses Ansatzes finden Sie unter *http://24ways.org/2011/conditional-loading-for-responsive-designs*, *http://adactio.com/journal/5429* und *http://filamentgroup.com/lab/ajax_includes_modular_content*.

Diese Probleme sind natürlich kein Problem, sofern man separate Webseiten erstellt ... ein Thema, dem wir uns in Kapitel 13 noch ausführlich widmen werden.

■ 10.7 Fazit

Man kann Responsive Webdesign ganz unterschiedlich betreiben. Die relativ gesehen einfachste Quick&Dirty-Variante bedeutet, dass man zu einer bestehenden Desktop-Seite eine mobile Version für kleine Bildschirme bastelt. Bei dieser werden unnötige Dinge einfach per CSS ausgeblendet und die Inhalte eher untereinander als nebeneinander angeordnet. In dieser Version ist ein Responsive Design relativ einfach zu realisieren. Bei der ursprünglichen Seite müssen nur ein paar Dinge im Kopfbereich angepasst werden – von der richtigen Meta-Angabe über ein zusätzliches Link-Element für das neue Stylesheet bis hin zum eventuellen Einbinden von JavaScript für eine Fallback-Lösung im IE älter als Version 9.

Responsive Design kann aber auch weiter und mit wesentlich mehr Aufwand betrieben werden, beispielsweise beim Mobile First-Ansatz. Dieser ist allerdings nur durchzuführen, wenn man bereit ist/es möglich ist, die Seite ganz neu aufzubauen und gleichzeitig die Strategie für den Desktop zu überdenken. Das ist relativ aufwendig, führt aber zu sehr überzeugenden Ergebnissen, von denen die Desktop-Nutzer ebenfalls profitieren.

Die Grenzen von Responsive Webdesign spürt man an den Stellen, wo man eigentlich unterschiedliche Inhalte/Medien für unterschiedliche Kontexte oder Geräte braucht: Der eine Fall sind die Bilder, der andere beispielsweise die Werbung. Für die Bilder gibt es inzwischen eine Reihe von Ansätzen, die eines gemeinsam haben: Sie verlassen die klassischen Techniken des Responsive Webdesign, nämlich die clientseitigen Techniken, und involvieren serverseitige Logik.

Umgekehrt kommen die Techniken des Responsive Webdesign auch bei anderen Strategien für mobile Webseiten zum Einsatz: So können Sie auch eine separate Webseite für mobile Geräte responsive gestalten, um die unterschiedlichen Bildschirmgrößen zu berücksichtigen. So hat beispielsweise jQuery Mobile, das klassischerweise zur Erstellung von WebApps benutzt wird, responsive Komponenten bei der Anordnung der Formularelemente.

10.8 Kurz zusammengefasst

- Zum Responsive Webdesign gehören flüssige Layouts, flexible Bilder und CSS3-Media Queries.
- Über CSS3-Media Queries können Sie Formatierungen in Abhängigkeit der Eigenschaften des Ausgabegeräts machen, beispielsweise von der Breite des Anzeigebereichs. Am besten ist es, hierbei die Eigenschaften `min-width` und `max-width` zu verwenden und außerdem eine Viewport-Angabe zu benutzen, damit die Webseite nicht trotzdem klein skaliert wird.
- Für ältere Browser können Sie sehr komfortabel mit der JavaScript-Datei *respond.js* nachbessern.
- Beim Responsive Webdesign gibt es zwei grundlegende Ansätze: Mobile First, bei dem man mit der Erstellung des Layouts für mobile Geräte beginnt, was dann erweitert wird, und Desktop First, bei dem man eine bestehende Desktop-Webseite für mobile Geräte anpasst.
- Bei der Definition der einzelnen Breakpoints, d.h. der Punkte, ab wann Layoutmodifikationen stattfinden, sollten Sie sich an den Inhalten, nicht an den Ausgabegeräten orientieren.
- Navigationen sind eine besondere Herausforderung im Responsive Webdesign und es gibt spezielle Lösungen dafür: Im einfachsten Fall setzen Sie eine Anker-Navigation ein; alternativ dazu können Sie die Navigation auch dynamisch ein- und ausblenden.
- Gibt es nur wenige Bilder, kann man diese mit `max-width` auf die passende Größe vom Browser skalieren lassen, bei mehr Bildern sollten Sie zu einer serverseitigen Lösung greifen, die dafür sorgt, dass an mobile Geräte nicht die großen, für den Desktop optimierten Bilder ausgeliefert werden.
- Das Beispiel zur Behandlung von Datentabellen im Responsive Webdesign zeigt, dass es sich lohnt, ganz kreativ und frei zu überlegen, wie Inhalte sich optimal unter den unterschiedlichen Bedingungen präsentieren lassen.

11 jQuery Mobile

jQuery Mobile ist ein Framework, das auf der beliebten JavaScript-Bibliothek jQuery aufbaut. Es eignet sich für App-like-Webseiten mit dem typischen iOS-Feeling, aber nicht nur dafür. Prototypen lassen sich im Handumdrehen zaubern und es gibt viele nützliche Widgets für den mobilen Bedarf.

■ 11.1 jQuery Mobile – die Features

jQuery Mobile zeichnet sich durch eine Reihe von attraktiven Features aus:
- jQuery Mobile setzt auf dem Prinzip des Progressive Enhancements auf. Es gibt eine funktionierende HTML-Basis. Für fortschrittliche Geräte werden über JavaScript und CSS mehrere Verbesserungen durchgeführt, die sowohl die Optik als auch die Bedienung betreffen.

Ein schönes Bild für das Prinzip des Progressive Enhancements haben Aaron Gustafson und Christian Heilmann gefunden: Rolltreppen folgen dem Prinzip des Progressive Enhancements. Unter widrigen Umständen, wie z.B. bei Stromausfall, funktionieren Rolltreppen immer noch als Treppen – im Gegensatz zu Aufzügen *(http://christianheilmann.com/2012/02/16/stumbling-on-the-escalator)*. Das bedeutet natürlich keineswegs, dass Aufzüge keine Funktion haben. Wer im Rollstuhl sitzt, braucht Aufzüge – und so kann es natürlich auch bei Webseiten Fälle geben, wo eine gute Bedienbarkeit an einer Stelle zu Lösungen zwingt, bei denen es keine guten Fallback-Lösungen gibt.

- jQuery Mobile bietet die App-like-Optik, d.h. Toolbars mit Farbverläufen und Schatten, angepasste Buttons, eine Schrift mit kleinem Schatten etc.
- Es gibt mehrere Themes, aus denen Sie wählen können. Außerdem lassen sich eigene Themes über den Themeroller erzeugen.
- Ein wichtiges Feature von jQuery Mobile ist eine verbesserte Navigation per Ajax. Bei einem Wechsel zwischen Seiten werden nur die geänderten Inhalte per Ajax geladen.

- Für das App-like Feeling gibt es eine Reihe von vordefinierten Übergangseffekten beim Wechsel zwischen den Seiten.
- jQuery Mobile unterstützt eine beeindruckende Reihe von mobilen Plattformen und Browsern *(http://jquerymobile.com/gbs)*. Unterschieden werden drei Unterstützungslevel:
  - Der A-Grade-Support ist der beste: Hier funktionieren die Ajax-basierten animierten Seitenübergänge. A-Grade-Support gibt es in Apple iOS 3.2 bis 5.0, Android 2.1 bis 2.3, 3.1 und 4, Windows Phone 7 bis 7.5, Blackbery 6.0 und vielen weiteren.
  - Der B-Grade-Support bietet eine verbesserte Erfahrung im Gegensatz zum puren HTML-Code, aber ohne die Ajax-Navigation – beispielsweise im Opera Mini und Blackberry 5.0.
  - C-Grade-Support bedeutet, dass der pure HTML-Code funktioniert, es also keine Verbesserungen gibt. Das gilt für Windows Mobile sowie ältere Smartphones und Feature-Phones.

11.2 Einstieg in jQuery Mobile

Sehen wir uns nun an, wie man jQuery nutzt. Alle jQuery Mobile-Dokumente basieren auf einem von drei Seitentypen, dem Einseiten- oder Mehrseitentyp, oder aber sie sind Dialoge.

11.2.1 Einseiten-Template

Um jQuery Mobile zu nutzen, benötigen Sie zuerst einmal eine bestimmte Seitenstruktur, die beim Einseiten-Template wie in Listing 11.1 gezeigt aussieht.

 HINWEIS: Im Beispiel wird jQuery Mobile 1.1.0 eingesetzt, Sie sollten immer die aktuellste verfügbare Version nutzen.

Listing 11.1 Seitengrundstruktur *(grundlayout.html)*

```
<!DOCTYPE html>
<html>
<head>
<meta charset="UTF-8" />
<meta name="viewport" content="width=device-width, initial-scale=1" />
<link rel="stylesheet" href="http://code.jquery.com/mobile/1.1.0/jquery.mobile-1.1.0.min.css" />
<script src="http://code.jquery.com/jquery-1.7.1.min.js"></script>
<script src="http://code.jquery.com/mobile/1.1.0/jquery.mobile-1.1.0.min.js"></script>
<title>jQuery Mobile</title>
</head>
<body>
```

```
    <div data-role="page">
      <div data-role="header">
        <h1>Hallo jQuery Mobile</h1>
      </div>
      <div data-role="content">
        <p>Lorem ipsum …</p>
      </div>
    </div>
  </body>
</html>
```

Verwendet wird – wie zu erwarten – der Dokumenttyp von HTML5. Zentral ist selbstverständlich auch die Viewport-Meta-Angabe, die sicherstellt, dass Smartphones die Seite nicht standardmäßig klein zoomen.

Eine wichtige Komponente von jQuery Mobile ist das passende Look & Feel – deswegen wird ein Stylesheet eingebunden. Dann erfolgt die Einbindung der beiden JavaScript-Dateien: Da jQuery Mobile auf jQuery aufsetzt, wird zuerst jQuery eingebunden und danach die für jQuery Mobile spezifische Datei.

Innerhalb des `body`-Elements stehen „normale" `div`-Elemente, die aber mit vorgegebenen Attributen versehen sind.

PRAXISTIPP: Wie Sie auch in Kapitel 4.4 erfahren haben, ist es in HTML5 möglich, eigene Attribute zu erstellen, die mit dem Präfix `data-` beginnen müssen. jQuery Mobile macht intensiv von dieser Möglichkeit Gebrauch.

Folgende Attributzuweisungen werden im Beispiel benutzt:

- `data-role="page"` steht in dem Element, das die Seite umfasst. Ein Element mit einer solchen Angabe pro Seite ist obligatorisch – alle anderen Elemente sind fakultativ.
- `data-role="header"` kennzeichnet den Kopfbereich. Er wird dann automatisch auf eine bestimmte Art gestylt. Soll er fix bleiben und beim Scrollen nicht verschwinden, so ergänzen Sie außerdem `data-position="fixed"`.
- Der eigentliche Inhalt steht in einem Element mit `data-role="content"`.

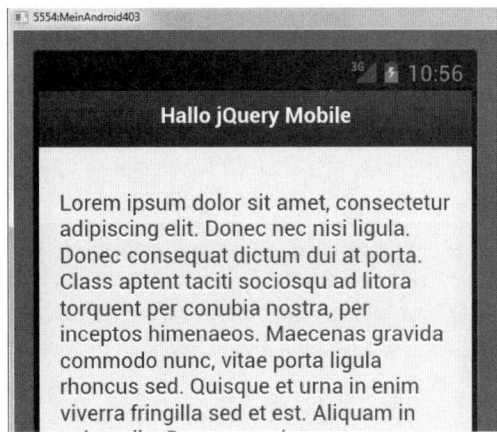

Bild 11.1 Die Beispielseite im Android-Emulator

PRAXISTIPP: Zusätzlich zum Kopf- und Inhaltsbereich können Sie auch einen Fußbereich einsetzen; hierfür benötigen Sie `<div data-role="footer">`.

Wenn Sie das Dokument im Browser öffnen – am besten wieder über den Server aufgerufen – hat jQuery Mobile im Hintergrund schon viel bewirkt und der HTML-Code ist per JavaScript erweitert. Wie dieser aussieht, sehen Sie beispielsweise im Firebug im HTML-Reiter.

```
<!DOCTYPE html>
<html class="ui-mobile">
<head>
<base href="http://localhost/1/jqm-neu/grundlayout.html">
<meta charset="UTF-8">
<meta content="width=device-width, initial-scale=1" name="viewport">
<link href=http://code.jquery.com/mobile/1.1.0/jquery.mobile-1.1.0.min.css
 rel="stylesheet">
<script src="http://code.jquery.com/jquery-1.7.1.min.js">
<script src="http://code.jquery.com/mobile/1.1.0/jquery.mobile-1.1.0.min.js">
<title>jQuery Mobile</title>
</head>
<body class="ui-mobile-viewport ui-overlay-c">
<div style="min-height: 329px;" class="ui-page ui-body-c ui-page-active"
tabindex="0" data-url="/1/jqm-neu/grundlayout.html" data-role="page">
    <div role="banner" class="ui-header ui-bar-a" data-role="header">
      <h1 aria-level="1" role="heading" class="ui-title">
        Hallo jQuery Mobile</h1>
    </div>
    <div role="main" class="ui-content" data-role="content">
      <p>Lorem ipsum.</p>
    </div>
  </div>
<div class="ui-loader ui-corner-all ui-body-a ui-loader-default">
<span class="ui-icon ui-icon-loading"></span><h1>loading</h1></div>
</body>
</html>
```

Die auffälligsten Änderungen sind folgende:

- Das `html`-Element hat die Klasse `ui-mobile` erhalten, das ist Auslöser für viele Formatierungen.
- Ebenfalls ergänzt ist das `base`-Element, das die Standardadresse für Links angibt.
- Klassen sind an mehreren Stellen hinzugefügt, unter anderem beim `body`-Element und ganz massiv bei den `div`-Elementen. Diese dienen dazu, bestimmte Formatierungen bereitzustellen.
- Außerdem gibt es beim ersten `div`-Element einen `tabindex` (`tabindex="0"`). Darüber lassen sich einzelne Seitenteile direkt über eine Tastenkombination anspringen.
- An mehreren Stellen gibt es `role`-Attribute; beim zweiten `div`-Element steht beispielsweise das Attribut `role="banner"`. Dieses `role`-Attribut ist Teil der WAI-ARIA-Spezifikation *(http://www.w3.org/TR/wai-aria)*. Hierüber können Sie die Funktionen einzelner Elemente festlegen, d.h. bestimmen, wofür sie gedacht sind. Damit werden Webseiten besser automatisch auslesbar, etwa für Screenreader.

- Vor dem schließenden `body`-Element ist ein weiteres `div`-Element ergänzt:

```
<div class="ui-loader ui-corner-all ui-body-a ui-loader-default">
<span class="ui-icon ui-icon-loading"></span>
<h1>loading</h1>
</div>
```

Dieses erzeugt einen Ladehinweis, der sich als Layer über die Webseite legt, bis sie vollständig geladen ist. Bei lokalen Tests werden Sie ihn nicht zu Gesicht bekommen.

Bild 11.2 Dieses Standardicon wird beim Laden einer Seite angezeigt.

Wichtig ist, dass Sie es bei der Arbeit mit jQuery Mobile sozusagen mit zwei Dokumenten zu tun haben: zum einen mit Ihrem selbst geschriebenen HTML-Code und zum anderen mit dem verbesserten HTML-Code, den jQuery Mobile generiert.

 Hier kann man gut das Prinzip des Progressive Enhancements erkennen. Die ursprüngliche Seite funktioniert prinzipiell auch ohne JavaScript – alle Inhalte stehen im HTML-Code. Dieser Code wird jetzt erweitert, wenn JavaScript und die entsprechenden Features unterstützt werden.

11.2.2 Mehrseiten-Template

Beim Mehrseiten-Template (*Multipage Template*) können Sie mehrere Seiten in eine integrieren. Das hat den Vorteil, dass alle „Unterseiten" direkt da und geladen sind. Der Nachteil ist natürlich die größere Datenmenge, die geladen werden muss. Wie groß die unnötig geladene Datenmenge ist, hängt davon ab, wie viele Unterseiten es sind und wie viele der Benutzer davon besucht.

Sehen wir uns an, wie das sogenannte Mehrseiten-Template funktioniert.

Listing 11.2 Mehrseiten-Template *(multipage.html)*

```
<!DOCTYPE html>
<html>
<head>
<meta charset="UTF-8" />
<meta name="viewport" content="width=device-width, initial-scale=1" />
<link rel="stylesheet"
href="http://code.jquery.com/mobile/1.1.0/jquery.mobile-1.1.0.min.css" />
 <script src="http://code.jquery.com/jquery-1.7.1.min.js"></script>
<script
src="http://code.jquery.com/mobile/1.1.0/jquery.mobile-1.1.0.min.js"></script>
<title>jQuery Mobile</title>
</head>
```

```
<body>
<!-- Erste Seite #eins -->
<div data-role="page" id="eins" data-title="Seite eins">
  <div data-role="header">
    <h1>Erste Seite</h1>
  </div>
  <div data-role="content">
    <p><a href="#zwei">Zur zweiten Seite</a></p>
    <p>Lorem ipsum dolor sit amet</p>
  </div>
  <div data-role="footer" data-position="fixed">
    <h4>Footer</h4>
  </div>
</div>
<!-- Zweite Seite #zwei -->
<div data-role="page" id="zwei" data-title="Seite zwei">
  <div data-role="header">
    <h1>Die zweite "Unterseite"</h1>
  </div>
  <div data-role="content">
    <p><a href="#eins">Zur ersten Seite</a></p>
    <p>Lorem ipsum</p>
  </div>
  <div data-role="footer" data-position="fixed">
    <h4>Page Footer</h4>
  </div>
</div>
</body>
</html>
```

Der Anfang ist wie gehabt, im `head`-Bereich stehen genau wie beim Einzelseiten-Template die Meta-Angaben für den Viewport und den Zeichensatz, dann erfolgt die Einbindung des Stylesheets und der zwei JavaScript-Dateien.

Innerhalb des `body`-Elements gibt es jetzt jedoch mehrere Elemente mit der Angabe `data-role="page"`, die unterschiedliche ids haben, die die einzelnen Seiten beinhalten. Über das `data-title`-Attribut können Sie die Seitentitel für die beiden Unterseiten angeben.

```
<div data-role="page" id="eins" data-title="Seite eins"></div>
<div data-role="page" id="zwei" data-title="Seite zwei"></div>
```

Der Aufbau der eigentlichen Seiten ist wie beim Einzelseiten-Template; er besteht aus `div`-Elementen mit `data-role="header"` und `data-role="content"`.

In den jeweiligen Inhaltsbereichen ist ein Link eingefügt, über den man zwischen den beiden Seiten wechseln kann.

```
<p><a href="#zwei">Zur zweiten Seite</a></p>
```

Und:

```
<p><a href="#eins">Zur ersten Seite</a></p>
```

Zusätzlich ergänzt ist jede der Einzelseiten um einen Fußbereich, auf den wir bei den anderen Beispielen bisher verzichtet hatten.

```
<div data-role="footer" data-position="fixed"></div>
```

PRAXISTIPP: `data-position="fixed"` sorgt im Beispiel außerdem dafür, dass der Fußbereich immer unten angeordnet wird und fix bleibt.

Ohne Dazutun von jQuery Mobile bzw. bei deaktiviertem JavaScript sieht man beide Seiteninhalte der Beispieldatei ganz normal.

Bild 11.3 Die Datei ohne Verbesserungen von jQuery Mobile

Wenn jQuery Mobile hingegen tätig werden konnte, ist jeweils nur eine der Unterseiten zu sehen.

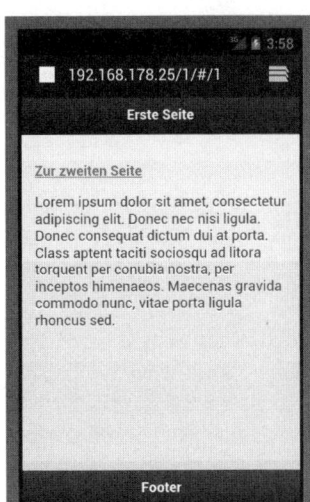

Bild 11.4 Mehrseiten-Layout, wenn jQuery Mobile tätig werden konnte

Der Wechsel zwischen den beiden Seiten ist animiert. Standardmäßig verwendet jQuery Mobile hier den Effekt *fade*.

 PRAXISTIPP: Ein Vorteil des Mehrseiten-Templates besteht darin, dass die Inhalte, wenn sie einmal geladen sind, da sind. Der Nachteil ist allerdings, dass das Laden am Anfang länger dauert. Wollen Sie beim Einzelseitentyp bestimmte andere Seiten vorher laden, so geht das auch. Ergänzen Sie bei Links auf Seiten, die vorher geladen werden sollen, die Angabe data-prefetch:

```
<a href="ladmichvoraus.html" data-prefetch> ... </a>
```

11.2.3 Dialoge

Neben den Seiten kennt jQuery Mobile noch das Konzept von modalen Dialogen. Diese sind beispielsweise praktisch, um Hinweise an die Benutzer weiterzugeben. Die über jQuery Mobile realisierten Dialoge bringen die inzwischen bei mobilen Dialogen erwartete Optik mit: Der Dialog erscheint auf einem abgedunkelten Seitenhintergrund: Die Kopfzeile des Dialogs ist gestaltet und beinhaltet einen Schließbutton.

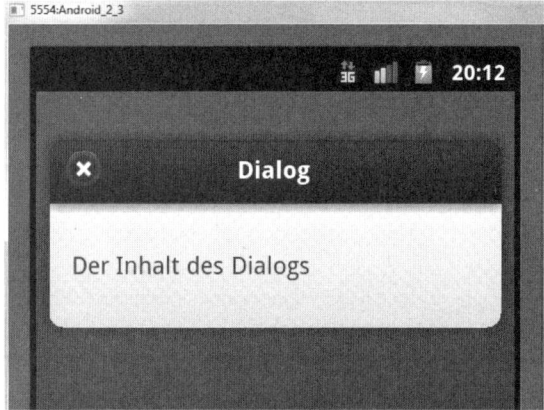

Bild 11.5 Ein Dialog

Dialoge werden aus normalen HTML-Dateien erzeugt, aber im Unterschied zu normalen Seiten werden sie nicht in den Browserverlauf aufgenommen. Wenn Sie beispielsweise einen Dialog aufgerufen haben, dann das Dialogfenster schließen und wieder auf den Zurückbutton gehen, so landen Sie nicht wieder bei dem Dialog.

Einen Dialog können Sie auf zwei Arten erstellen. Die erste Möglichkeit besteht darin, dass Sie bei einem Link auf eine Seite data-rel="dialog" angeben: Damit wird die Zielseite automatisch in einen Dialog verwandelt.

```
<a href="xxx.html" data-rel="dialog">Zum Dialog</a>
```

An der Seite selbst müssen Sie hingegen keine Änderung vornehmen.

HINWEIS: In diesem Fall heißt das benötigte Attribut `data-rel`, nicht `data-role` wie in den bisherigen Beispielen.

Alternativ dazu können Sie auch die Seite selbst zum Dialog deklarieren und damit sind wir bei der dritten möglichen Seitenstruktur. Eine Dialogseite hat denselben Aufbau wie andere jQuery Mobile-Seiten, aber der umfassende `div`-Container benötigt anstelle des Attributs `data-role="page"` die Attributangabe `data-role="dialog"`.

Listing 11.3 Ein Dialog-Dokument *(dialog.html)*

```
<div data-role="dialog">
  <div data-role="header">
    <h1>Dialog</h1>
  </div>
  <div data-role="content">
    <p> Inhalt des Dialogs</p>
  </div>
</div>
```

Dieser Dialog wird über einen normalen Link aktiviert.

Listing 11.4 Den Dialog aufrufen *(dialog_aufrufen.html)*

```
<p><a href="dialog.html">Zum Dialog</a></p>
```

Diese zweite Möglichkeit zur Erstellung eines Dialogs, bei der die Konfiguration als Dialog direkt in der Dialog-Datei vorgenommen wird, bietet sich natürlich dann an, wenn der Dialog von verschiedenen Stellen aus erreichbar ist.

PRAXISTIPP: Um das Beispiel auszuprobieren, sollten Sie das Dokument *dialog_aufrufen.html* öffnen und auf den Link klicken. Wenn Sie hingegen direkt das *dialog.html*-Dokument öffnen, funktioniert der Schließen-Button nicht, weil es kein Dokument gibt, zu dem Sie zurückkehren können.

11.3 Ajax-Navigation

Standardmäßig wird der Seitenwechsel mit Ajax verbessert. Bei einer neuen Seite werden die Inhalte per Ajax geladen. Wenn die Ajax-Anfrage erfolgreich ist, wird der Inhalt der neuen Seite zum DOM der ursprünglichen Seite hinzugefügt.

Was dabei genau vor sich geht, sehen Sie am Beispiel von ein paar verlinkten Dateien am besten. Sie heißen im Beispiel *seite0.html*, *seite1.html* und *seite2.html*, sind alle nach dem Einzelseiten-Template aufgebaut und auch als Zusatzmaterial unter *http://downloads.hanser.de* finden. Was im Hintergrund geschieht, können Sie gut über Firebug nachvollziehen.

```
<!DOCTYPE html>
<html class="ui-mobile">
  <head>
  <body class="ui-mobile-viewport">
      <div id="seite0" class="ui-page ui-body-c ui-page-
        active" data-role="page" data-url="seite0" tabindex="0" style="min-
        height: 334px;">
        <div class="ui-loader ui-body-a ui-corner-all" style="top: 367.5px;">
      </body>
  </html>
```

Bild 11.6 *seite0.html* ist geladen

Zuerst wird *seite0.html* aufgerufen. In der Abbildung sehen Sie, dass es im Inhaltsbereich wie zu erwarten den `div`-Bereich mit `id="seite0"` gibt.

Dann wird auf den Link geklickt, der auf *seite1.html* führt. Das Ergebnis sehen Sie in der Abbildung (Bild 11.7): Beim aktuellen Dokument wird ein weiterer `div`-Container ergänzt mit `id="seite1"`. Der ursprüngliche `div`-Container der 0. Seite befindet sich weiter oben. Er ist heller dargestellt im Firebug, weil er derzeit per CSS verborgen ist. Damit sind beide Seiten im DOM des Dokuments vorhanden.

HINWEIS: Da die Seiteninhalte einer weiteren Seite in das DOM integriert werden, ist es wichtig, dass ids nicht nur dateiweit, sondern projektweit eindeutig sind.

```
<!DOCTYPE html>
<html class="ui-mobile">
  <head>
  <body class="ui-mobile-viewport">
      <div id="seite0" class="ui-page
        ui-body-c" data-role="page" data-url="seite0" tabindex="0" style="min-
        height: 334px;">
        <div class="ui-loader ui-body-a ui-corner-all" style="top: 167px;">
        <div id="seite1" class="ui-page ui-body-c ui-page-
          active" data-role="page" data-url="/1/listings
          /seite1.html" data-external-page="true" tabindex="0" style="min-height:
          334px;">
      </body>
  </html>
```

Bild 11.7 Der Inhalt der Seite 1 wird in das aktuelle Dokument geladen.

HINWEIS: Die Ajax-basierte Navigation funktioniert im Zweifelsfall nur vollständig, wenn Sie das Dokument über den Server aufrufen.

Um diese mit Ajax verbesserte Navigation auszuschalten, haben Sie mehrere Möglichkeiten:

- Bei Links auf externe Seiten sollten Sie `rel="external"` ergänzen:

  ```
  <a href="http://www.google.de" rel="external">Extern</a>
  ```

- Links, bei denen das Attribut `target` verwendet wird, werden ebenfalls automatisch ohne Ajax geladen.
- Soll eine interne Seite ohne Ajax geladen werden, ergänzen Sie `data-ajax="false"`:

  ```
  <p>Ohne Ajax <a href="seite1.html" data-ajax="false">Link</a></p>
  ```

In all diesen Fällen wird auch der Seitenübergang nicht animiert.

> **PRAXISTIPP:** Seit Version 1.1 gibt es darüber hinaus die Möglichkeit, `data-ajax` bei übergeordneten Elementen hinzuzufügen; dann gilt dies für alle Links, die Kind- oder Nachfahrenelemente des angegebenen Elements sind.

Soll die Ajax-Navigation prinzipiell ausgeschaltet werden, so geht das über `$.mobile.ajaxEnabled= false` – wie Sie solche Konfigurationsoptionen festlegen, erfahren Sie in Abschnitt 11.6.2.

11.3.1 Effekte zum Wechseln zwischen den Seiten

Effekte beim Seitenwechsel sind nur zu sehen, wenn der Seitenwechsel Ajax-basiert ist. Standardmäßig wird beim Einblenden einer neuen Seite als Effekt `fade` genommen. Für Dialoge ist der Standardtyp `pop`. Alle Effekte basieren auf CSS-3D-Transforms, wenn ein Browser diese nicht unterstützt, wird auf `fade` zurückgegriffen.

In Version 1.1 von jQuery Mobile stehen folgende Effekte zur Verfügung: `fade`, `pop`, `flip`, `turn`, `flow`, `slidefade`, `slide`, `slideup`, `slidedown`, `none`.

> **PRAXISTIPP:** Wie diese Effekte aussehen, testen Sie am besten selbst unter *http://jquerymobile.com/demos/1.1.0/docs/pages/page-transitions.html* aus.

Den gewünschten Effekt können Sie direkt im HTML-Code beim Link bestimmen.

```
<p><a href="#zwei" data-transition="slidedown">slidedown</a></p>
```

Standardmäßig wird, wenn der Zurück-Button gedrückt wird, automatisch die entgegengesetzte Version des Übergangeffekts angewandt; außerdem können Sie das auch selbst auslösen über `data-direction="reverse"`.

Wollen Sie den Übergangseffekt global festlegen, so erfolgt das folgendermaßen für die Seitenübergänge.

```
$.mobile.defaultPageTransition = "pop";
```

Für alle Dialoge legen Sie auf folgende Art den Übergang fest.

```
$.mobile.defaultDialogTransition = "fade";
```

11.4 Inhalte gestalten

Ob Listen, Buttons, Navigationsleisten oder Formulare: jQuery Mobile macht Ihnen die Erstellung solcher Standardkomponenten leicht.

11.4.1 Listen verbessern

Innerhalb des Inhaltsbereichs können Sie alle Elemente einfügen, die Sie brauchen. Sollen diese von jQuery Mobile mit besonderer Funktionalität oder besonderem Styling versehen werden, so ergänzen Sie vorgegebene Attribute. Ein Beispiel zeigt mehrere Listen.

Listing 11.5 Listen verbessern mit jQuery Mobile *(listen.html)*

```
<ul>
  <li><a href="#">Über uns</a></li>
  <li><a href="#">Service</a></li>
  <li><a href="#">Kontakt</a></li>
</ul>
<p> </p>
<ul data-role="listview">
  <li><a href="#">Über uns</a></li>
  <li><a href="#">Service</a></li>
  <li><a href="#">Kontakt</a></li>
</ul>
<p> </p>
<ul data-role="listview" data-inset="true">
  <li><a href="#">Über uns</a></li>
  <li><a href="#">Service</a></li>
  <li><a href="#">Kontakt</a></li>
</ul>
```

Es gibt drei Listen, die erste ist ohne eine jQuery-Mobile-Kennung und wird normal dargestellt, in der Abbildung sehen Sie sie oben. Die zweite hat `data-role="listview"` (Bild 11.8 Mitte), jQuery Mobile ergänzt hier eine schöne Formatierung. Die Liste wird allerdings bildschirmfüllend dargestellt, was sich durch die zusätzliche Angabe `data-inset="true"` ändern lässt, die bei der dritten Liste ergänzt wurde (in der Abbildung unten).

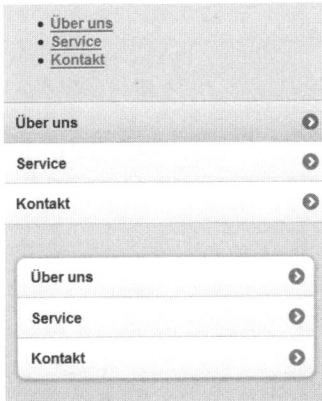

Bild 11.8 Drei Listen

11.4.1.1 Listen unterteilen

Größere Datenmengen zu bearbeiten, ist bei mobilen Webseiten immer eine Herausforderung. Deshalb ist es hilfreich, zuerst einmal längere Listen zu unterteilen und mit Überschriften zu versehen. Dazu fügen Sie jeweils li-Elemente mit data-role="list-divider" in Ihre Liste ein.

```
<li data-role="list-divider">D</li>
```

Das Beispiel zeigt eine auf diese Art unterteilte Liste.

Listing 11.6 Unterteilte Liste *(listen_teiler.html)*

```
<ul data-role="listview" data-inset="true">
  <li data-role="list-divider">A</li>
  <li><a href="#">Albizzie</a></li>
  <li><a href="#">Alcarraza</a></li>
  <li data-role="list-divider">B</li>
  <li><a href="#">Bankazinn</a></li>
  <li><a href="#">Bantamgewicht</a></li>
  <li><a href="#">Barogramm</a></li>
  <li data-role="list-divider">C</li>
  <li><a href="#">Charmeuse</a></li>
  <li><a href="#">Chartularia</a></li>
</ul>
```

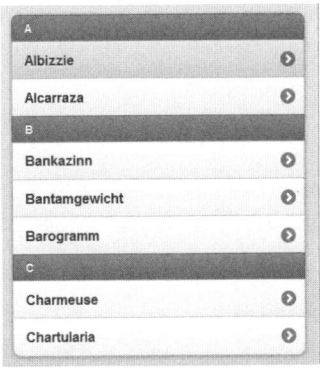

Bild 11.9 Listentrennzeichen

11.4.1.2 ... und filtern!

Damit Benutzer bei längeren Listen die für sie relevanten Informationen direkt finden, können Sie ein zusätzliches Suchfeld ergänzen. Dazu schreiben Sie `data-filter="true"` bei der ungeordneten Liste.

Listing 11.7 Ausschnitt aus *listen_filtern.html*

```
<ul data-role="listview" data-filter="true">
<!-- Rest der Liste wie gehabt -->
</ul>
```

Der Rest geschieht von selbst: Oberhalb der Liste erscheint ein Eingabefeld und die Funktionalität ist auch gleich integriert. Gibt man Zeichen in das Feld ein, erscheinen nur die Elemente der Liste, die den eingegebenen Text beinhalten.

PRAXISTIPP: Wenn Sie im Beispiel nur den Buchstaben A eingeben, sehen Sie noch nichts, da alle Begriffe ein A enthalten: Bei der Filterung wird überprüft, in welchen Listenpunkten die eingegebenen Inhalte vorkommen – es geht nicht darum, welche der Listenpunkte damit beginnen.

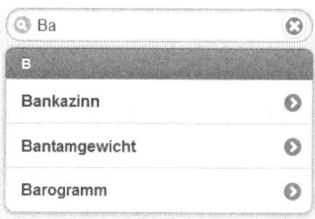

Bild 11.10 Während man tippt, werden nur mehr die passenden Einträge angezeigt.

11.4.2 Buttons definieren und positionieren

Buttons sind eine wichtige Komponente von Benutzeroberflächen. Mit jQuery Mobile lassen sie sich rasch erstellen. Buttons können aus reinem Text, aus Text mit Icon oder nur aus einem Icon bestehen.

Was Sie tun müssen, um einen Button zu erstellen, hängt davon ab, wo er platziert werden soll. Ein Link innerhalb des Kopfbereichs oder des Fußbereichs wird ohne weiteres Dazutun als Button gestylt.

```
<div data-role="header">
  <a href="index.html" >Link</a>
  <h1>Mobile</h1>
</div>
```

Bild 11.11 Ein Link im Kopfbereich wird direkt in einen Button verwandelt.

Benötigen Sie einen Button innerhalb des normalen Inhaltsbereichs, so geben Sie dem umgebenden Element die Klasse `ui-bar`, in folgendem Beispiel wird auch gleich ein Icon ergänzt.

```
<p class="ui-bar">
  <a href="#" data-icon="plus">Plus</a>
</p>
```

Wie Sie in Bild 11.12 sehen, bleibt ein Link innerhalb des Inhaltsbereichs ein Link (rechts) und wird nur zu einem Button, wenn er innerhalb eines Element mit der Klasse `ui-bar` steht.

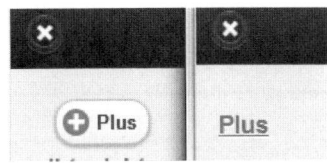

Bild 11.12 Button (links) vs. normaler Link (rechts)

Im letzten Beispiel wurde schon ein Icon benutzt: jQuery Mobile bringt eine Reihe von Standard-Icons mit, die Sie bei `data-icon` angeben können. Im folgenden Beispiel werden ein Löschen- und ein Speichern-Button eingebunden.

```
<div data-role="header">
  <a href="index.html" data-icon="delete">Abbrechen</a>
  <h1>Mobile</h1>
  <a href="index.html" data-icon="check">Speichern</a>
</div>
```

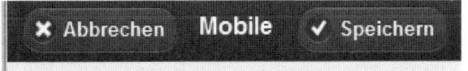

Bild 11.13 Zwei Buttons mit passenden Icons

Die zur Verfügung stehenden Icons zeigt Bild 11.14.

Bild 11.14 Standard-Icons von jQuery Mobile

Sie werden durch die folgenden Befehle erzeugt – von links nach rechts:
- `data-icon="arrow-l"` – Pfeil nach links
- `data-icon="arrow-r"` – Pfeil nach rechts
- `data-icon="arrow-u"` – Pfeil nach oben
- `data-icon="arrow-d"` – Pfeil nach unten
- `data-icon="delete"` – Kreuz zum Löschen/Schließen-Icon
- `data-icon="plus"` – Plus zum Hinzufügen oder für Ähnliches
- `data-icon="minus"` – Minus
- `data-icon="check"` – Häkchen zur Bestätigung
- `data-icon="gear"` – Zahnrad für Konfigurationen oder Ähnliches
- `data-icon="refresh"` – kreisförmiger Pfeil zum Neuladen
- `data-icon="forward"` – halbkreisförmiger Pfeil nach rechts
- `data-icon="back"` – halbkreisförmiger Pfeil nach links
- `data-icon="grid"` – Raster (3 x 3 Punkte im Quadrat angeordnet)
- `data-icon="star"` – Stern
- `data-icon="alert"` – Warndreieck für Warnungen, wichtige Hinweise
- `data-icon="info"` – kleines i für Informationen
- `data-icon="home"` – Häuschen (Home-Icon)
- `data-icon="search"` – Lupe für die Suche

Weitere schöne Icons, die Sie kostenlos nutzen dürfen, finden Sie unter *http://glyphish.com*.

Wollen Sie einen Button ohne Text haben, so ergänzen Sie `data-iconpos="notext"`.

```
<a href="index.html" data-icon="delete" data-iconpos="notext">Abbrechen</a>
```

Bild 11.15 Schließen-Button ohne Text

Die Icons werden standardmäßig links angezeigt, bei Bedarf können Sie ihre Position über eine der folgenden Angaben ändern:
- `data-iconpos="top"` – oben
- `data-iconpos="right"` – rechts
- `data-iconpos="bottom"` – unten

Listing 11.8 Ausschnitt aus *buttons_position.html*

```html
<p class="ui-bar">
  <a href="#" data-icon="plus">Plus</a>
</p>
<p class="ui-bar">
  <a href="#" data-icon="plus" data-iconpos="top">Plus</a>
</p>
<p class="ui-bar">
  <a href="#" data-icon="plus" data-iconpos="right">Plus</a>
</p>
<p class="ui-bar">
  <a href="#" data-icon="plus" data-iconpos="bottom">Plus</a>
</p>
```

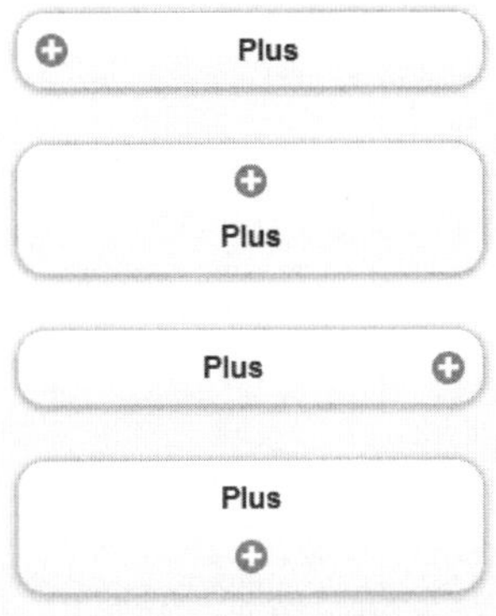

Bild 11.16 Positionen für Buttons

Haben Sie nur einen Button im Kopfbereich, der rechts angeordnet werden soll, so ergänzen Sie die Klasse `ui-btn-right`.

```html
<a href="index.html" data-icon="gear" class="ui-btn-right">Options</a>
```

Standardmäßig sind Buttons immer so breit, wie Platz zur Verfügung steht, sie verhalten sich also wie Blockelemente. Das ändern Sie durch die Angabe `data-inline="true"`; außerdem gibt es die Möglichkeit für kompaktere Buttons durch die Angabe von `data-mini="true"`.

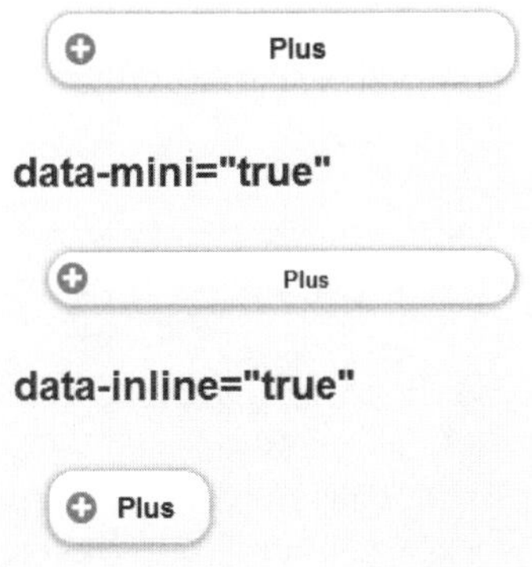

data-mini="true"

data-inline="true"

Bild 11.17 Standardbutton oben vs. abgewandelter Button

11.4.2.1 Split-Button: ein Button – zwei Aktionen

Split-Button-Listen sind Buttons mit zwei Bereichen, die unterschiedliche Aktionen auslösen. Dafür genügt es, zwei Links innerhalb eines Listenelements zu platzieren. Die Trennlinie wird automatisch erstellt.

Listing 11.9 Ausschnitt aus *buttons.html*

```
<ul data-role="listview" data-inset="true" data-split-icon="star">
  <li>
    <a href="#"><h3>Bantamgewicht</h3><p>Mehr Infos</p></a>
    <a href="#">Kaufen</a>
  </li>
  <li>
    <a href="#"><h3>Chartularia</h3><p>Mehr Infos</p></a>
    <a href="#">Kaufen</a>
  </li>
</ul>
```

Welches Icon beim zweiten Button angezeigt werden soll, bestimmen Sie über `data-split-icon` im umfassenden `ul`-Element, im Beispiel ist es ein Stern über `data-split-icon="star"`.

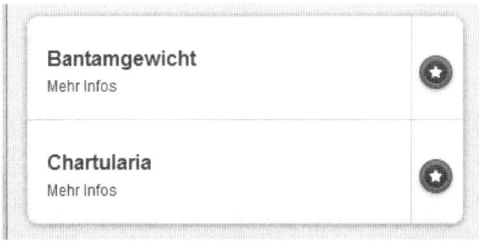

Bild 11.18 Split-Button

11.4.3 Navigationsleisten

Navigationsleisten bestehen aus einem `div`-Container mit `data-role="navbar"`, in dem sich eine ungeordnete Liste mit Links befindet. Bis zu fünf Elemente werden nebeneinander angeordnet; bei mehr Elementen wird automatisch eine weitere Zeile ergänzt. Das Standardstyling ist unterschiedlich: Wenn sich die Navigationsleiste im Kopfbereich befindet, ist sie ebenso eingefärbt wie der Kopfbereich – beim Standardlayout dunkel. Befindet sich die Navigationsleiste im Inhaltsbereich, ist sie hingegen standardmäßig hell. In beiden Fällen ergänzen Sie den jeweils aktiven Tab über die Klasse `ui-btn-active`:

Listing 11.10 Navigationsleisten im Kopfbereich und im Inhaltsbereich *(navileisten.html)*

```
<div data-role="page">
  <div data-role="header">
    <h1>Mobile</h1>
    <div data-role="navbar">
      <ul>
        <li><a href="a.html" class="ui-btn-active">eins</a></li>
        <li><a href="b.html">zwei</a></li>
```

```
      <li><a href="a.html">drei</a></li>
      <li><a href="b.html">vier</a></li>
    </ul>
  </div>
</div>
<div data-role="content">
  <div data-role="navbar">
    <ul>
      <li><a href="a.html" class="ui-btn-active">eins</a></li>
      <li><a href="b.html">zwei</a></li>
      <li><a href="a.html">drei</a></li>
      <li><a href="b.html">vier</a></li>
    </ul>
  </div>
</div>
</div>
```

Bild 11.19 Navigationsleiste im Kopfbereich und im Inhaltsbereich

PRAXISTIPP: Beim aktiven Button sollten Sie zusätzlich die Klasse `ui-state-persist` ergänzen, sonst funktioniert die Hervorhebung nicht zuverlässig:

```
<li><a href="a.html" class="ui-btn-active ui-state-persist">eins</a></li>
```

Die Navigationsleiste lässt sich natürlich um Icons ergänzen. Dazu schreiben Sie `data-icon` mit dem gewünschten Symbol.

Listing 11.11 Navigationsleiste mit Icons *(navileiste_icons.html)*

```
<div data-role="navbar">
  <ul>
    <li><a href="a.html" class="ui-btn-active" data-icon="home">eins</a></li>
    <li><a href="b.html" data-icon="alert">zwei</a></li>
    <li><a href="a.html" data-icon="info">drei</a></li>
    <li><a href="b.html" data-icon="star">vier</a></li>
  </ul>
</div>
```

Bild 11.20 Navigationsleiste mit Icons

Normalerweise werden Icons oberhalb dargestellt, die Position ändern Sie durch `data-iconpos` beim umfassenden Element. Folgende Zeile bewirkt, dass das Icon unten dargestellt wird.

```
<div data-role="navbar" data-iconpos="bottom">
```

`data-iconpos` können Sie direkt auch im Element angeben, wenn es sich nur auf das eine Element bezieht.

11.4.4 Anordnung von Inhalten

jQuery Mobile bietet ein einfaches Grid-Framework, über das Sie Inhalte auf ein Raster verteilen können. Aber natürlich gibt es kein 12- oder sogar 16-spaltiges Raster wie bei den klassischen CSS-Grid-Frameworks für Desktops, sondern nur bis zu fünf Spalten. Dafür stehen folgende Klassen zur Verfügung:

- `ui-grid-a` – zwei Spalten
- `ui-grid-b` – drei Spalten
- `ui-grid-c` – vier Spalten
- `ui-grid-d` – fünf Spalten

Diese Klassen werden beim umfassenden Element angegeben. Die einzelnen Inhalte, die auf die Spalten verteilt werden, erhalten dann die Klassen `ui-block-a` (erste Spalte), `ui-block-b` (zweite Spalte), `ui-block-c` (dritte Spalte) etc.

Auf folgende Art wird Text dreispaltig nebeneinander angeordnet. Das umgebende Element erhält `ui-grid-b`, die einzelnen Kindelemente `ui-block-a` bis `ui-block-c`.

Listing 11.12 Spaltenaufteilung *(spaltenlayout.html)*

```
<div class="ui-grid-b">
  <div class="ui-block-a"><strong> A</strong>Lorem ipsum dolor sit amet</div>
  <div class="ui-block-b"><strong> B</strong>lass aptent taciti</div>
  <div class="ui-block-c"><strong> C</strong>Donec nec nisi ligula</div>
</div>
```

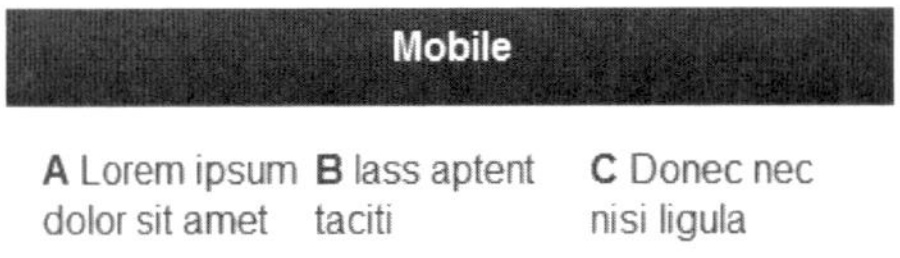

Bild 11.21 Der Inhalt wird auf drei Spalten aufgeteilt.

Die Spalten werden über die CSS-Eigenschaft `float` realisiert. `ui-block-a` ist verantwortlich für das Clearen, sodass darüber auch mehrzeilige Darstellungen möglich sind.

11.4.5 Versteckspiele – Accordion und mehr

Eine probate Möglichkeit, mit beschränktem Platz umzugehen, ist es, bestimmte Inhalte erst einmal auszublenden, die der Benutzer sich bei Bedarf anzeigen lassen kann. Die entsprechende Funktionalität für das Aus- und Einklappen ist in jQuery Mobile bereits integriert.

Hierfür ergänzen Sie beim umfassenden `div`-Element ein `data-role="collapsible"`. Innerhalb dieses `div`-Bereichs schreiben Sie eine Überschrift für den sichtbaren Kopfbereich und beispielsweise einen Absatz für den normalerweise ausgeblendeten Inhalt.

Listing 11.13 Ein- und Ausblenden *(ein-ausklappen.html)*

```
<div data-role="collapsible">
  <h3>Versteckspiele</h3>
  <p>Ich bin normalerweise versteckt, komme aber bei Klick auf die Überschrift zum Vorschein</p>
</div>
<div data-role="collapsible" data-collapsed="false">
  <h3>Und noch was</h3>
  <p>Ich bin normalerweise versteckt, komme aber bei Klick auf die Überschrift zum Vorschein</p>
</div>
<div data-role="collapsible">
  <h3>Und noch was</h3>
  <p>Ich bin normalerweise versteckt, komme aber bei Klick auf die Überschrift zum Vorschein</p>
</div>
```

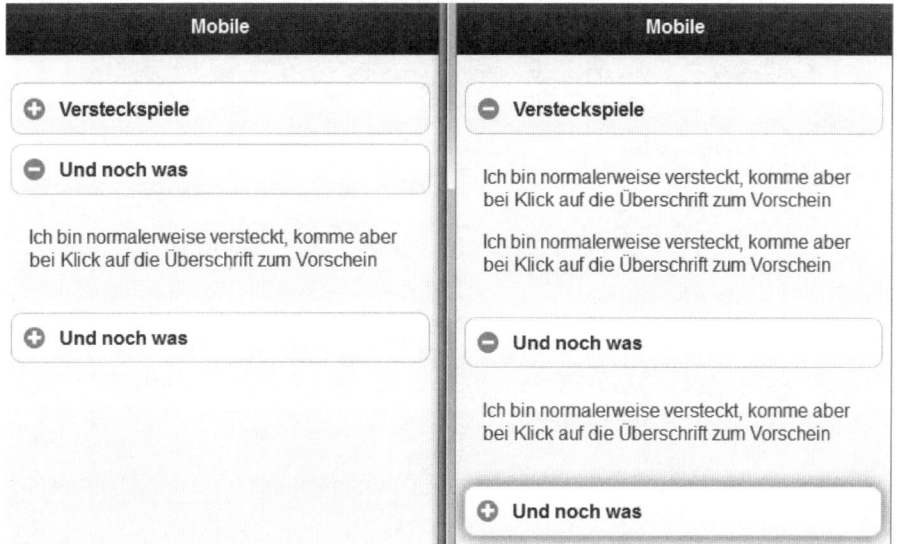

Bild 11.22 Aus-/Einklappen nach Bedarf

Soll ein Inhalt defaultmäßig sichtbar sein, ergänzen Sie ein `data-collapsed="false"` wie im Beispiel.

```
<div data-role="collapsible" data-collapsed="false">
```

Mehrere auf diese Art ein- und ausklappbare Bereiche sind **voneinander unabhängig**. Klappen Sie einen Bereich aus, hat das keine Auswirkungen auf die anderen Bereiche.

Anders ist es bei der Accordion-Funktionalität: Bei dieser ist immer genau nur ein Bereich ausgeklappt. Wird ein anderer ausgeklappt, so schließt der vorher ausgeklappte Bereich. Dafür fassen Sie mehrere `collapsible`-Elemente in einem umfassenden Element zusammen, das `data-role="collapsible-set"` enthält.

Listing 11.14 Bereich mit `data-role="collapsible-set"` *(accordion.html)*

```
<div data-role="collapsible-set">
  <div data-role="collapsible">
    <h2>Versteckspiele</h2>
    <p>Ich bin normalerweise versteckt, komme aber bei Klick auf die Überschrift zum Vorschein</p>
    <p>Ich bin normalerweise versteckt, komme aber bei Klick auf die Überschrift zum Vorschein</p>
  </div>
  <div data-role="collapsible">
    <h3>Und noch was</h3>
    <p>Ich bin normalerweise versteckt, komme aber bei Klick auf die Überschrift zum Vorschein</p>
  </div>
  <div data-role="collapsible">
    <h3>Und noch was</h3>
    <p>Ich bin normalerweise versteckt, komme aber bei Klick auf die Überschrift zum Vorschein</p>
  </div>
</div>
```

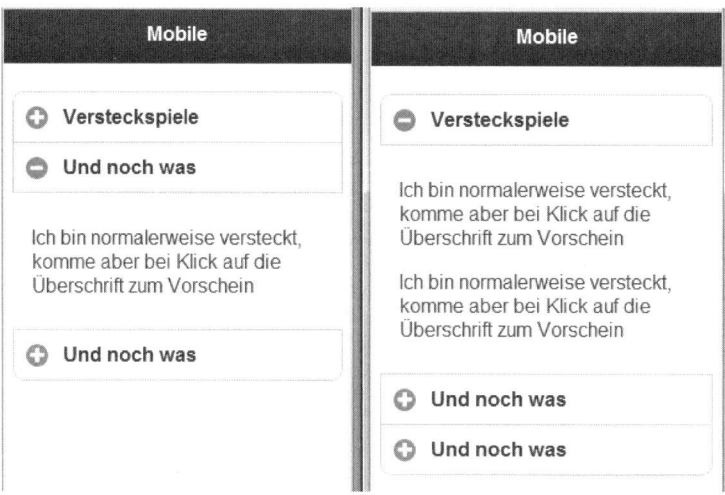

Bild 11.23 Es kann immer nur ein Punkt ausgeklappt sein.

11.4.6 Formulare

Formulare sind ein wichtiger Bestandteil von Webanwendungen und werden auch von jQuery Mobile gebührend berücksichtigt. Aus normalen mehr oder minder hässlichen Formularelementen werden so ansprechend gestaltete Elemente, die sich zudem per Touchscreen besser bedienen lassen. Integriert sind auch verbesserte Formularkomponenten, die man aus den nativen Apps kennt. In Bild 11.24 sehen Sie links die Standardformularelemente sowie die Formularelemente nach dem Wirken von jQuery Mobile.

Bild 11.24 links: normale Formularfelder, rechts: mit jQuery Mobile

Formularelemente müssen mit den zugehörigen Labels versehen sein. Der Bezug zwischen Formularfeld und der Beschriftung innerhalb von `label` ist dadurch hergestellt, dass der Wert beim `for`-Attribut beim `label` derselbe ist wie beim `id`-Attribut beim zugehörigen `input`-Element.

```
<label for="name">Name:</label>
<input type="text" name="name" id="name" />
```

HINWEIS: Sie müssen gerade auch bei den in Formularen vergebenen ids darauf achten, dass diese nicht nur eindeutig innerhalb der aktuellen Datei sind, sondern über das Projekt hindurch. Das liegt daran, dass aufgrund der extensiven Verwendung von Ajax bei jQuery Mobile das normale Seitenkonzept aufgehoben ist. Es können im DOM mehrere Seiten gleichzeitig vorhanden sein.

Formularelement und Beschriftung sollten Sie zusammenfassen mit einem `fieldset`- oder einem `div`-Element mit `data-role="fieldcontainer"`. jQuery kümmert sich dann automatisch um die richtige Anordnung: Bei wenig verfügbarem Platz werden die Beschriftungen oberhalb, bei mehr Platz neben den Eingabefeldern angezeigt.

Listing 11.15 Ausschnitt aus *formular.html*

```
<form action="" method="get">
<div data-role="fieldcontain">
  <label for="name">Name:</label>
  <input type="text" name="name" id="name" />
</div>
<div data-role="fieldcontain">
  <label for="email">E-Mail:</label>
  <input type="email" name="email" id="email" />
</div>
```

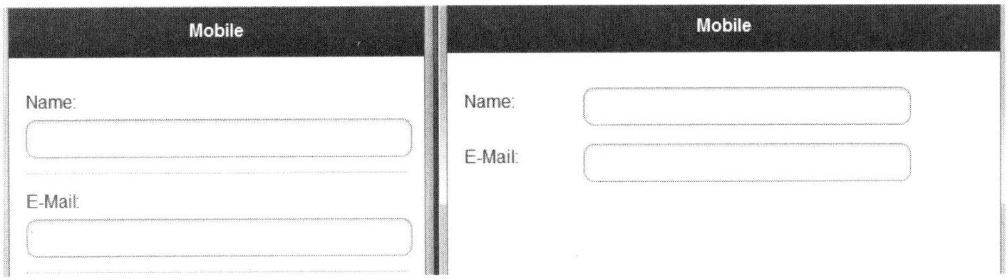

Bild 11.25 Automatische Anordnung von Beschriftung und Formularfeld

Wollen Sie, dass die Labels nicht zu sehen sind, weil Sie stattdessen auf das `placeholder`-Element setzen, so geben Sie bei den Labels die Klasse `ui-hidden-accessible` an.

```
<div data-role="fieldcontain">
  <label for="vorname" class="ui-hidden-accessible">Vorname:</label>
  <input type="text" name="vorname" id="vorname" value=""
placeholder="Vorname"/>
</div>
```

Sie können ebenfalls beim umfassenden Element die Klasse `ui-hide-label` bestimmen; dann werden die Elemente so angeordnet, als sei das Label nicht vorhanden.

```
<div data-role="fieldcontain" class="ui-hide-label">
  <label for="benutzername">Benutzername:</label>
  <input type="text" name="benutzername" id="benutzername" value=""
placeholder="Benutzername"/>
</div>
```

Die Auswirkung der unterschiedlichen Anordnungen zeigt Bild 11.26. Sowohl bei *Vorname* als auch bei *Benutzername* ist das Label versteckt. Bei *Vorname* ist das Eingabefeld aber trotzdem so schmal, als sei ein Label vorhanden; im zweiten Fall bei *Benutzername* ist es so breit, als wäre kein Label vorhanden.

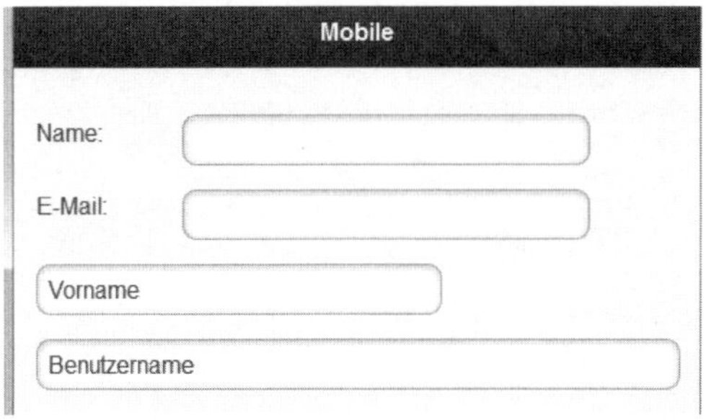

Bild 11.26 Beschriftung im Formularfeld – unterschiedliche Optionen

Sie können alle gängigen Formularelemente benutzen, jQuery Mobile führt seine Verbesserungen an der Optik automatisch durch. Die automatische Behandlung durch jQuery lässt sich auch deaktivieren, indem Sie beim Element data-role="none" angeben.

```
<select name="irgendetwas" id="irgendetwas" data-role="none">
   <option value="a" >A</option>
   <option value="b" >B</option>
   <option value="c" >C</option>
</select>
```

Von allen Formularfeldern gibt es noch eine kleinere Version, die sinnvoll ist, wenn Sie wenig Platz zur Verfügung haben. Hierfür ergänzen Sie data-mini="true" beim Formularfeld.

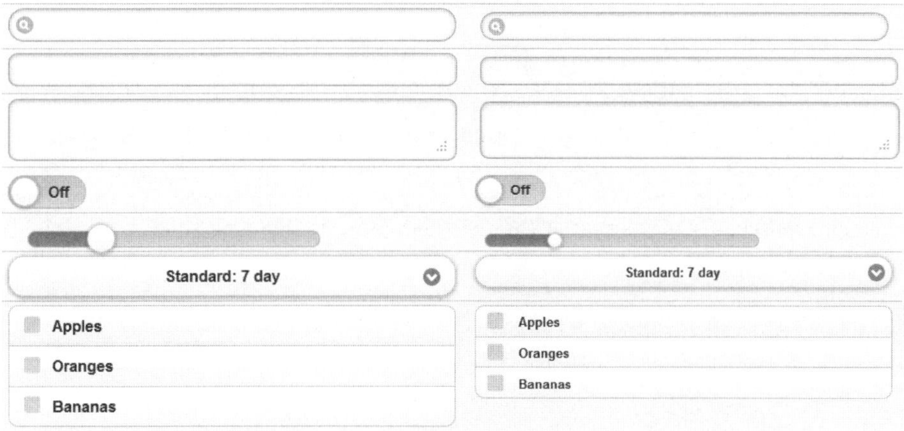

Bild 11.27 links: die Standard-Formularfelder von jQuery Mobile, rechts: die verkleinerten Formularfelder

In der Dokumentation von jQuery Mobile wird empfohlen, die neuen HTML5-Input-Typen zu verwenden. jQuery Mobile sorgt dafür, dass diese browserübergreifend konsistent dargestellt werden. Um das zu erreichen, werden manche dieser Input-Felder dynamisch wieder in Textfelder verwandelt. So verfährt jQuery Mobile beispielsweise beim type="range" oder type="search". Das Suchfeld wird aber vorher verbessert und mit einer schönen Optik versehen. Ein Blick in Firebug bei einem Suchfeld verrät, welche Magie im Hintergrund wirkt: Oben sehen Sie das schöne Suchfeld, der erzeugte Quellcode im Firebug zeigt, dass das Suchfeld per JavaScript wieder in ein `input`-Feld mit `type="text"` umgewandelt wurde.

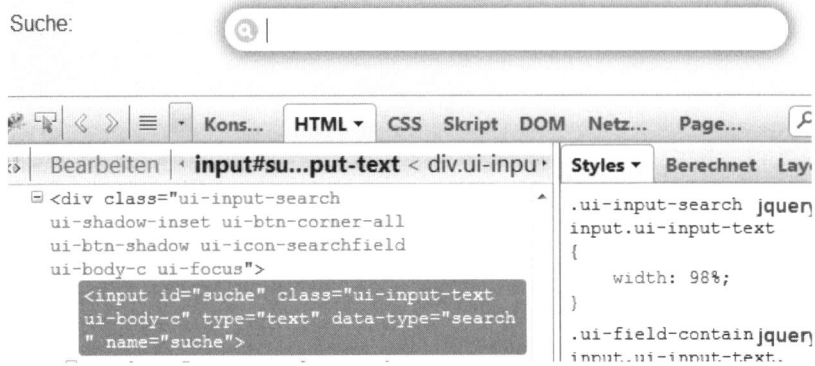

Bild 11.28 Suchfeld mit erzeugtem Quellcode in Firebug

Elemente vom `type="range"` werden in einen attraktiven Schieberegler *(slider)* umgewandelt. Der benötigte Code sieht wie folgt aus.

```
<label for="regler">Schieberegler:</label>
<input type="range" name="regler" id="regler" value="60" min="0" max="100" />
```

Hier bessert jQuery Mobile besonders schön nach, da zusätzlich automatisch ein Textfeld erzeugt wird, das die Zahl ausgibt.

Bild 11.29 `type="range"` wird ein schöner Schieberegler

Für einen Kippschalter *(flip toggle switch)*, wie man ihn vom iPhone kennt, verwenden Sie eine Auswahlliste und geben beim `select`-Element `data-role="slider"` an.

```
<select name="janein" id="janein" data-role="slider">
<option value="off">Ja</option>
<option value="on">Nein</option>
</select>
```

Bild 11.30 Schöner Kippschalter

Die anderen Formularelemente werden ebenfalls aufgehübscht, ohne dass Sie hier noch etwas dazutun müssten.

11.5 Theming Framework

Bei den bisherigen Beispielen wurde immer das Standardtheme benutzt; was sich jedoch ändern lässt. Es gibt fünf Varianten des Themes und Sie können auch eigene erstellen. Die mitgelieferten Theme-Varianten von jQuery Mobile sind mit den Buchstaben a bis e gekennzeichnet und heißen in der jQuery Mobile-Dokumentation „Swatches" (Muster).

Das Standardswatch bietet den größten Kontrast: Der Kopfbereich ist schwarz, der Inhalt weiß, die Schrift ist schwarz. Hier eine Kurzübersicht über alle Swatches:

- Swatch a: Kopfbereich schwarz, Inhalt dunkelgrau mit heller/weißer Schrift
- Swatch b: Kopfbereich blau, Inhalt hellgrau
- Swach c: Kopfbereich hellgrau, Inhalt hell
- Swatch d: Kopfbereich mittelgrau, Inhalt hell
- Swatch e: Kopfbereich orange, Inhalt hellorange

Wenn Sie ein anderes Swatch aktivieren wollen, empfiehlt es sich, dies erst einmal für das Element mit `data-role="page"` festzulegen.

```
<div data-role="page" data-theme="e" >
```

HINWEIS: Wenn Sie `date-theme` beim `content`-Bereich angeben, so kann es passieren, dass die Hintergrundfarbe nicht die gesamte Seite ausfüllt.

Allerdings sind dann Kopf- und Fußbereich trotzdem noch im Standardswatch belassen, d.h. in dem Schwarzton mit einem leichten Farbverlauf. Wenn Sie wollen, dass Kopf- und Fußbereich ebenfalls wie das Swatch gestaltet sind, so müssen Sie das für diese separat festlegen.

```
<div data-role="page" data-theme="e">
<div data-role="header" data-theme="e"></div>
<!-- data-theme ist beim content-Bereich nicht notwendig -->
<div data-role="footer" data-theme="e"></div>
```

Buttons im Kopf- oder Fußbereich erben das entsprechende Swatch. Soll ein Button/Link anders gestaltet sein, müssen Sie bei diesem explizit ein anderes Swatch festlegen. Hierzu schreiben Sie `data-theme` mit dem gewünschten Buchstaben.

Listing 11.16 Theming von Buttons *(buttons_theming.html)*

```
<p class="ui-bar">
  <a href="#" data-icon="delete" data-theme="a">Abbrechen</a>
  <a href="#" data-icon="check" data-theme="b">Speichern</a>
  <a href="#" data-icon="plus" data-theme="c">Plus</a>
  <a href="#" data-icon="star" data-theme="e">Stern</a>
</p>
```

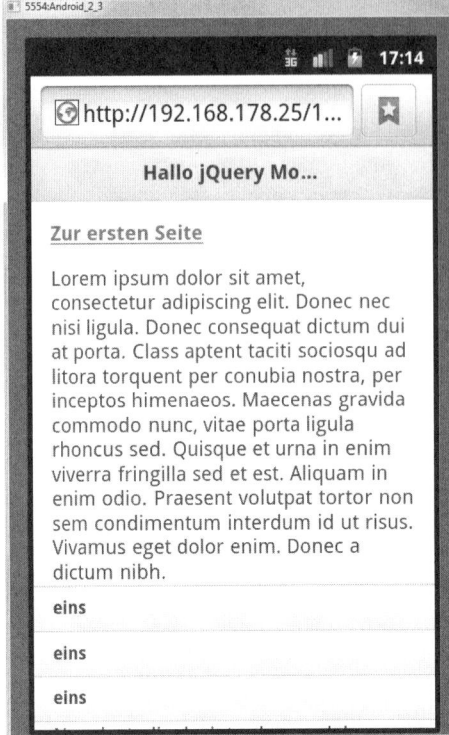

Bild 11.31 Swatch e im Einsatz

Auf Bild 11.32 sehen Sie, dass Buttons so gestaltet sind, wie es das allgemeine Swatch vorgibt (oben), Sie können ihnen aber explizit ein anderes Swatch zuweisen.

Bild 11.32 Buttons gestalten

Ein individuelleres Theme erstellen Sie über den Themeroller, den Sie unter *http://jquerymobile.com/themeroller/* finden.

Am einfachsten ist es, eines der Farbfelder im oberen Bereich direkt auf eines der unteren Vorschaubildchen zu ziehen, dann werden automatisch alle Elemente derselben Kategorie in der angegebenen Farbe eingefärbt. Die Farben können Sie vorher anpassen und beispielsweise heller/dunkler (LIGHTNESS) machen oder die Sättigung (SATURATION) reduzieren, um etwa Pastelltöne zu erhalten.

11.5 Theming Framework

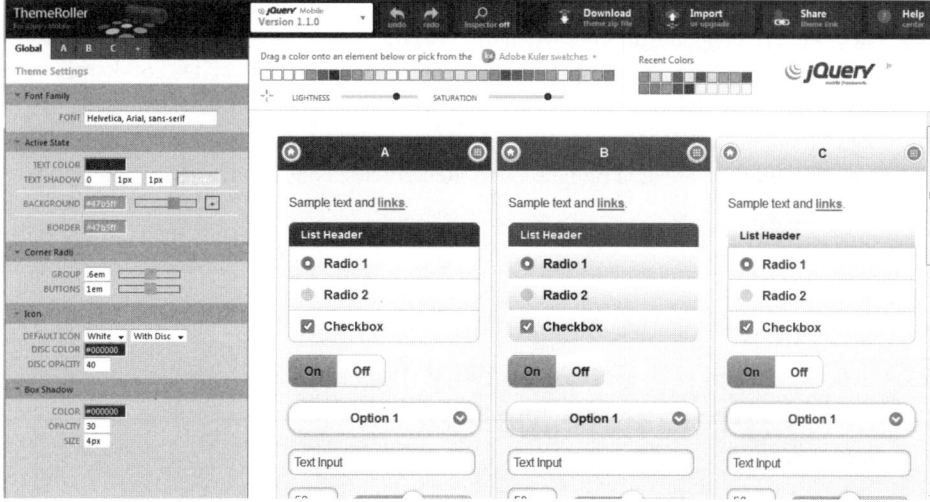

Bild 11.33 Themeroller

Ein Finetuning erlaubt der Menü- und Konfigurationsbereich an der linken Seite. Hier können Sie auch den Grad der Rundung der Ecken der Buttons bestimmen, den Textschatten festlegen oder auch die Schrift auswählen.

 PRAXISTIPP: Im Gegensatz zum Themeroller von jQuery UI *(http://jqueryui.com/themeroller)* werden beim Themeroller von jQuery Mobile Formatierungen wie Farbverläufe nicht über Hintergrundbilder, sondern über CSS realisiert. Denn bei Anwendungen für mobile Geräte ist Performance ein zentraler Punkt und an sich ist die Unterstützung für diese neuen CSS3-Features in den modernen Smartphones auch sehr gut.

Wenn alles aussieht, wie gewünscht, laden Sie das Theme über den Download-Button oben in der Mitte herunter. Automatisch wird Ihnen das Theme in zwei Varianten erstellt: Die minimierte Variante ist für den produktiven Einsatz gedacht, die andere können Sie verwenden, wenn Sie direkt Anpassungen im CSS-Code durchführen möchten.

Haben Sie das Theme heruntergeladen und am richtigen Ort abgespeichert, können Sie es über folgenden Code einbinden.

Listing 11.17 Ausschnitt aus *themeroller_beispiel.html*

```
<link rel="stylesheet"
href="http://code.jquery.com/mobile/1.1.0/jquery.mobile-1.1.0.min.css" />
<link rel="stylesheet" href="meintheme.css" />
<script src="http://code.jquery.com/jquery-1.7.1.min.js"></script>
<script src="http://code.jquery.com/mobile/1.1.0/jquery.mobile-1.1.0.min.js"></script>
```

Wichtig ist, dass Sie das normale Stylesheet von jQuery Mobile trotzdem zusätzlich einbinden. Damit Ihre erstellten Änderungen aus dem Themeroller wirklich sichtbar werden, müssen Sie Ihr eigenes Stylesheet **nach dem jQuery Mobile**-**Stylesheet** einbinden. (Bei der Download-Beispieldatei, die vom Themeroller erzeugt wird, wird allerdings im Frühsommer 2012 noch eine falsche Reihenfolge angezeigt. Aber die allgemeine CSS-Regel, dass nachfolgende Regeln diejenigen überschreiben, die davor stehen, gilt natürlich auch hier.)

Über den Themeroller haben Sie mehrere Swatches erstellt. Wenn es dann genauso auch aussehen soll, müssen Sie dem umfassenden Element auch das Swatch zuweisen.

```
<div data-role="page" data-theme="a" >
```

11.6 Events und jQuery Mobile – spezifische Methoden

jQuery Mobile wirkt auf besondere Art: Zum einen ist das normale Konzept *eine Seite entspricht einer Datei* aufgehoben, zum anderen gibt es zwei Versionen des HTML-Codes, mit denen wir zu tun haben. Neben dem ursprünglichen HTML-Code, den Sie erstellt haben, gibt es noch den von jQuery Mobile erweiterten HTML-Code. Deswegen gibt es auch eine Reihe von spezifischen Events beim Einsatz von jQuery Mobile.

11.6.1 pageinit und skriptgesteuerte Seitenänderung

Wer mit jQuery arbeitet, kennt das folgende Codeschnipsel nur zu gut.

```
$(function() { /*Hier Code */ });
```

Innerhalb der geschweiften Klammern steht der Code, der ausgeführt wird, nachdem das DOM vollständig geladen ist.

Dies sollten Sie jedoch bei jQuery Mobile nicht verwenden, da hier das Seitenkonzept aufgehoben ist. Benutzen Sie stattdessen `pageinit`: Dieses Event wird ausgelöst, wenn eine bestimmte Seite initialisiert wird. Es wird sowohl ausgelöst, wenn die Seite direkt geladen wird, als auch, wenn der Inhalt in eine andere Seite als Teil der Ajax-Navigation eingebunden wird.

Nehmen wir an, Sie haben Ihrer Seite die `id="seite1"` gegeben,

```
<div data-role="page" id="seite1">
```

dann können Sie über den in Listing 11.18 gezeigten Code Aktionen auslösen, nachdem die Seite geladen ist.

Listing 11.18 Bei der Initialisierung der Seite *(events_page_init.html)*

```
$("#seite1").live("pageinit", function(event) {
  alert("hallo");
  $.mobile.changePage("dialog.html");
});
```

Im Beispiel wird zur Demonstration zuerst eine Meldung ausgegeben und dann die Seite *dialog.html* aufgerufen.

Das im Beispiel verwendete `$.mobile.changePage()` ist eine nützliche Methode von jQuery Mobile, um skriptgesteuert einen Seitenwechsel durchzuführen. Sie erwartet mindestens einen Parameter, nämlich den Namen der Datei, die angezeigt wird. Danach können Sie noch eine Reihe von Optionen festlegen:

- Über `transition` bestimmen Sie die Art des Übergangs.
- `changeHash` definiert, ob die URL ebenfalls geändert werden soll.
- Über `data` können Sie Werte an die nächste Seite übergeben.
- `reloadPage` sorgt dafür, dass die Seite, auch wenn sie schon im Zwischenspeicher existiert, noch einmal geladen wird.

Ein kleines Beispiel zeigt, wie Sie eine Option einsetzen und einen anderen Effekt beim Seitenwechsel spezifizieren.

Im oberen Bereich gibt es einen Button.

Listing 11.19 Seitenwechsel angepasst *(seitenwechsel_scriptgesteuert.html)*

```
<p class="ui-bar">
  <a href="#" id="wechsel">Seitenwechsel</a>
</p>
```

Nur ein Klick auf diesen Button löst den Seitenwechsel mit dem Übergang `flip` aus – das Skript steht vor dem schließenden `</body>`.

```
$("#wechsel").bind("click", function() {
  $.mobile.changePage("seite0.html", { transition: "flip"});
});
```

 Weitere wichtige Methoden von jQuery Mobile finden Sie in der Dokumentation unter *http://jquerymobile.com/demos/1.1.0/docs/api/methods.html*.

11.6.2 mobileinit – Konfigurationen ändern

Ein weiteres zentrales Event ist `mobileinit`. Das brauchen Sie beispielsweise, wenn Sie grundlegende Konfigurationen vornehmen wollen.

```
$(document).bind("mobileinit", function(){
  // Allgemeine Konfigurationen
});
```

Zu diesen und weiteren Einstellungen kommen wir in Abschnitt 11.6.4 noch einmal zurück.

11.6.3 Weitere Events

`pageinit` und `mobileinit` sind die Events, die Ihnen zuerst begegnen werden. Daneben gibt es weitere Events:

- `pagebeforeload`: vor dem Laden der Seite
- `pageload`: Wenn alles klappt, wird danach ein `pageload`-Event ausgelöst.
- `pageloadfailed`: Wenn die Seite nicht geladen werden kann, tritt ein `pageloadfailed`-Event ein.

Die Navigation zwischen Seiten wird normalerweise über `$.mobile.changePage()` ausgelöst. Währenddessen werden zwei Events ausgelöst und es gibt einen weiteren, sofern etwas schiefgegangen ist:

- `pagebeforechange`: bevor der Wechsel stattgefunden hat
- `pagechange`: nachdem die Seite ins DOM des aktuellen Dokuments geladen wurde
- `pagechangefailed`: wenn etwas schiefgegangen ist

Weitere Events sind mit dem animierten Übergang verbunden, der zwischen den Seiten stattfindet – das bedeutet ja, dass eine neue Seite angezeigt und die alte Seite versteckt wird.

- `pagebeforeshow`: bevor die neue Seite angezeigt wird
- `pagebeforehide`: bevor die ursprüngliche Seite versteckt wird
- `pagehide`: wenn die ursprüngliche Seite versteckt wird
- `pageshow`: wenn die neue Seite gezeigt wird

Wenn eine Seite geladen wird, werden bestimmte Verbesserungen von jQuery Mobile durchgeführt. Sie erinnern sich an den modifizierten HTML-Quellcode, der erzeugt wird mit zusätzlichen Attributen. Dieser Vorgang wird intern `pagecreate` – Seitenerzeugung – genannt. Es gibt jetzt ebenfalls mehrere Ereignisse, die mit diesem Vorgang zusammenhängen.

- `pagebeforecreate`: bevor die Verbesserungen stattfinden
- `pagecreate`: wenn die Verbesserungen stattfinden
- `pageinit`: wenn die Seite initialisiert wird. Dies ist das wichtige Ereignis, das Sie dort nehmen, wo Sie sonst in jQuery `$(function() {});` benutzen.

Außerdem gibt es zwei weitere Events:

- `pageremove`: wenn eine Seite aus dem DOM entfernt wird
- `updatelayout`: Das Aus-/Einklappen von Listen verändert die Höhe des Inhalts und kann dazu führen, dass der Browser den Viewport anpassen muss. Solche Komponenten lösen das `updatelayout`-Ereignis aus.

jQuery bietet zwei Methoden, Events anzusprechen. Wenn Sie `bind` benutzen, muss das entsprechende Element im DOM bereits existieren. Ist das nicht sichergestellt, sollten Sie besser `live` benutzen. Das funktioniert auch, wenn das Element erst danach dem DOM hinzugefügt wird.

Die einzelnen Events können Sie abfangen und entsprechende Meldungen in der Firebug-Konsole ausgeben lassen, dann sehen Sie deutlich, wann welche Ereignisse stattfinden.

Listing 11.20 Die Page-Events *(events_page.html)*

```
$(document).bind( "pagebeforeload pageload pageloadfailed pagebeforchange
pagechange pagechangefailed pagebeforeshow pagebeforheid pageshow pagehide
pagebeforecreate pagecreate pageinit pageremove updatelayout", function(
event ){
  console.log(event.type);
});
```

pagebeforecreate	events_page.html (Zeile 33)
pagecreate	events_page.html (Zeile 33)
pageinit	events_page.html (Zeile 33)
pagebeforeshow	events_page.html (Zeile 33)
pageshow	events_page.html (Zeile 33)
pagechange	events_page.html (Zeile 33)
pagebeforeload	events_page.html (Zeile 33)

Bild 11.34 Die jeweiligen Events in der Firebug-Konsole

11.6.4 Einstellungen

Änderungen an den grundlegenden Einstellungen verbinden Sie am besten mit dem `mobile-init`-Event. Über folgenden Code können Sie beispielsweise die Fehlermeldung anpassen, die erscheint, wenn eine Seite nicht geladen werden kann.

```
$(document).bind("mobileinit", function(){
  $.mobile.pageLoadErrorMessage = 'Seite kann nicht geladen werden';
});
```

Damit das funktioniert, ist die Reihenfolge wichtig, in der die Skripte eingebunden werden. Wollen Sie Einstellungen von jQuery Mobile überschreiben, müssen Sie dies machen, **bevor** jQuery Mobile eingebunden wird.

Nehmen wir an, die drei Zeilen Code zur Änderung der Fehlermeldung beim Laden stehen in einer Datei *config.js*. Dann müssen Sie diese Datei nach dem Einbinden von jQuery und vor dem Einbinden von jQuery Mobile schreiben.

Listing 11.21 Angepasste Einstellungen *(einstellungen_aendern.html)*

```
<link rel="stylesheet" href="http://code.jquery.com/mobile/1.1.0/jquery.
mobile-1.1.0.min.css" />
<script src="http://code.jquery.com/jquery-1.7.1.min.js"></script>
<script src="config.js"></script>
<script src="http://code.jquery.com/mobile/1.1.0/jquery.mobile-1.1.0.min.
js"></script>
```

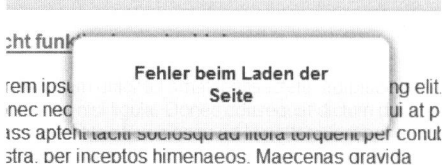

Bild 11.35 Die Fehlermeldung, die erscheint, wenn ein Link ins Leere führt, ist angepasst.

Alternativ zur gerade vorgestellten Syntax können Sie Einstellungen auch wie folgt ändern.

```
$.extend( $.mobile , {
  pageLoadErrorMessage: 'Seite kann nicht geladen werden'
});
```

Das ändert allerdings nichts daran, dass Sie diese Angabe in einer Datei schreiben müssen, die vor jQuery Mobile eingebunden wird.

Eine Reihe von Einstellungen kann auf diese Art geändert werden, unter anderem:

- Benennungen
  - `activeBtnClass` – Klasse für den aktiven Button, standardmäßig `ui-btn-active`
  - `activePageClass` – Klasse für die aktuelle Seite, standardmäßig `ui-page-active`
  - `ns` – der verwendete Namensraum bei `data`-Attributen, derzeit der Leerstring. Damit können Sie angepasste Attributnamen verwenden. Geben Sie als Namensraum beispielsweise `"meinnamensraum-"` an, dann wird entsprechend `data-meinnamens-raum-role` benutzt.
- Eingesetzte Übergänge
  - `defaultDialogTransition` – Standardübergang für Dialoge, standardmäßig `pop`
  - `defaultPageTransition` – Standardübergang für Seiten, standardmäßig `fade`
- Lademeldung

Bild 11.36 Dieses Standardicon wird beim Laden einer Seite angezeigt.

Mehrere Einstellungen definieren, wie das Zeichen aussehen soll, wenn ein Dokument geladen ist. Sie werden es übrigens beim lokalen Testen nicht zu Gesicht bekommen, weil das zu schnell geht. Ursprünglich dafür vorgesehen sind die Einstellungen:

- `loadingMessage`: Textmeldung, die beim Laden gezeigt werden soll, standardmäßig `"loading"`
- `loadingMessageTextVisible`: legt fest, ob der Text angezeigt werden soll oder nicht
- `loadingMessageTheme`: das benutzte Theme

Diese Methoden sollen jedoch durch Folgendes ersetzt werden.

```
$( document ).bind( 'mobileinit', function(){
  $.mobile.loader.prototype.options.text = "loading";
  $.mobile.loader.prototype.options.textVisible = false;
```

```
    $.mobile.loader.prototype.options.theme = "a";
    $.mobile.loader.prototype.options.html = "";
});
```

- Ajax
  - `ajaxEnabled` – darüber könnten Sie die Navigation über Ajax prinzipiell ausschalten.

 Weitere Einstellungen finden Sie in der Dokumentation unter
http://jquerymobile.com/test/docs/api/globalconfig.html.

■ 11.7 Touchereignisse

jQuery Mobile stellt Ihnen eine Reihe von Events zum Abfangen von Touchereignissen zur Verfügung:

- `tap`: wenn ein vollständiges Tap-Event stattgefunden hat, d. h. ein kurzes zielgerichtetes Berühren
- `taphold`: wenn dieses länger gedauert, fast eine Sekunde. Viele Anwendungen implementieren unterschiedliche Aktionen bei `tap` und `taphold`.
- `swipe` für das Wischenereignis, das bei mobilen Anwendungen oft zum Blättern benutzt wird
- `swipeleft` für ein Wischenereignis nach links
- `swiperight` für ein Wischenereignis nach rechts

Ein Beispiel soll zeigen, wie Sie mit `swipe` arbeiten: Auf der ersten Seite erscheint der Text „Nach links wischen"; nach dem Wischen erscheint die zweite Seite, von der aus man die erste Seite wiederum durch ein Wischen nach links erreicht.

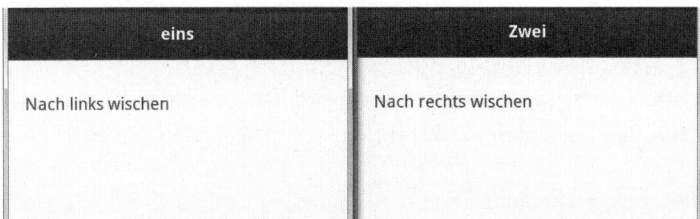

Bild 11.37 Navigieren durch Wischen zwischen zwei Seiten

Listing 11.22 Einsatz von `swipeleft` und `swiperight` *(wischen.html)*

```
<!DOCTYPE html>
<html>
<head>
<meta charset="UTF-8" />
<meta name="viewport" content="width=device-width, initial-scale=1" />
```

```
<link rel="stylesheet"
href="http://code.jquery.com/mobile/1.1.0/jquery.mobile-1.1.0.min.css" />
 <script src="http://code.jquery.com/jquery-1.7.1.min.js"></script>
<script
src="http://code.jquery.com/mobile/1.1.0/jquery.mobile-1.1.0.min.js"></script>
<title>Wischen</title>
</head>
<body>
<div data-role="page" id="eins">
  <div data-role="header"><h1>eins</h1>        </div>
  <div data-role="content">
    <p>Nach links wischen</p>
  </div>
</div>
<div data-role="page" id="zwei">
  <div data-role="header"><h1>Zwei</h1></div>
  <div data-role="content">
    <p>Nach rechts wischen</p>
  </div>
</div>
<script>
$("body").bind("swipeleft swiperight", function(event) {
  var seite = $.mobile.activePage[0];
  var richtung = event.type;
  if(seite.id == "eins" && richtung == "swipeleft") {$.mobile.changePage("#zwei")};
  if(seite.id == "zwei" && richtung == "swiperight") {$.mobile.changePage("#eins")};
});
</script>
</body>
</html>
```

Außerdem gibt es eine Reihe von virtuellen Mausereignissen, die eine Abstraktion von Maus- und Touch-Events darstellen. Das heißt, dass man damit bestimmte Aktionen verknüpfen kann, und das Framework kümmert sich darum, dass für das aktuelle Gerät die korrekten Events verwendet werden.

- vmouseover: für touch- oder mouseover-Events
- vmousedown, vmousemove, vmouseup
- vclick für das Klick-Event. Bei Touch-Geräten wird diese nach vmouseup ausgelöst. Hier wird aber in der Dokumentation gewarnt, man solle das nur mit Vorsicht genießen. Bei Aktionen, die mehr auslösen, ist es besser, mit click zu arbeiten *(http://jquerymobile.com/test/docs/api/events.html)*.
- vmousecancel

Zwei weitere Events dienen zur Arbeit mit Scrollereignissen:

- scrollstart und scrollstop.

11.8 jQuery Mobile mit Google Maps kombinieren

Sehen wir uns nun in einem praktischen Beispiel an, wie man jQuery Mobile mit der Geolocation API (siehe Kapitel 9.4) verbinden kann. Die über Geolocation ausgelesene Position soll mit Google Maps angezeigt werden. Klappt das Auslesen der Position nicht, wird eine Standardposition angezeigt.

Zuerst benötigen wir das für jQuery Mobile typische HTML-Grundgerüst.

Listing 11.23 Karte *(maps.html)*

```
<!DOCTYPE html>
<html>
<head>
<meta charset="utf-8" />
<title>Positionsbestimmung</title>
<meta name="viewport" content="width=device-width, initial-scale=1" />
<link rel="stylesheet"
href="http://code.jquery.com/mobile/1.1.0/jquery.mobile-1.1.0.min.css" />
<style>
  #kartenseite, #karte { width: 100%; height: 100%; padding: 0; }
</style>
<script src="http://code.jquery.com/jquery-1.7.1.min.js"></script>
<script
    src="http://code.jquery.com/mobile/1.1.0/jquery.mobile-1.1.0.min.js"></script>
<script src="http://maps.google.com/maps/api/js?sensor=false"></script>
<script src="maps.js"></script>
</head>
<body>
<div data-role="page" id="kartenseite">
  <div data-role="header">
    <a href="#" data-icon="home" data-iconpos="notext" data-direction="reverse"></a>
    <h1>Positionsbestimmung</h1>
  </div>
  <div data-role="content" id="karte">
  <!-- Hier kommt die Karte... -->
  </div>
</div>
</body>
</html>
```

Zusätzlich wurden per CSS sowohl die gesamte Seite als auch das Element, das die Karte aufnehmen soll, auf 100 % gesetzt. Dann folgt die in jQuery Mobile übliche Seitenstruktur mit `div`-Elementen. Das Dokument besteht aus einem umfassenden Element, einem Kopf- und einem Inhaltsbereich.

Jetzt kommen wir zum entscheidenden JavaScript-Part, der für die Darstellung der Karte zuständig ist. Dieser steht in einer externen Datei mit Namen *maps.js*.

Listing 11.24 JavaScript-Code für die Karte *(maps.js)*

```javascript
$( "#kartenseite" ).live( "pageinit", function() {
  var standard= new google.maps.LatLng(48.0983425, 11.3267434);
  if ( navigator.geolocation ) {
    function erfolg(pos) {
      kartezeichnen(new google.maps.LatLng(pos.coords.latitude,
pos.coords.longitude));
    }
    function fehler(error) {
      kartezeichnen(standard);
    }
    navigator.geolocation.getCurrentPosition(erfolg, fehler, {maximumAge:
500000,
enableHighAccuracy:true, timeout: 9000});
  } else {
    kartezeichnen(standard);
  }
  function kartezeichnen(breitelaenge) {
    var optionen = {
      zoom: 11,
      center: breitelaenge,
      mapTypeId: google.maps.MapTypeId.ROADMAP
    };
    var map = new google.maps.Map(document.getElementById("karte"),
optionen);
    var marker = new google.maps.Marker({
      position: breitelaenge,
      map: map
    });
  } // Ende kartezeichnen()
}); // Ende pageinit
```

Sehen wir uns die wichtigsten Codezeilen einmal genauer an: Die Funktionalität wird bei `pageinit` aufgerufen. Falls die Geolocation API nicht unterstützt wird, nehmen wir Standard-Breiten- und -Längenangaben, die Sie natürlich an Ihre Bedürfnisse anpassen müssen.

```javascript
var standard= new google.maps.LatLng(48.0983425, 11.3267434);
```

Jetzt kommt die Überprüfung, ob die Geolocation API unterstützt wird.

```javascript
if ( navigator.geolocation ) {
```

Wenn ja, werden die Funktionen `erfolg` und `fehler` definiert. Diese rufen beide die Funktion `kartezeichnen()` auf, die noch definiert werden muss. Im Fehlerfall werden die Standardkoordinaten genommen, ansonsten die über die Geolocation API ermittelten.

```javascript
function erfolg(pos) {
  kartezeichnen(new google.maps.LatLng(pos.coords.latitude, pos.coords.
longitude));
}
function fehler(error) {
  kartezeichnen(standard);
}
```

Schließlich kommt `getCurrentPosition()` zum Einsatz, wobei wir neben den beiden Callback-Funktionen `erfolg` und `fehler` Optionen angeben. Durch die Optionen legen wir fest, dass die Daten nicht länger als fünf Sekunden alt sein sollen, wir wünschen die größtmögliche Genauigkeit und für den gesamten Vorgang geben wir eine Maximaldauer von neun Sekunden vor.

```
navigator.geolocation.getCurrentPosition(erfolg, fehler, {maximumAge:
500000, enableHighAccuracy:true, timeout: 9000});
}
```

Sofern die Geolocation API nicht unterstützt wird, wird der `else`-Zweig ausgeführt und die Funktion `kartezeichnen()` mit den vorher definierten Standardkoordinaten aufgerufen.

```
else {
   kartezeichnen(standard);
}
```

Jetzt fehlt noch die Funktion `kartezeichnen()`.

```
function kartezeichnen(breitelaenge) {
```

Zuerst bestimmen wir, wie die Karte aussehen soll, ihren Zoomfaktor und ihren Typ.

```
var optionen = {
   zoom: 11,
   center: breitelaenge,
   mapTypeId: google.maps.MapTypeId.ROADMAP
};
```

Dann erstellen wir ein neues `google.maps.Map`-Objekt und bestimmen das vorher mit einer `id="karte"` versehene Objekt als Container.

```
var map = new google.maps.Map(document.getElementById("karte"), optionen);
```

Außerdem zeichnen wir für die ermittelte Position noch Marker auf die Karte.

```
var marker = new google.maps.Marker({
position: breitelaenge,
map: map
});
} /* Ende kartezeichnen() */
}); /* Ende pageinit() */
```

Auf diese Art lässt sich jQuery Mobile mit der Geolocation API und Google Maps kombinieren.

■ 11.9 Going Native

Eine mit jQuery Mobile erstellte WebApp können Sie beispielsweise über PhoneGap in eine native Anwendung verwandeln. Dafür gibt es zwei Möglichkeiten:
- Sie installieren sich das PhoneGap SDK *(http://phonegap.com/download)* und die SDKs der Plattformen, für die Sie die App erstellen möchten. Dann können Sie ein neues Projekt erstellen und Ihren WebCode importieren.

- Sie verwenden den Online-Dienst von PhoneGap *(https://build.phonegap.com/apps)*, in den Sie direkt Ihre Projektdateien beispielsweise gezippt hochladen können, und es werden Ihnen automatisch die nativen Anwendungen für verschiedene Plattformen erzeugt. Letztere Variante ist einfacher, verlangt aber eine Registrierung und in der kostenlosen Version ist nur eine private App möglich. Die Meta-Daten zur App speichern Sie dabei in einer *config.xml*-Datei, die der W3C-Widget-Spezifikation folgt (siehe auch Kapitel 9.2).

■ 11.10 Kurz zusammengefasst

- jQuery Mobile setzt auf jQuery auf und ist eine schnelle Möglichkeit, App-like Benutzeroberflächen zu erstellen.
- jQuery Mobile folgt dem Prinzip des Progressive Enhancements: Der ursprüngliche HTML-Code ist funktionsfähig, wird für fähige Geräte aber per JavaScript und CSS verbessert. Deswegen funktionieren jQuery Mobile-Seiten in sehr vielen Geräten und Browsern.
- Die Navigation zwischen den Seiten ist mit Ajax verbessert und mit dabei sind viele Seitenübergangseffekte.
- jQuery Mobile bietet Lösungen für viele Standardkomponenten wie Filterfunktion für Listen, Ein- und Ausklappen von Bereichen oder eine browserübergreifend konsistente Darstellung von HTML5-Formularelementen.
- Sollen bestimmte Aktionen stattfinden, nachdem die Seite geladen ist, kann man nicht auf `$(function(){})` zurückgreifen wie sonst bei jQuery, sondern benutzt am besten `pageinit`.
- Außerdem erlaubt jQuery Mobile ein komfortables Arbeiten mit Touchereignissen, die für Smartphones wichtig sind, und von gängigen Gesten wie z. B. `swipe`.
- Die Gestaltung wird über ein mächtiges Theme-Framework gesteuert, eigene Themes lassen sich über den Themeroller definieren.
- Die mit jQuery Mobile erstellten Seiten können über PhoneGap in native Anwendungen umgewandelt werden.

12 Sencha Touch

In Kapitel 11 haben Sie erfahren, wie Sie über jQuery Mobile WebApps erstellen. Sencha Touch ist ein weiteres bekanntes Framework zur Erstellung von WebApps. Ab Sommer 2012 liegt es in Version 2 vor und bietet viele attraktive Features wie das automatisierte Anlegen eines Beispielprojekts mit befehlsgesteuerter Umwandlung in ein webtaugliches Projekt. Sogar die Erstellung einer nativen Anwendung für iOS und Android ist möglich.

Die Unterschiede zu jQuery Mobile könnten größer nicht sein: Die mit Sencha erstellten WebApps funktionieren nur in Webkit-Browsern, ohne JavaScript geht überhaupt nichts; die Definition der einzelnen Komponenten der WebApp erfolgt über JSON-Konfigurationsangaben. Dafür bringt dann die fertige WebApp alles mit, was für eine rasche und performante Anzeige vonnöten ist, und die WebCache-Definition für den Offline-Modus wird gleichzeitig erstellt. Aber lassen Sie uns die Anwendung einmal genauer in der Praxis ansehen ...

■ 12.1 Vorbereitungen

Unter *http://www.sencha.com/products/touch/download* können Sie sich Sencha Touch herunterladen. Es gibt zwei verschiedene Versionen: Für Open-Source-Projekte können Sie Sencha Touch direkt herunterladen. Auch für die kommerzielle Nutzung ist es laut den Lizenzbedingungen von Sencha Touch (*http://www.sencha.com/legal/touch-commercial-license*) frei, allerdings müssen Sie dafür Ihre E-Mail-Adresse angeben und erhalten dann den Link zugesandt. Sencha Touch ist kostenpflichtig, sofern man selbst auf der Basis von Sencha Touch einen Mobile App-Builder erstellen möchte.

Die heruntergeladenen Dateien müssen Sie entpacken und in ein Verzeichnis kopieren, auf das der Webserver Zugriff hat. Es empfiehlt sich, diesen Ordner *sencha* zu nennen. Wenn Sie ihn dann öffnen, gelangen Sie direkt zur Dokumentation.

Außerdem benötigen Sie die SDK-Tools für Entwickler *(http://www.sencha.com/products/sdk-tools/download)*, die sich derzeit noch in einem Betazustand befinden (Stand: Sommer 2012).

Wechseln Sie dann in die Eingabeaufforderung unter Windows (START/ZUBEHÖR/EINGABE-AUFFORDERUNG). Bei MacOS rufen Sie ein Terminal auf, indem Sie bei GEHE ZU unter DIENST-PROGRAMME den Eintrag TERMINAL auswählen.

Danach müssen Sie in der Kommandozeile in das Verzeichnis wechseln, in dem Sie Sencha heruntergeladen haben, und den Befehl `sencha` eingeben. Wenn die Meldung kommt, dass der Befehl nicht gefunden wird, hat etwas mit der Installation des SDK-Tools nicht geklappt oder Sie sind nicht im richtigen Verzeichnis.

Nur wenn der Befehl `sencha` keine Fehlermeldungen hervorruft, funktioniert die automatische Erstellung eines Beispielprojekts, die Umwandlung in ein echtes Webprojekt und in eine native Anwendung.

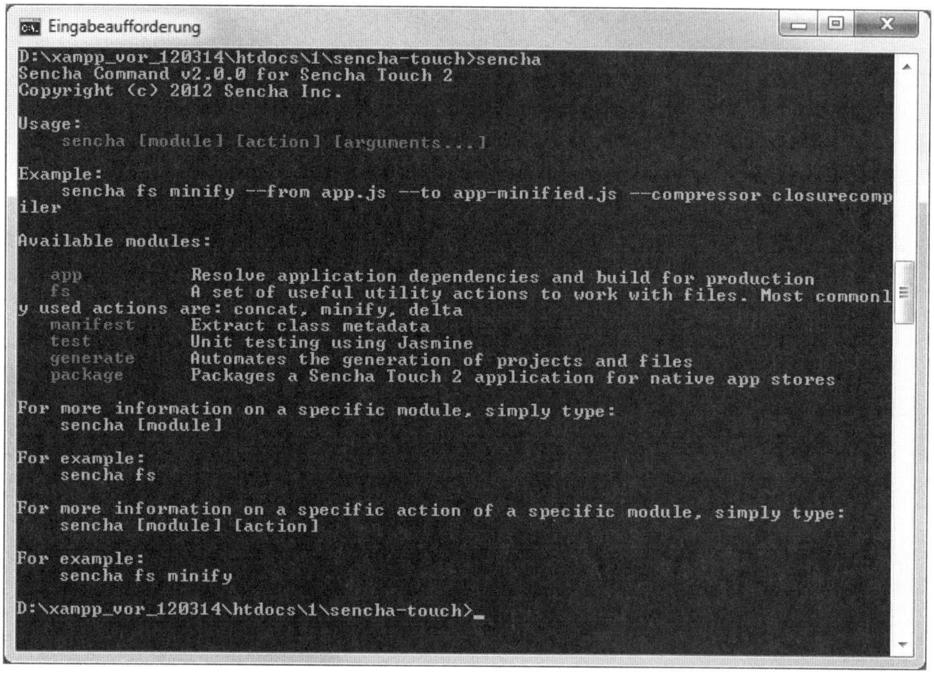

Bild 12.1 Der Befehl `sencha` in der Eingabeaufforderung

> **PRAXISTIPP:** In ein anderes Verzeichnis wechseln Sie über `cd /pfad/zum/verzeichnis`. Unter Windows können Sie sehr schnell ein anderes Verzeichnis aufrufen, indem Sie `cd` tippen und dann den gewünschten Ordner aus einem geöffneten Explorer-Fenster herüberziehen und fallen lassen.
>
> Wollen Sie gleichzeitig in ein anderes Laufwerk wechseln, so schreiben Sie einfach nur den Laufwerksbuchstaben mit einem Doppelpunkt. Danach können Sie mit `cd` in den Ordner wechseln.

12.2 Erste WebApp erstellen

Um ein Beispielprojekt zu erstellen, müssen Sie zuerst kontrollieren, ob Sie auch im Unterverzeichnis von *sencha* sind. Dann können Sie den folgenden Befehl eingeben.

```
sencha generate app Beispiel ../Beispiel
```

Damit wird eine WebApp mit Namen *Beispiel* im Verzeichnis *Beispiel* erstellt – das Verzeichnis wird hierbei automatisch erstellt.

Jetzt werden alle Dateien erzeugt: Zum einen wird das *sdk* vollständig kopiert und zum anderen werden alle benötigten Dateien und Ordner erstellt; entsprechende Meldungen informieren Sie über die Fortschritte.

Name	Änderungsdatum	Typ	Größe
app	30.05.2012 17:19	Dateiordner	
resources	30.05.2012 17:19	Dateiordner	
sdk	30.05.2012 17:19	Dateiordner	
.senchasdk	30.05.2012 17:19	SENCHASDK-Datei	1 KB
app.js	30.05.2012 17:19	JScript-Skriptdatei	1 KB
app.json	30.05.2012 17:19	JSON-Datei	4 KB
index.html	30.05.2012 17:19	Firefox HTML Doc…	2 KB
packager.json	30.05.2012 17:19	JSON-Datei	4 KB

Bild 12.2 Die Beispielanwendung mit einer Reihe von Dateien

Die *index.html*-Datei können Sie dann direkt im Browser aufrufen – aber bitte über den Server und am besten mit einem Webkit-Browser wie Chrome oder Safari. Sie sehen Ihre App mit zwei Unterseiten.

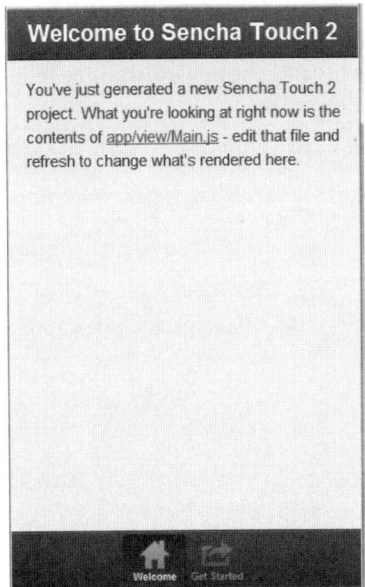

Bild 12.3 Die erste App mit zwei Unterseiten

HINWEIS: Die von Sencha Touch erstellten WebApps funktionieren nur in Webkit-basierten Browsern!

Die erzeugte *index.html*-Datei enthält den notwendigen Code für einen Ladeanzeiger, der über Animationen gesteuert ist – natürlich nur mit Webkit-Präfixen –, und bindet die JavaScript-Datei *sdk/microloader/development.js* ein, die sich um alles Weitere kümmert.

  Bild 12.4 Der Standardloader zeigt, dass die Anwendung geladen wird.

Der eigentliche HTML-Inhalt besteht nur aus einem Grundgerüst und ein paar leeren `div`-Containern.

```
<div id="appLoadingIndicator">
  <div></div>
  <div></div>
  <div></div>
</div>
```

 HINWEIS: Der eigentliche HTML-Code-Inhalt bleibt auch in der Variante für den produktiven Einsatz so mager und ist natürlich der Grund dafür, dass die WebApp ohne JavaScript nicht funktioniert; die erstellte WebApp folgt also nicht dem Prinzip des Progressive Enhancement wie jQuery Mobile.

Sehen wir uns dann die erstellten Dateien an:

- Der Ordner *app* enthält Model-, View- und Controller-Komponenten.
- *app.js* ist der JavaScript-Einstiegspunkt und eines genauen Blickes wert (dazu gleich mehr).
- *app.json* ist die Konfigurationsdatei, die beispielsweise herangezogen wird, um eine reduzierte Version der App für den produktiven Einsatz zu erstellen.
- *packager.json* ist die Konfigurationsdatei, die zur Erstellung von nativen Versionen verwendet wird.
- *resources* beinhaltet die CSS-Dateien und die verwendeten Bilder.
- In *sdk* steht eine Kopie des Sencha Touch SDK, daran sollten Sie keine Änderungen vornehmen.

Beginnen wir einmal mit *app.js*, die den zentralen Einstiegspunkt darstellt. Wichtige Zeilen sind hervorgehoben.

```
//<debug>
Ext.Loader.setPath({
    'Ext': 'sdk/src'
});
//</debug>
Ext.application({
    name: 'Beispiel',
```

```
    requires: [
        'Ext.MessageBox'
    ],
    views: ['Main'],
    icon: {
        57: 'resources/icons/Icon.png',
        72: 'resources/icons/Icon~ipad.png',
        114: 'resources/icons/Icon@2x.png',
        144: 'resources/icons/Icon~ipad@2x.png'
    },
    phoneStartupScreen: 'resources/loading/Homescreen.jpg',
    tabletStartupScreen: 'resources/loading/Homescreen~ipad.jpg',
    launch: function() {
        // Destroy the #appLoadingIndicator element
        Ext.fly('appLoadingIndicator').destroy();
        // Initialize the main view
        Ext.Viewport.add(Ext.create('Beispiel.view.Main'));
    },
    onUpdated: function() {
        Ext.Msg.confirm(
            "Application Update",
            "This application has just successfully been updated to the latest version. Reload now?",
            function() {
                window.location.reload();
            }
        );
    }
});
```

Sie sehen, dass hier der Name der Applikation auftaucht – hier `Beispiel`. Ebenfalls zentral ist `views`, wo derzeit `Main` angegeben ist. Zusammen mit der Zeile ein bisschen weiter unten

```
Ext.Viewport.add(Ext.create('Beispiel.view.Main'));
```

wird dafür gesorgt, dass die Datei *Main* im *view*-Ordner ausgeführt wird, nachdem der Ladevorgang abgeschlossen ist. Außerdem sehen Sie, dass die Icons für die Homescreens in den verschiedenen Formaten angegeben sind.

Die Datei *Main.js* befindet sich im Unterverzeichnis *Views*. In dieser werden das Aussehen der Anwendung und die gezeigten Inhalte definiert.

Am Anfang folgen eine paar allgemeine Einstellungen. Innerhalb von `items` sind die beiden Seitenkomponenten festgelegt.

```
Ext.define("Beispiel.view.Main", {
    extend: 'Ext.tab.Panel',
    requires: ['Ext.TitleBar'],
    config: {
        tabBarPosition: 'bottom',
        items: [
            {
                title: 'Welcome',
                iconCls: 'home',
                styleHtmlContent: true,
                scrollable: true,
```

```
                    items: {
                        docked: 'top',
                        xtype: 'titlebar',
                        title: 'Welcome to Sencha Touch 2'
                    },

                    html: [
                       "You've just generated a new Sencha Touch 2 project.
What you're looking at right now is the ",
                         "contents of <a target='_blank'
                         href=\"app/view/Main.js\">app/view/Main.js</a> -
edit that file ",
                         "and refresh to change what's rendered here."
                    ].join("")
                },
                {
                    title: 'Get Started',
                    iconCls: 'action',
                    items: [
                        {
                            docked: 'top',
                            xtype: 'titlebar',
                            title: 'Getting Started'
                        },
                        {
                           xtype: 'video',
                           url: 'http://av.vimeo.com/64284/137/87347327.
mp4?token=6c',
                           posterUrl: 'http://b.vimeocdn.com/
ts/261/062/261062119_640.jpg'
                        }
                    ]
                }
            ]
        }
});
```

Als Erstes wollen wir den Text und das Icon der Startseite verändern. Der Inhalt der Startseite wird innerhalb des `items`-Elements beschrieben. Er lässt sich beispielsweise wie folgt verändern.

```
{
  title: 'Willkommen',
  iconCls: 'star',

  styleHtmlContent: true,
  scrollable: true,

  items: {
    docked: 'top',
    xtype: 'titlebar',
    title: 'Sencha Touch Beispiel'
  },

  html: [
    "Der Text wurde innerhalb von ",
    " <a target='_blank' href=\"app/view/Main.js\">app/view/Main.js</a>
geändert ",
```

```
    "und diese Änderung wird nach einer Aktualisierung sichtbar."
].join("")
}
```

Die einzelnen Optionen bedeuten Folgendes:

- title bestimmt die Beschriftung des kleinen Menüicons unten auf der Seite.
- iconCls legt das Icon fest – und ist hier einmal zu Demonstrationszwecken in einen Stern umgewandelt.
- Bei items wird derzeit die Kopfzeile festgelegt und der Text, der erscheint, steht hinter title.
- Bei html ist der eigentliche HTML-Inhalt festgelegt.

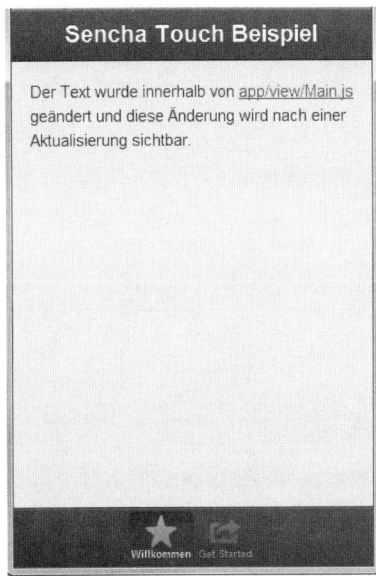

Bild 12.5 Das geänderte Beispiel

Sehen wir uns an, wie man eine weitere Unterseite erstellt, die ein Kontaktformular enthalten soll. Dafür müssen Sie innerhalb des item-Elements Folgendes ergänzen.

```
{
                    xtype: 'formpanel',
                    title: 'Kontakt',
                    iconCls: 'user',
                    url: 'contact.php',
                    layout: 'vbox',

                    items: [
                        {
                            xtype: 'fieldset',
                            title: 'Kontakt',

                            items: [
                                {
                                    xtype: 'textfield',
```

```
                            label: 'Name',
                            name: 'name'
                        },
                        {
                            xtype: 'emailfield',
                            label: 'E-Mail',
                            name: 'eMail'
                        },
                        {
                            xtype: 'textareafield',
                            label: 'Nachricht',
                            name: 'nachricht',
                            height: 90
                        }
                    ]
                },
                {
                    xtype: 'button',
                    text: 'Absenden',
                    ui: 'confirm',
                    handler: function() {
                        var form = this.up('formpanel');

                        form.submit({
                            success: function() {

                                Ext.Msg.alert('Danke', 'Wir haben Ihre Nachricht

erhalten', function() {
                                    form.reset();
                                });
                            }
                        });
                    }
                }
            ]
        }
```

Das nun geänderte Beispiel zeigt sich mit drei Buttons am Seitenende, der letzte verweist auf das Kontaktformular.

Jetzt kommen wir zu den wichtigsten Schritten im Detail. Zuerst wird ein neues Formular definiert, der `title` wird beim Button angezeigt, `iconCls` bestimmt das Icon, `url` legt die Datei fest, die aufgerufen werden soll.

```
{
                    xtype: 'formpanel',
                    title: 'Kontakt',
                    iconCls: 'user',
                    url: 'contact.php',
                    layout: 'vbox',
```

Bild 12.6 Die erweiterte App mit einem schön gestalteten Kontaktformular

Dann kommen die einzelnen Formularfelder an die Reihe. Zuerst wird ein umfassendes `fieldset`-Element bestimmt.

```
items: [
    {
        xtype: 'fieldset',
        title: 'Kontakt',
```

Dann folgen die einzelnen Formularelemente, zuerst immer der Typ, dann die Beschriftung und der interne Name.

```
items: [
    {
        xtype: 'textfield',
        label: 'Name',
        name: 'name'
    },
    {
        xtype: 'emailfield',
        label: 'E-Mail',
        name: 'eMail'
    },
    {
        xtype: 'textareafield',
        label: 'Nachricht',
        name: 'nachricht',
        height: 90
    }
    ]
},
```

Es folgt der Absendebutton mit dem angegebenen Text.

```
                                {
                                    xtype: 'button',
                                    text: 'Absenden',
                                    ui: 'confirm',
```

Außerdem wird bestimmt, was beim Absenden geschehen soll.

```
                                    handler: function() {
                                        var form = this.up('formpanel');
                                        form.submit({
                                            success: function() {
                                                Ext.Msg.alert('Danke', 'Wir haben Ihre Nachricht erhalten', function() {
                                                    form.reset();
                                                });
                                            }
                                        });
                                    }
                                }
                            ]
                        }
```

Derzeit gibt es noch Meldungen in der Konsole, dass bestimmte Dateien nicht richtig eingebunden sind. Um diese zu entfernen, müssen Sie den Anfang von *Main.js* so anpassen, dass alle benötigten Dateien eingebunden werden.

```
Ext.define("Beispiel.view.Main", {
    extend: 'Ext.tab.Panel',
    requires: ['Ext.TitleBar' , 'Ext.form.Panel', 'Ext.form.FieldSet',
'Ext.Video', 'Ext.field.Email'],
```

 Dies war nur ein sehr kleiner Einblick in die Möglichkeiten von Sencha Touch. Die vollständige API-Dokumentation finden Sie unter *http://docs.sencha.com/touch/2-0/#!/api*.

12.3 WebApp für den produktiven Einsatz erstellen

Die derzeitige Version ist eine Entwicklungsversion und noch nicht für den produktiven Einsatz geeignet. Das sehen Sie deutlich an der Anzahl an Ressourcen, die angefordert werden. Bei meinem Beispiel sind es 158 Anfragen mit einer Gesamtgröße von 1007 Kilobyte.

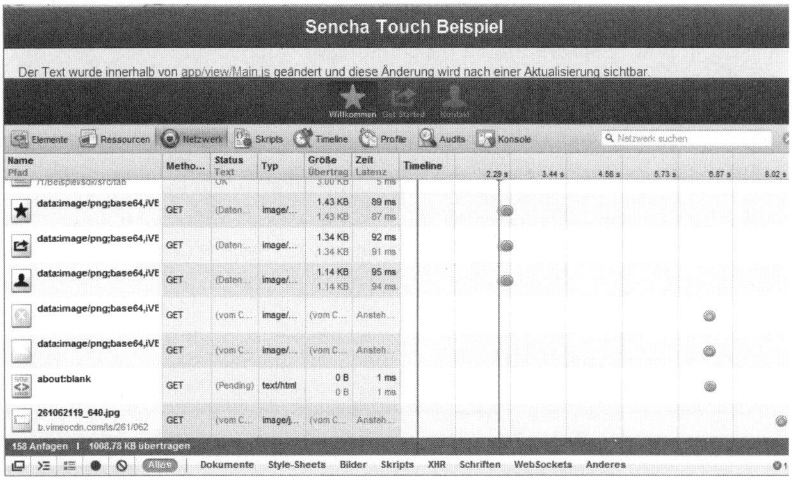

![Bildschirmfoto mit 158 Anfragen]

Bild 12.7 158 Anfragen – eindeutig zu viele

Das muss sich in der Version für den produktiven Einsatz ändern. Um diese Version zu erstellen, müssen Sie in der Konsole zuerst in das Verzeichnis Ihrer Anwendung wechseln. Dann schreiben Sie folgenden Befehl.

```
sencha app build production
```

Danach finden Sie im Ordner Ihres Projekts innerhalb des Unterordners *build* die fertige WebApp. Rufen Sie diese *index.html*-Datei im Webserver auf und betrachten sie beispielsweise in den Entwicklertools von Safari, so sehen Sie, dass es bei unserem Beispiel nur noch sechs Anfragen mit einer Gesamtgröße von 6,75 Kilobyte sind.

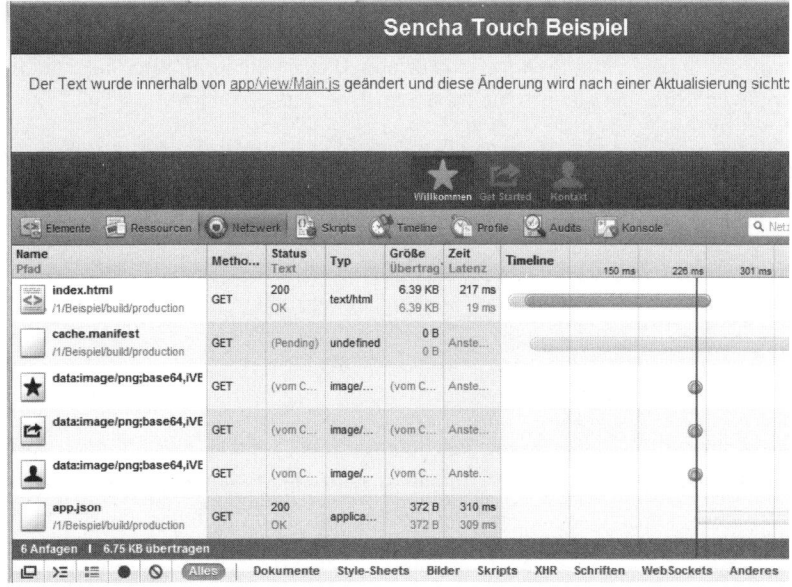

Bild 12.8 Nur noch sechs Anfragen

Zusätzlich gibt es ein AppCache-Manifest, sodass die Anwendung für die Offline-Nutzung geeignet ist. Um den Ladevorgang zu beschleunigen, kopiert außerdem das Microloader-Skript alle benötigten CSS- und JavaScript-Dateien in den localStorage. Wenn die Applikation das nächste Mal geladen wird, lädt sie aus dem localStorage, was wesentlich schneller ist – und all das wird automatisch für Sie erledigt.

Außerdem werden auch alle Icons eingebunden, die für die Anzeige beim Hinzufügen zum Homescreen benutzt werden; das sehen Sie beispielsweise, wenn Sie die Elemente in den Entwicklertools betrachten. Die Icons sollten Sie selbstverständlich noch durch Ihre eigenen ersetzen.

```
<meta name="apple-mobile-web-app-capable" content="yes">
<meta name="apple-touch-fullscreen" content="yes">
<style type="text/css">…</style>
<meta name="viewport" content="width=device-width, initial-scale=1.0, maximum-scale=1.0, minimu
<meta name="apple-mobile-web-app-capable" content="yes">
<meta name="apple-touch-fullscreen" content="yes">
<link rel="apple-touch-startup-image" href="resources/loading/Homescreen.jpg">
<link rel="apple-touch-icon" href="resources/icons/Icon.png">
<link rel="apple-touch-icon" href="resources/icons/Icon.png" sizes="57x57">
<link rel="apple-touch-icon" href="resources/icons/Icon~ipad.png" sizes="72x72">
<link rel="apple-touch-icon" href="resources/icons/Icon@2x.png" sizes="114x114">
<link rel="apple-touch-icon" href="resources/icons/Icon~ipad@2x.png" sizes="144x144">
```

Bild 12.9 Der erzeugte head-Bereich der Production-Version mit allen Icons

12.4 Going Native

Ähnlich leicht, wie Sie aus einem Projekt die Version für den produktiven Einsatz im Web erstellen, lässt sich auch aus einem Sencha-Projekt eine native Anwendung für iOs oder Android erzeugen.

Zuvor müssen Sie die Datei *Packager.json* öffnen. Dies ist die Konfigurationsdatei für native Anwendungen. Hierüber steuern Sie beispielsweise, was erstellt werden soll.

```
/**
 * @cfg {String} platform
 * @required
 * This is the platform where you will be running your application.
 Available options are:
 *   - iOSSimulator
 *   - iOS
 *   - Android
 *   - AndroidEmulator
 */
"platform":"AndroidEmulator",
```

Außerdem müssen Sie, je nach gewünschter Ausgabe, weitere Einstellungen vornehmen, etwa für Android den Pfad zum SDK und die installierte Version angeben.

Die Erstellung einer nativen Anwendung erfolgt dann über den folgenden Befehl.

```
Sencha app build native
```

Natürlich funktioniert die Erstellung von iOS-Anwendungen oder einer Anwendung für den iOS-Simulator nur unter Mac und bei installiertem Xcode.

12.5 Kurz zusammengefasst

- Sencha Touch ist ein auf die Erstellung von WebApps spezialisiertes Framework, wobei die WebApps über Konfigurationsdateien erzeugt werden.
- Die so erstellten WebApps funktionieren nur in Webkit-basierten Browsern und nur bei aktiviertem JavaScript.
- Es bietet befehlsgesteuert die vollständigen Schritte: Aus einem Beispielprojekt kann man eine für den produktiven Einsatz funktionsfähige und optimierte WebApp erstellen, die Dateien sind dabei schon performance-optimiert.
- Ein Export als native Anwendung ist ebenfalls möglich.
- Im Vergleich zu jQuery Mobile ist die Lernkurve steiler, da man sich in die spezifischen Konfigurationsangaben und benötigen Angabe einfinden muss, allerdings gibt es dazu auch eine schöne Dokumentation.

13 Separate mobile Webseiten

Responsive Webdesign ist ein relativ junger Trend, mobile WebApps gibt es schon etwas länger, aber noch länger gibt es die separaten mobilen Webseiten. Wenn man von separaten mobilen Webseiten spricht, meint man, dass es unterschiedliche HTML-Dokumente mit zugehörigen Ressourcen (Stylesheets, Bilder, JavaScript-Dateien) gibt, die je nach Kontext ausgeliefert werden. Das ist praktisch in den Fällen, wo die Anforderungen für die mobile Version und der vermutete mobile Kontext vollkommen anders sind als bei der Desktop-Version. Üblicherweise gibt es dann Weiterleitungen von der einen zur anderen Version je nach anforderndem Gerät und es sollte auch Links geben, um zwischen den Versionen zu wechseln.

Dieses Kapitel zeigt, wie Sie mit dem User-Agent arbeiten und wie Sie diesen als Basis verwenden können, um zu ermitteln, ob es sich um ein mobiles Gerät handelt. Dabei lernen Sie einfache Skripte zum Switchen kennen, aber auch mächtige Tools wie WURFL. Zudem erhalten Sie Tipps für die Umsetzung der separaten mobilen Webseite.

Oft wird als Argument gegen separate mobile Seiten das „One Web"-Prinzip angeführt. Das W3C sagt hingegen: „Ein Web (One Web) bedeutet nicht, dass exakt dieselben Informationen in exakt demselben Format auf allen Geräten verfügbar sind" *(http://www.w3.org/TR/mobile-bp/#OneWeb)*.

■ 13.1 HTTP-User-Agent: Sag mir, wer du bist

Wenn man eine separate mobile Webseite anlegt, muss erkannt werden können, ob es sich um ein mobiles Gerät handelt, das die Seite gerade anfordert. Dies geschieht üblicherweise mithilfe des User-Agent-Strings.

Die Kommunikation im Internet findet über das HTTP-Protokoll statt. Fordert ein Client eine Webseite an, so sendet er bei dieser Anfrage Informationen über sich mit. Diese können Sie sich einmal in der Firefox-Erweiterung Live Headers *(https://addons.mozilla.org/de/firefox/addon/live-http-headers)* ansehen. Ist sie installiert, aktivieren Sie sie über EXTRAS/LIVE HTTP HEADERS.

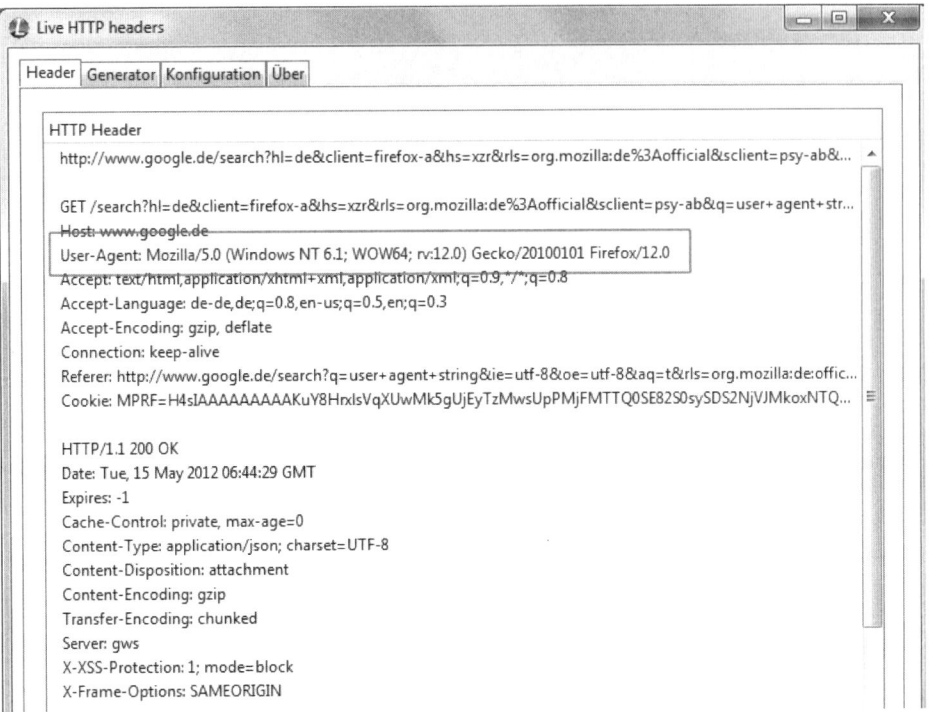

Bild 13.1 Live HTTP Headers liefert die bei der HTTP-Kommunikation gesendeten Header.

Bild 13.1 zeigt ein Beispiel für die bei der HTTP-Kommunikation mit gesendeten Header. Der Browser setzt hier eine GET-Abfrage aus. Außerdem sendet er folgende Zeile zum `User-Agent`.

```
User-Agent: Mozilla/5.0 (Windows NT 6.1; WOW64; rv:12.0) Gecko/20100101 Firefox/12.0
```

Diese Zeile beinhaltet Informationen über den gerade eingesetzten Browser, über seine Version und das Betriebssystem. Der User-Agent hat so seine Besonderheiten. Sehen wir uns ein paar gängige User-Agents an.

Chrome auf dem Desktop:

```
Mozilla/5.0 (Windows NT 6.1; WOW64) AppleWebKit/536.5 (KHTML, like Gecko) Chrome/19.0.1084.46 Safari/536.5
```

Android-Browser auf einem HTC Sensation:

```
Mozilla/5.0 (Linux; U; Android 4.0.3; de-ch; HTC Sensation Build/IML74K) AppleWebKit/534.30 (KHTML, like Gecko) Version/4.0 Mobile Safari/534.30
```

iPhone 4s/5.01:

```
Mozilla/5.0 (iPhone; U; CPU iPhone OS 5_0_1 like Mac OS X) AppleWebKit/534.46 (KHTML, like Gecko) Version/5.1 Mobile/9A406 Safari/7534.48.3
```

Zuerst einmal fällt auf, dass alle Browser sich als Mozilla ausgeben, wobei es sich nur im ersten Fall wirklich um einen Mozilla-Browser – nämlich Firefox – handelt. Außerdem behaupten alle Browser, `like Gecko` zu sein, wobei ja nur der Firefox ein echter Gecko-Browser ist.

Die Angabe `Mozilla` erklärt sich folgendermaßen: Am Anfang gab es den Browser Mosaic. Dann erschien ein neuer Browser, der sich Mozilla nannte, was eigentlich für Mosaic Killer stand, aber dann wurde dieser Browser offiziell in Netscape umbenannt. Sein User-Agent-String hieß aber weiterhin Mozilla.

Netscape unterstützte Frames, aber Mosaic nicht, und so betrieb man Browser-Sniffing, um die neueren Frameseiten nur an Netscape auszuliefern. Als der Internet Explorer auf den Markt kam, unterstützte er Frames – aber da die Seiten ein Browser-Sniffing implementiert hatten, bevor er auf dem Markt war, erhielt auch der Internet Explorer die framelosen Seiten, obwohl er Frames darstellen konnte. Microsoft wollte nicht warten, bis die Webentwickler ihr Browser-Sniffing angepasst hatten, und änderte den User-Agent-String vom Internet Explorer in *Mozilla compatible* – und damit erhielt auch der Internet Explorer Frameseiten.

Das ist nur der Anfang der Geschichte der Entwicklung der User-Agents-Strings – sehr amüsant geschildert unter *http://webaim.org/blog/user-agent-string-history*. Und es geht so weiter: Das Prinzip der Entwicklung der User-Agent-Strings ist immer, dass ein neuer Browser auf den Markt kommt, der genauso viel – oder mehr – kann als der Konkurrenzbrowser. Aber da er aufgrund von schlecht gemachtem Browser-Sniffing nicht in den Genuss der neueren Techniken kam, musste er so tun, als wäre er ein anderer.

Die heutigen User-Agent-Strings sind also das Ergebnis einer historischen Entwicklung. Ursprünglich ging es dabei um Techniken, die uns inzwischen überhaupt nicht mehr interessieren und die nicht mehr relevant sind – wie die Frames. Das Auslesen des User-Agent-Strings funktioniert zuverlässig natürlich nur bei zu dem Zeitpunkt der Implementierung bekannten Browsern; und genau das ist das Problem dabei. Deswegen sind die scheinbar seltsamen Ungereimtheiten der User-Agent-Strings nicht zufällig, sondern ein Produkt des äußerst schwierigen und kritischen Unterfangens, einen Browser anhand seiner Kennung einzuordnen und Seiten darauf basierend anzupassen.

Browser-Sniffing wurde früher oft mit JavaScript betrieben, um beispielsweise unterschiedliche Webseiten ausliefern zu lassen.

```
if (navigator.appName.indexOf("Opera") != -1)
{
  window.location = "opera-browser.html";
}
else if (navigator.appName.indexOf("Explorer") != -1)
{
  window.location = "microsoft-browser.html";
}
else if (navigator.appName.indexOf("Netscape") != -1)
{
  window.location = "netscape-browser.html";
}
else
{
  window.location = "anderer-browser.html";
}
```

Oft verwendete man auch dieses Browser-Sniffing, um aus dem User-Agent-String des Browsers zu schließen, welches Eventmodell oder welche sonstigen Features der Browser unterstützen. Das lässt sich natürlich wesentlich besser lösen, indem man direkt auf das besagte Feature testet. (Die Bibliothek der Wahl fürs Feature-Testen ist Modernizr, der in Kapitel 5.1 bereits vorgestellt wurde.)

Für die in diesem Kapitel vorgestellten separaten mobilen Webseiten hilft aber der klassische clientseitige Feature-Test wenig; denn dieser funktioniert erst, nachdem die Datei beim Browser angelangt ist. Und wir wollen ja **vor der Auslieferung** der ersten Datei wissen, welche wir wählen sollen.

Trotzdem sollte klar sein: Die Überprüfung aufgrund des User-Agent-Strings, ob es sich um einen mobilen Browser handelt oder nicht, ist nur so korrekt und gut, wie die zugrunde liegende Datenbasis ist. Und es kann immer schiefgehen. Es kann sein, dass es einen neuen Browser gibt, der einen User-Agent-String hat, der vom Skript nicht berücksichtigt wird. Außerdem können Browser den User-Agent-String fälschen.

Zusätzlich sollte an den Beispielen für User-Agent-Strings klar geworden sein, dass man kein Skript zur Detection von mobilen Browsern in ein, zwei Stunden hinschreibt, ohne sich genauer mit den verschiedenen User-Agent-Strings und ihrem Prinzip sowie auch ihren Ungereimtheiten beschäftigt zu haben.

■ 13.2 Quick & … detectmobilebrowsers.com

Ein einfaches Skript, das die Auslese des User-Agent-Strings übernimmt, ist *http://detectmobilebrowsers.com*. Es überprüft, ob im User-Agent-String eine bestimmte Angabe vorkommt, die auf einen mobilen Browser hindeutet, und führt dann eine Umleitung zu einer anderen Seite durch. Dieses gibt es in allen erdenklichen Sprachen – von PHP, JavaScript über ASP, Perl, Python und Rails.

Hier sehen Sie das – äußerst verkürzte! – Skript in seiner PHP-Variante.

```
<?php
$useragent=$_SERVER['HTTP_USER_AGENT'];
if(preg_match('/android.+mobile|avantgo|bada\/|blackberry|blazer|compal|
elaine|fennec|hiptop|iemobile|ip(hone|od)|iris|kindle|lge
|maemo|midp|mmp|netfront|opera m(ob|in)i|
/* gekürzt!! */
/i',substr($useragent,0,4)))
    header('Location: http://detectmobilebrowser.com/mobile');
```

Das Skript liest über `$_SERVER['HTTP_USER_AGENT']` den User-Agent-String aus, wendet auf diesen dann einen sehr langen regulären Ausdruck mit allen möglichen Bestandteilen mobiler Browserkennungen an, und wenn einer passt, findet eine Umleitung über `header()` statt. Im Beispiel steht als Ziel der Umleitung `http://detectmobilebrowser.com/mobile`, das Sie durch Ihre eigene mobile URL ersetzen müssen.

Sehen wir uns ein Beispiel an, wie sich das Skript verwenden lässt. Zuerst einmal gibt es die Desktop-Seite, innerhalb dieser wird am Anfang das PHP-Skript eingebunden.

PRAXISTIPP: Das Dokument muss die Endung *.php* tragen, damit das Einbinden und Ausführen des PHP-Skripts klappt. Außerdem muss es über einen Server aufgerufen werden.

Listing 13.1 Ausschnitt aus *beispiel_dektop.php*

```
<?php
  include "detectmobilebrowser.php";
?>
<!DOCTYPE html>
<html>
  <head>
  <meta charset="UTF-8" />
  <title>Beispiellayout Desktop</title>
  <style>
    body {
      font-family: sans-serif;
    }
  </style>
</head>
<body>
<h1>Hallo bei der Desktop-Version</h1>
<!-- Rest des Dokuments ohne weitere Besonderheiten -->
```

Zusätzlich gibt es die mobile Variante dieses Dokuments. Im Beispiel unterscheidet es sich nur wenig von der Desktop-Variante, aber es gibt die für mobile Geräte benötigte Viewport-Angabe und eine andere Überschrift. Damit deutlich zu sehen ist, welche Version gerade angezeigt wird, sind Text- und Hintergrundfarben vertauscht.

Listing 13.2 Ausschnitt aus *beispiel_mobile.php*

```
<!DOCTYPE html>
<html>
  <head>
  <meta charset="UTF-8" />
  <meta name="viewport" content="width=device-width" />
  <title>Beispiellayout Mobile</title>
  <style>
    body {
      font-family: sans-serif;
      background-color: black;
      color: white;
    }
  </style>
</head>
<body>
<h1>Hallo bei der Mobile-Version</h1>
<!-- der Rest der Datei ohne Besonderheiten -->
```

Kommen wir nun zum Skript *detectmobilebrowser.php*, das in *beispiel_desktop.php* eingebunden wurde. Damit die Einbindung klappt, muss es sich im selben Verzeichnis befinden. Außerdem müsse Sie es so anpassen, dass die Datei, auf die umgeleitet wird, der mobilen Version entspricht.

Für die Umleitung wird über PHP ein HTTP-Header über `header()` gesendet. Offiziell erwartet die Angabe `Location` eine absolute URL. Um diese einfach zu ermitteln, ohne sie fest zu kodieren, wird der Pfad aus mehreren Bestandteilen zusammengefügt: `$host` beinhaltet die eigentliche Domain, `$uri` den Unterordner und der eigentliche Dateiname wird in `$extra` gespeichert.

Listing 13.3 Die angepasste Datei *detectmobilebrowser.php*

```
$host    = htmlspecialchars($_SERVER["HTTP_HOST"]);
$uri     = rtrim(dirname(htmlspecialchars($_SERVER["PHP_SELF"])), "/\\");
$extra   = "beispiel_mobile.php";
$useragent=$_SERVER['HTTP_USER_AGENT'];
if(preg_match('/android.+mobile|  /* hier geht der reguläre Ausdruck weiter */
```

Der reguläre Ausdruck wurde zusammengekürzt. Am Ende wird `header()` angegeben und damit die Umleitung bewirkt.

```
header("Location: http://$host$uri/$extra");
```

 PRAXISTIPP: Das Beispiel können Sie auch auf Ihrem Desktop-Rechner austesten, wenn Sie einen der in Kapitel 14.2 beschriebenen Wege zum Faken des User-Agent-Strings nutzen.

Bild 13.2 Je nachdem, mit welchem Browser die Webseite aufgerufen wird, wird umgeleitet.

Wichtig ist Folgendes:

- Sie müssen eine solche Umleitung auf allen Seiten integrieren – denn es ist ja keineswegs so, dass Besucher nur über die Startseite einen Webauftritt besuchen.
- Bisher gibt es nur eine Umleitung von der Desktop- zur mobilen Seite; eine umgekehrte Umleitung wäre ebenfalls sinnvoll.
- Noch nicht integriert wurde außerdem eine Möglichkeit für die Benutzer, zwischen den Versionen zu wechseln, das ist äußerst wichtig; denn schließlich kann die Zuordnung immer falsch sein. Wenn man hier einen Link integriert, so muss außerdem auch die gewählte Variante gespeichert werden, etwa über Cookies.

- Außerdem stellt sich die Frage der Organisation; verschiedene Dateinamen sind für Tests praktisch, aber nicht für größere Projekte komfortabel. Hier wäre es besser, auf einen Unterordner zu verweisen und den Inhalt des Unterordners über die Subdomain ausliefern zu lassen.

Wie sich so ein Link zum Wechseln samt Speichern der Einstellung integrieren lässt, sehen wir uns noch an. Erst einmal wollen wir eine etwas modifizierte Version eines Umleitungsskripts heranziehen. Dazu müssen wir uns mit weiteren Header, die für mobile Geräte relevant sind, beschäftigen.

■ 13.3 Mehr als nur der User-Agent-String

detectmobilbrowsers.com setzt wie viele andere Skripte auf den User-Agent-String, der ausgelesen werden kann. Aber es gibt noch weitere HTTP-Header, die auf ein mobiles Gerät hindeuten. In Abschnitt 13.2 haben Sie gesehen, wie Sie HTTP-Header über Live HTTP Header oder Firebug ansehen. Dieses Mal wollen wir die HTTP-Header genauer betrachten, die mobile Geräte senden, und lesen sie deswegen mit PHP aus.

Listing 13.4 Die gesendeten Header auslesen *(header_auslesen.php)*

```
<?php
foreach ($_SERVER as $schluessel => $wert) {
  if(substr($schluessel, 0, 5) == "HTTP_") {
    echo "$schluessel: $value<br />";
  }
}
?>
```

Bei einem Desktop-Browser sehen die auf diese Art gewonnenen Header wie folgt aus.

```
HTTP_HOST: localhost
HTTP_USER_AGENT: Mozilla/5.0 (Windows NT 6.1; WOW64; rv:12.0) Gecko/20100101
                                                                Firefox/12.0
HTTP_ACCEPT: text/html,application/xhtml+xml,application/xml;q=0.9,*/*;q=0.8
HTTP_ACCEPT_LANGUAGE: de-de,de;q=0.8,en-us;q=0.5,en;q=0.3
HTTP_ACCEPT_ENCODING: gzip, deflate
HTTP_CONNECTION: keep-alive
HTTP_CACHE_CONTROL: max-age=0
```

Bei einem Samsung mit Android hingegen erscheinen sie wie folgt.

```
HTTP_HOST: 192.168.178.25
HTTP_ACCEPT_ENCODING: gzip
HTTP_ACCEPT_LANGUAGE: de-DE, en-US
HTTP_X_WAP_PROFILE: http://wap.samsungmobile.com/uaprof/GT-I9000.xml
HTTP_USER_AGENT: Mozilla/5.0 (Linux; U; Android 2.3.3; de-de; GT-I9000
Build/GINGERBREAD) AppleWebKit/533.1 (KHTML, like Gecko) Version/4.0 Mobile
                                                                Safari/533.1
HTTP_ACCEPT: application/xml,application/xhtml+xml,text/html;q=0.9,text/
plain;q=0.8,
                                                                      image/
```

```
png,*/*;q=0.5
HTTP_ACCEPT_CHARSET: utf-8, iso-8859-1, utf-16, *;q=0.7
HTTP_CACHE_CONTROL: no-cache
HTTP_PRAGMA: no-cache
```

Interessant ist besonders die folgende Angabe.

```
HTTP_X_WAP_PROFILE: http://wap.samsungmobile.com/uaprof/GT-I9000.xml
```

Dies ist das sogenannten *User Agent Profile* (UAprof), das im Rahmen der WAP 2.0-Spezifikation durch das WAP-Forum definiert und von der Open Mobile Alliance (OMA) weiterentwickelt wurde. Es beinhaltet eine Beschreibung der Fähigkeiten des Geräts. Ruft man den angegebenen Link auf, im Beispiel *http://wap.samsungmobile.com/uaprof/GT-I9000.xml*, erhält man eine XML-Datei mit Informationen zum aktuellen Gerät.

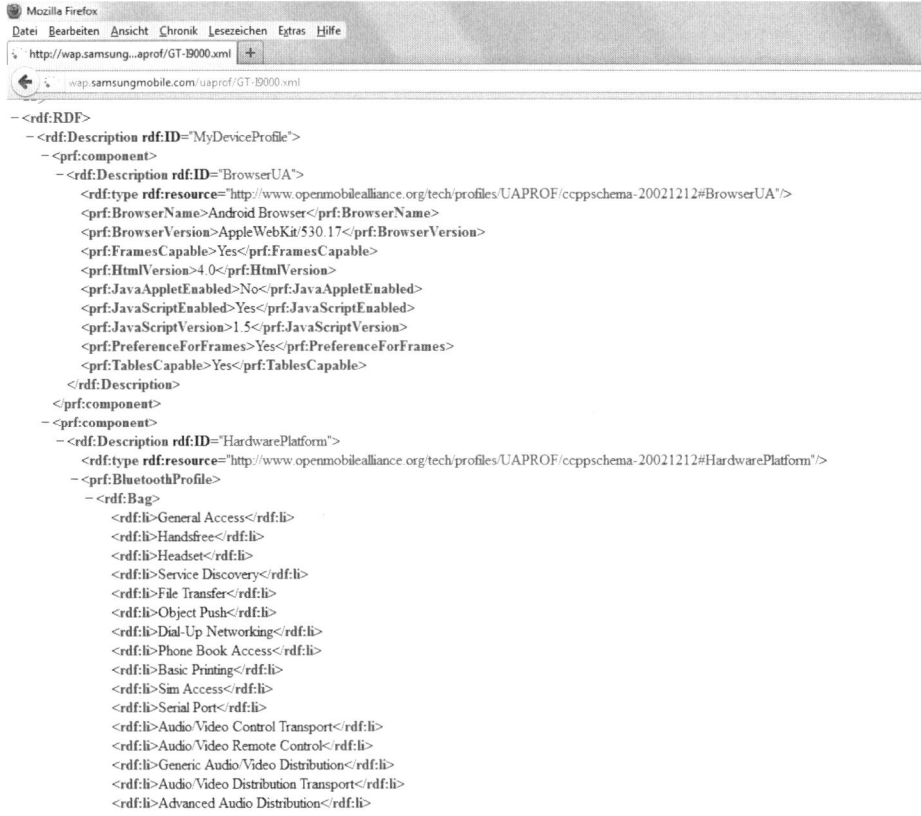

Bild 13.3 Informationen zum aktuellen Gerät, verpackt in einer XML-Datei im Internet

Eine Möglichkeit wäre natürlich, diese Informationen auszulesen; so erfährt man hier Nützliches über die Größe des Bildschirms und über das Pixelseitenverhältnis.

```
<prf:PixelAspectRatio>1x1</prf:PixelAspectRatio>
<prf:ScreenSize>480x800</prf:ScreenSize>
```

Aber auch ohne in die Details einzusteigen, kann man das Vorhandensein des Headers als Indiz dafür verwenden, dass es sich um ein mobiles Gerät handelt.

HINWEIS: Nicht alle Geräte senden einen solchen Header, das iPhone beispielsweise tut es nicht.

Der zweite sehr aussagekräftige Header ist `HTTP_ACCEPT`, mit dem der Browser das präferierte Format der Antwort kundgibt.

```
HTTP_ACCEPT: application/xml,application/xhtml+xml,text/html;q=0.9,text/
plain;q=0.8,image/png,

*/*;q=0.5
```

Das Interessante hierbei ist, dass XML als bevorzugtes Format genannt wird, wohingegen Desktop-Rechner klassischerweise hier HTML angeben. Manche mobile Browser geben zusätzlich noch einen Verweis auf das WAP-Format, also beispielsweise den MIME-Typ `text/vnd.wap.wml` oder `application/vnd.wap.xhtml+xml` an.

Das sind beides nützliche Indizien, die aber natürlich nicht zwingend vorhanden sind. Aber sie lassen sich ergänzen durch Angaben des User-Agent-Strings, so wie es das Skript *php-mobile-detect.php* macht.

 PRAXISTIPP: Eine Auflistung von weiteren X-Headern, die vorhanden sein können, liefert *http://mobiforge.com/developing/blog/useful-x-headers*.

■ 13.4 php-mobile-detect

Ein anderes Skript zum Testen, ob es sich beim anfordernden Gerät um ein Mobilgerät handelt, ist *php-mobile-detect (http://code.google.com/p/php-mobile-detect)*. Im Unterschied zu *detectmobilebrowsers.com* wird nicht nur der User-Agent-String herangezogen, sondern auch andere Indizien.

Bild 13.4 zeigt den Link zum Skript-Download (Stand: Sommer 2012) – typisch für die Zuordnung aufgrund des User-Agent-Strings ist, dass die neue Version vorherige falsche Zuordnungen korrigiert.

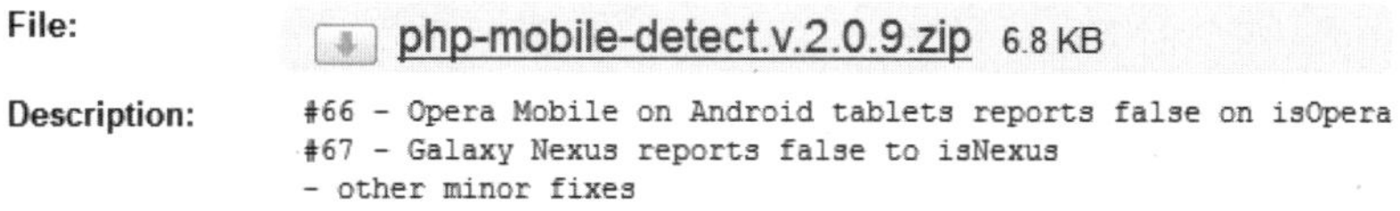

File:	php-mobile-detect.v.2.0.9.zip 6.8 KB
Description:	#66 - Opera Mobile on Android tablets reports false on isOpera #67 - Galaxy Nexus reports false to isNexus - other minor fixes

Bild 13.4 Download des Skripts

13.4.1 Grundprinzip von php-mobile-detect

Mit *php-mobile-detect* können Sie nicht nur auslesen, ob ein Gerät ein mobiles Gerät ist, sondern auch, ob es beispielsweise ein Tablet ist.

Das Skript beinhaltet mehrere Listen:

- Eine Liste mit gängigen Geräten
- Eine Liste von Tablets
- Eine Liste von mobilen Betriebssystemen
- Eine Liste von mobilen User-Agent-Strings

php-mobile-detect liest zwei der Standard-Anfrage-Header aus, sowohl HTTP_USER_AGENT als auch HTTP_ACCEPT-HEADER aus. Bei Letzterem wird kontrolliert, ob es ein Format gibt, das für ein mobiles Gerät spricht. Zusätzlich überprüft das Skript auf das Vorhandensein anderer HTTP-X-Header, wie beispielsweise HTTP_X_WAP_PROFILE und weiterer. All diese Dinge liefern nützliche Indizien dafür, dass es sich beim anfragenden Gerät um ein mobiles handelt. Schließlich wird der User-Agent-String mit der Liste von mobilen User-Agents verglichen.

Zu welchem Ergebnis das Skript bei einem konkreten Gerät kommt, können Sie auf der Seite *http://ghita.org/mobile/php-mobile-detect/demo.php* austesten – dann sehen Sie automatisch auch die Eigenschaften, auf die Sie bei der Benutzung dieses Skripts zugreifen können. Zu diesen kommen wir jetzt im Detail.

PRAXISTIPP: Bevor Sie ein Skript zur Umleitung einsetzen, empfiehlt es sich, mit ein paar User-Agents, die Sie für wahrscheinlich halten, und mit weiteren neueren zu testen, ob das Ergebnis ist wie gewünscht.

13.4.1.1 Smartphones und Co.

Um zu ermitteln, um was für ein Smartphones es sich handelt, stehen folgende Werte zur Verfügung, die jeweils die booleschen Werte true oder false zurückliefern.

```
isiPhone()
isBlackBerry()
isHTC()
isNexus()
isDellStreak()
isMotorola()
isSamsung()
isSony()
isAsus()
isPalm()
isGenericPhone()
```

13.4.1.2 Tablets

Bei den Tablets lassen sich folgende Werte unterscheiden.

```
isBlackBerryTablet()
isiPad()
isKindle()
isSamsungTablet()
isHTCtablet()
isMotorolaTablet()
isAsusTablet()
isNookTablet()
isAcerTablet()
isYarvikTablet()
isGenericTablet()
```

13.4.1.3 Betriebssysteme

Außerdem können Sie noch das Betriebssystem abfragen.

```
isAndroidOS()
isBlackBerryOS()
isPalmOS()
isSymbianOS()
isWindowsMobileOS()
isiOS()
isFlashLiteOS()
isJavaOS()
isNokiaOS()
iswebOS()
isbadaOS()
isBREWOS()
```

13.4.1.4 Mobile Browser

Darüber hinaus gibt es auch die folgenden mobilen Browser.

```
isChrome()
isDolfin()
isOpera()
isSkyfire()
isIE()
isFirefox()
isBolt()
isTeaShark()
isBlazer()
isSafari()
isMidori()
isGenericBrowser()
```

13.4.1.5 php-mobile-detect nutzen

Sehen wir uns nun an, wie Sie das Skript *php-mobile-detect* nutzen. Unter *http://code.google.com/p/php-mobile-detect* können Sie sich das Skript herunterladen. Neben dem Kernstück, der Datei *Mobile_Detect.php* mit der Klassendefinition zur Ermittlung des Geräts, beinhaltet es auch ein Demodokument.

Sie müssen das Skript zuerst einbinden und ein neues Objekt der Klasse speichern. Dieser Anfang ist vorgeschrieben.

```
include 'Mobile_Detect.php';
$detect = new Mobile_Detect;
```

Danach können Sie – je nachdem, um welchen Gerätetyp es sich handelt – jeweils anderen Code ausführen lassen.

```
if ($detect->isMobile()) {
/*Code wird nur auf mobilen Geräten ausgeführt */
}
```

Sie können aber auch einen anderen Code nur für Tablets angeben.

```
if($detect->isTablet()){
/*Code wird nur bei Tablets ausgeführt */
}
```

Die Bedingungen lassen sich auch kombinieren.

```
if ($detect->isMobile() && !$detect->isTablet()) {
/*Code wird auf mobilen Geräten exklusive Tablets ausgeführt */
}
```

PRAXISTIPP: Außerdem empfiehlt es sich, in einer Session das Ergebnis der Überprüfung zu speichern. Hierfür müssen Sie zuerst am Anfang der Seite eine Session starten.

```
session_start();
```

Danach können Sie die Werte zwischenspeichern:

```
if(!$_SESSION['isMobile']){
    $_SESSION['isMobile'] = $detect->isMobile();
  }
```

In den Beispielen wurden `if`-Anweisungen genutzt, um gesonderten Code in bestimmten Fällen ausführen zu lassen. Aber natürlich können Sie auch eine Umleitung auf eine eigene Subdomain für mobile Geräte definieren.

```
if($detect->isMobile()){
  header('location: http://m.beispiel.de');
}
```

13.4.2 Umleitung, Wechsellinks und Speicherung der Wahl

Wenn Sie verschiedene Versionen erstellen, so müssen Sie unbedingt zweierlei tun:
1. Sie müssen den Besuchern eine Möglichkeit geben, zwischen den beiden Versionen zu wechseln. Das ist wichtig, da es zum einen sein kann, dass bei der Zuordnung ein Fehler passiert ist und es nicht gepasst hat. Zum anderen kann es natürlich auch der Wille des

Nutzers sein, die andere Version zu besuchen, weil in der – oft leider beschränkteren mobilen Version – bestimmte Inhalte nicht vorhanden sind.

HINWEIS: Dass es auch einmal falsche Zuordnungen gibt, liegt in der Natur der Sache. Müssen allerdings Nutzer der mobilen Version auf die Desktop-Version wechseln, weil bestimmte Inhalte nicht vorhanden sind, ist das an sich unschön. Eine ideale mobile Seite wäre so gestaltet, dass ein Benutzer diesen Link auf die Desktop-Version nicht braucht.

2. Außerdem sollten Sie die Einstellung des Nutzers in einem Cookie speichern, damit er bei der Version bleiben kann.

Sehen wir uns am Beispiel von *php-detect-mobile* an, wie das funktionieren kann. Es gibt wieder eine Weiterleitung zwischen mobiler und Desktop-Seite. Dieses Mal existiert aber außerdem ein Link zum Wechseln und die getroffene Wahl wird in einem Cookie gespeichert. So kann die getroffene Wahl bei Aufrufen weiterer Seiten berücksichtigt werden.

Beim Link zum Wechseln zwischen den Versionen wird ein Parameter angehängt:

- `index.php?m=1` lautet der Link zur mobilen Version.
- `index.php?m=0` heißt der Link zur Desktop-Variante.

Bei der Überprüfung in der Basisdatei, ob die mobile oder die Desktop-Seite richtig ist, muss man mehrere Fälle unterscheiden.

Erst einmal kann es sein, dass der Besucher auf einen Link geklickt hat, um zur anderen Version zu wechseln, dann ist der `$_GET['m']`-Parameter gesetzt. In diesem Fall lesen wir die Information aus, setzen ein Cookie und speichern gleich im `$_COOKIE`-Array den erhaltenen Wert.

HINWEIS: In der `if`-Anweisung wird außerdem geprüft, ob `$_GET['m']` den Wert 1 oder 0 hat, etwas anderes ist ja nicht vorgesehen.

```
if (isset($_GET['m']) && ($_GET['m'] == 1 || $_GET['m'] == 0 )) {
   setcookie('m', $_GET['m'], time()+60*60*24*30);
   $_COOKIE['m'] = $_GET['m'];
}
```

Dann kann es natürlich auch sein, dass jemand vorher schon da war und die Information über die gewünschte Version ist bereits in einem Cookie gespeichert. Wenn hier gespeichert ist, dass die mobile Variante die gewünschte ist, so setzen wir die Variable `$mobile` auf 1.

```
if (isset($_COOKIE['m']) && $_COOKIE['m'] == 1 ) {
   $mobile = 1;
}
```

Ist hingegen das `$_COOKIE`-Array leer, so binden wir *Mobile_Detect.php* ein und lassen es die Überprüfung durchführen.

```
if (!isset($_COOKIE['m'])) {
   include("Mobile_Detect.php");
```

```php
$detect = new Mobile_Detect();
if ($detect->isMobile()) {
    $mobile = 1;
}
}
```

Danach können wir – sofern die mobile Version angesagt ist – direkt unser Dokument ausgeben lassen, ansonsten führen wir eine Umleitung zur Desktop-Version durch.

```php
if ($mobile == 1 ) {
?>
<!-- Hier mobile Version ausgeben lassen -->
<?php
} else {
  $redirect = "http://$host$uri/desktop.php";
  header("Location: $redirect");
}
?>
```

Listing 13.5 zeigt den gesamten Code.

Listing 13.5 Wechselbeispiel *(mobile-desktop-switch/index.php)*

```php
<?php

$host = htmlspecialchars($_SERVER["HTTP_HOST"]);
$uri = rtrim(dirname(htmlspecialchars($_SERVER["PHP_SELF"])), "/\\");
$basis = "http://$host$uri/index.php";

$mobile = 0;

if (isset($_GET['m']) && ($_GET['m'] == 1 || $_GET['m'] == 0 )) {
  setcookie('m', $_GET['m'], time()+60*60*24*30);
  $_COOKIE['m'] = $_GET['m'];
}
if (isset($_COOKIE['m']) &&  $_COOKIE['m'] == 1 ) {
  $mobile = 1;
}
if (!isset($_COOKIE['m'])) {
  include("Mobile_Detect.php");
  $detect = new Mobile_Detect();
  if ($detect->isMobile()) {
      $mobile = 1;
  }
}

if ($mobile == 1 ) {
?>
<!DOCTYPE html PUBLIC "-//W3C//DTD XHTML Basic 1.1//EN"
  "http://www.w3.org/TR/xhtml-basic/xhtml-basic11.dtd">
<html xmlns="http://www.w3.org/1999/xhtml" xml:lang="de">
<head>
  <title>Mobile Seite</title>
  <meta name="viewport" content="width=device-width" />
  <link rel="stylesheet" type="text/css" href="mobile.css" />
</head>
<body>
<p><a href="<?php echo $basis; ?>?m=0">Desktop-Version</a></p>
```

```
<h1>Mobile Version</h1>
<p>Dies ist die mobile Version</p>
</body>
</html>
<?php

} else {
  $redirect = "http://$host$uri/desktop.php";
  header("Location: $redirect");
}
?>
```

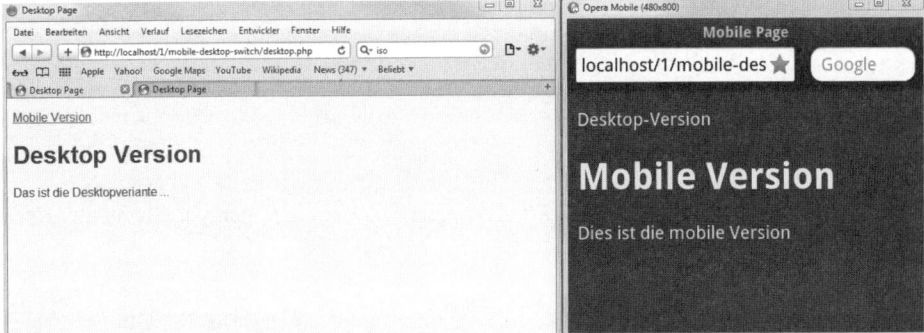

Bild 13.5 Desktop- und mobile Version, beides Mal mit Wechsellinks

Im Listing-Ordner dieses Kapitels unter *http://downloads.hanser.de* finden Sie auch die zugehörigen Dateien wie *desktop.php*. Bei Letzterer ist noch keine Umleitung integriert. Hier sollte man natürlich auch dann eine Umleitung auslösen, wenn die Desktop-Seite direkt aufgerufen wird, aber von einem mobilen Gerät.

Natürlich lässt sich das Beispiel in vielerlei Hinsicht ergänzen/variieren. Für die mobilen Seiten ist es eigentlich gut, wenn diese direkt ohne Umleitung erreichbar sind wie im Beispiel, aber oft wird man es umgekehrt implementieren müssen.

13.5 Mehr Infos dank WURFL

Was können Sie tun, wenn Sie genau ermitteln wollen, was das anfordernde Gerät kann? Hier helfen die DDRs weiter. DDR steht für *Device Description Repository*, also für eine Sammlung von Gerätebeschreibungen. Wie diese auszusehen haben und welche Schnittstellen sie zur Verfügung stellen sollen, beschreibt das W3C in seinen Spezifikationen.

- Das Vokabular: *http://www.w3.org/TR/ddr-core-vocabulary*
- Die API, um die Informationen auszulesen: *http://www.w3.org/TR/DDR-Simple-API*

Ein Beispiel für eine solche DDR ist WURFL *(http://wurfl.sourceforge.net)*.

 Selbstverständlich gibt es Alternativen zu WURFL. Ebenfalls sehr bekannt ist *http://deviceatlas.com*.

WURFL steht für *Wireless Universal Resource FiLe*. Die Bezeichnung stammt noch aus einer Zeit, in der man den Begriff Wireless benutzte, heute hingegen verwendet man eher den Begriff mobile. Aufgrund des HTTP-Requests werden die Eigenschaften des Gerätes ausgelesen.

 Bevor Sie WURFL bei Projekten nutzen, sollten Sie sich die Lizenz in Ruhe ansehen, die Sie unter *http://wurfl.sourceforge.net/license.php* finden.

Ausprobieren können Sie WURFL auf zwei Arten:

- Auf der Startseite des Projekts *(http://wurfl.sourceforge.net)* können Sie einen User-Agent-String einfügen und sich das Ergebnis ansehen.

Bild 13.6 WURFL direkt austesten anhand eines User-Agent-Strings

- Oder Sie können mit einem mobilen Gerät auf die Seite *http://www.tera-wurfl.com/explore* gehen und direkt die Informationen ansehen, die aufgrund Ihres aktuellen User-Agent-Strings ermittelt werden, oder hierüber auch einen User-Agent eingeben.

Kern des Ganzen ist die *wurfl.xml*-Datei, die die Informationen über die Geräte beinhaltet. Außerdem gibt es dazu mehrere APIs, die es ermöglichen, die wesentlichen Informationen auszulesen. Diese APIs gibt es für verschiedene Sprachen, unter anderem für Java, .NET oder PHP. Wir werden uns hier die PHP-API einmal näher ansehen.

In der XML-Datei mit den Geräteinformationen werden Geräte in Familien unterteilt. Prinzipiell gelten für ein Gerät dieselben Eigenschaften, die für die übergeordnete Familie gelten, außer es sind besondere Eigenschaften spezifiziert. Diese Vorgehensweise hat zwei Vorteile: Zum einen erlaubt es, die XML-Datei möglichst schlank zu halten, da Informationen nicht mehrfach abgespeichert werden. Außerdem ist es so auch möglich, unbekannte Geräte zu klassifizieren, indem man bei ihnen erst einmal die Eigenschaften der generischen Familie annimmt.

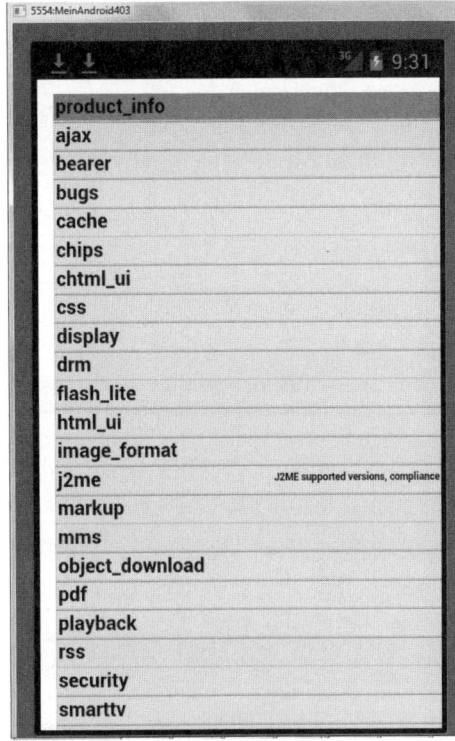

Bild 13.7 Auswahl der ausgelesenen Eigenschaften (Android 4-Emulator)

 HINWEIS: Es gibt also nie den Fall der unerkannten und damit eigenschaftslosen Geräte.

Um mit WURFL zu arbeiten, sind mehrere Vorbereitungen notwendig:

1. Um die PHP-API zu nutzen, müssen Sie zuerst einmal das PHP-Paket herunterladen. Den Link hierzu finden Sie auf *http://wurfl.sourceforge.net/php_index.php*. Im Beispiel wird die Version 1.4 benutzt, die unter *http://sourceforge.net/projects/wurfl/files/WURFL%20PHP/1.4* zu finden ist. Den entpackten Ordner speichern Sie in einem Verzeichnis, auf das der Webserver Zugriff hat.

2. Außerdem benötigen Sie die aktuelle WURFL-Datei mit den Geräteeigenschaften. Diese können Sie unter *http://wurfl.sourceforge.net/wurfl_download.php* herunterladen, müssen allerdings erst den Lizenzbedingungen zustimmen. Speichern Sie diese Datei dann im Ordner *examples/resources/* unter dem Namen *wurfl.xml* ab.

3. Zusätzlich benötigt der Webserver Schreibzugriff auf das Verzeichnis *examples/resources/storage/cache* und auf *examples/resources/storage/persistence*.

Ein Beispiel, wie Sie Informationen über das zugreifende Gerät auslesen können, finden Sie im Ordner *examples/demo*. Die dort abgespeicherte *index.php*-Datei zeigt die prinzipielle Funktionsweise. In dieser wird zuerst eine Konfigurationsdatei eingebunden.

```
include_once './inc/wurfl_config_standard.php';
```

PRAXISTIPP: Neben dem PHP-Konfigurationsskript können Sie die Konfiguration auch über eine XML-Datei vornehmen, was die ältere Variante ist. Ein Beispiel für diese finden Sie ebenfalls im *inc*-Ordner. Wenn Sie das XML-Konfigurationsskript nutzen wollten, müssten Sie es an dieser Stelle angeben.

Sehen wir uns die PHP-Konfigurationsdatei (*examples/demo/inc/wurfl_config_standard.php*) mit ihren Einstellungsmöglichkeiten einmal an.

```php
<?php
/*
 * This is an example of configuring the WURFL PHP API
 */

// Enable all error logging while in development
ini_set('display_errors', 'on');
error_reporting(E_ALL);

$wurflDir = dirname(__FILE__) . '/../../../WURFL';
$resourcesDir = dirname(__FILE__) . '/../../resources';

require_once $wurflDir.'/Application.php';

$persistenceDir = $resourcesDir.'/storage/persistence';
$cacheDir = $resourcesDir.'/storage/cache';

// Create WURFL Configuration
$wurflConfig = new WURFL_Configuration_InMemoryConfig();

// Set location of the WURFL File
$wurflConfig->wurflFile($resourcesDir.'/wurfl.zip');

// Set the match mode for the API ('performance' or 'accuracy')
$wurflConfig->matchMode('performance');

// Setup WURFL Persistence
$wurflConfig->persistence('file', array('dir' => $persistenceDir));

// Setup Caching
$wurflConfig->cache('file', array('dir' => $cacheDir, 'expiration' => 36000));

// Create a WURFL Manager Factory from the WURFL Configuration
$wurflManagerFactory = new WURFL_WURFLManagerFactory($wurflConfig);

// Create a WURFL Manager
/* @var $wurflManager WURFL_WURFLManager */
$wurflManager = $wurflManagerFactory->create();
```

Jetzt kommen wir aber zu den wichtigsten Details: Zuerst werden die Fehlermeldungen aktiviert.

```php
// Enable all error logging while in development
ini_set('display_errors', 'on');
error_reporting(E_ALL);
```

Die beiden folgenden Variablen speichern den Pfad zum WURFL- und zum *resources*-Ordner mit den XML-Dateien.

```
$wurflDir = dirname(__FILE__) . '/../../../WURFL';
$resourcesDir = dirname(__FILE__) . '/../../resources';
```

Im *resources*-Ordner befinden sich die XML-Dateien mit den Geräteinformationen. Darauf kommen wir gleich noch zurück.

Außerdem werden die Ordner angegeben, in denen Abfragen und Informationen von WURFL zwischengespeichert werden – diese Ordner müssen beschreibbar sein.

```
$persistenceDir = $resourcesDir.'/storage/persistence';
$cacheDir = $resourcesDir.'/storage/cache';
```

Dann wird der Pfad auf die WURFL-Datei – standardmäßig gezippt – gesetzt.

```
$wurflConfig->wurflFile($resourcesDir.'/wurfl.zip');
```

Die Datei *wurfl.zip* können Sie sich einmal ansehen. Die mitgelieferte entspricht nicht der aktuellen, Sie sollten hier den Pfad zu Ihrer neu hinzugefügten *wurfl.xml*-Datei angeben.

```
$wurflConfig->wurflFile($resourcesDir.'/wurfl.xml');
```

Der nun angegebene `matchMode` bestimmt, wie Desktop-Browser gehandhabt werden. Sollen auch diese möglichst genau erkannt werden, müssen Sie hier `accuracy` angeben. Standardmäßig ist hier `performance` angegeben, dadurch werden Desktop-Browser nur dem allgemeinen Browsertyp zugeordnet; was – wie der Name schon suggeriert – performanter ist.

```
// Set the match mode for the API ('performance' or 'accuracy')
$wurflConfig->matchMode('performance');
```

Dann werden die Einstellungen für die persistente Datei und für das Caching gesetzt.

```
// Setup WURFL Persistence
$wurflConfig->persistence('file', array('dir' => $persistenceDir));

// Setup Caching
$wurflConfig->cache('file', array('dir' => $cacheDir, 'expiration' =>
36000));
```

Bevor Sie mit WURFL arbeiten können, müssen außerdem die notwendigen Objekte erstellt werden.

```
// Create a WURFL Manager Factory from the WURFL Configuration
$wurflManagerFactory = new WURFL_WURFLManagerFactory($wurflConfig);

// Create a WURFL Manager
/* @var $wurflManager WURFL_WURFLManager */
$wurflManager = $wurflManagerFactory->create();
```

Damit ist alles bereit für den Einsatz.

Ein Beispiel, wie Sie mit WURFL arbeiten können, sehen Sie in der *index.php*-Datei.

```
<html>
<head>
    <title>WURFL PHP API Example</title>
```

```php
</head>
<body>
<?php
// Include the configuration file
include_once './inc/wurfl_config_standard.php';

$wurflInfo = $wurflManager->getWURFLInfo();

if (isset($_GET['ua']) && trim($_GET['ua'])) {
    $ua = $_GET['ua'];
    $requestingDevice = $wurflManager->getDeviceForUserAgent($_GET['ua']);
} else {
    $ua = $_SERVER['HTTP_USER_AGENT'];
    // This line detects the visiting device by looking at its HTTP Request ($_SERVER)
    $requestingDevice = $wurflManager->getDeviceForHttpRequest($_SERVER);
}
?>
<h3>WURFL XML INFO</h3>
<ul>
 <li><h4>VERSION: <?php echo $wurflInfo->version; ?> </h4></li>
</ul>
<div id="content">
User Agent: <b> <?php echo htmlspecialchars($ua); ?> </b>
<ul>
   <li>ID: <?php echo $requestingDevice->id; ?> </li>
   <li>Brand Name: <?php echo $requestingDevice->getCapability('brand_name'); ?> </li>
   <li>Model Name: <?php echo $requestingDevice->getCapability('model_name'); ?> </li>
   <li>Marketing Name: <?php echo $requestingDevice->getCapability('marketing_name'); ?> </li>
   <li>Preferred Markup: <?php echo $requestingDevice->getCapability('preferred_markup'); ?> </li>
   <li>Resolution Width: <?php echo $requestingDevice->getCapability('resolution_width'); ?> </li>
   <li>Resolution Height: <?php echo $requestingDevice->getCapability('resolution_height'); ?> </li>
</ul>
<p><b>Query WURFL by providing the user agent:</b></p>
<form method="get" action="index.php">
<div>User Agent: <input type="text" name="ua" size="100" value="<?php echo isset($_GET['ua'])? htmlspecialchars($_GET['ua']): ''; ?>" />
<input type="submit" /></div>
</form>
</div>
</body>
</html>
```

Sehen wir uns die wichtigsten Details an:

Zuerst wird die Konfigurationsdatei eingebunden.

```
include_once './inc/wurfl_config_standard.php';
```

Um Informationen über die Version von WURFL auszulesen, sind zwei Schritte notwendig. Der erste wird ziemlich am Anfang der Datei durchgeführt.

```
$wurflInfo = $wurflManager->getWURFLInfo();
```

Etwas später kann dann die Information ermittelt und ausgegeben werden über:

```php
<?php echo $wurflInfo->version; ?>
```

In der Datei gibt es zwei Möglichkeiten zum Zugriff auf den User-Agent: Entweder wird der User-Agent des aktuellen Browsers genommen oder derjenige herangezogen, der über ein Formular ausgegeben wird. Nach dieser `if-else`-Anweisung steht ein Verweis auf das Gerät in `$requestingDevice`.

```php
if (isset($_GET['ua']) && trim($_GET['ua'])) {
  $ua = $_GET['ua'];
  $requestingDevice = $wurflManager->getDeviceForUserAgent($_GET['ua']);
} else {
  $ua = $_SERVER['HTTP_USER_AGENT'];
  // This line detects the visiting device by looking at its HTTP Request ($_SERVER)
  $requestingDevice = $wurflManager->getDeviceForHttpRequest($_SERVER);
}
```

Wichtig ist, dass Sie auf das Gerät zugreifen können, indem Sie `$wurflManager->getDeviceForUserAgent()` direkt einem User-Agent übergeben oder indem Sie `$wurflManager->getDeviceForHttpRequest()` die `$_SERVER`-Variable übergeben, damit dieser automatisch ausgelesen wird.

Danach steht Ihnen die nützliche Methode `getCapability()` zur Verfügung, der Sie verschiedene Werte übergeben können für die Eigenschaften, die Sie auslesen möchten.

```php
<ul>
  <li>
  ID: <?php echo $requestingDevice->id; ?>
  </li>
  <li>
  Brand Name: <?php echo $requestingDevice->getCapability('brand_name'); ?>
  </li>
  <li>Model Name:
  <?php echo $requestingDevice->getCapability('model_name'); ?>
  </li>
  <li>Marketing Name:
  <?php echo $requestingDevice->getCapability('marketing_name'); ?>
  </li>
  <li>Preferred Markup:
  <?php echo $requestingDevice->getCapability('preferred_markup'); ?>
  </li>
  <li>Resolution Width:
  <?php echo $requestingDevice->getCapability('resolution_width'); ?>
  </li>
  <li>Resolution Height:
  <?php echo $requestingDevice->getCapability('resolution_height'); ?>
  </li>
</ul>
```

Testen Sie dann einmal das Auslesen, indem Sie die *index.php*-Datei aufrufen! Beim ersten Aufruf dauert es ein bisschen, weil die Informationen über die Geräteeigenschaften einmal ausgelesen und dann in den dafür vorgesehenen Ordner für den schnelleren Zugriff zwischengespeichert werden.

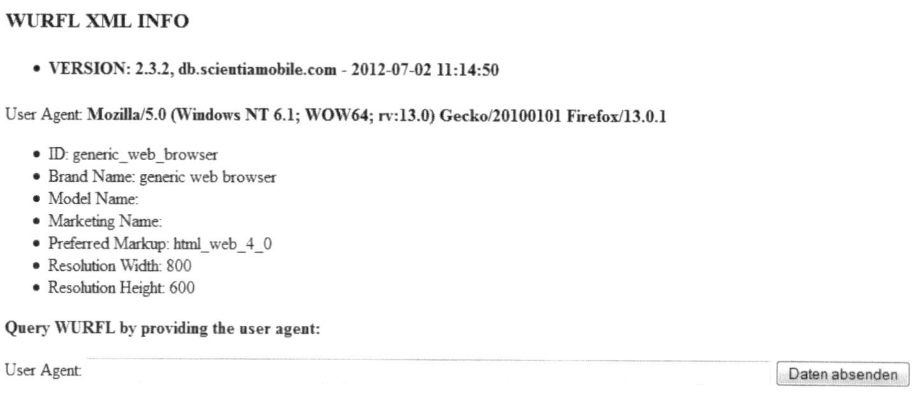

WURFL XML INFO

- VERSION: 2.3.2, db.scientiamobile.com - 2012-07-02 11:14:50

User Agent: **Mozilla/5.0 (Windows NT 6.1; WOW64; rv:13.0) Gecko/20100101 Firefox/13.0.1**

- ID: generic_web_browser
- Brand Name: generic web browser
- Model Name:
- Marketing Name:
- Preferred Markup: html_web_4_0
- Resolution Width: 800
- Resolution Height: 600

Query WURFL by providing the user agent:

User Agent: [   ] [Daten absenden]

Bild 13.8 Die Ausgabe von *index.php* aus *examples/demo*

Welche Eigenschaften sich alle mit `getAllCapabilities()` ermitteln lassen, können Sie herausfinden, indem Sie das assoziative Array durchlaufen.

```
<ul>
<?php
    foreach ($requestingDevice->getAllCapabilities() as $key => $value) {
        echo "<li>$key = $value"</li>;
    }
?>
</ul>
```

Den gesamten Code hierfür – der Anfang ist wie gehabt in der *index.php* – zeigt Listing 13.6.

Listing 13.6 Alle Fähigkeiten durchlaufen *(alleFaehigkeiten.php)*

```
<html>
<head>
<title>WURFL PHP API Example</title>
</head>
<body>
<?php
// Include the configuration file
include_once './inc/wurfl_config_standard.php';

$wurflInfo = $wurflManager->getWURFLInfo();

if (isset($_GET['ua']) && trim($_GET['ua'])) {
  $ua = $_GET['ua'];
  $requestingDevice = $wurflManager->getDeviceForUserAgent($_GET['ua']);
} else {
  $ua = $_SERVER['HTTP_USER_AGENT'];
  $requestingDevice = $wurflManager->getDeviceForHttpRequest($_SERVER);
}
?>
<h3>WURFL XML INFO</h3>
<ul>
    <li><h4>VERSION: <?php echo $wurflInfo->version; ?> </h4></li>
</ul>
```

```
<div id="content">
  User Agent: <b> <?php echo htmlspecialchars($ua); ?> </b>
  <ul>
    <?php
      foreach ($requestingDevice->getAllCapabilities() as $key => $value) {
        echo "<li>$key = $value</li>";
      }
    ?>
  </ul>
<p><b>Query WURFL by providing the user agent:</b></p>
<form method="get" action="index.php">
<div>User Agent: <input type="text" name="ua" size="100" value="<?php echo isset($_GET['ua'])? htmlspecialchars($_GET['ua']): ''; ?>" />
<input type="submit" /></div>
</form>
</div>
</body>
</html>
```

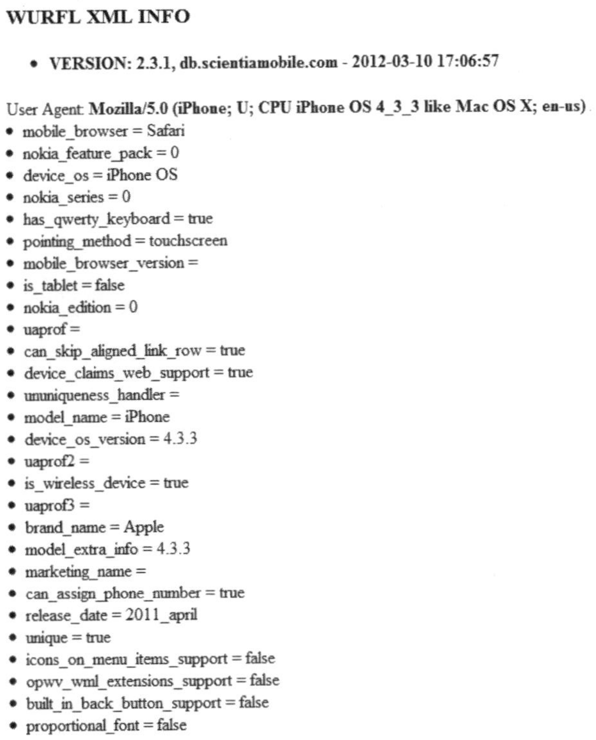

WURFL XML INFO

- VERSION: 2.3.1, db.scientiamobile.com - 2012-03-10 17:06:57

User Agent: **Mozilla/5.0 (iPhone; U; CPU iPhone OS 4_3_3 like Mac OS X; en-us)**
- mobile_browser = Safari
- nokia_feature_pack = 0
- device_os = iPhone OS
- nokia_series = 0
- has_qwerty_keyboard = true
- pointing_method = touchscreen
- mobile_browser_version =
- is_tablet = false
- nokia_edition = 0
- uaprof =
- can_skip_aligned_link_row = true
- device_claims_web_support = true
- ununiqueness_handler =
- model_name = iPhone
- device_os_version = 4.3.3
- uaprof2 =
- is_wireless_device = true
- uaprof3 =
- brand_name = Apple
- model_extra_info = 4.3.3
- marketing_name =
- can_assign_phone_number = true
- release_date = 2011_april
- unique = true
- icons_on_menu_items_support = false
- opwv_wml_extensions_support = false
- built_in_back_button_support = false
- proportional_font = false

Bild 13.9 Ausschnitt aus ausgelesenen Eigenschaften

Eine Liste der möglichen Eigenschaften samt einer kurzen Erläuterung finden Sie unter *http://www.scientiamobile.com/wurflCapability?print=1*.

Jetzt können Sie die so ausgelesenen Eigenschaften nutzen, um je nachdem anderen HTML-Code auszugeben. Listing 13.7 zeigt ein Beispiel, wie unterschiedliche Bilder ausgegeben werden. Ist die Auflösung kleiner als 600 px, wird ein kleines Bild, sonst ein großes Bild angezeigt.

Listing 13.7 Ausschnitt aus *untersch_bilder.php*

```
<?php
if ($requestingDevice->getCapability('resolution_width') < 600) {
?>
  <img src="kleinesbild.gif" alt="kleines Bild" />
<?php
} else {
?>
  <img src="grossesbild.gif" alt="grosses Bild" />
<?php
}
?>
```

`getCapability('resolution_width')` liefert eine Zahl zurück; bei anderen Eigenschaften wie `is_wireless_device` ist der zurückgegebene Wert eine Angabe wie `true` oder `false`; hierbei gibt es jedoch einen Fallstrick. Angenommen, wir wollen ermitteln, ob das anfragende Gerät ein mobiles Gerät ist oder nicht, dann könnte man das in einem ersten Ansatz wie folgt versuchen.

```
if ($requestingDevice->getCapability('is_wireless_device')) {
  echo "mobiles Gerät";
} else {
  echo "nicht mobil";
}
```

Das erzeugt jedoch nicht die gewünschte Ausgabe – auch auf einem Desktop würde „mobiles Gerät" ausgegeben! Der Grund hierfür ist: `getCapability('is_wireless_device')` liefert den **String** `"true"` oder `"false"` zurück. Und da in PHP jeder String, der nicht 0 oder der Leerstring ist, zum booleschen Wert `true` ausgewertet wird, wird der String `"false"` ebenfalls zum booleschen Wert `true` konvertiert. Deswegen müssen Sie an dieser Stelle auf den String testen.

```
if ($requestingDevice->getCapability('is_wireless_device') == "true") {
  echo "mobiles Gerät";
} else {
  echo "nicht mobil";
}
```

Zwei Anmerkungen noch zu WURFL:

WURFL bietet eine unglaublich große Anzahl von Informationen, von denen Sie aber nicht alle gleichermaßen brauchen werden. Die Informationen sind auch unterschiedlich exakt. Beispielsweise war das Ergebnis bei eigenen Experimenten bzgl. der Eigenschaft `CSSGradients` mitunter falsch. Im Zweifelsfall werden Sie aber solche Eigenschaften nicht über WURFL ermitteln lassen, sondern setzen in diesen Fällen beispielsweise auf eine CSS-Standard-Fallback-Lösung – eine normale Hintergrundfarbe zusätzlich anzugeben.

Außerdem ist das Ganze wesentlich weniger exakt, wenn man einen anderen als den Standardbrowser des Geräts nimmt, bei Verwendung eines Browser wie des mobilen Firefox gehen wir beispielsweise von einer sehr geringen Breite aus, nämlich nur von 240 px.

13.6 Nützliches für die Umsetzung

Bei der konkreten Umsetzung separater mobiler Webseiten gibt es einige Fragen, die sich stellen.

13.6.1 Geräteklassen

Wie viele verschiedene Versionen soll man erstellen? Im Extremfall würde man für jedes einzelne der verschiedenen Geräte eine eigene Version bereitstellen. Das ist natürlich so nicht machbar und auch nicht erstrebenswert. Deswegen muss man Geräte zusammenfassen, die gemeinsam behandelt werden, d.h., man muss Gerätegruppen oder Klassen erstellen. Dabei gibt es keine allgemein immer gültigen Geräteklassen. Sie werden je nach Projekt anders ausfallen.

Bei jQuery Mobile beispielsweise werden drei Gruppen von unterstützten Geräten unterschieden:

- A-Grade-Browser erhalten die vollständige Version, mit Ajax-basiertem Seitenwechsel und animierten Seitenübergängen. Zu den A-Grade-Browsern gehören Apple iOS 3.2 bis 5.0, Android 2.1 bis 2.3, Android 3.1, 4.0, Blackberry 6.0, 7 und Playbook und viele weitere.
- B-Grade-Browser erhalten auch eine verbesserte Benutzeroberfläche, aber ohne Ajax-basierte Navigation. Dazu gehört beispielsweise Opera Mini.
- C-Grade-Browser erhalten die pure HTML-Version, die trotzdem vollständig benutzbar ist. Dazu gehören dann ältere Smartphones und Feature-Phones.

Bei jQuery Mobile sind Ajax und die animierten Seitenübergänge zentral, weil sie verantwortlich sind für das App-like Feeling. Deshalb wird die Unterstützung dafür auch herangezogen, um die Geräte in die verschiedenen Klassen zu unterteilen.

Gleichzeitig zeigt jQuery Mobile natürlich auch, dass es in manchen Fällen möglich ist, rein mit Progressive Enhancement zu arbeiten und nicht serverseitig unterschiedliche Versionen ausliefern zu lassen. Das heißt, man nimmt die Geräteklassen als Basis und schaut aber gleichzeitig auch, wo man tätig werden muss mit verschiedenen Versionen und wo eine vernünftige klassische Fallback-Lösung genügt.

Eine andere Gruppierung, die relativ typisch ist, führt beispielsweise Nokia vor *(http://www.developer.nokia.com/Community/Wiki/Device_and_feature_detection_on_the_mobile_web)*:

- High-End-Smartphones mit Touchscreen
- High-End-Smartphones ohne Touchscreen
- Mittlere Smartphones und Feature-Phones
- Low-End-Geräte

Wie genau diese Unterteilung aussieht, hängt davon ab, was man bezweckt und um welche Funktionen es geht.

13.6.2 Unterschiede zwischen den Versionen

Wo man Anpassungen vornimmt, hängt mit der Unterteilung, die man gewählt hat, zusammen. Mögliche Anpassungen sind beispielsweise:

- Bei mobilen Geräten empfiehlt es sich, die **Menge des Inhalts reduzieren** – erst recht bei Low-End-Geräten. Dafür gibt es unterschiedliche Strategien:
  - Die „brutale" Art ist die Kürzung von bestimmten Inhalten auf mobilen Geräten. Dadurch macht man Nutzer von mobilen Geräten zu Zweitklassenwesen und wird sie im Zweifelsfall verärgern. Wer möchte schon gerne die Light-Version anschauen, bei der er nie weiß, ob nicht gerade das, was für ihn wichtig wäre, gekürzt ist?
  - Besser erscheint mir, die Inhalte auch bei mobilen Geräten verfügbar zu halten, allerdings über zusätzliche Links. Bei der mobilen Webseite von Amazon sind zwar die Bewertungen sichtbar, aber nicht die doch oft sehr nützlichen Kommentare zu den Bewertungen. Anstatt diese ganz zu entfernen, wäre es sinnvoll, sie erst auf weitere Anforderung, sprich bei Klick auf einen Link, anzuzeigen.

> **HINWEIS:** Wann immer es geht, sollte man auf Fokussierung und nicht auf Streichung setzen – das heißt, man sollte versuchen, auf beiden Versionen der Seiten das Wesentliche darzubieten, denn auch Desktop-Nutzer sind nicht daran interessiert, Zeit zu vertrödeln.

- **Funktionalität reduzieren:** Häufig wird bei der mobilen Seite die Funktionalität reduziert. Aber hier auch täuscht man sich häufig; zwar wird ein Nutzer, der gerade in Eile ist, nicht darauf kommen, selbst Inhalte einzugeben; aber ein Nutzer, der beim Fernsehen auf der Couch liegt und sich die Zeit vertreibt, bis die nächste Halbzeit beginnt, kommt eher auf die Idee. Andererseits kann man manche komplexe Vorgänge eben nicht auf mobilen Geräten anbieten.
- **Bilder und multimediale Inhalte:** Dabei gibt es weitere Differenzierungsmöglichkeiten, einfache bestehen darin, dass man Bilder in verschiedenen Größen ausliefert. Eine weitere Möglichkeit ist, dass manche Nutzer beispielsweise eine schicke JavaScript-CSS3-Diashow erhalten, die anderen einfache Bilder oder wiederum andere nur Textliste für Low-End-Geräte.

> **HINWEIS:** Auch die so beliebten Lightboxen verlieren ihren Charme auf mobilen Geräten. Auf den klassischen Smartphones sollten man sie vermeiden.

- Die Unterscheidung von **Touch oder Nicht-Touch** ist wichtig für die Interaktionsmöglichkeiten, auf Touchgeräten kann man auch die Touchgesten implementieren.

Ein Progressive Enhancement-Prinzip, das ja von einer funktionierenden Codebasis ausgeht, ist immer besser zu handeln als separate Versionen, die zu detailliert werden.

13.6.3 Vary-Header und Canonical

Wenn Sie je nach Anfrage verschiedene Inhalte ausliefern lassen, müssen Sie einiges beachten. Zuerst einmal sollten Sie über einen Vary-Header informieren, dass der Inhalt unterschiedlich ist, je nachdem, wer wie den Inhalt anfordert. Das geht über folgenden Header.

```
Vary: User-Agent, Accept
```

Diesen können Sie beispielsweise auf folgende Art per PHP senden.

```
header("Vary: User-Agent, Accept")
```

Ein weiteres mögliches Problem liegt in den mehrfach vorkommenden Inhalten. Die Duplizierung von Inhalten kann Nachteile haben, je nachdem, in welcher Form die Duplizierung von Inhalten stattfindet, wird sie auch bestraft.

> Details zu den duplizierten Inhalten aus Google-Sicht finden Sie unter *http://googlewebmastercentral.blogspot.de/2008/09/demystifying-duplicate-content-penalty.html*.

Deshalb sollten Sie Google und anderen Suchmaschinen-Crawlern mitteilen, welche der beiden Inhalte die präferierte Form ist. Dafür gibt es folgendes `link`-Element im `head`-Bereich.

```
<link rel="canonical" href="http://www.beispiel.de/" />
```

Das ergänzen Sie bei der Version, die die nicht präferierte ist, also die nicht bevorzugte, und verweisen auf die bevorzugte Version.

> Weitere Informationen dazu finden Sie direkt bei Google unter *http://googlewebmastercentral.blogspot.de/2009/02/specify-your-canonical.html*.

13.6.4 Link zum Wechseln

Wie bereits erwähnt ist es wichtig, dem Nutzer die Möglichkeit zu geben, die Version zu wechseln. Der Link zum Wechseln sollte folgende Position haben:

- Auf der **Desktop-Seite sollte er möglichst weit oben** sein, damit jemand, der fälschlicherweise auf die Desktop-Seite geraten ist, nicht lange scrollen und auch nicht warten muss, bis die Seite vollständig inklusiver aller Inhalte geladen ist.
- Auf der **mobilen Seite kann der Wechsellink weiter unten** platziert sein.

So wird es beispielsweise auch bei der Lufthansa (siehe Bild 13.10 und Bild 13.11) gehandhabt.

Bild 13.10 Bei Lufthansa ist der Link auf die mobile Version weit oben

Bild 13.11 ... und der Link zum Wechseln auf die Desktop-Variante ist unten.

13.6.5 Beschriftung der Wechsellinks

Die Bezeichnungen der Links zum Wechsel zwischen den Versionen sind unterschiedlich. Dies sind ein paar Beispiele aus den Top-Alexa-Sites, die übrigens alle auf separate mobile Webseiten setzen *(http://www.alexa.com/topsites/countries/DE)*:

- YouTube: „Desktop" – keinen Link zur mobilen Seite gefunden
- Ebay: „Hauptseite" – „Ebay für Mobilgeräte"
- Amazon: *„Amazon.de PC-Site"* – keinen Link zur mobilen Seite gefunden
- Wikipedia: „Klassische Ansicht" – „Mobile Ansicht"
- Spiegel: „Hier geht es zur WWW-Version" – „Mobil"
- Bild „Hier geht's zum Internetauftritt von Bild.de" – „Bild mobil"
- Yahoo: „Desktop" – „Mobile"

Bei den Beschriftungen zeigt sich deutlich, dass „mobil" das Schlagwort ist, das zur Kennzeichnung der mobilen Version üblicherweise vorkommt. Die Beschriftungen der Links auf die Desktop-Seite sind wesentlich differenzierter. Beschriftungen wie „Hauptseite" (Ebay) entsprechen wahrscheinlich dem englischen „Full Site" und zeigen eine deutliche Hierarchie: Die mobile Seite ist die abgewandelte, die vollständige, eben die Hauptseite ist die Desktop-Seite. Die Beschriftung von Bild „Hier geht es zum Internetauftritt ..." suggeriert zudem, dass die mobile Seite eben nicht Teil des Internets sei, und scheint auch – die Subdomain lautet *http://wap.bild.de* – eben noch aus älteren Zeiten zu stammen.

Dass wie beim Spiegel der Link zum Wechsel von Mobil-Version auf Desktop-Version ganz prominent am Anfang steht, zeigt, dass die Befürchtung groß ist, dass fälschlich ein Desktop-Nutzer auf der mobilen Version landet; dabei ist an sich der umgekehrte Fall der problematischere.

Bild 13.12 Mobile Spiegelseite: prominent der Wechsel auf die Desktop-Version

Dies zeigt deutlich, dass derzeit bei den genannten Webseiten die mobile Version noch als nicht vollständige Abwandlung behandelt wird; dabei wollen die Besucher der mobilen Webseite ja nicht das Gefühl haben, dass ihnen vielleicht wesentliche Punkte entgehen, die die Besucher der vollständigen Seite erhalten. Diese Webseiten sind damit typische Beispiele für den „Desktop First"-Ansatz. Man versteht, woraus sich das wichtige Strategie von „Mobile First" entwickelt hat.

Üblicherweise findet die Umleitung automatisch statt, aber es gibt auch die Option, dass diese Umleitung erst nach einer Rückfrage stattfindet. Ein bisschen verstärkt es aber die beobachtete Tendenz: Die mobile Version wird als etwas Unvollständiges präsentiert, vor dem man den Nutzer warnen möchte.

Bild 13.13 Die Umleitung findet nur statt, wenn man dem vorher zugestimmt hat.

13.7 Serverseitige und clientseitige Detection

Der Vorteil von clientseitiger Feature Detection ist, dass sie geräteunabhängig und zukunftssicher ist. Der Nachteil der clientseitigen Feature Detection ist, dass man sie eben erst auf dem Client durchführen kann, d. h., nachdem die Datei auf dem Client angekommen ist. Bei der serverseitigen Detection ist es genau umgekehrt: Ihr größter Vorteil ist, dass man sie eben auf dem Server durchführen kann, um zu entscheiden, welche Dateien man an den Client schickt. Dafür ist die serverseitige Detection anhand von User-Agent-String und weiterer Kriterien per se nicht zukunftssicher. Inzwischen gibt es mehrere sehr vielversprechende Ansätze, clientseitige Feature Detection mit serverseitiger Detection zu verbinden.

RESS steht für Responsive Webdesign + Server Side Components und kombiniert Responsive Webdesign und serverseitige Tests. Luke Wroblewski beschreibt das Konzept unter *http://www.lukew.com/ff/entry.asp?1392*: Es geht ums Responsive Webdesign mit den dort üblichen Anpassungen. Und alles wird von einer URL ausgeliefert: Allerdings werden an bestimmten Stellen unterschiedliche Inhalte ausgeliefert, je nach erkanntem Browsertyp (dafür wird wie gehabt der User-Agent-String herangezogen). Eine moderate Form von RESS ist es eigentlich schon, wenn Sie beim Responsive Webdesign eine serverseitige Technik zur Auslieferung der Bilder einsetzen; auch wenn Luke Wroblewski in seinem Artikel andere Beispiele heranführt, etwa unterschiedliche Inhalte für die Navigation bei der mobilen und der Desktop-Variante.

Modernizr Server *(https://github.com/jamesgpearce/modernizr-server)* bringt die Logik von Modernizr auf den Server nach folgendem Prinzip: Modernizr wird normal auf dem Client aufgeführt, die Ergebnisse werden aber in einem Cookie gespeichert. Mithilfe dieses Cookies können die Features über den Browser bei den folgenden Anfragen gebührend berücksichtigt werden.

Detector *(http://detector.dmolsen.com)* kombiniert ebenfalls Browser- und Feature Detection. Sie können das Ergebnis der Überprüfung direkt auf der Webseite des Projektes austesten.

Detector erstellt Profile mit dem User-Agent-String als Schlüssel, innerhalb dieser Profile werden die HTML5-CSS3-Features gespeichert, die dieser Browser unterstützt. Der Vorteil: Die meisten Tests müssen nur einmal durchgeführt werden, bis ein Profil zum User-Agent-String existiert, das danach herangezogen wird. Mehrere Zugriffe vom selben Client werden in einer Session gespeichert, sodass das Auslesen noch einmal schneller geht. Nützlich ist außerdem, dass Browser in Familien unterteilt werden (iPhone beispielsweise zählt zu der Familie mobile-advanced) – ein sehr viel versprechender Ansatz! Detector befindet sich derzeit allerdings noch im Beta-Zustand und vor einem direkten Einsatz ohne gründliche Tests bei großen Projekten wird noch gewarnt (Stand: Sommer 2012).

Detector setzt hierfür auf Modernizr Server und *ua-parser-php* zum Auslesen der einzelnen Komponenten aus User-Agent-Strings und Speichern.

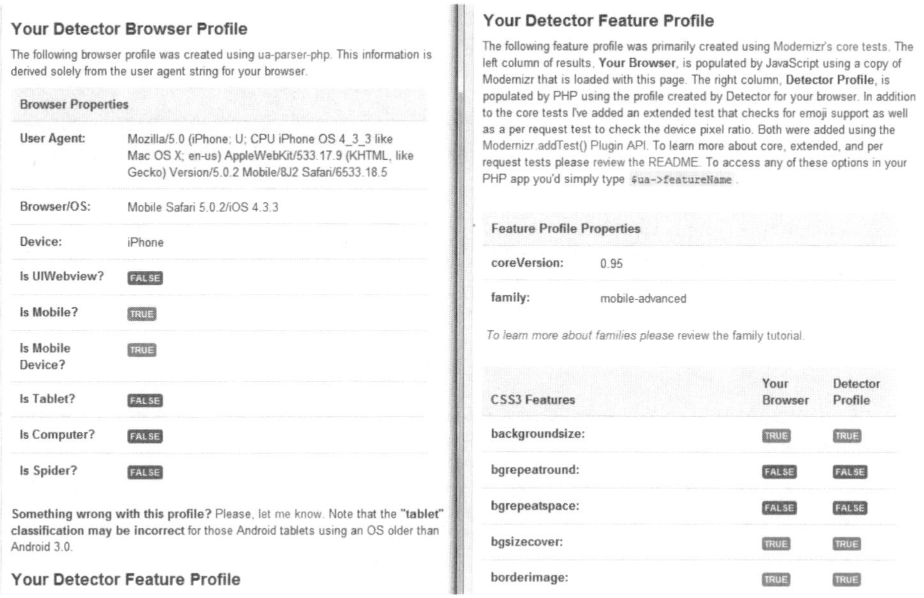

Bild 13.14 Das Browser- und Feature-Profil eines iPhones im Detector

> Ein weiteres interessantes Projekt ist profile von yiibu *(https://github.com/yiibu/profile)*, das aber momentan noch die Kennzeichnung „very early release" hat (Stand: Sommer 2012).

13.8 Kurz zusammengefasst

- Das Kapitel hat Sie in die Untiefen der serverseitigen Erkennung von Browsern eingeführt. Hierfür werden verschiedene Header ausgewertet, die bei der Kommunikation per HTTP automatisch vom anfordernden Gerät mitgesendet werden. Am wichtigsten ist der User-Agent-String, der das Ergebnis von verwirrenden historischen Entwicklungen ist.
- Verschiedene Skripte helfen bei der Ermittlung, ob das anfordernde Gerät ein mobiles ist oder nicht. Am einfachsten ist *detectmobilebrowsers.com*. Mehr Optionen bietet *php-detect-mobile* und richtig viele Details bieten WURFL oder andere DDRs.
- Bei der Realisierung von separaten Versionen sollten Sie Links bereitstellen, die der Benutzer zum Wechseln auf die andere Version nutzen kann. Die Einstellung sollte dann gespeichert werden. Wichtig ist außerdem bei automatischen Umleitungen, dass der Benutzer dann nicht wieder bei der Startseite des Projekts landet, sondern direkt bei den gewünschten Inhalten.
- Da man bei den separaten Versionen nicht alle Geräte einzeln berücksichtigen kann, empfiehlt sich die Definition von Geräteklassen. Wie diese aussehen soll, hängt vom jeweiligen Projekt und seinen Erfordernissen ab.

- Im Zusammenhang mit den definierten Geräteklassen stehen auch die Änderungen, die man bei den einzelnen Versionen vornehmen kann.
- Besser als Inhalte bei der mobilen Version zu reduzieren und zu kürzen, ist es, sich auf das Wesentliche zu fokussieren, bei beiden Versionen. Bei Bedarf können sekundäre Inhalte ja per Default bei der konkreten mobilen Seite erst bei Klick auf zusätzliche Links angefordert werden.
- Sehr vielversprechend, aber derzeit noch im Anfang der Entwicklung begriffen, sind Ansätze, serverseitige Detection mit clientseitiger Feature Detection zu kombinieren (Stand: Sommer 2012).

14 Mobile Webseiten testen

Um mobile Webseiten zu testen, brauchen Sie natürlich auch echte Geräte, aber dies sollte nicht die alleinige Testmethode sein. Zum einen ist es eine Kostenfrage, wie viele echte Geräte man sich leisten kann oder will. Zum anderen würde es die Entwicklung unnötig verkomplizieren, wenn Sie alle Tests nur auf den mobilen Geräten durchführen, bei denen das Handling eindeutig mühsamer ist.

Die richtige Vorgehensweise ist es, grundlegende Dinge erst einmal auf dem Desktop auszutesten. Bei mobile-spezifischen Elementen empfiehlt sich eine Mischung aus Tests auf dem Desktop, um grundlegende Fehler zu vermeiden, und dem Einsatz von echten Geräten unter realen Umständen, soweit dies möglich ist. Darüber hinaus gibt es Emulatoren, die zusätzliche Hilfen bereitstellen.

Vieles können Sie allerdings nur mit einem Webserver testen. Deshalb möchte ich Ihnen zunächst zeigen, wie Sie einen Webserver installieren und einrichten.

■ 14.1 Webserver installieren

Wollen Sie AppCache (siehe Kapitel 9.1) testen oder ein serverseitiges Skript nutzen, um automatisch zu ermitteln, ob es sich um einen mobilen Browser handelt oder nicht? In beiden Fällen brauchen Sie einen Webserver. Außerdem ist dieser auch praktisch, da Sie - WLAN vorausgesetzt - direkt auf Ihren mobilen Geräten lokal abgespeicherte Webseiten ansehen können.

Webserver steht in diesem Zusammenhang für *Webserver-Software*. Als Webserver kommt oft Apache zum Einsatz. Außerdem brauchen Sie üblicherweise noch eine serverseitige Skriptsprache wie PHP und eventuell noch eine Datenbank. Statt diese Komponenten einzeln zu installieren, empfiehlt sich die Installation des Gesamtpakets XAMPP von den Apache Friends, das Sie unter *http://www.apachefriends.org/de* finden.

14.1.1 XAMPP installieren

XAMPP gibt es für Windows, Linux und MacOS zum kostenlosen Download. Neben dem Webserver beinhaltet XAMPP unter anderem PHP und MySQL sowie phpMyAdmin zur Administration von MySQL-Datenbanken.

Sehen wir uns einmal die Installation unter Windows an.

Die Installation unter anderen Betriebssystemen funktioniert im Prinzip genauso und ist im Detail auf der Webseite des XAMPP-Projekts beschrieben.

MacOS: *http://www.apachefriends.org/de/xampp-macosx.html*

Linux: *http://www.apachefriends.org/de/xampp-linux.html*

1. Zuerst müssen Sie sich die aktuelle Zip-Datei unter *http://www.apachefriends.org/de/xampp-windows.html* herunterladen.
2. Entpacken Sie die Datei an eine beliebige Stelle.
3. Es entsteht ein neuer Ordner namens *xampp*.
4. Um die Pfade anzupassen, klicken Sie doppelt auf die Datei *setup_xampp*, die Sie im *xampp*-Ordner vorfinden. Damit werden die Pfade in den Konfigurationsdateien an Ihre Umgebung angepasst.

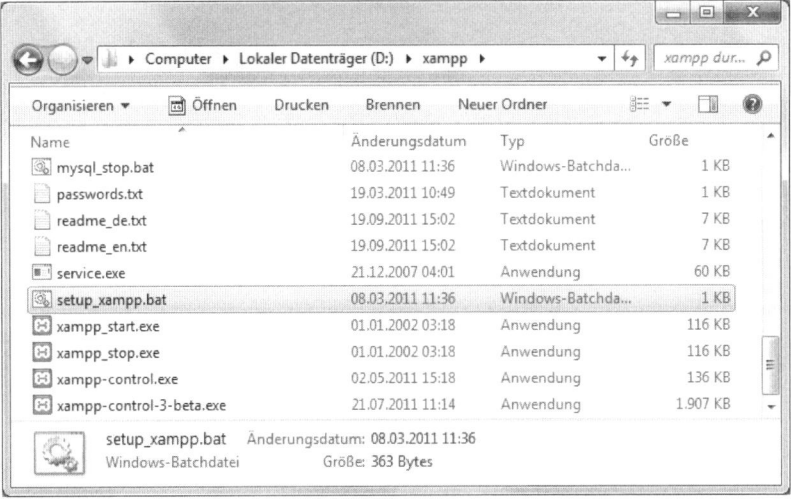

Bild 14.1 Der *xampp*-Ordner – mit dabei die wichtige *setup_xampp.bat*

5. Als Nächstes sollten Sie die benötigten Programme starten. Dies geht komfortabel über das Control-Panel. Dieses öffnen Sie über die Datei *xampp-control.exe*, die Sie ebenfalls im Ordner *xampp* finden.
6. Über das Control-Panel können Sie die benötigten Komponenten starten: Sie brauchen auf jeden Fall den Apache-Webserver, bei Bedarf auch MySQL, wenn Sie mit einer Datenbank arbeiten.

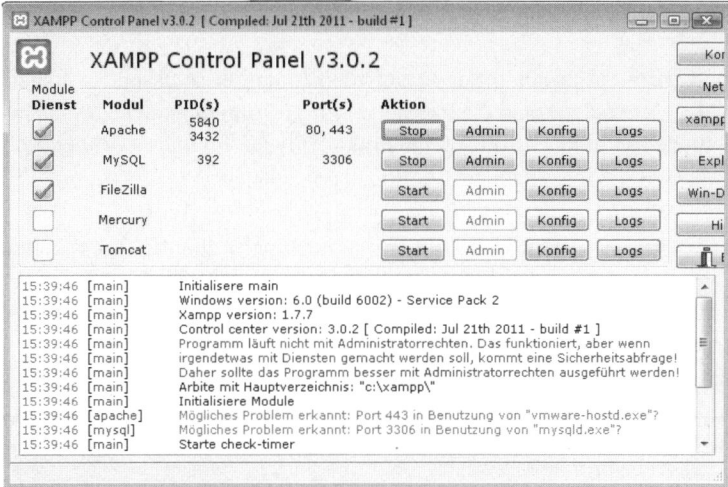

Bild 14.2 Das XAMPP Control Panel

7. Damit haben Sie Ihren Webserver installiert und gestartet!

Dann sollten Sie testen, ob die Installation funktioniert hat. Geben Sie hierfür *localhost* in die Adresszeile Ihres Browsers ein. Es sollte sich der Testbildschirm von XAMPP zeigen, bei dem Sie die Sprache auswählen können. Danach gelangen Sie zu einer Oberfläche mit Informationen, welche Komponenten gestartet sind etc. (Menüpunkt STATUS links).

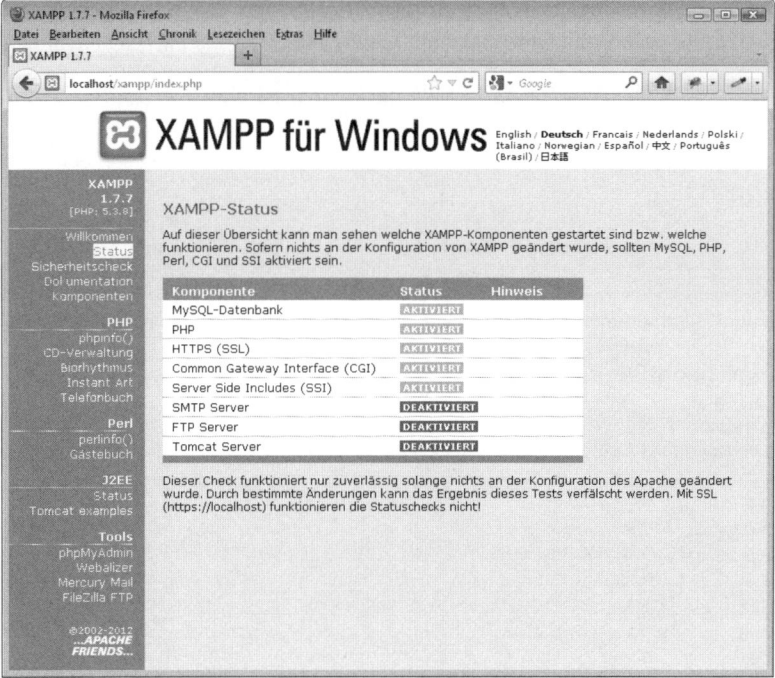

Bild 14.3 Unter STATUS informieren Sie sich über die gestarteten Komponenten.

14.1.2 Dateien über den Server aufrufen

Wenn Sie nun Dateien über den Server aufrufen wollen, so müssen Sie folgendermaßen vorgehen: Zuerst einmal müssen die Dateien dafür im Ordner *htdocs* abgespeichert werden, den Sie ebenfalls in Ihrem XAMPP-Verzeichnis vorfinden. Im *htdocs*-Ordner gibt es bereits Dateien – das sind die internen von XAMPP, deren Ausgabe Sie sehen, wenn Sie *localhost* im Browser eingeben.

Am besten erstellen Sie sich in *htdocs* einen eigenen Unterordner für Ihre Dateien. Wenn Sie vorhaben, auf diese Dateien mit Ihren mobilen Geräten zuzugreifen, sollten Sie einen kurzen und knackigen Namen wählen, denn das Eingeben ist mühsam. Ich nenne meine Unterordner hier gerne einfach *1, 2* oder ähnlich.

PRAXISTIPP: Da Sie beim Zugriff von Ihrem mobilen Gerät auf den Webserver die IP-Adresse eingeben, haben Sie schon die Zahlentastatur aktiviert. Dann ist es einfacher, einen Ordnernamen einzugeben, der ebenfalls aus Zahlen besteht.

Nehmen wir an, Sie haben einen Unterordner mit Namen *1* und darin eine Datei *beispiel.html* abgespeichert. Dann rufen Sie diese in der Browseradresszeile auf über *localhost/1/beispiel.html*.

Aber es geht noch einfacher: Bei XAMPP ist standardmäßig das Verzeichnislisting aktiviert, d.h., es wird eine Liste der verfügbaren Dateien als Links angezeigt, wenn keine *index.html*-Datei in einem Ordner vorhanden ist. So können Sie diese direkt durch Anklicken auswählen. Das ist besonders praktisch beim Testen mit mobilen Geräten, wo die Eingabe mühsam ist.

Bild 14.4 Den Ordner mit Namen 1 innerhalb von htdocs erreichen Sie über *http://localhost/1*.

HINWEIS: Dieses Verzeichnislisting wäre beim echten Einsatz eine Sicherheitslücke, weil ein bösartiger Anwender so den Überblick über alle Dateien hätte. Aber XAMPP ist natürlich nicht für den produktiven Einsatz konzipiert, sondern für die Entwicklung. Falls Sie XAMPP auf einem Produktivsystem nutzen wollten, müssten Sie einige Einstellungen ändern – nicht nur das Verzeichnislisting ausschalten. Aber da würde man wohl eher direkt zu einem anderen System greifen.

14.2 Desktop-Browser nutzen

Desktop-Browser sind – auch wenn sie echte Geräte oder Emulatoren nicht ersetzen können – äußerst nützlich zum Testen. Das Debugging ist beispielsweise einfacher auf einem Desktop-Browser als auf einem mobilen Gerät. Deshalb ist es sinnvoll, die ersten Tests auf Desktop-Browsern durchzuführen, um die Entwicklungszeit nicht unnötig zu verlängern. Inwieweit und wofür Sie Desktop-Browser neben den grundlegenden Tests einsetzen können, hängt auch davon ab, wie die Anwendung/Webseite konstruiert ist.

Arbeiten Sie mit Versionen, die speziell für mobile Geräte ausgeliefert werden, so können Sie mit Ihren Desktop-Browsern die entsprechende Browserkennung verändern. Dies ist ebenfalls nützlich, um zu sehen, ob andere Webprojekte unterschiedliche Webseiten je nach Browserkennung ausliefern.

14.2.1 Firefox: User Agent Switcher

Für Firefox gibt es die Erweiterung User Agent Switcher, die Sie unter *https://addons.mozilla.org/de/firefox/addon/user-agent-switcher* finden. Einmal installiert, können Sie sie über das Menü EXTRAS aufrufen und einen anderen User-Agent auswählen.

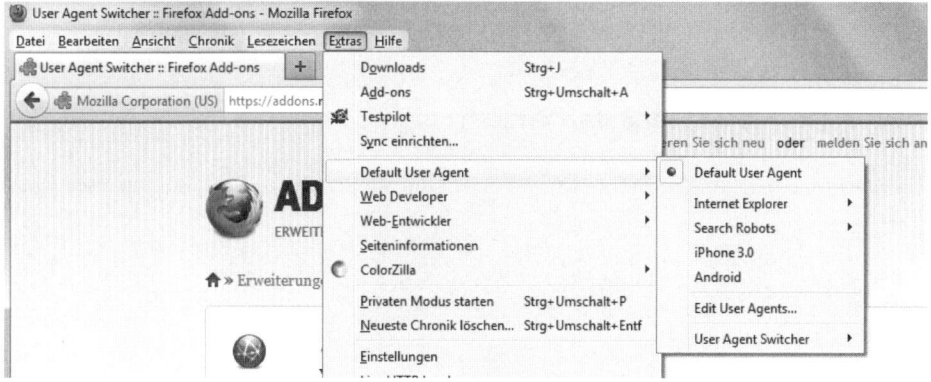

Bild 14.5 Einen anderen User-Agent wählen Sie über das EXTRAS-Menü im Firefox.

Standardmäßig beinhaltet der User Agent Switcher nur eine Reihe von User-Agents; allerdings lässt sich diese Liste erweitern. Hierfür klicken Sie im Menü des User Agent Switcher auf EDIT USER AGENTS. Über IMPORT lassen sich XML-Dateien importieren.

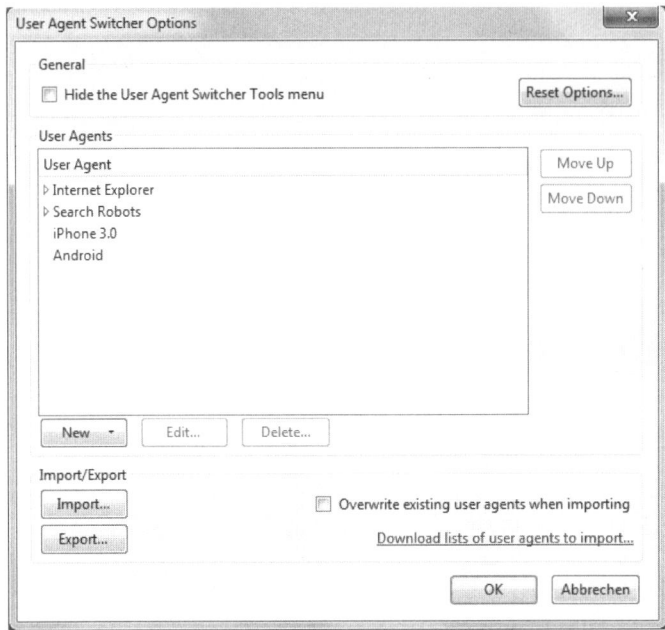

Bild 14.6 Über IMPORT können Sie XML-Dateien mit zusätzlichen User-Agents importieren.

 PRAXISTIPP: Eine speziell für dieses Plug-in aufbereitete Datei mit vielen User-Agents steht unter *http://mobiforge.com/developing/blog/user-agent-switcher-config-file*. Wenn Sie die Datei heruntergeladen und mit der Endung *.xml* abgespeichert haben, können Sie sie in das Plug-in-Verzeichnis importieren. Die neuen User-Agents stehen nach einem Firefox-Neustart im Menü zur Verfügung. Weitere User-Agents bietet beispielsweise der Device-Atlas *(http://www.deviceatlas.com)*.

14.2.2 User-Agent im Safari ändern

In Safari finden Sie im ENTWICKLER-Menü direkt die Möglichkeit, einen anderen User-Agent auszuwählen.

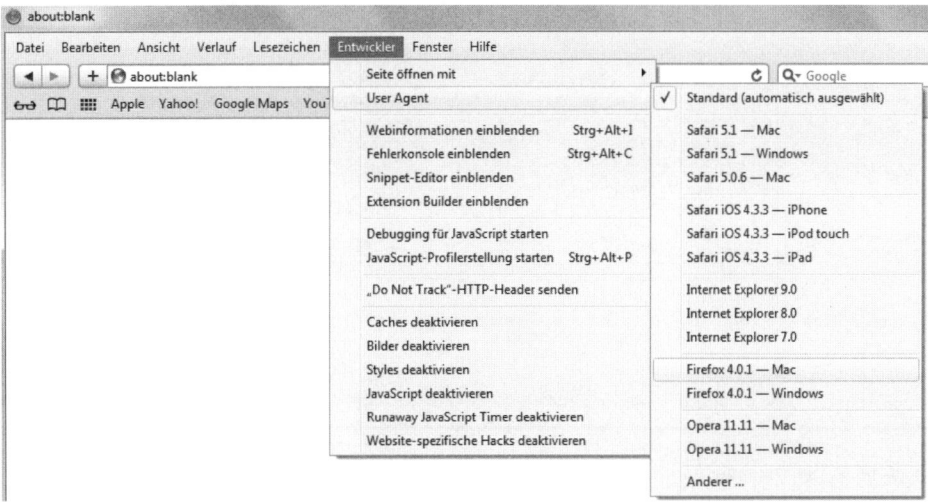

Bild 14.7 User-Agents im Safari ändern

14.3 Mobile Browser

Es gibt eine Reihe mobiler Browser, die Sie sich auch auf Ihrem Desktop installieren können. Sie sind unterschiedlich „vollständig": Opera Mobile ist ein Emulator, weil er gleich typische Gerätekonfigurationen beinhaltet; Firefox Mobile ist eher ein klassischer Browser. Sehen wir uns einmal die gebräuchlichsten Browser an.

14.3.1 Opera Mobile

Opera Mobile ist ein wichtiger Browser für mobile Geräte, den Sie sich auch wenn möglich auf Ihrem Mobilgerät installieren sollten.

 HINWEIS: Opera Mobile können Sie problemlos auf einem Android-Smartphone installieren, allerdings nicht auf dem iPhone. Das liegt daran, dass Apple nur Browser duldet, die Mobile Safari als Basis verwenden.

Stattdessen oder zusätzlich können Sie aber den Opera Mobile Emulator auf Ihrem Desktop-Rechner nutzen. Er steht unter *http://de.opera.com/developer/tools/mobile* zum Download bereit.

Wenn Sie ihn zum ersten Mal starten, erscheint der LAUNCHER. Mit diesem können Sie mehrere Instanzen von Opera Mobile erstellen, um unterschiedliche Gerätekonfigurationen zu sehen.

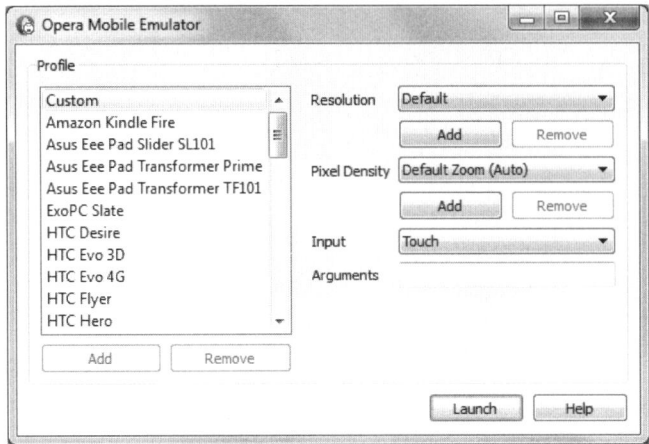

Bild 14.8 Der Launcher von Opera Mobile

Im linken Bereich sehen Sie unter PROFILE eine Reihe von populären Smartphones und Tablets. Sie können direkt eines auswählen und dann Opera Mobile über LAUNCH starten.

  PRAXISTIPP: Praktisch ist es außerdem, sich durch die verschiedenen Profile zu klicken, um sich anzusehen, welche Eigenschaften die angegebenen Geräte haben.

Alternativ dazu können Sie ein eigenes Profil über CUSTOM anlegen. Dabei bestimmen Sie die Auflösung (Resolution) oder Pixel Density (was im Wesentlichen den Zoomfaktor beeinflusst). Außerdem können Sie bei INPUT angeben, wie die Eingabe erfolgen soll.

  HINWEIS: Ein Pixel ist ein Pixel – zumindest auf Ihrem Desktop. Das heißt, je nachdem, welchen Wert Sie bei PIXEL DENSITY angeben, entspricht dann natürlich die physikalische Größe des Opera-Fensters nicht der physikalischen Größe des emulierten Geräts.

Bei TOUCH und TABLET wird der Mauszeiger so behandelt, als wäre er ein Finger. So funktioniert die Bedienung: Ein kurzer Klick aktiviert Links, ein Doppelklick dient zum Vergrößern/Verkleinern. Wenn Sie länger als eine Sekunde die Maustaste gedrückt haben, erhalten Sie das Kontextmenü. Über Klicken und Ziehen scrollen Sie. Bei Textfeldern wie Formularelementen wird eine Onscreen-Tastatur aktiviert, aber zusätzlich können Sie auch Ihre normale Tastatur benutzen.

Die Konfiguration von Opera Mobile erreichen Sie über das Opera-Icon an der linken oberen Ecke (Bild 14.9). Die hier gezeigten Einstellungen entsprechen denjenigen, die auch auf den mobilen Geräten und Tablets zur Verfügung stehen.

Bild 14.9 Die Konfiguration von Opera Mobile, besonders nützlich sind die Einstellungen.

14.3.2 Opera Mini

Für Opera Mini gibt es unter *http://www.opera.com/developer/tools/mini* einen Online-Emulator. Adressen können Sie direkt in das Adressfeld eingeben und dabei sowohl die Softtastatur als auch Ihre eigene nehmen. Falls es mal mit der normalen Desktop-Tastatur nicht funktionieren sollte, ist die Softtastatur zuverlässiger.

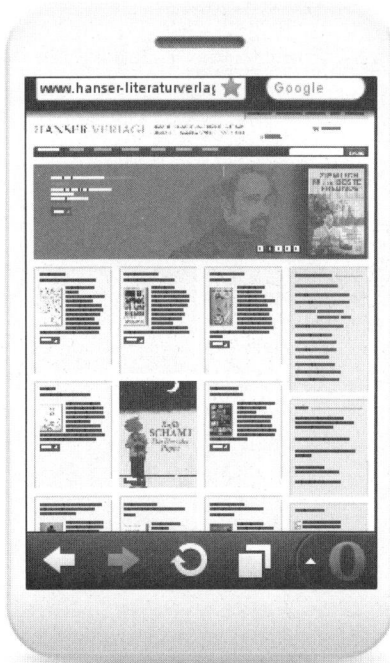

Bild 14.10 Opera Mini-Emulator im Web – eine Java-Anwendung

Zum Vergrößern klicken Sie doppelt auf einen Bereich einer Webseite.

Alternativ dazu können Sie Opera Mini auf Ihrem Desktop installieren. Hierfür sind mehrere Schritte erforderlich.

 PRAXISTIPP: Zusätzlich sollten Sie sich Opera Mini auf Ihrem Smartphone installieren. Im Gegensatz zu Opera Mobile ist das auch auf einem iPhone möglich, da die eigentliche Darstellung und Verarbeitung ja auf der Serverseite stattfindet.

Für Windows finden Sie Opera Mini unter *http://my.opera.com/Lawand87/blog/opera-mini-for-windows*. Nachdem Sie ihn heruntergeladen haben, müssen Sie ihn entpacken und dann können Sie auf die *.exe*-Datei klicken, um sie zu installieren.

Nach der Installation gibt es eine Fehlermeldung, die Sie jedoch ignorieren können. Klicken Sie hier auf DAS PROGRAMM WURDE RICHTIG INSTALLIERT.

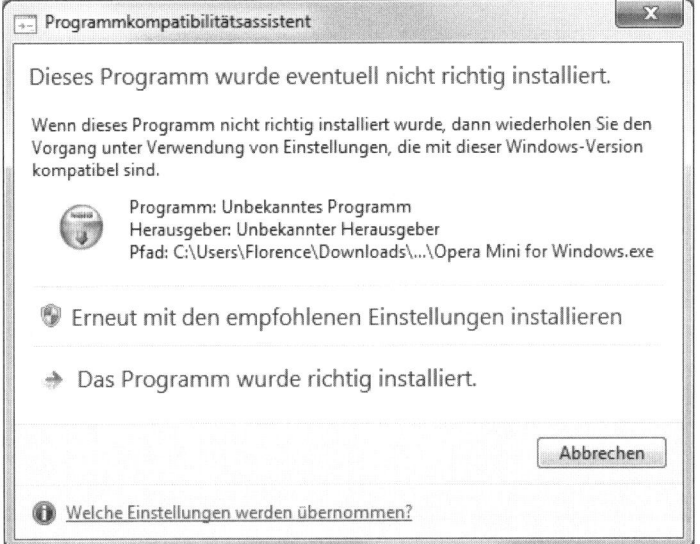

Bild 14.11 Fehlermeldung nach der Installation von Opera Mini

Starten Sie dann Opera Mini – das geht beispielsweise über das Icon, das Sie in Ihrem Installationsverzeichnis finden.

Bild 14.12 Über das Opera Mini-Icon im Installationsverzeichnis starten Sie den Emulator.

Danach schließen Sie das Opera-Fenster. Auf der Webseite *http://my.opera.com/Lawand87/blog/opera-mini-for-windows* finden Sie den Link zu einer XML-Datei. Diese laden Sie herunter und ersetzen dadurch die gleichnamige XML-Datei, die sich unter *Benutzer\[Benutzername]\.microemulator* befindet.

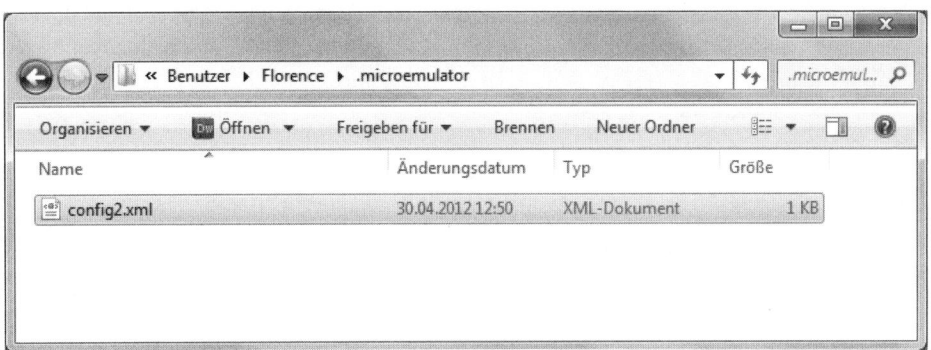

Bild 14.13 Die XML-Datei, die ersetzt werden muss, findet sich im Unterordner *.microemulator*.

Wenn Sie jetzt Opera Mini neu starten, können Sie die F1-Taste zum Abbrechen und die F2-Taste für Bestätigungen nutzen, die Onscreen-Tasten funktionieren unter Umständen nicht. Nachdem Sie dann noch die Nutzungsbedingungen akzeptiert haben, ist Ihr Opera Mini-Emulator einsatzbereit.

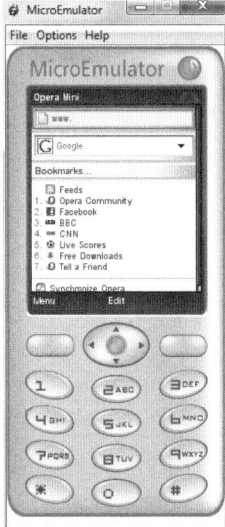

Bild 14.14 Jetzt ist Opera Mini einsatzbereit.

Zur Eingabe können Sie Ihre normale Tastatur nutzen und bei Bedarf zusätzlich die dargestellte Tastatur.

14.3.3 Firefox Mobile

Auch von Firefox gibt es eine mobile Version, die Sie direkt auf Ihrem Gerät installieren können. Für die Tests auf dem Desktop gibt es Versionen für alle Betriebssysteme, die Sie unter *http://www.mozilla.org/de/mobile* herunterladen können.

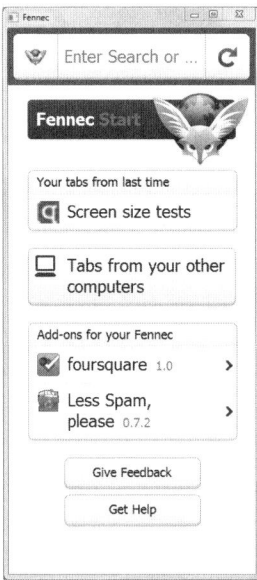

Bild 14.15 Firefox Mobile als Testversion für den Desktop

Konfigurationen sind durch die Eingabe von *about:config* in die Adresszeile möglich.

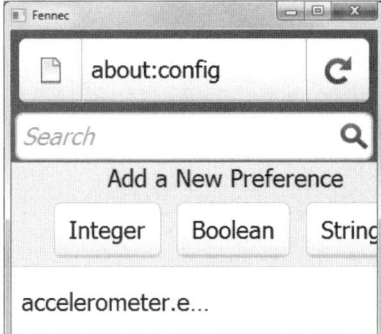

Bild 14.16 *about:config* liefert die geltenden Einstellungen.

 PRAXISTIPP: Scrollen funktioniert wie auch bei Opera Mobile über Ziehen mit gedrückter Maus.

14.4 Emulatoren

Es gibt eine Reihe von Emulatoren von mobilen Geräten. Um diese zu nutzen, müssen Sie zuerst bestimmte SDKs installieren (Software Development Kit), die neben anderen Komponenten die Emulatoren beinhalten.

14.4.1 Android SDK installieren

Das Android SDK ermöglicht Ihnen, Ihre Webseite unter verschiedenen Android-Versionen zu testen. Laden Sie dazu zuerst unter *http://developer.android.com/sdk* das SDK für Ihr Betriebssystem herunter. Für Windows ist die Variante mit dem Installer empfehlenswert. Nach dem Download können Sie das SDK installieren. Es startet dann den Android SDK Manager.

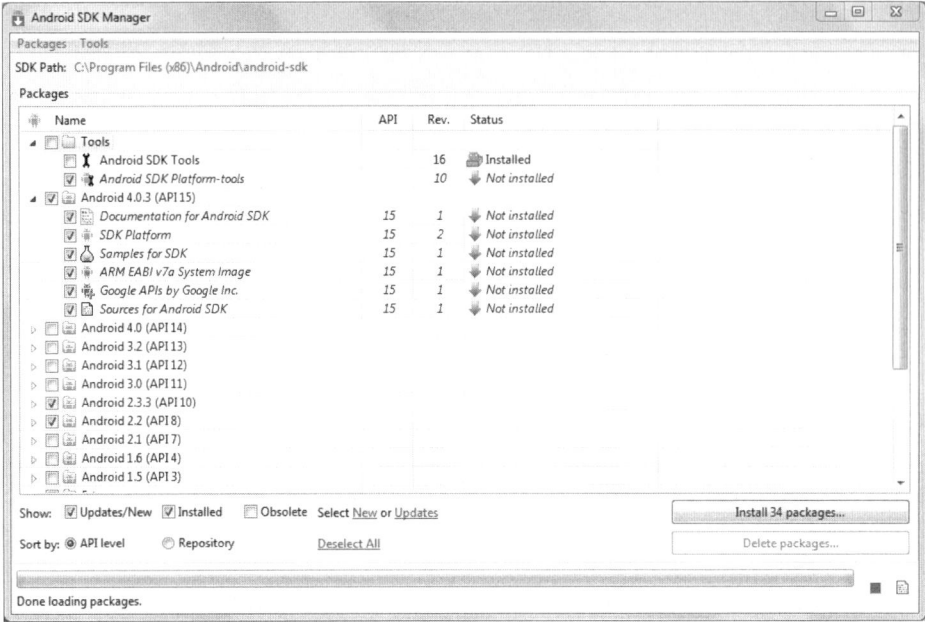

Bild 14.17 Der Android SDK Manager

Im Android SDK Manager wählen Sie aus, welche Plattformen Sie installieren möchten.

Zuerst einmal benötigen Sie die ANDROID SDK PLATFORM TOOLS und dann wählen Sie ein paar aktuelle Plattformen aus. Im Beispiel sind die neueste Android-Version ausgewählt und zwei ältere (2.3.3 und 2.2).

Zur Installation klicken Sie auf den Button INSTALL..., der Ihnen gleichzeitig verrät, wie viele Pakete installiert werden – im Beispiel (Bild 14.17) sind es 34. Es erscheint noch einmal ein Fenster, das Ihnen die ausgewählten Pakete zeigt und Sie außerdem auffordert, die Lizenzbedingungen zu akzeptieren.

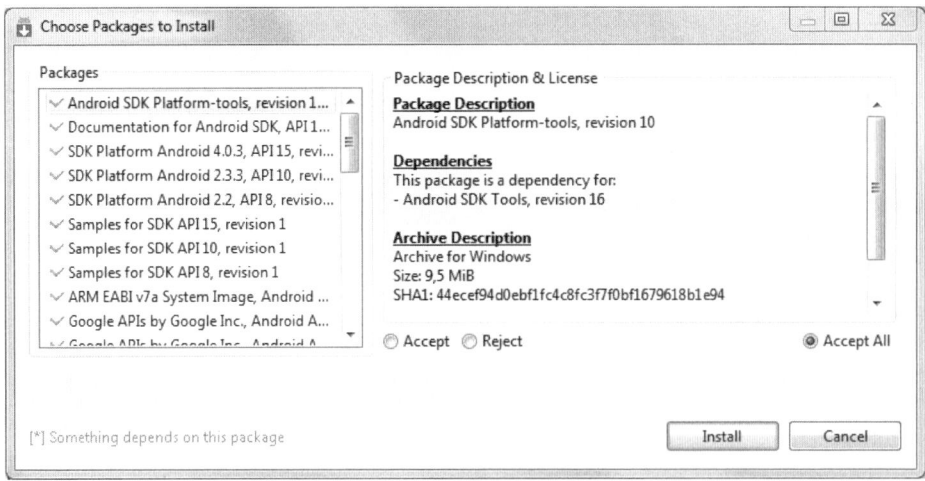

Bild 14.18 Die Lizenzbedingungen können Sie gesamt mit ACCEPT ALL akzeptieren.

Danach werden die Pakete heruntergeladen und installiert, was eine Weile dauert. Kommt die Meldung, dass das ADB neu gestartet werden soll, bestätigen Sie diese.

Danach müssen Sie noch Geräte definieren. Das geht über MANAGE AVDs. Den entsprechenden Menüpunkt gibt es beim Android SDK Manager unter TOOLS.

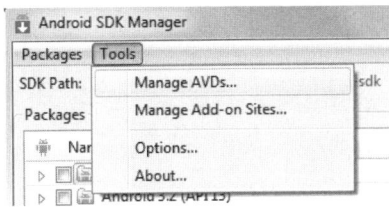

Bild 14.19 Manage AVDs zum Einrichten virtueller Geräte

Über NEW definieren Sie neue virtuelle Geräte und können ihre Eigenschaften festlegen.

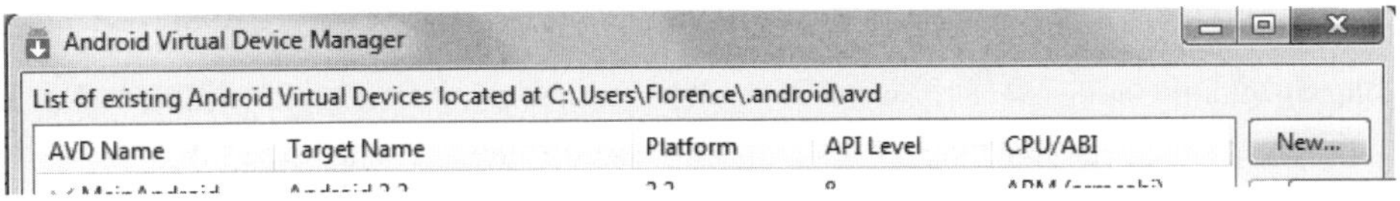

Bild 14.20 Der Button NEW rechts dient zum Erstellen von virtuellen Geräten.

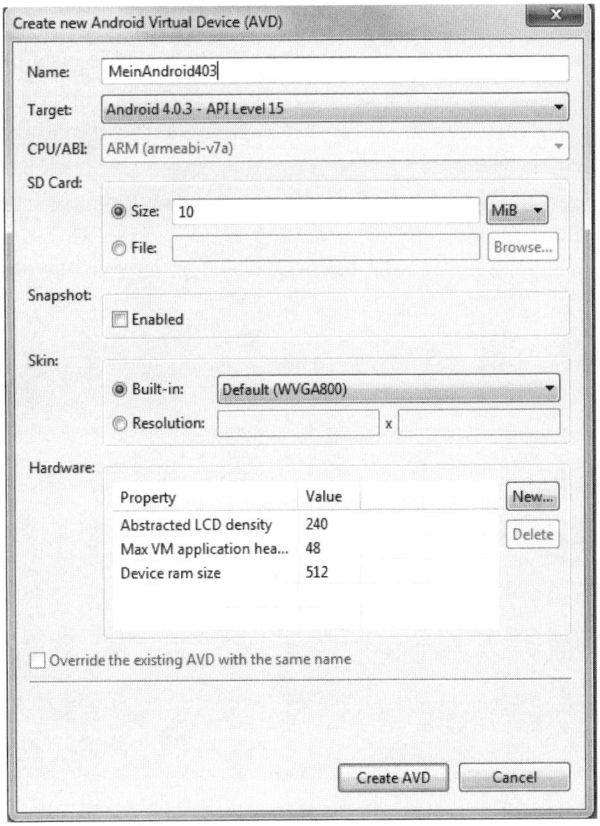

Bild 14.21 Die Eigenschaften des virtuellen Device bestimmen

Bei NAME vergeben Sie selbst einen Namen. Unter TARGET können Sie einen aus den installierten Android-Versionen auswählen. Dann geben Sie noch die Größe der SD-Card an, 10 ist ein guter Wert. Die anderen Angaben belassen Sie am besten auf den Standardwerten.

CREATE AVD erstellt das Gerät und Sie erhalten eine Erfolgsmeldung.

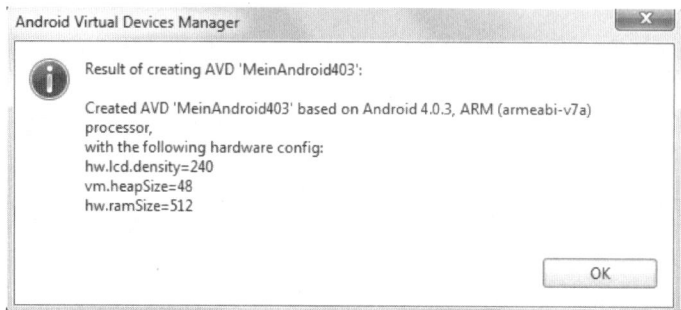

Die einzelnen Geräte starten Sie über den START-Button im AVD-Manager. Noch einmal erscheinen ein paar Meldungen und es dauert ein bisschen, bis das Gerät gestartet ist.

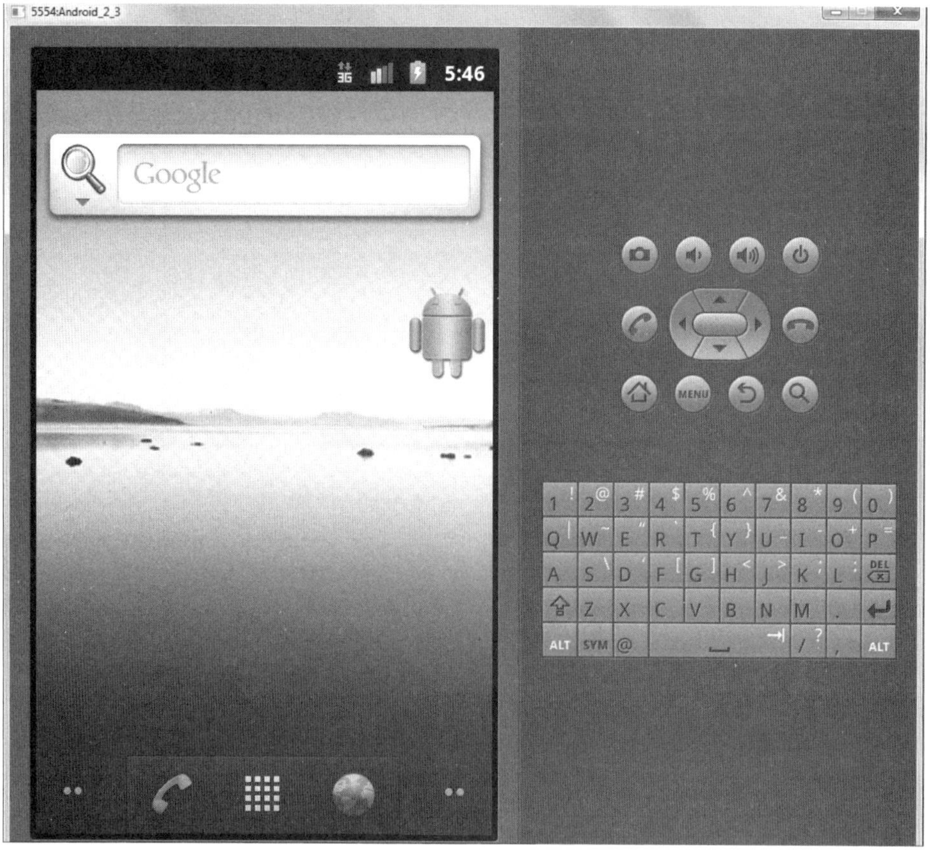

Bild 14.22 Ein virtuelles Android-Gerät unter Windows

PRAXISTIPP: Den Browser starten Sie über das Weltkugel-Icon.

14.4.2 Windows Phone Emulator

Das Windows Phone SDK können Sie bei Microsoft herunterladen. Da die URL sehr kryptisch ist, wird eine Suche in der Suchmaschine Ihrer Wahl nach *Windows Phone SDK* Sie schnell zur richtigen Webseite bringen. Nach der Installation des SDK, das nur für Windows zur Verfügung steht, können Sie den WINDOWS PHONE EMULATOR über START / ALLE PROGRAMME / WINDOWS PHONE SDK aufrufen.

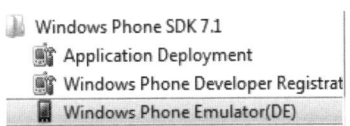

Bild 14.23 Den Windows Phone Emulator starten Sie über das Programme-Menü.

14.4.3 Xcode für die iOS-Entwicklung

Das SDK für iOS heißt Xcode. Sie können es unter folgendem Link herunterladen: *https://developer.apple.com/devcenter/ios/index.action#downloads*. Allerdings müssen Sie sich davor kostenlos als Apple Developer registrieren. Xcode gibt es nur für MacOS.

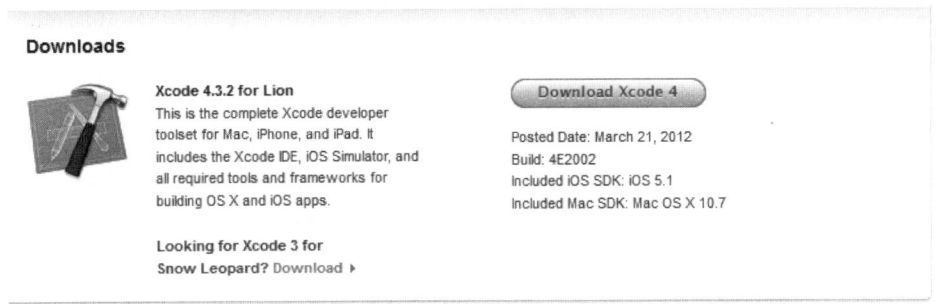

Bild 14.24 Downloaden können Sie Xcode erst nach einer Registrierung.

Nach der Installation können Sie Ihre Simulatoren unter DEVICES verwalten und starten.

 Die drei kurz hier vorgestellten Emulatoren/Simulatoren sind natürlich nur ein kleiner Ausschnitt aus den möglichen Tools. Eine sehr schöne ausführliche und außerdem aktualisierte Liste finden Sie online unter *http://www.mobilexweb.com/emulators*.

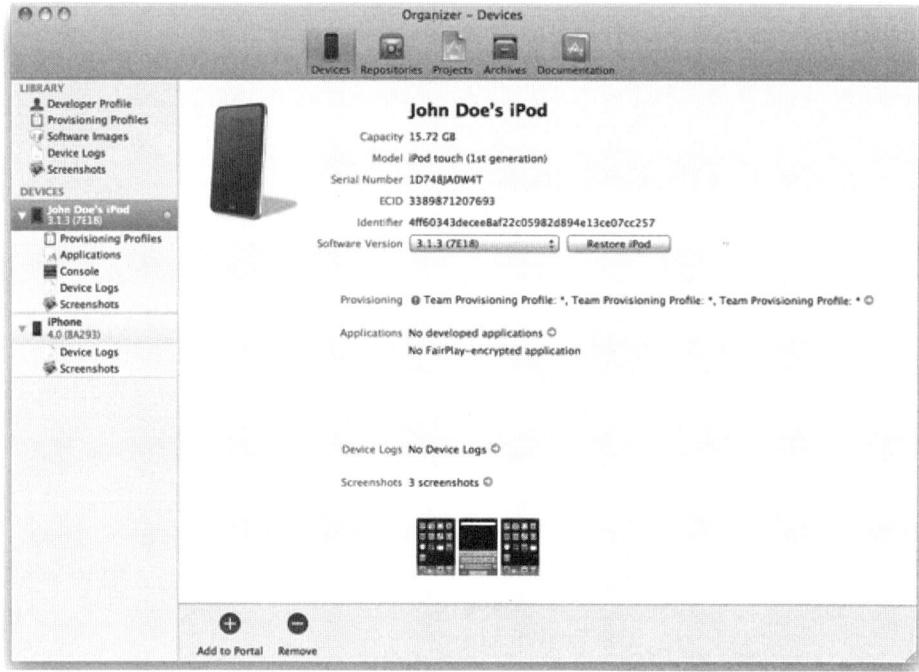

Bild 14.25 DEVICES im Xcode

14.5 Echte Geräte

Am Testen auf echten Geräten kommen Sie nicht vorbei. Welche Geräte aber soll man wählen? Das hängt von zwei wesentlichen Faktoren ab: einerseits vom Projekt und von den anvisierten Zielgeräten und natürlich auch vom Budget. Emulatoren sind ein sinnvoller Zwischenschritt, können aber natürlich das echte Testen nie ersetzen.

 PRAXISTIPP: Testen sollten Sie nicht nur auf echten Geräten, sondern auch unter echten Umständen. Das heißt, nicht nur zu Hause mit guter WLAN-Verbindung, sondern ebenso mit schlechter Verbindung. Zusätzlich sollten Sie auch weitere Anwendungen gleichzeitig gestartet haben – wie es eben auch sonst in echten Situationen der Fall ist.

Es gibt verschiedene allgemeine Empfehlungen, wie so ein Gerätepark aussehen kann. Eine nützliche Liste hat Brad Frost unter *http://bradfrostweb.com/blog/mobile/test-on-real-mobile-devices-without-breaking-the-bank* zusammengestellt. Ziel dieser Liste ist es, die Breite der gängigen und notwendigen Geräte abzudecken.

Bild 14.26 Ein Gerätepark illustriert die Auflistung von Brad Frost.

Das Problem an solchen Auflistungen ist üblicherweise, dass sie einschüchtern. Wer keine Firma hinter sich hat, sondern eher Einzelkämpfer ist, dessen Budget ist meistens beschränkter als das, was hier suggeriert wird. Außerdem handelt es sich ja nicht nur um einmalige Anschaffungen, sondern es ist ein gewisser Prozentsatz an laufenden Kosten.

Eine Möglichkeit, mit dieser Einschüchterung umzugehen, ist, sich ein Gerät zuzulegen und den Rest zu ignorieren. Das kann zu solchen Problemen führen, wie sie auf der Webseite von Barack Obama im Januar 2012 zu beobachten waren. Sie funktionierte ganz wunderbar – aber nur auf den neusten iPhones. Auf anderen Geräten – älteren iPhones oder Android-Geräte, von Feature-Phones gar nicht zu sprechen, ging das Menü nicht. Es war nicht so, dass einfach nur der Einblendeffekt ruckelte oder der Effekt kein Effekt war; nein, das Menü öffnete sich gar nicht und damit war die Webseite nicht benutzbar. (Eine Diskussion der dortigen Probleme bietet Stephanie Rieger unter *http://stephanierieger.com/a-plea-for-progressive-enhancement*).

Ähnlich wie bei der Barrierefreiheit, bei der schon kleine Schritte eine Verbesserung bedeuten, ist es auch mit dem Testen auf mobilen Geräten: Alles, was Sie zusätzlich machen können, bringt etwas. Haben Sie nur ein Gerät, dann nutzen Sie dieses zumindest so aus, wie Sie es können: Installieren Sie sich also weitere Browser, beispielsweise den Opera Mini auf dem iPhone, wie Peter-Paul Koch vorschlägt: „Get web developers to install Opera Mini on their iPhones and test their sites" *(http://www.quirksmode.org/blog/archives/2012/02/the_vendor_pref.html)*.

Sie dürfen auf dem Android auch gerne Firefox dazu nehmen und Opera Mobile.

Günstigerweise sollten Sie von den zwei klassischen Smartphone-Systemen – iOS und Android – das auswählen, was Sie nicht über einen Emulator erreichen. Android ist entwicklerfreundlich, weil Sie das SDK auf allen Betriebssystemen installieren können; hingegen läuft das Xcode nur auf dem MacOS. Das heißt, unter Windows brauchen Sie zumindest auch ein iOS-Gerät.

Eine weitere Möglichkeit ist natürlich, sich mit mehreren Leuten zusammenzutun, um auf diese Art eine breitere Testbasis zu erhalten. Ansonsten hilft es, erfinderisch zu sein: Beispielsweise können Sie einzelne Tests direkt in den Läden durchführen, in denen Smartphones und Tablets verkauft werden.

■ 14.6 Lokale Webseiten auf Emulatoren und mobilen Geräten testen

Mit Ihren installierten Emulatoren können Sie Webseiten testen, die sich auf einem Testserver im Internet befinden. Haben Sie WLAN und einen Testserver wie XAMPP installiert, können Sie aber auch lokale Dateien in Ihren mobilen Geräten und Emulatoren ansehen. Hierfür müssen Sie erst einmal die IP-Adresse ermitteln.

Bei Windows läuft das sehr einfach über die Eingabeaufforderung. Diese rufen auf Sie auf über START / ALLE PROGRAMME / ZUBEHÖR / EINGABEAUFFORDERUNG. Geben Sie dann `ipconfig` ein.

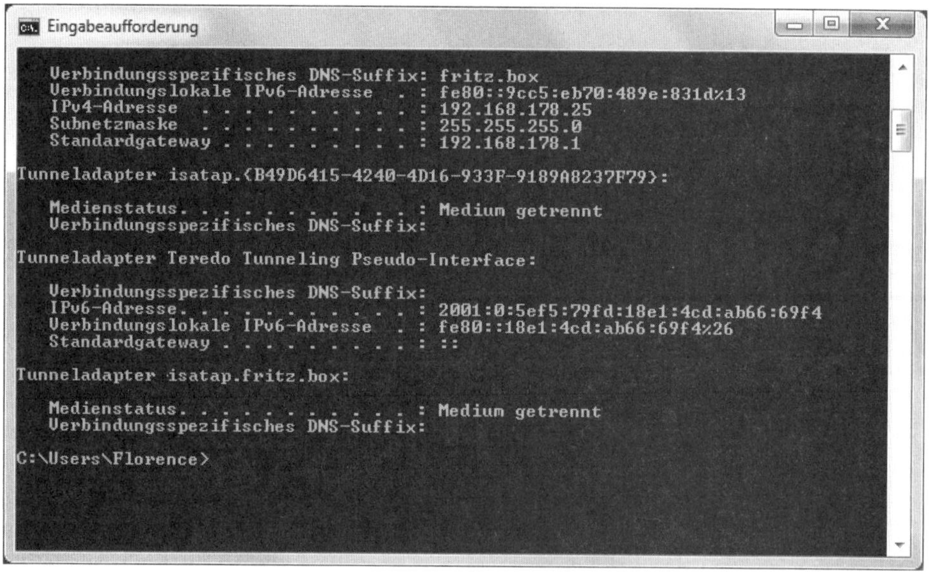

Bild 14.27 `ipconfig` spuckt nützliche Informationen wie die interne IP-Adresse aus.

HINWEIS: Unter MacOS müssen Sie den Befehl `ifconfig` in der Konsole eingeben.

Diese Adresse geben Sie dann in die Adresszeile Ihres mobilen Gerätes oder Emulators ein und sind dann mit dem lokalen Server verbunden. Bild 14.28 zeigt die Startseite von XAMPP in einem Emulator, genauso würde es auch mit einem echten Gerät funktionieren.

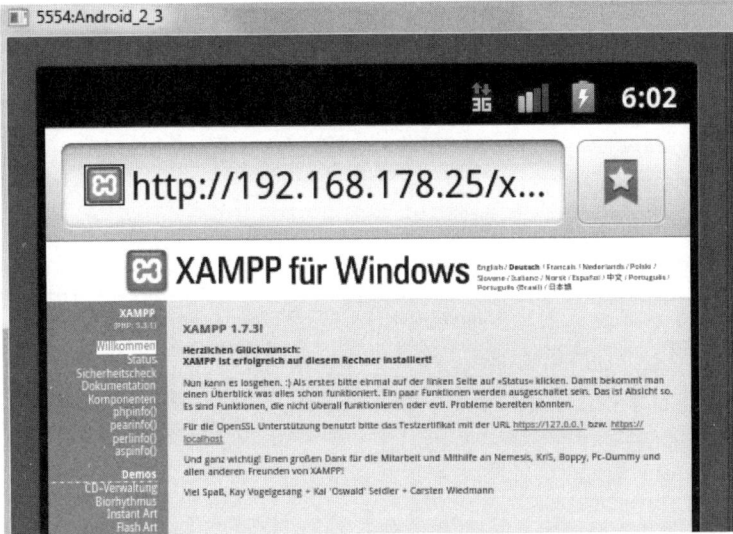

Bild 14.28 Startseite der lokalen XAMPP-Installation auf einem mobilen Emulator

■ 14.7 Remote-Debugging mit Opera

Zum Debuggen hat man sich auf dem Desktop an Firebug und Co. gewöhnt. Doch was macht man auf einem mobilen Gerät? Natürlich funktioniert Firebug Lite auch auf einem mobilen Gerät, aber richtig komfortabel ist es nicht.

 PRAXISTIPP: Sie können auch gleich das in Kapitel 6.1 vorgestellte Bookmarklet von Steve Souders zurate ziehen *(http://stevesouders.com/mobileperf/pageresources.php)*, das Ihnen Zugriff auf mehrere nützliche Debugging-Tools für Ihre mobilen Geräte bietet.

Eine komfortablere Möglichkeit ist das Remote-Debugging mit Opera. Hierfür benötigen Sie Opera auf Ihrem Desktop-Rechner und Opera Mobile auf Ihrem mobilen Gerät.

 HINWEIS: Mit Opera Mini funktioniert das Debuggen nicht.

Wenn das Remote-Debugging eingerichtet ist, können Sie auf Ihrem Desktop-Rechner die Seiten mit Opera Dragonfly debuggen, die Sie auf Ihrem mobilen Gerät aufrufen.

Starten Sie im Desktop-Rechner die Entwicklertools von Opera mit dem Namen Dragonfly. Das geht beispielsweise über Rechtsklick in eine Webseite und dann wählen Sie ELEMENT UNTERSUCHEN.

Bild 14.29 Dragonfly im Opera starten Sie über ELEMENT UNTERSUCHEN im Kontextmenü.

Ist Dragonfly geladen, finden Sie rechts eine Reihe von kleinen Symbolen – hier wählen Sie REMOTE DEBUG KONFIGURATION.

Bild 14.30 REMOTE DEBUG KONFIGURATION verbirgt sich hinter diesem Symbol.

Wenn Sie das aktivieren, sehen Sie ein weiteres Fenster mit einer Portnummer, die Sie normalerweise auf dem Standard belassen können.

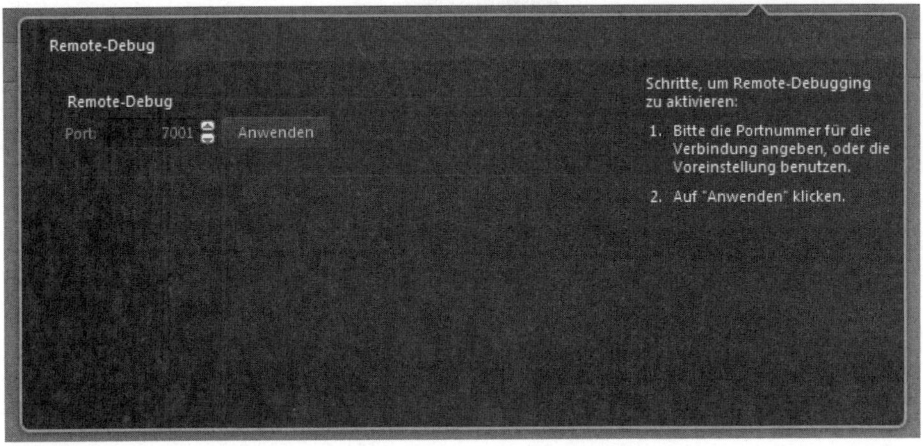

Bild 14.31 Konfiguration von Remote-Debug

Klicken Sie dann auf ANWENDEN.

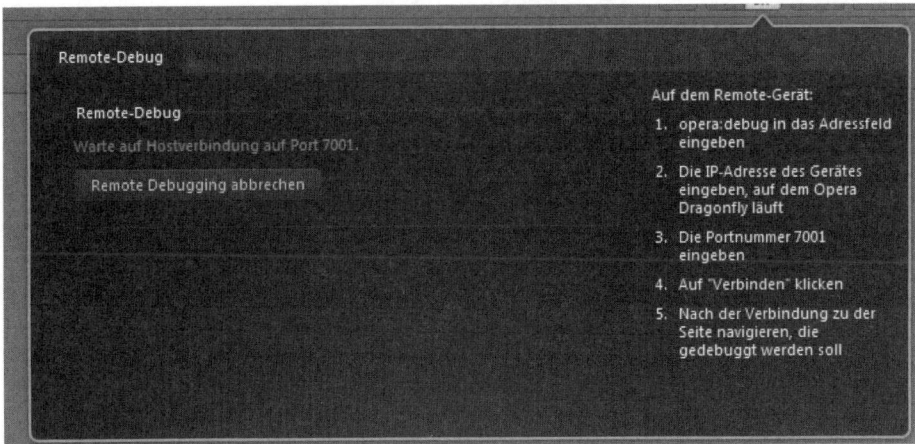

Bild 14.32 Nach Klick auf ANWENDEN ist alles bereit …

Damit ist der Desktop-Rechner bereit.

Im mobilen Gerät geben Sie *opera:debug* in die Adresszeile ein. Dort erscheint ein neues Dialogfenster, das Sie durch die weiteren Schritte führt: Sie müssen nun noch die IP-Adresse des Desktop-Rechners (wie Sie diese ermitteln, können Sie in Abschnitt 14.6 nachlesen) und die Portnummer angeben. Haben Sie diese nicht geändert, lautet sie 7001.

Bild 14.33 Den Debug-Modus auf dem mobilen Gerät aktivieren (hier Opera Mobile Emulator)

Wenn Sie danach in Ihrem mobilen Gerät in einem neuen Tab eine Webseite aufrufen, so können Sie auf Ihrem Desktop-Rechner Opera Dragonfly zum Debuggen nutzen. Hierfür müssen Sie noch rechts DEBUG KONTEXT wählen und die im mobilen Gerät geöffnete Webseite angeben, die Sie untersuchen wollen. Das ist äußerst praktisch!

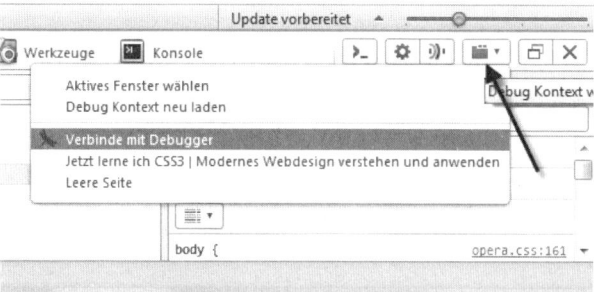

Bild 14.34 Den DEBUG-KONTEXT WÄHLEN in Opera Dragonfly

Das Debugging-Werkzeug sieht dann auf dem Desktop-Rechner ganz normal aus, bezieht sich aber jetzt auf die im mobilen Gerät geöffnete Seite.

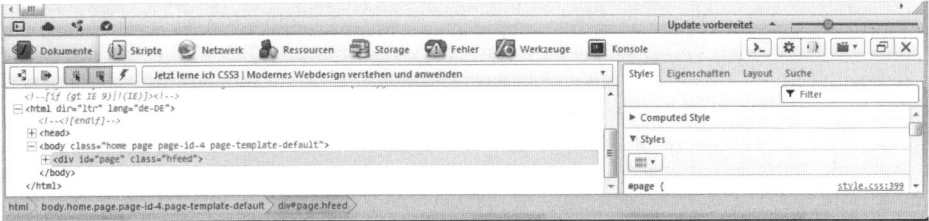

Bild 14.35 Debugging-Werkzeuge von Opera Dragonfly

 PRAXISTIPP: Ähnliche – wenn auch nicht so komfortable – Möglichkeiten des Remote-Debuggings liefern auch andere Browser (Stand: Sommer 2012):
- Safari: *http://www.webkit.org/blog/1620/webkit-remote-debugging*
- Chrome: *https://developers.google.com/chrome-developer-tools/docs/ remote-debugging*

■ 14.8 Remote-Debugging mit dem Weinre-Server

Eine weitere Möglichkeit für das komfortable Debuggen und Untersuchen einer Webseite, die an ein mobiles Gerät ausgeliefert wurde, ist der Weinre-Server. Sie können ihn sich selbst installieren. Informationen und einen Download-Link finden Sie unter *http://people.apache.org/~pmuellr/weinre*.

Alternativ dazu können Sie den Online-Weinre-Server unter *http://debug.phonegap.com* benutzen. Wenn Sie die Seite aufrufen, sollten Sie zuerst eine eigene Kennung vergeben.

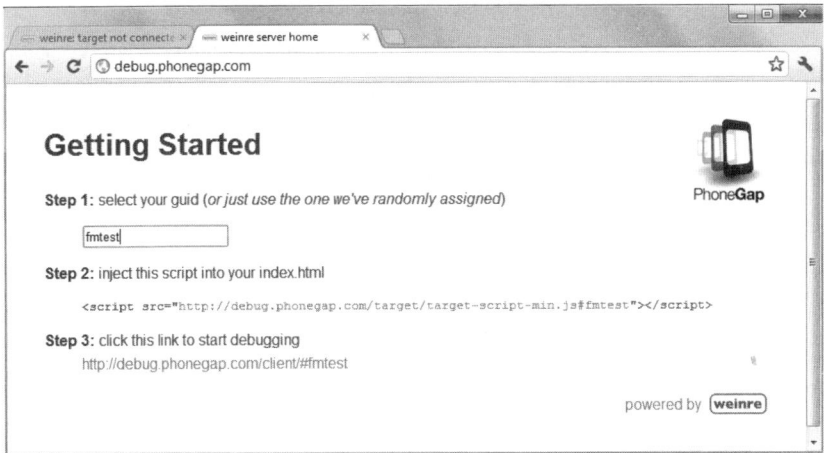

Bild 14.36 Der Online-Weinre-Server

Als Nächstes müssen Sie das dort angegebene `script`-Element kopieren und in die zu debuggende Seite einfügen. Diese Seite müssen Sie danach auf einen Server hochladen, der öffentlich zugänglich ist. Schließlich rufen Sie das Dokument in Ihrem mobilen Browser auf und wählen gleichzeitig die bei STEP 3 angegebene Adresse in einem Desktop-Webkit-Browser.

Bild 14.37 Hier sehen Sie die mobilen Geräte, die die Seite aufrufen.

Sie haben hier die Tabs wie in einem einfachen Webinspector – was Sie hier untersuchen, ist die Seite, wie sie im mobilen Browser dargestellt wird. Während Sie über einen Punkt hovern, wird dieser beispielsweise gleichzeitig im mobilen Browser hervorgehoben.

Bild 14.38 Debugging mit Weinre

14.9 Remote-Debugging mit Adobe Shadow

Ein weiterer nützlicher Dienst zum Debuggen von mobilen Anwendungen ist Adobe Shadow *(http://labs.adobe.com/technologies/shadow)*. Um Adobe Shadow zu nutzen, müssen die entsprechenden Komponenten auf dem Desktop und den mobilen Geräten installiert sein. Außerdem benötigen Sie den Browser Chrome. Wenn sich Desktop-Rechner und mobile

Geräte im selben Netzwerk befinden, können Sie automatisch auf mobilen Webseiten über den Desktop gesteuert anzeigen lassen und diese außerdem auf dem Desktop über Weinre debuggen.

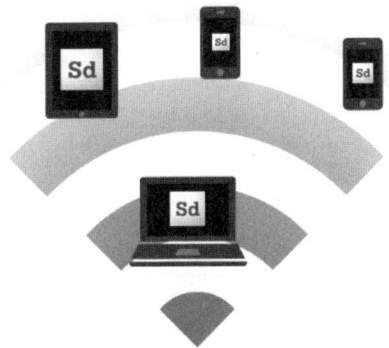

Bild 14.39 Mit Adobe Shadow testen Sie Webseiten gleichzeitig auf mehreren mobilen Geräten.

Um Adobe Shadow zu nutzen, sind mehrere Schritte notwendig:

Zuerst müssen Sie die Desktop- und die mobile Komponente herunterladen. Die Desktop-Komponente gibt es für MacOS oder Windows. Die Komponente für die mobilen Geräte steht als App fürs iPhone und für Android-Systeme zur Verfügung.

Nach der Installation der Desktop-Komponente erhalten Sie Hinweise zu den nächsten notwendigen Schritten angezeigt.

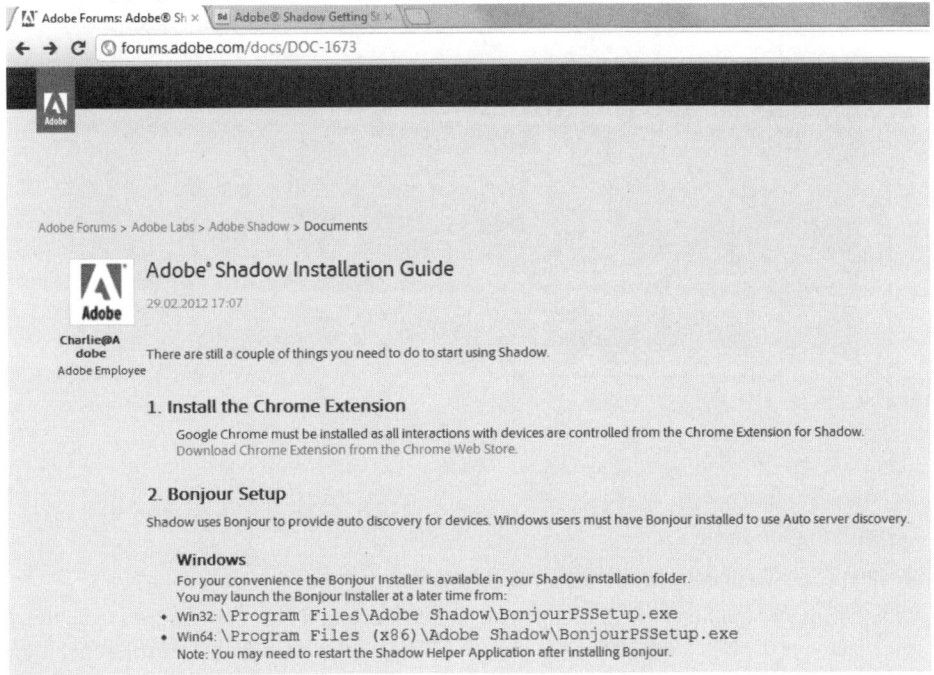

Bild 14.40 Die noch notwendigen Schritte

Jetzt benötigen Sie noch eine Erweiterung für Chrome.

Außerdem müssen Sie die Bonjour-Komponente unter Windows installieren – unter MacOS entfällt dieser Schritt, da diese Komponente darunter standardmäßig aktiviert ist. Bonjour finden Sie im Adobe-Shadow-Ordner, der im Programme-Verzeichnis angelegt wurde. Ein Doppelklick auf *BonjourPSSetup.exe* startet Ihre Installation.

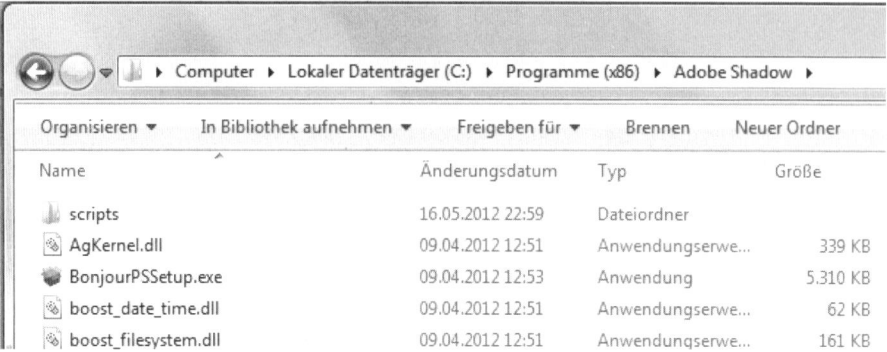

Bild 14.41 Die Bonjour-Komponente lässt sich über den Adobe-Shadow-Ordner nachinstallieren.

Allerdings ist Adobe Shadow nur einsatzbereit, wenn die Helper-Komponente gestartet ist.

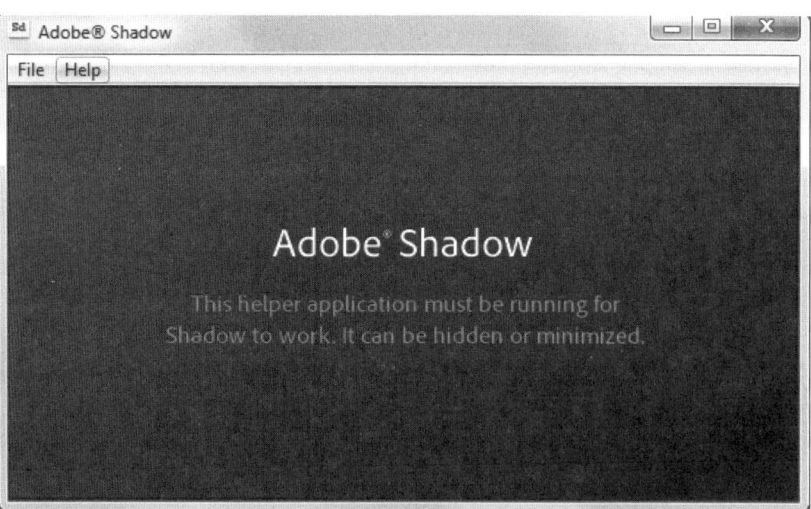

Bild 14.42 Die Adobe-Shadow-Helper-Komponente

Damit Sie Adobe Shadow nutzen können, müssen Sie außerdem auf Ihrem mobilen Gerät die App installiert haben.

Verbindung herstellen

Nachdem Sie alle benötigten Komponenten installiert haben, können Sie starten.

Rufen Sie die Adobe-Shadow-App in Ihrem mobilen Gerät auf: Jetzt werden Ihnen die weiteren Computer im Netzwerk angezeigt, die ebenfalls Adobe Shadow installiert haben, und

Sie können Ihren Desktop-Rechner auswählen. Haben Sie diesen gewählt, wird Ihnen ein Passcode angezeigt.

Wechseln Sie in Ihren Desktop-Rechner, starten Sie Chrome und kontrollieren Sie, ob die Shadow-Helper-Komponente gestartet ist – ansonsten holen Sie das über Ihr Programmmenü nach. Die Chrome-Erweiterung rufen Sie über das SD-Symbol rechts oben neben der Adresszeile auf.

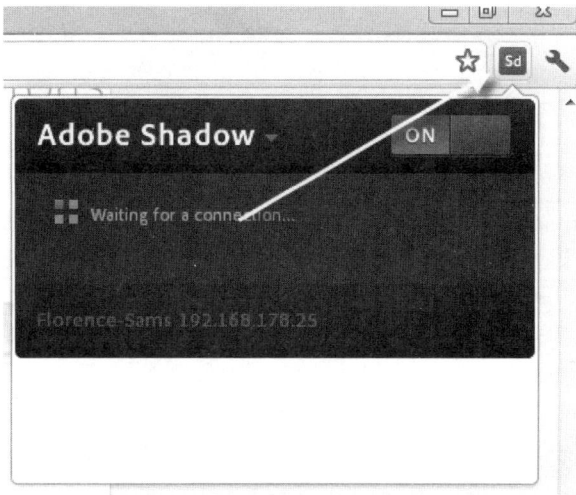

Bild 14.43 Die Chrome-Erweiterung ist aktiviert ...

Nach einem kurzen Moment werden die anderen, ebenfalls im Netzwerk befindlichen, mit Adobe Shadow versehenen mobilen Geräte angezeigt. Um die Verbindung herzustellen, geben Sie statt Passcode die Zahlenfolge ein, die Ihnen Ihr mobiles Gerät angezeigt hat.

Bild 14.44 Passcode eingeben

Damit ist die Verbindung hergestellt und Sie können automatisch über Ihren Desktop Webseiten auf Ihrem mobilen Gerät oder auch mehreren mobilen Geräten parallel anzeigen lassen.

Den Debug-Modus – hier die Weinre-Komponente – starten Sie über das <> in der Chrome-Erweiterung.

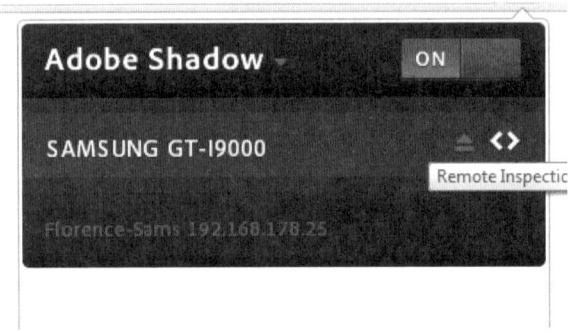

Bild 14.45 REMOTE INSPECTION starten Sie über <>.

■ 14.10 Kurz zusammengefasst

- Für viele Komponenten und zum bequemen Testen brauchen Sie einen Webserver wie XAMPP.
- Über passende Erweiterungen können Sie den User-Agent Ihres Desktop-Browsers faken und damit beispielsweise auch auf dem Desktop-Browser überprüfen, ob die aufgrund des User-Agents angepasste Auslieferung unterschiedlicher Inhalte klappt.
- Von mobilen Browsern wie Opera Mobile, Opera Mini und Firefox gibt es Desktop-Versionen zum Testen.
- Außerdem steht bei jedem SDK auch ein Emulator zur Verfügung; während Sie das Android SDK auf allen Systemen installieren können, steht Xcode nur für MacOS zur Verfügung.
- Alle Emulatoren und Tools ersetzen jedoch das Testen auf echten Geräten unter echten Umständen nicht.
- Eine Reihe von Tools helfen beim Remote-Debugging: Das reicht von Opera Dragonfly über den Weinre-Server bis hin zu Adobe Shadow.

Index

Symbole

\
- hover 85
2D-Transformationen
- CSS 99
3D-Transformationen 104
@font-face 90
@keyframes 114
-moz-background-size 226
-ms- 79
-o- 79
-webkit-background-size 226

A

abgerundete Ecken 92
Accessibility 24
Accordion 297
Adaptive Images 265
Adobe Shadow 388
Ajax-Navigation 285
Akku 6, 129
Android XIV, 3, 10, 25, 27f., 64f., 67, 76, 86f., 140
- Viewport 69
Android SDK
- installieren 375
Android SDK Manager 376
animation-duration 114
animation-name 114
Animations 113
Anker-Navigation 248
APIs 173
AppCache 173, 328
- Browserunterstützung 184
- Grundprinzip 174
- im Browser prüfen 178
- JavaScript-API 182
asynchron 121
audio 57

B

backface-visibility 105
background-size 137
Barrierefreiheit 24
Battery Status API 210
Bilder
- Formate 133
- Größe 134
- optimieren 133
- skalierbar 139
Boot 2 Gecko 11
border-bottom-left-radius 93
border-bottom-right-radius 93
border-radius 92
border-top-left-radius 93
border-top-right-radius 93
Bored now 7
box-shadow 93
Breakpoints 216, 234, 237, 275
- Anzahl 243
Browser
- Statistiken 13
Browser-Sniffing 333
Buttons
- Browsersteuerung 32

C

CACHE MANIFEST 174
Cachen 126, 130
Callback-Funktionen 200
Canonical 357
canvas 57f.
CDN 125
changedTouches 167
Chrome
- Timeline 161
clearWatch() 199
Conditional Comments
- IE Mobile 77

Cookies 188
- Overhead 190
- Performance 125
CSS 79
- 3D-Transformationen 104
- Animations 113
- border-radius 92
- box-shadow 93
- Farbverläufe 94
- Media Queries 115
- opacity 87
- Performance 124
- rgba() 88
- Transformationen 99
- Transitions 108
- Webfonts 90
CSS3
- Bilder einsparen 148
- Media Queries 226
css3-mediaqueries-js 231f.
CSS Mobile Profile 85
CSS-Sprites 142

D

data- 279
Data-URLs 150
Datenübertragung 5
DDR. Siehe Device Description Repository
Debugging
- Adobe Shadow 388
- Weinre 387
Design Patterns 39
Desktop First , 238ff., 275, 240
detectmobilebrowsers.com 334, 339, 361
Detector 360
Device Description Repository 345
Device Orientation
- Browserunterstützung 208

Device Orientation API *204*
device-width *229*
Dialoge *284*
DOM *156*
DOM 0
- Eventhandler *156*
Dragonfly *384*

E

EDGE *5*
Emulatoren
- installieren *375*
- testen *382*
Eventhandler *155*
Eventlistener *156*
Events
- Touchscreens *165*

F

Facebook *28*
Farbverläufe
- CSS *94*
Fat Client *26*
Feature Detection *18, 80*
- kombiniert mit serverseitiger Detection *360*
Feature-Tests *158*
Filterfunktionen *37*
Firefox
- User Agent Switcher *367*
Firefox Mobile *10*
- Desktop *374*
- Viewport *69*
Flash *18, 57*
flüssige Bilder *222*
flüssige Layouts *215f.*
Fontsquirrel *91*
Formulare *38, 59, 299*
- Anordnung *60*
- Usability *60*

G

Geolocation *313*
Geolocation API *197*
- Browserunterstützung *203*
geo-location-javascript *203*
Geräte
- auswählen *380*
Geräteklassen *355*
Gesten *170*
gesturechange *170*
gestureend *170*
gesturestart *170*
getCurrentPosition() *199*
Google Analytics *20*

Google Maps
- jQuery Mobile *313*
GPRS *5*
GPS *7*
Grigsby *117*

H

hammer.js *171*
handheld *227*
HandheldFriendly *74*
herstellerspezifische Präfixe *79*
Hintergrundbilder *136*
HTML
- Versionen *46*
HTML 4.01 *46*
HTML5 *46, 51*
- data- *56*
- Definition *51*
- Dokumentstruktur *51*
- Formulare *59*
- Input-Typen *61*
- mobile Browser *59*
- Multimedia *57*
- neue Elemente *55f.*
- Schreibweisen *53*
HTTP_ACCEPT *339*
HTTP_ACCEPT-HEADER *340*
HTTP-Header
- auslesen *337*
HTTP-Komprimierung *122*
HTTP-Requests reduzieren *123*
HTTP_USER_AGENT *334, 336f., 340, 350ff.*
HTTP-X-Header *340*
HTTP_X_WAP_PROFILE *337f., 340*

I

Icons
- Homescreen *75*
IEMobile *230*
indexedDB *196*
Input
- erleichtern *38*
inputmode *50*
Internet Explorer Mobile *12*
iOS
- Scaling Bug *73*
iPad *57f., 75ff., 91, 117, 137f.*
iPad 3 *137*
iPhone *XIII, XIV, 5, 10, 27f., 46, 57, 61ff., 68, 72f., 75f., 78, 91, 135, 137*
- Gesten *170*
- Opera Mini *372*
- Opera Mobile *369*
- Viewport *69*

J

JavaScript *153*
- Bibliotheken *163*
- Bibliotheken für mobile Seiten *163*
- Feature-Tests *158*
- Performance *124, 160*
- von HTML trennen *155*
Jeffrey Zeldman *247*
jQuery Mobile *56, 60, 87, 172, 277ff., 283ff., 287f., 290f., 297, 299, 301f., 305ff., 313, 315f.,*
- Accordion *297*
- Ajax-Navigation *285*
- Animation beim Seitenwechsel *287*
- Buttons *290*
- CSS-Sprites *143*
- Dialoge *284*
- Einseiten-Template *278*
- Einstellungen *309*
- Events *306*
- Features *277*
- Filter *290*
- Formulare *299*
- Geräteklassen *355*
- Google Maps *313*
- Grid-Framework *296*
- Icons *291*
- Listen *288*
- Mehrseiten-Template *281*
- Navigationsleisten *294*
- Seitenaufbau *278*
- Themeroller *304*
- Theming *303*
- Touchereignisse *311*
- unterstützte Systeme *278*
JSLint *154*

K

Karussell *39*
Kippschalter *302*
Kopfbereich
- anordnen *34*

L

Lagesensoren *7*
Latenz *130*
linear-gradient *95*
Listen *37, 40*
Live HTTP Headers *332*
localhost *365*
localStorage *130, 191, 328*
- Kritik *196*
- Strings *192*

M

Manifest *174*
- Änderungen durchführen *181*
- Bereiche *176*
media=\ *227*
Media Capture *209*
Media Queries *215 f., 226 ff., 242 f., 257, 268, 275*
- Breakpoints *234*
- nachbessern *230*
- Strategien *232*
- width vs. device-width *232*
Media-Queries *115*
Meta-Angaben *68*
- Viewport *68*
MIME *47*
Mobile Boilerplate *74, 78*
mobile Browser *369*
Mobile First *9 f., 13, 15, 237 f., 241 ff., 248, 274 f.*
Mobile IE *77*
mobileinit *307*
MobileOptimized *74*
mobiler Kontext *7*
Modernizr *79 ff., 101, 116*
- CSS *101*
- JavaScript-API *159*
Modernizr Server *360*
mod_expires *128*
mod_headers *128*
mouseover *165*

N

native Anwendung *27, 328*
Navigation *244*
- anordnen *34*
Navigationsleisten
- jQuery Mobile *294*
Network Information API *210*
Nielsen, Jakob *XIII*
Nokia
- Geräteklassen *355*
Nutzertypen *7*

O

Offline Web Applications *173*
One Web *331*
opacity *87*
Opera *12*
- Remote-Debugging *383*
Opera Mini *3, 10, 12 f.*
- auf dem Desktop installieren *371*
- Desktop *371*
- JavaScript *162*
- Media Queries *227*
- Online-Emulator *371*
Opera Mobile *10, 63*
- Debugging *383*
- Desktop *369*
- installieren *369*
- Viewport *69*
Opera Mobile Emulator *369*
Optimierungen
- allgemeine *17*
orientation *230*
overflow\
- scroll *17*
Overlay *87*

P

pageinit *306*
Page Speed *118*
Page Visibility API *209*
Parallax-Scrolling *17*
Performance *117*
- Cache *126*
- Cookies *125*
- CSS *120, 124*
- HTTP-Komprimierung *122*
- HTTP-Requests *123*
- JavaScript *124*
- Reduzierung *121*
- Tools *118*
Performance-Optimierung *117*
perspective *104, 106*
perspective-origin *105*
PhoneGap *315*
php-mobile-detect *339 ff.*
Pinch *171*
placeholder *300*
polyglottes Markup *53*
position\
- fixed *17, 86*
profile *361*
Progressive Enhancement *18, 79, 115, 277*

R

radial-gradient *96*
Reduzierung *121*
Remote-Debugging *383*
Repetitive now *7*
respond.js *231*
Responsive Images *267*
Responsive Webdesign *17, 19 ff., 29, 215 f., 230, 235 f., 238, 242, 244, 251, 261 f., 268, 274 f.*
- Breakpoints *243*
- flüssige Bilder *222*
- Navigationen *244*
- Probleme *20*
- Responsive Webdesign + Server Side Components. *Siehe* RESS
- Tabellen *268*
RESS *360*
Retina-Bildschirm *137*
retina-display *233*
rgba() *88*

S

Safari
- User-Agent ändern *368*
Scaling-Bug
- iOS *73*
Schatten *92*
Schrifticons *139*
Seitentitel *31*
Sencha Touch *317, 320, 322, 326*
- Einrichtung *317*
- native Anwendung erstellen *328*
- WebApp erstellen *319*
- WebApp für Produktiveinsatz *326*
separate mobile Webseite *21*
sessionStorage *191*
Smartphones
- Eigenschaften *4*
Souders, Steve *119*
Split-Button *294*
src.sencha.io *262*
Statistiken
- mobile Nutzer *3*
Suchfeld *17, 38, 301*
SunSpider *161*
SVG *140*
Swatches
- jQuery Mobile *303*
swipe *311*
swipeleft *311*
swiperight *311*
System Notification *210*

T

Tabellen *268*
Tablets *340 ff.*
Tabs *40*
tap *171, 311*
taphold *311*
targetTouches *167*
Telefonlinks
- Desktop *68*
Telefonnummer
- tel-Link *67*
Testen *363*
text-shadow *93*

Themes 277
Thin Client 26
Top-Alexa-Sites 23
Touch 6
touchcancel 166
Touchelemente
- Größe 36
touchend 165 f.
Touchereignisse 165, 311
touches 167
touchmove 165, 166
Touchscreens
- Events 165
touchstart 165 f.
Tranformationen 99
transform 99
transform-style 105
Transitions 108
- JavaScript 110
Transparenzen
- CSS 87

U

UAprof 338
Umleitung
- Desktop und Mobil 341
UMTS 5
unterschiedliche Versionen 331
Urgent now 7
Usability
- Anordnung der Inhalte 31
- Formulare 60

User-Agent 331 ff., 336 f., 339 f., 346, 351, 357, 360 f.
- Safari 368
User Agent Profile 338
User Agent Switcher 367
use strict 153

V

Vary-Header 357
Vibration API 210
video 57
Viewport 68

W

W3C-Widgets 185
WAI-ARIA 280
WAP 47
watchPosition() 199
WCSS 84
WebAPI 11
WebApps 3, 6, 18, 25 f., 79, 108, 317, 320, 329
- Icons 75
- Sencha Touch 319
- Vergleich zur mobilen Seite 27
- Vergleich zur nativen App 28
Webfonts 90, 92
Webkit 11
Webserver 363
WebSQL Storage 197

WebStorage 188, 191
- Browserunterstützung 196
WebWorkers 209
Wechsellinks 342, 357
Weinre 392
- Debugging 387
Werbung 20
WHATWG 51
Windows Phone 7, 12
- Viewport 69
Windows Phone-Emulator
- installieren 379
Wireless CSS 84
Wroblewski, Luke 9, 247 f.
WURFL 331, 345 ff., 352 ff., 361

X

XAMPP 364
- installieren 364
XAMPP Control Panel 365
Xcode
- installieren 379
XHTML 1.0 46
XHTML Basic 50
XHTML Mobile Profile 47
XUI 164

Z

Zakas, Nicholas 130
Zepto.js 164

HANSER

Techniken und Methoden moderner Web-Architektur.

Hollosi
Von Geodaten bis NoSQL:
Leistungsstarke PHP-Anwendungen
Aktuelle Techniken und Methoden für Fortgeschrittene
528 Seiten.
ISBN 978-3-446-42995-6
→ Auch als E-Book erhältlich

Schnell, einfach, persönlich. Das sind aus Sicht des Benutzers die wesentlichen Erfolgsfaktoren für Websites. Wie Ihre Websites diesen Anforderungen gerecht werden, erfahren Sie in diesem Buch. Es gliedert sich in vier Themenbereiche:

Teil I Geodaten, Zeitzonen und Schriftzeichen zeigt Ihnen, wie Sie Geodatenbanken nutzen, einen Routenplaner programmieren sowie Unicode und Zeitzonen für internationale PHP-Anwendungen richtig einsetzen.

Teil II Interaktive Websites hat AJAX und Server Push zum Thema.

Teil III Leistungsstarke Webseiten erklärt, wie Sie HTML optimieren und Ihre Website spürbar schneller machen können.

Teil IV MySQL und NoSQL zeigt, wie Sie Indexe und Transaktionen in MySQL richtig einsetzen und Abfragen optimieren.

Mehr Informationen zu diesem Buch und zu unserem Programm
unter **www.hanser-fachbuch.de/computer**

SCREEN GUIDE

Für Web-Professionals & Designer

www.screengui.de

15 %
Rabatt-Code:
HMWFMser

Magazin für Web-Profis:

SCREENGUIDE ist das Profimagazin für Webverantwortliche, Entwickler und Designer. Das Redaktionsteam und die Autoren sind allesamt Online-Experten mit Praxiserfahrung und Gespür für Trends und relevante Themen.

Sparen Sie jetzt 15 % →

© Beboy - Fotolia.com

DAS PROFIMAGAZIN FÜR SOFTWARE-ENTWICKLER

Testen Sie jetzt

dotnetpro und sichern Sie sich 2 Ausgaben kostenfrei!

Schwerpunkte:

- Tools
- Architektur
- Technologien
- Visual Studio
- .NET Framework

Jetzt anfordern unter:

www.dotnetpro.de/probelesen